Insolvenzgründe, Prognose und Antragspflicht

# Schriftenreihe des Centrum für Deutsches & Europäisches Insolvenzrecht

Herausgegeben von Stefan Smid, Silke Wehdeking und Mark Zeuner

Volume 8

PL ACADEMIC RESEARCH

Philipp Schlenkhoff

# Insolvenzgründe, Prognose und Antragspflicht

PL ACADEMIC RESEARCH

**Bibliografische Information der Deutschen Nationalbibliothek**
Die Deutsche Nationalbibliothek verzeichnet diese Publikation in der Deutschen Nationalbibliografie; detaillierte bibliografische Daten sind im Internet über http://dnb.d-nb.de abrufbar.

Zugl.: Bamberg, Univ., Diss., 2013

Gedruckt auf alterungsbeständigem,
säurefreiem Papier.

D 473
ISSN 2194-4881
ISBN 978-3-631-65151-3 (Print)
E-ISBN 978-3-653-04365-5 (E-Book)
DOI 10.3726/ 978-3-653-04365-5


PL Academic Research ist ein Imprint der Peter Lang GmbH.

Peter Lang – Frankfurt am Main · Bern · Bruxelles · New York · Oxford · Warszawa · Wien



Dieses Buch erscheint in einer Herausgeberreihe bei PL Academic Research und wurde vor Erscheinen peer reviewed.

www.peterlang.com

# Vorwort

Die vorliegende Arbeit wurde im Wintersemester 2013/2014 von der Fakultät Sozial- und Wirtschaftswissenschaften der Otto-Friedrich-Universität Bamberg als Dissertation angenommen.

Ich bin meinem Doktorvater, Prof. Dr. Georg Crezelius, für die Betreuung und die schnelle Gutachtenerstellung zu Dank verpflichtet. Auch Prof. Dr. Peter Kupsch gilt mein Dank für die schnelle Erstellung des Zweitgutachtens. Meinen Interviewpartnern danke ich für die spannenden Gespräche, die mir einen tiefen und zum Teil auch sehr offenen Einblick in ihre Arbeit gegeben haben. Der Cornelius Treuhand und damit den Herren Alfred Hagebusch, Christopher Seagon und Dr. Michael Keppel danke ich für die Möglichkeit, während der Disputation auch beruflich „am Ball" geblieben zu sein. Den „Passauer Jungs" ein herzliches Danke für die diversen inhaltlichen Diskussionen während des ein oder anderen Mensabesuchs. Dr. Jochen Berninghaus danke ich für seine wertvollen Tipps und die Gespräche mit ihm. Nicht zuletzt gilt mein Dank meiner Mutter Andrea Schlenkhoff und meinem Vater Heinrich Schlenkhoff sowie meinen Geschwistern allen voran Robin Schlenkhoff für die Unterstützung während der Erstellung dieser Arbeit.

Düsseldorf im Dezember 2013

Philipp Schlenkhoff

# Inhaltsübersicht


Abbildungsverzeichnis .......... XIII

Abkürzungsverzeichnis .......... XV

Symbolverzeichnis .......... XIX

A. Einleitung .......... 1
- I. Die Bedeutung der Insolvenzgründe und der Prognose .......... 1
- II. Stand der Diskussion .......... 8
- III. Ziel der Arbeit .......... 12
- IV. Methodik .......... 12
- V. Gang der Untersuchung .......... 14

B. Ökonomik der Insolvenzgründe .......... 19
- I. Ökonomische Theorie des Rechts .......... 22
- II. Ökonomische Analyse des Rechts .......... 30
- III. Zusammenfassung .......... 43

C. Betriebswirtschaftliche Betrachtung der Insolvenzgründe .......... 47
- I. Insolvenzvorhersage durch Kennzahlen .......... 47
- II. Unternehmensplanung .......... 50
- III. Zusammenfassung .......... 61

D. Insolvenzgründe der InsO .......... 63
- I. Zahlungsunfähigkeit .......... 63
- II. Drohende Zahlungsunfähigkeit .......... 98
- III. Überschuldung .......... 106
- IV. Zusammenfassung .......... 155

E. Haftungsbewehrung .......... 157
- I. Zivilrechtliche Haftung .......... 159
- II. Strafrechtliche Haftung .......... 170
- III. Verschulden/subjektiver Tatbestand .......... 177
- IV. Zusammenfassung .......... 182

F. Zusammenfassung ..... 183
I. Ökonomische Sicht ..... 183
II. Betriebswirtschaftliche Sicht ..... 183
III. Insolvenzgründe der InsO ..... 184
IV. Haftung ..... 187
V. Ergebnis und Diskussion ..... 187

Anhang ..... XXI
Verzeichnis der Expertengespräche ..... XXI
Interviewleitfaden Geschäftsführer ..... XXII
Interviewleitfaden Nicht-Geschäftsführer ..... XXIII

Rechtsprechungsverzeichnis ..... XXVII

Verzeichnis der Bundestagsdrucksachen ..... XXXI

Literaturverzeichnis ..... XXXIII

# Inhaltsverzeichnis


Abbildungsverzeichnis ..... XIII

Abkürzungsverzeichnis ..... XV

Symbolverzeichnis ..... XIX

A. Einleitung ..... 1
   I. Die Bedeutung der Insolvenzgründe und der Prognose ..... 1
   II. Stand der Diskussion ..... 8
   III. Ziel der Arbeit ..... 12
   IV. Methodik ..... 12
   V. Gang der Untersuchung ..... 14

B. Ökonomik der Insolvenzgründe ..... 19
   I. Ökonomische Theorie des Rechts ..... 22
      1. Theorie der Verfügungsrechte ..... 22
         a) Grundsätze ..... 22
         b) Anwendung ..... 24
         c) Ergebnis ..... 25
      2. Prinzipal-Agenten-Modell ..... 25
         a) Grundsätze ..... 25
         b) Anwendung ..... 27
         c) Ergebnis ..... 30
   II. Ökonomische Analyse des Rechts ..... 30
      1. Modell mit einer Folgeperiode ..... 32
         a) Einleitung ..... 32
         b) Modell ..... 32
         c) Ergebnis ..... 34
      2. Modell mit mehr als einer Folgeperiode ..... 34
         a) Einleitung ..... 34
         b) Modell ..... 35
         c) Ergebnis ..... 37

3. Modell mit zwei Gläubigergruppen ... 39
a) Einleitung ... 39
b) Modell ... 39
c) Ergebnis ... 42
III. Zusammenfassung ... 43

C. Betriebswirtschaftliche Betrachtung der Insolvenzgründe ... 47
I. Insolvenzvorhersage durch Kennzahlen ... 47
1. Grundsätzliches Vorgehen ... 47
2. Statistisch-mathematische Methoden ... 48
3. Zusammenfassung ... 49
II. Unternehmensplanung ... 50
1. Grundsätze der Unternehmensplanung ... 51
2. Ablauf der Planung ... 51
3. Annahmen ... 54
4. Ergebnisgrößen ... 56
5. Besonderheiten bei Krisenunternehmen ... 58
a) Krisenverlauf ... 58
b) Krisenursachen ... 59
c) Situation in Krisenunternehmen ... 60
d) Zusammenfassung ... 60
III. Zusammenfassung ... 61

D. Insolvenzgründe der InsO ... 63
I. Zahlungsunfähigkeit ... 63
1. Aktivpositionen ... 66
a) Forderungen ... 68
b) Streitige Forderungen ... 69
c) Vorräte ... 70
d) Anlagevermögen ... 71
e) Zusätzliches Kapital ... 71
f) Ansprüche aus anfechtbaren Rechtshandlungen ... 73
g) Restricted Cash ... 73
2. Passivpositionen ... 73
a) Streitige Verbindlichkeiten ... 74
b) Nachrangige Verbindlichkeiten ... 74
c) Eventualverbindlichkeiten ... 75
d) Fälligkeit ... 75
3. Dauer ... 77

4. Wesentlichkeit ... 84
5. Methoden der Ermittlung ... 88
a) Indiziengestützte Ermittlung ... 88
b) Betriebswirtschaftliche Methode ... 90
c) Strafrechtliche Besonderheiten ... 94
6. Zusammenfassung ... 96
II. Drohende Zahlungsunfähigkeit ... 98
1. Zeithorizont ... 100
2. Aktiv- und Passivpositionen ... 101
3. Dauer und Wesentlichkeit ... 102
4. Methoden der Ermittlung ... 103
5. Abgrenzung zur Zahlungsunfähigkeit ... 103
6. Abgrenzung zur Überschuldung ... 104
7. Zusammenfassung ... 105
III. Überschuldung ... 106
1. Methoden ... 109
a) Einstufige Überschuldungsprüfung ... 109
b) Zweistufige Überschuldungsprüfung ... 113
c) Modifizierte zweistufige Methode ... 121
d) Gültigkeit der Methoden im Zeitablauf ... 122
e) Strafrechtliche Besonderheiten ... 123
2. Fortbestehensprognose ... 125
a) Prognosekriterium ... 132
b) Zeitraum ... 137
c) Überwiegende Wahrscheinlichkeit ... 138
d) Anforderungen an Prognoseannahmen ... 142
3. Zusammenfassung ... 152
IV. Zusammenfassung ... 155

E. Haftungsbewehrung ... 157
I. Zivilrechtliche Haftung ... 159
1. Haftungsgrundlagen ... 159
a) Verbotene Zahlungen (§§ 64 GmbHG und 92 Abs. 2 AktG) ... 159
b) Vorverlegung durch § 64 Satz 3 GmbHG und § 92 Abs. 2 Satz 3 AktG ... 162
c) Pflichtverletzung (§ 43 Abs. 2 GmbHG, § 93 Abs. 2 AktG) ... 163
d) Deliktische Außenhaftung (§ 15a InsO i. V. m. § 823 Abs. 2 BGB) ... 163

2. Darlegungs- und Beweislast ... 166
3. Zusammenfassung ... 168
II. Strafrechtliche Haftung ... 170
1. Haftungsgrundlagen ... 171
a) § 15a Abs. 4 und 5 InsO ... 171
b) Bankrottdelikte (§§ 283 ff. StGB) ... 171
c) Eingehungsbetrug und weitere Begleitdelikte ... 172
2. Beweis- und Darlegungslast ... 173
3. Zusammenfassung ... 177
III. Verschulden/subjektiver Tatbestand ... 177
IV. Zusammenfassung ... 182

F. Zusammenfassung ... 183
I. Ökonomische Sicht ... 183
II. Betriebswirtschaftliche Sicht ... 183
III. Insolvenzgründe der InsO ... 184
IV. Haftung ... 187
V. Ergebnis und Diskussion ... 187

Anhang ... XXI
Verzeichnis der Expertengespräche ... XXI
Interviewleitfaden Geschäftsführer ... XXII
Interviewleitfaden Nicht-Geschäftsführer ... XXIII

Rechtsprechungsverzeichnis ... XXVII

Verzeichnis der Bundestagsdrucksachen ... XXXI

Literaturverzeichnis ... XXXIII

# Abbildungsverzeichnis


Abb. 1: Anzahl der Unternehmensinsolvenzen in Deutschland ........................... 2
Abb. 2: Insolvenzschäden und Arbeitsplatzverluste in Deutschland .................. 3
Abb. 3: Höhe der durch Insolvenzdelikte verursachten Schäden in Mio. EUR .......... 4
Abb. 4: Dichtefunktionen .......... 27
Abb. 5: Exemplarisches Risikoprofil .......... 28
Abb. 6: Risikoprofilvergleich .......... 29
Abb. 7: Risikoprofile mit reduziertem Eigenkapital .......... 30
Abb. 8: Entscheidungsbaum mit einer Folgeperiode .......... 33
Abb. 9: Entscheidungsbaum mit drei Folgeperioden .......... 36
Abb. 10: Schema der Unternehmensplanung .......... 53
Abb. 11: Darstellung der Systematik der Annahmen .......... 55
Abb. 12: Einfluss der Dauerhaftigkeit bei kontinuierlichem Liquiditätsverlauf .......... 78
Abb. 13: Einfluss der Dauerhaftigkeit bei schwankendem Liquiditätsverlauf I/III .......... 79
Abb. 14: Einfluss der Dauerhaftigkeit bei schwankendem Liquiditätsverlauf II/III .......... 80
Abb. 15: Einfluss der Dauerhaftigkeit bei schwankendem Liquiditätsverlauf III/III .......... 81
Abb. 16: Einfluss der Wesentlichkeit I/II .......... 86
Abb. 17: Wirkung der Wesentlichkeit II/II .......... 87
Abb. 18: Übersicht erwarteter Ein- und Auszahlungen im Zeitablauf für zwei Fälle .......... 92
Abb. 19: Liquiditätsverlauf und Liquiditätsbilanz zu den Fällen 1 und 2 aus Abb. 18 .......... 93
Abb. 20: Drohende Zahlungsunfähigkeit .......... 102
Abb. 21: Darstellung einstufige Prüfungsmethode .......... 109
Abb. 22: Darstellung zweistufige Überschuldungsprüfung .......... 114
Abb. 23: Darstellung modifiziert zweistufige Überschuldungsprüfung .......... 122
Abb. 24: Schematische Darstellung einer Fortbestehensprognose .......... 131
Abb. 25: Einfluss der Annahmen bei der Erstellung einer Fortbestehensprognose .......... 139

Abb. 26: Darstellung Systematik der Annahmen .......................................... 144
Abb. 27: Härtegradlogik ............................................................................ 146
Abb. 28: Erforderliche Härtegrade für die Berücksichtigung von Sanierungsmaßnahmen ............................................................ 151
Abb. 29: Zeitliche Ansatzpunkte der Haftung ............................................... 178
Abb. 30: Einfluss der Unternehmensgröße auf die Insolvenzanmeldung ....... 186

# Abkürzungsverzeichnis

| | |
|---|---|
| Aufl. | Auflage |
| a.F. | alte Fassung |
| Abb. | Abbildung |
| AG | Die Aktiengesellschaft (Zeitschrift) |
| AktG | Aktiengesetz |
| Anh. | Anhang |
| Anm. | Anmerkung |
| BB | Betriebsberater (Zeitschrift) |
| Bd. | Band |
| bearb. | bearbeitete |
| BeckRS | Beck Rechtsprechung |
| BFuP | Betriebswirtschaftliche Forschung und Praxis (Zeitschrift) |
| BGBl | Bundesgesetzblatt |
| BGH | Bundesgerichtshof |
| BGHZ | Amtliche Sammlung der Entscheidungen des Bundesgerichtshofes in Zivilsachen |
| BMJ | Bundesministerium der Justiz |
| BT-Drs. | Bundestagsdrucksache |
| BVerfG | Bundesverfassungsgericht |
| BVerfGE | Entscheidungssammlung des Bundesverfassungsgerichts |
| bzw. | beziehungsweise |
| DB | Der Betrieb (Zeitschrift) |
| DBW | Die Betriebswirtschaft (Zeitschrift) |
| DCF | Discounted-Cash-Flow |
| Diss. | Dissertation |
| DJT | Deutscher Juristen Tag |
| DRS | Deutsche Rechnungslegungsstandarts |
| DStR | Deutsches Steuerrecht (Zeitschrift) |
| DZWIR | Deutsche Zeitschrift für Wirtschafts- und Insolvenzrecht |
| EBIT | Ergebnis vor Zinsen und Steuern (Earnings before interest and taxes) |
| EBOR | European Business Organization Law Review (Zeitschrift) |

| | |
|---|---|
| EGInsO | Einführungsgesetz zur Insolvenzordung |
| EL | Ergänzungslieferung |
| erw. | erweiterte |
| EStG | Einkommenssteuergesetz |
| ESUG | Gesetz zur weiteren Erleichterung der Sanierung von Unternehmen |
| EuInsVO | Europäische Verordnung über Insolvenzverfahren |
| EUR | Euro |
| EWIV-AusfG | Gesetz zur Ausführung der EWG-Verordnung über die Europäische wirtschaftliche Interessenvereinigung |
| f. | folgende (Seite) |
| FAR | Fachausschuss Recht |
| FK-InsO | Frankfurter Kommentar zur Insolvenzordnung |
| FMStG | Finanzmarktstabilisierungsgesetz |
| Fn. | Fußnote |
| FS | Festschrift |
| gem. | gemäß |
| GenG | Genossenschaftsgesetz |
| GmbHG | Gesetz betreffend die Gesellschaften mit beschränkter Haftung |
| GmbHR | GmbH-Rundschau (Zeitschrift) |
| GuV(s) | Gewinn- und Verlustrechnung(en) |
| HG | Härtegrad |
| HGB | Handelsgesetzbuch |
| Hrsg. | Herausgeber |
| i. V. m. | in Verbindung mit |
| IAS/IFRS | International Accounting Standards/International Financial Reporting Standards |
| IDW | Institut der Wirtschaftsprüfer |
| IDW ES | Entwurf eines IDW-Standard |
| IDW FN | IDW Fachnachrichten |
| IDW-S | IDW-Standard |
| InsbürO | Zeitschrift für Insolvenzsachbearbeitung und Entschuldungsverfahren |
| InsO | Insolvenzordnung |
| InsVv | Insolvenzrechtliche Vergütungsverordnung |
| IRFA | International Review of Financial Analysis (Zeitschrift) |
| IRLE | International Review of Law and Economics (Zeitschrift) |

| | |
|---|---|
| JFE | Journal of Financial Economics |
| Jg. | Jahrgang |
| JoF | The Journal of Finance (Zeitschrift) |
| JuS | Juristische Schulung (Zeitschrift) |
| JZ | Juristenzeitung (Zeitschrift) |
| KO | Konkursordnung |
| KSI | Krisen-, Sanierungs- und Insolvenzberatung (Zeitschrift) |
| KTS | Konkurs-, Treuhand- und Schiedsgerichtswesen (Zeitschrift) |
| KWG | Gesetz über das Kreditwesen (Kreditwesengesetz) |
| LEO | Journal of Law, Economics, and Organization |
| Mio. | Millionen |
| MiZi | Anordnung über Mitteilungen in Zivilsachen |
| MoMiG | Gesetz zur Modernisierung des GmbH-Rechts und zur Bekämpfung von Missbräuchen |
| Mrd. | Milliarde |
| MüKo GmbHG | Münchener Kommentar zum Gesetz betreffend die Gesellschaften mit beschränkter Haftung |
| MüKo InsO | Münchener Kommentar zur Insolvenzordnung |
| n. F. | neue Fassung |
| NJW | Neue Juristische Wochenschrift (Zeitschrift) |
| NJW-RR | NJW-Rechtsprechungs-Report (Zeitschrift) |
| NStZ | Neue Zeitschrift für Strafrecht |
| NWB | Neue Wirtschafts Briefe (Zeitschrift) |
| NZG | Neue Zeitschrift für Gesellschaftsrecht |
| NZI | Neue Zeitschrift für Insolvenzrecht |
| OLG | Oberlandesgericht |
| PS | Prüfungsstandardt des IDW |
| RiStBV | Richtlinien für das Strafverfahren und das Bußgeldverfahren |
| Rn. | Randnummer |
| RGH | Reichsgericht |
| RGZ | Entscheidungen des Reichsgerichts in Zivilsachen |
| ROHG | Reichsoberhandelsgericht |
| S. | Seite |
| SFB | Sonderforschungsbereich |
| Sp. | Spalte |
| StGB | Strafgesetzbuch |
| u. a. | unter anderem |
| überarb. | überarbeitete |

| | |
|---|---|
| URL | Uniform Resource Locator |
| Urt. | Urteil |
| US-GAAP | United States Generally Accepted Accounting Principles |
| v. | vom |
| vgl. | vergleiche |
| wistra | Zeitschrift für Wirtschafts- und Steuerstrafrecht |
| WM | Wertpapier Mitteilungen (Zeitschrift) |
| WPg | Die Wirtschaftsprüfung (Zeitschrift) |
| Yale L.J. | The Yale Law Journal (Zeitschrift) |
| ZBB | Zeitschrift für Bankrecht und Bankwirtschaft |
| ZfB | Zeitschrift für Betriebswirtschaft |
| zfbf | Zeitschrift für betriebswirtschaftliche Forschung |
| ZGR | Zeitschrift für Unternehmens- und Gesellschaftsrecht |
| ZgS | Zeitschrift für die gesamte Staatswissenschaft |
| ZInsO | Zeitschrift für das gesamte Insolvenzrecht |
| ZIP | Zeitschrift für Wirtschaftsrecht |
| zugl. | zugleich |

# Symbolverzeichnis

| | |
|---|---|
| $p$ | Wahrscheinlichkeit |
| $i$ | risikoloser Zinssatz |
| $i_A$ | Zinsforderungen Anleihegläubiger |
| $i_B$ | Zinsforderungen Bankgläubiger |
| $t$ | Zeitpunkt |
| $j$ | Zustand |
| $\bar{D}$ | Zufallsvariable Investitionsrückfluss |
| $p(\bar{D})$ | Dichtefunktion von $\bar{D}$ |
| $P(\bar{D})$ | Verteilungsfunktion bzw. Risikoprofil von $\bar{D}$ |
| $D_{min}$ | kleinste mögliche Ausprägung von $\bar{D}$ |
| $D_{min}$ | größte mögliche Ausprägung von $\bar{D}$ |
| $EK$ | Betrag des Eigenkapitals |
| $ek$ | Anteil des Eigenkapitals |
| $FK$ | Betrag des Fremdkapitals |
| $fk$ | Anteil des Eigenkapitals |
| $X_t$ | Wert bzw. Auszahlung einer Investition zum Zeitpunkt $t$ |
| $X_t^{FK}$ | Wert bzw. Auszahlung einer Investition zum Zeitpunkt $t$ an Gläubiger |
| $X_{t,j}$ | Wert bzw. Auszahlung einer Investition zum Zeitpunkt $t$ im Zustand $j$ |
| $X_t^E$ | Auszahlungen an Eigenkapitalgeber in $t$ |
| $X_t^B$ | Forderungen Bankgläubiger in $t$ |
| $X_t^A$ | Forderungen Anleihegläubiger in $t$ |
| $X_t^{E,F}$ | Wert der Auszahlung an Eigenkapitalgeber in $t$, bei Fortführung |
| $X_t^{E,I}$ | Wert der Auszahlung an Eigenkapitalgeber in $t$, bei Insolvenz |
| $X_t^{B,F}$ | Wert der Auszahlung an Bankgläubiger in $t$, bei Fortführung |
| $X_t^{B,I}$ | Wert der Auszahlung an Bankgläubiger in $t$, bei Insolvenz |
| $X_t^{A,F}$ | Wert der Auszahlung an Anleihegläubiger in $t$, bei Fortführung |

| | |
|---|---|
| $X_t^{A,I}$ | Wert der Auszahlung an Anleihegläubiger in *t*, bei Insolvenz |
| $p_I$ | Wahrscheinlichkeit einer Insolvenz |
| $BW_I$ | Barwert einer Investition |
| $BW_I^{FK}$ | Barwert der Fremdkapitalauszahlungen |
| $BW_I^{FK,F}$ | Barwert der Fremdkapitalauszahlungen bei Fortführung |
| $BW_I^{FK,I}$ | Barwert der Fremdkapitalauszahlungen im Insolvenzfall |
| $BW_I^{EK}$ | Barwert der Eigenkapitalauszahlungen |
| $C_t$ | Insolvenzkosten zum Zeitpunkt *t* |
| $K$ | Kassenbestand |
| $g$ | Wertveränderungsfaktor im Gewinnfall |
| $v$ | Wertveränderungsfaktor im Verlustfall |

# A. Einleitung

## I. Die Bedeutung der Insolvenzgründe und der Prognose

Werden in einer Volkwirtschaft fortlaufend Unternehmen gegründet, müssen im Gegenzug auch Unternehmen aus dem Wirtschaftskreislauf austreten. Für das Ende eines Unternehmens ist „eigentlich" die Liquidation des Unternehmens vorgesehen.[1] Diese setzt voraus, dass die Gesellschafter frühzeitig erkennen, dass der Erfolg des Unternehmens langfristig nicht gegeben ist und daher oder aus privaten Gründen die werbende Tätigkeit eingestellt werden muss. Dieses Vorgehen ist aber nicht immer der Fall.[2] Viel eher werden die Gesellschafter, Geschäftsleiter und Mitarbeiter sinnvollerweise versuchen, sich abzeichnende Misserfolge abzuwenden.[3] Da diese Sanierungsversuche nicht immer erfolgreich verlaufenoder Probleme so kurzfristig und massiv auftreten oder auch so lange ignoriert wurden, dass sie nicht mehr zu beheben sind, kommt es zu Insolvenzen. Dass diese nicht gerade selten sind, auch wenn sie in den Jahren 2004 bis 2011 um ca. ein Viertel gesunken sind, zeigt Abbildung 1. So mussten 2011 trotz einer insgesamt florierenden Wirtschaft[4] in Deutschland etwas mehr als 30 000 Unternehmen Insolvenz

---

1 Richter bezeichnet die Liquidation als das allgemeine Verfahren zur Unternehmensbeendigung; *Richter,* in: Müller-Gugenberger/Alexander (Hrsg.), Wirtschaftsstrafrecht 2011, 2351, Rn. 26. Ulmer bezeichnet die Insolvenz als Sonderfall der Auseinandersetzung; *Ulmer/Schäfer,* MüKo-BGB (2008), § 730 BGB, Rn. 23.

2 Der Anteil der Insolvenzen an den Unternehmensliquidationen betrug 2010 bei GmbH und GmbH & Co.KG 43,8 % und für AG und KG a. A. 71,4 %; Quelle: eigene Berechnungen auf Basis *Günterberg,* Gründungen, Liquidationen, Insolvenzen 2010 in Deutschland: Daten und Fakten, Nr. 1, 2011, für die Anzahl der Liquidationen und *Statistisches Bundesamt,* Insolvenzverfahren (Unternehmen): Deutschland, Jahre, Beantragte Verfahren, Rechtsformen 2012, für die Anzahl der Insolvenzen.

3 Seagon spricht in diesem Zusammenhang von einem Sanierungsauftrag; *Seagon,* in: Buth/Hermanns (Hrsg.), Restrukturierung, Sanierung, Insolvenz 2009, 573, 619.

4 Das preisbereinigte Bruttoinlandsprodukt in Deutschland wuchs 2011 um 3,0 % im Vergleich zum Vorjahr; *Statistisches Bundesamt Wiesbaden,* Deutsche Wirtschaft 2011 in sehr robuster Verfassung, 2012.

anmelden. Der langfristige Rückgang der Insolvenzzahlen, unterbrochen von einem leichten Anstieg in den Jahren 2009 und 2010 infolge der Finanz- und Wirtschaftskrise, gilt sowohl für die Unternehmen mit Haftungsbegrenzung als auch für die ohne. Der Anteil der Unternehmen mit begrenzter Haftung an der Zahl der gesamten Unternehmensinsolvenzen liegt, mit leichten Schwankungen, jedes Jahr bei 50 %.[5]

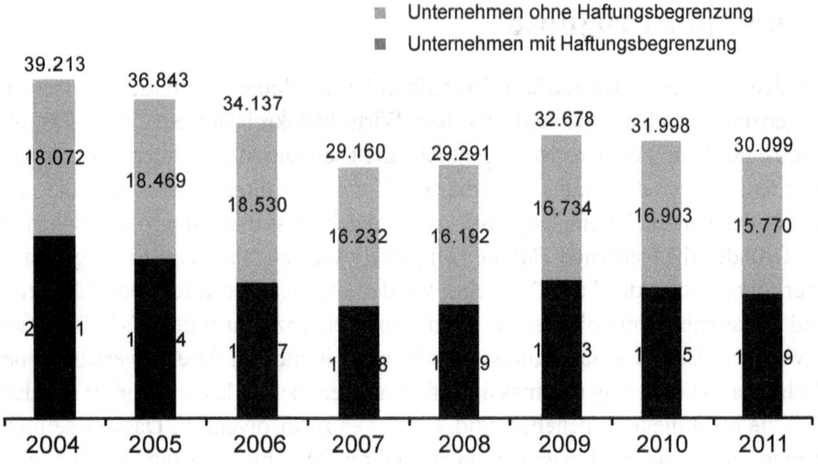


*Abb. 1: Anzahl der Unternehmensinsolvenzen in Deutschland*[6]

Die Höhe der Schäden, die durch Insolvenzen verursacht werden, gemessen an dem Forderungsausfall der Unternehmensgläubiger und den damit verbundenen Arbeitsplatzverlusten, sind, wie Abbildung 2 zeigt, ebenfalls rückläufig. Dennoch wurden im Jahr 2012 16,2 Mrd. EUR an Schäden verursacht, und es gingen ca. 150 000 Arbeitsplätze verloren.

5 Eigene Auswertung der Zahlen des *Statistischen Bundesamtes,* Insolvenzverfahren (Unternehmen): Deutschland, Jahre, Beantragte Verfahren, Rechtsformen 2012.

6 Unternehmen mit beschränkter Haftung in der Statistik umfassen GmbH, GmbH & Co. KG, AG, KG a. A. sowie Genossenschaften. Quelle: *Statistisches Bundesamt,* Insolvenzverfahren (Unternehmen): Deutschland, Jahre, Beantragte Verfahren, Rechtsformen 2012.

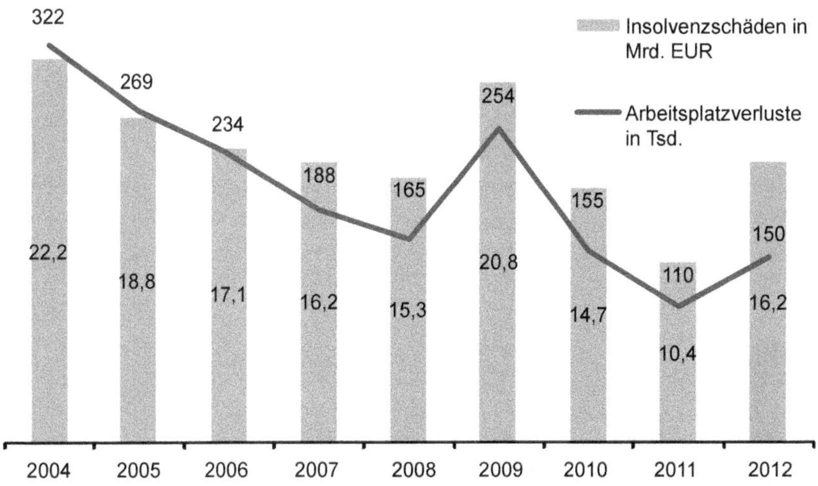


*Abb. 2: Insolvenzschäden und Arbeitsplatzverluste in Deutschland*[7]

Insolvenzen gehören zum Wirtschaftsleben. Damit sind auch Insolvenzschäden zu einem gewissen Grad unvermeidbar. Als ein Indiz dafür, dass die gegenwärtige Höhe der Insolvenzschäden aber keineswegs einen unvermeidbaren Sockelbestand darstellt, sondern zumindest teilweise vermeidbar ist, können der Anteil an masselosen Insolvenzen und der Schaden herangezogen werden, der im Zusammenhang mit Insolvenzdelikten auftritt. Die Anzahl masseloser Insolvenzen liegt im Jahr 2011 bei 7 706 Unternehmen, was etwas mehr als einem Viertel aller Unternehmensinsolvenzen entspricht.[8] Auch wenn sich der Anteil seit Einführung der Insolvenzordnung deutlich reduziert hat,[9] repräsentieren die masselosen Insolvenzen einen Umstand, zu dem es bei korrekter Befolgung der Insolvenzantragspflicht gar nicht kommen dürfte.[10] Die Schäden im Zusammenhang mit Insolvenzdelikten

7 Quelle: *Creditreform Wirtschaftsforschung,* Insolvenzschäden und Arbeitsplatzverluste: Insolvenzen in Deutschland 2012; 2012 von Creditreform geschätzt.

8 *Statistisches Bundesamt,* Insolvenzverfahren (Unternehmen): Deutschland, Jahre, Beantragte Verfahren, Rechtsformen 2012.

9 So lag der Anteil der mangels Masse abgewiesenen Unternehmensinsolvenzen 1999 noch bei 63,9 % der Insolvenzen; eigene Berechnung auf Basis der Daten des *Statistischen Bundesamtes,* Insolvenzverfahren (Unternehmen): Deutschland, Jahre, Beantragte Verfahren, Rechtsformen 2012.

10 So der BGH in Bezug auf den Überschuldungsbegriff; BGH, Beschluss v. 17.07.2008 (IX ZB 225/07), ZInsO 2008, 859, Rn. 11.

sind solche, die bei strafrechtskonformen Verhalten in und vor allem vor der Insolvenz nicht aufgetreten wären. Die in Abbildung 3 dargestellten Zahlen zeigen für 2010 mit 1,7 Mrd. EUR eine, im Vergleich zu den Gesamtschäden dieses Jahres in Höhe von EUR 14,7 Mrd. (dargestellt in Abbildung 2) geringe Höhe. Bei strafrechtskonformen Verhalten wären diese Schäden vermeidbar gewesen. Hinzu kommt, dass im Bereich der strafrechtlichen Insolvenzdelikte, wie im Bereich der Wirtschaftskriminalität allgemein, von einer hohen Dunkelziffer ausgegangen werden muss,[11] die tatsächlichen Schäden also wesentlich höher sind.

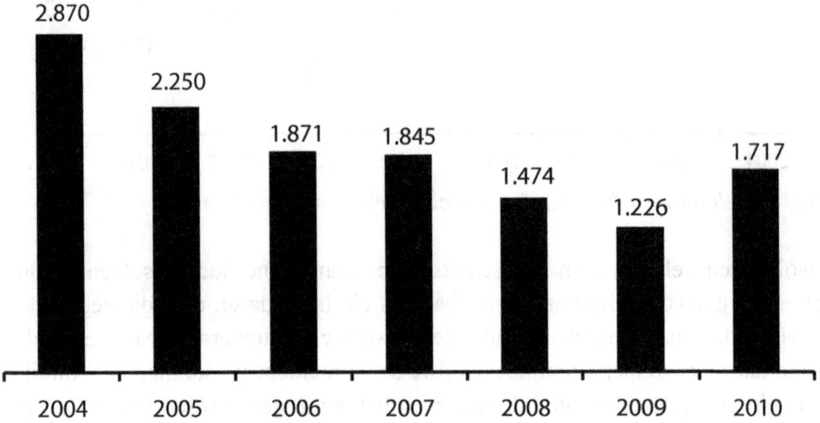


*Abb. 3: Höhe der durch Insolvenzdelikte verursachten Schäden in Mio. EUR*[12]

Insolvenzen und die damit verbundenen Schäden gehen derzeit zurück, und ein Sockelbetrag an Insolvenzen und -schäden ist in einer Volkswirtschaft unvermeidbar. Es entstehen bei Insolvenzen aber Schäden und Arbeitsplatzverluste, die bei einer gesetzeskonformen Handhabung des Problembereichs Insolvenz vermeidbar wären. Auf die Höhe dieser Schäden, die bei einer Insolvenz entstehen, hat der richtige Zeitpunkt der Insolvenzanmeldung maßgeblichen Einfluss. Erwirtschaftet ein Unternehmen fortlaufend Verluste, ohne Aussicht auf Besserung, wird das Unternehmensvermögen weiter aufgezehrt. Dieser Wertverzehr wird zunächst durch das Eigenkapital aufgefangen. Ist dieses „verbraucht" gehen weitere Verluste

11 *Bundeskriminalamt,* Bundeslagebild Wirtschaftskriminalität, 2010, 11.11.2010.

12 Eigene Abbildung auf Basis *Bundeskriminalamt,* Bundeslagebild Wirtschaftskriminalität, 2010, 11.11.2010.

zulasten der Gläubiger, und es entsteht diesen ein Schaden.[13] Eine frühe Insolvenz kann in diesem Fall weitere Wertverluste durch die laufenden Unternehmensgeschäfte verhindern. Befindet sich ein Unternehmen in der Krise, ist aber absehbar, dass sich die Unternehmenskrise entspannt, ist eine Insolvenz kontraproduktiv, denn durch die Insolvenz selbst entstehen Wertverluste, da sich Kunden und Lieferanten vom Unternehmen abwenden und so der Erfolg einer in Aussicht stehenden Sanierung gefährdet werden kann. In einer solchen Situation ist eine möglichst späte Insolvenz vorteilhaft. Wertverluste können mithin verhindert werden, wenn eine Insolvenz „so früh wie nötig und so spät wie möglich" angemeldet und eröffnet wird. Damit wird deutlich, dass nicht nur der gegenwärtige Zustand des Unternehmens von Bedeutung ist. Getreu dem Motto der Unternehmensbewertung „Für das Gewesene gibt der Kaufmann nichts"[14] ist bei der Beurteilung der Insolvenzreife zu berücksichtigen, wie sich das Unternehmen weiter entwickelt. Denn davon wird maßgeblich abhängen, ob eine Insolvenz vermeidbar ist oder nicht.

Diese Zusammenhänge werden auch nicht dadurch geändert, dass sich der Charakter der Insolvenz in den vergangenen Jahrzehnten gewandelt hat. Bis in die 1980er Jahre bedeutete eine Insolvenz meist automatisch die Zerschlagung des Unternehmens[15] und vielfach auch den bürgerlichen Tod des Unternehmers. Diese Zerschlagungstendenz außer Kraft zu setzen war u. a. Ziel der Einführung der Insolvenzordnung 1999.[16] Der Unternehmenserhalt wurde in die Ziele der Insolvenz (§ 1 InsO) mit aufgenommen. Eine ganze Reihe von Regelungen unterstützen die Unternehmen dabei. Dazu zählen beispielsweise das Instrument des Insolvenzplanes (§§ 217–269 InsO) mit der Möglichkeit der Eigenverwaltung (§§ 270–285 InsO), das Erfüllungswahlrecht laufender Verträge (§ 103 InsO) oder die Möglichkeit der Vorfinanzierung des Insolvenzgeldes[17] für den Zeitraum des vorläufigen Insolvenzverfahrens. Zudem sind sowohl der vorläufige als auch der finale Insolvenzverwalter verpflichtet, das Unternehmen im Regelfall zunächst weiterzuführen.[18] Die Sanierung in der Insolvenz ist durch die Einführung des ESUG 2012 weiter erleichtert worden.[19]

---

13 Ähnlich beschreiben Egner/Wolff die Situation der Überschuldung; *Egner/Wolff,* AG 1978, 99, 101.

14 *Münstermann,* Wert und Bewertung der Unternehmung, 1970, 21.

15 *Beck,* in: Beck/Depré (Hrsg.), Praxis der Insolvenz, 2010, 671 (671).

16 BT-Drs. 12/2443, S. 77.

17 Das Insolvenzgeld steht den Arbeitnehmern nach § 165 SGB III für Arbeitsentgelt, dass bis zu drei Monate vor Eintritt eines Insolvenzereignisses nicht geleistet wurde.

18 *Beck,* in: Beck/Depré (Hrsg.), Praxis der Insolvenz, 2010, 671 (674).

19 BT-Drs. 17/5712, S. 1 f.

Dennoch entstehen durch eine Insolvenz nach wie vor negative Folgen für das Unternehmen, etwa durch Verunsicherung bei den Kreditgebern, den Kunden und Lieferanten und sonstigen Beteiligten.[20] Damit ist eine außergerichtliche Sanierung in vielen Fällen einer Sanierung im Insolvenzverfahren vorzuziehen, so sie denn möglich ist, was eine Insolvenzanmeldung so spät wie möglich sinnvoll bleiben lässt. Ist die Insolvenz aber auch für ein sanierungsfähiges Unternehmen unvermeidbar,[21] ist eine frühe Insolvenzanmeldung nach wie vor entscheidend. Denn um den Geschäftsbetrieb in der Insolvenz aufrechtzuerhalten, braucht ein Unternehmen in der Insolvenz, wie jedes andere auch, liquide Mittel. Ist die Unternehmenssubstanz aufgezehrt, stehen diese nicht mehr zur Verfügung. Auch die Unterstützung der Unternehmensfortführung nach Insolvenzanmeldung durch die Vorfinanzierung von Insolvenzgeld steht nicht mehr zur Verfügung, wenn das Unternehmen bereits bei Insolvenzanmeldung Lohnrückstände von mehr als drei Monaten aufweist.

Die Frage, ob ein Unternehmen insolvenzreif ist oder ob das Unternehmen weiter am regulären Wirtschaftskreislauf teilnehmen kann, ob eine Zerschlagung durch einfache Liquidation oder im Rahmen einer Insolvenz stattzufinden hat oder die Sanierung außergerichtlich oder gerichtlich erfolgen muss bzw. kann, ist Gegenstand der Insolvenzgründe der Insolvenzordnung (InsO) §§ 17–19 InsO. Sie stellen damit Terminierungsregeln dar, die den Zustand beschreiben, der das Ungleichgewicht an Verfügungsgewalt und Haftung so groß werden lässt, dass es durch eine Antragspflicht der Gesellschaftsorgane beseitigt werden muss bzw. durch ein Antragswahlrecht für die Gesellschaftsorgane oder Antragsrecht für die Gläubiger beseitigt werden kann.[22] Das Vorliegen eines Insolvenzgrundes ist nach § 16 InsO Voraussetzung für die Eröffnung eines Insolvenzverfahrens. Mit der Insolvenzeröffnung geht die Entscheidungsbefugnis über das Unternehmensvermögen gem. § 80 Abs. 1 InsO von den Gesellschaftsorganen auf den Insolvenzverwalter über. Ebenso tritt, soweit in einem Insolvenzplanverfahren nichts anderes bestimmt wird, die gemeinschaftliche Gläubigerbefriedigung der

---

20 *Seagon,* in: Buth/Hermanns (Hrsg.), Restrukturierung, Sanierung, Insolvenz, 2009, 573, 619.

21 Gründe hierfür können das Vorliegen einer Insolvenzantragspflicht aufgrund der zu untersuchenden Insolvenzgründe, Vorteile der Sanierung in der Insolvenz gegenüber außergerichtlicher Sanierung oder Stakeholder-Konflikte sein, die eine außergerichtliche Sanierung scheitern lassen.

22 *Drukarczyk/Schüler,* in: Arbeitskreis für Insolvenzwesen Köln e. V. (Hrsg.), Kölner Schrift zur Insolvenzordnung 2009, S. 28, 29.

Insolvenzordnung nach § 1 InsO in Kraft. Hauptziel ist, die Gläubiger maximal zu befriedigen.[23]

Um die Insolvenzgründe durchzusetzen, besteht für den allgemeinen Insolvenzgrund der Zahlungsunfähigkeit (§ 17 InsO) und den für juristische Personen speziellen Insolvenzgrund der Überschuldung § 19 InsO eine Antragspflicht § 15a InsO. An das Vorliegen der Insolvenzgründe und die Antragspflicht sind diverse zivil- und strafrechtliche Haftungsnormen geknüpft.[24] Diese sind das Korrelat zur Haftungsbeschränkung, das so im Sinne des Gläubigerschutzes verhindert werden soll, dass Verluste entstehen, die aufgrund der Haftungsbeschränkung bei aufgezehrtem Unternehmensvermögen einzig zulasten der Gläubiger gehen.[25] Haftungsnormen richten sich vornehmlich an die Gesellschaftsorgane,[26] die allein aufgrund der Nähe zum Unternehmen am besten über dessen Zustand und Aussichten informiert sind. Damit folgt auf eine unterlassene Antragstellung bei Vorliegen dieser Insolvenzgründe für die Gesellschaftsorgane, die im Nachfolgenden als Geschäftsleiter bezeichnet werden, potentiell eine Sanktionierung. Die Haftungsnormen und deren praktische Durchsetzung haben so wiederum einen Einfluss auf die Insolvenzgründe, da ein Geschäftsleiter diese in sein Antragstellungskalkül mit einbeziehen wird.

Damit ist die Insolvenz ein für alle Beteiligten und auch das Unternehmen selbst ein wesentliches Ereignis. Verfügungsrechte gehen verloren bzw. werden gewonnen, Sanierungschancen beeinflusst und Rechtspositionen im Wert geschmälert oder vermehrt. Die Auslöser einer Insolvenz, die Insolvenzgründe, müssen einen Ausgleich zwischen den Interessen der verschiedenen Beteiligten mit zum Teil gegensätzlichen Zielen finden. Dabei ist nicht nur der aktuelle Zustand des Unternehmens zu beachten, sondern ganz maßgeblich auch die zukünftige Unternehmensentwicklung, die prognostiziert werden muss. Die Bedeutung und praktische Relevanz dieser Prognose in den Insolvenzgründen, mit der der Gesetzgeber das beschriebene Terminierungsproblem lösen will, ist Gegenstand vorliegender Arbeit.

---

23 BT-Drs. 12/2443, S. 108; BVerfG, Beschluss v. 23.05.2006 (1 BvR 2530/04), BVerfGE 2006, 1, Rn. 34; BGH, Urt. v. 21.04.2005 (IX ZR 281/03), BGHZ 136, 32, Rn. 8.

24 Siehe dazu unter E Haftungsbewehrung.

25 *Ulmer/Hachenburg,* GmbHG (1997), § 63 GmbHG, Rn. 1; *Schmidt,* AG 1978, 334 (335); *Schmahl,* MüKo-InsO (2007), § 15 InsO, Rn. 91; ähnlich BGH, Urt. v. 06.06.1994 (II ZR 292/91), BGHZ 181, Rn. 27; a. A.: *Götz,* ZInsO 2000, 77, 81 f.

26 Siehe dazu unter E Haftungsbewehrung.

## II. Stand der Diskussion

Der Relevanz der Insolvenzgründe folgend ist diesen eine Fülle von Literatur gewidmet. Besonders im Vorfeld der Einführung der Insolvenzordnung wurde sich eingehend mit den Insolvenzgründen beschäftigt. Im Ergebnis wurden die Antragsgründe mit dem Ziel, den Anteil masseloser Insolvenzen zurückzudrängen, neu gestaltet.[27]

Die Beurteilung der Zahlungsfähigkeit sollte mit Einführung der InsO verschärft werden, indem die Merkmale der Definition in der KO „ernsthaftes Einfordern der Verbindlichkeiten" und „Dauer und Wesentlichkeit einer Unterdeckung" aus der Norm gestrichen wurden.[28] Trotz dieser Verschärfung, die vordergründig zeitliche und qualitative Spielräume einengt, bestehen diese Spielräume nach wie vor, was auch aus der Gesetzesbegründung hervorgeht, die klarstellt, dass ganz geringfügige Unterdeckungen oder nur vorübergehende Liquiditätslücken nicht zu einer Zahlungsunfähigkeit führen sollen.[29] Dabei impliziert schon das Wort „vorübergehend", dass hier die Prognose eine Rolle spielt, um abschätzen zu können, dass eine gegenwärtige Zahlungsstockung nicht andauert. Diese Spielräume werden in der Literatur eingehend diskutiert[30] und die Dauer der tolerierbaren Zahlungsstockung mit drei Wochen vom BGH[31] fixiert. Eine zusammenfassende Betrachtung der Wechselwirkungen dieser Spielräume untereinander konnte in bestehender Literatur nicht gefunden werden. Nicht abschließend geklärt ist in diesem Zusammenhang auch das Verhältnis der Frist von drei Wochen für die Differenzierung von Zahlungsstockung und-unfähigkeit zur Frist von längstens drei Wochen, die in § 15a InsO bis zur Stellung des Insolvenzantrages gewährt werden.[32]

Die drohende Zahlungsunfähigkeit wurde erst mit der Insolvenzordnung eingeführt.[33] Sie soll antragswilligen Schuldnern eine möglichst frühzeitige Antragstellung ermöglichen.[34] Ein Antragswille soll durch die mit der Insolvenzordnung verbesserten Möglichkeiten der Unternehmenssanierung etwa durch Insolvenzplan und Eigenverwaltung gefördert werden.[35] Das Kriterium des Drohens zeigt,

27 BT-Drs. 12/2443, Zielsetzung.
28 BT-Drs. 12/2443, S. 114.
29 BT-Drs. 12/2443, S. 114.
30 Stellvertretend *Uhlenbruck,* Uhlenbruck InsO (2010), § 17 InsO, Rn. 19–25.
31 BGH, Urteil v. 24.05.2005 (IX ZR 123/04), BGHZ 163, 134, Rn. 13.
32 Dazu *Pohl,* Der Insolvenzgrund der Zahlungsunfähigkeit 2011, 99.
33 BT-Drs. 12/2443, S. 114 f.
34 BT-Drs. 12/2443, S. 114 f.
35 BT-Drs. 12/2443, S. 86; *Uhlenbruck,* Uhlenbruck InsO (2010), § 17 InsO, Rn.1.

dass der Insolvenzgrund auf einer prognostischen Beurteilung aufbaut. Die Probleme liegen aufgrund der Gestaltung als Antragswahlrecht nicht im Nachweis des Insolvenzgrundes, denn der antragswillige Schuldner wird eine zukünftige negative Entwicklung im Vergleich zu einer positiven einfach darlegen können. Problematisch erscheint vielmehr die Abgrenzung zu den anderen Insolvenzgründen, wozu zumindest Unklarheiten bestehen, sodass einige Autoren von einem Wahlrecht zwischen der Antragstellung wegen drohender Zahlungsunfähigkeit gem. § 18 InsO und wegen Überschuldung gem. § 19 InsO ausgehen.[36]

Eine besondere Rolle nimmt die Überschuldung nach § 19 InsO ein. Denn die Diskussion um sie ist auch nach Einführung der Insolvenzordnung nicht geringer geworden. Vielmehr ist nun wieder unklar, welche Stelle die in ihrem Rahmen anzustellende Fortbestehensprognose einnehmen soll: Soll eine positive Fortbestehensprognose allein zur Verneinung einer Überschuldung ausreichen oder nicht. Der Gesetzgeber hat sich mit Einführung der Insolvenzordnung dagegen entschieden, und die vom BGH 1992 anerkannte Methode[37] der modifizierten zweistufigen Überschuldungsprüfung wieder zugunsten der zweistufigen Überschuldung abgeschafft.[38] Im Zuge der Finanzmarktkrise 2008 wurde dann durch das FMStG temporär zur zweistufigen Methode zurückgekehrt.[39] Die Befristung dieser Regelung wurde bis 2013 verlängert und mit dem Auftrag an die Bundesregierung geknüpft, zu untersuchen, ob eine Überschuldung überhaupt und wenn ja, in welcher Form ins Gesetz gehöre.[40] Das Ergebnis dieser Untersuchung, die in Form eines Fragebogens, der zuvor mit Experten gestaltet und an Experten versendet und von ihnen ausgewertet wurde, liegt mittlerweile vor.[41] Darin wird vorgeschlagen, die derzeitig befristete Gültigkeit der modifizierten zweistufigen Methode zumindest zu verlängern.[42] Darüber hinaus wird langfristig vorgeschlagen, die Befristung aufzuheben oder den Überschuldungsbegriff als Antragspflicht abzuschaffen.[43] Das nach wie vor Unsicherheiten bestehen, zeigt sich im Untersuchungsergebnis, das für die langfristige Gestaltung keine klare Empfehlung ausspricht. Zudem haben

---

36 *Uhlenbruck*, Uhlenbruck InsO (2010), § 18 InsO, Rn. 23; *Drukarczyk*, MüKo-InsO (2007), § 18 InsO, Rn. 127.

37 Vgl. BGH, Urteil v. 13.07.1992 (II ZR 269/91), BGHZ 201.

38 BT-Drs. 12/2443, S. 115.

39 BT-Drs. 16/10600, S. 8.

40 BT-Drs. 16/13927, S. 4 f.

41 Vgl. *Bitter/Hommerich/Reiß*, ZIP 2012, 1201.

42 *Bitter/Hommerich/Reiß*, ZIP 2012, 1201 (1207 f.).

43 *Bitter/Hommerich/Reiß*, ZIP 2012, 1201 (1208 f.).

die Experten nicht mit klaren Mehrheiten abgestimmt,[44] und das Untersuchungsdesign als Expertenbefragung kann grundsätzliche Erwägungen nicht berücksichtigen. Zusätzlich zur Stellung der Fortbestehensprognose ist der Inhalt umstritten. Es ist fraglich, ob einzig auf die Prognose der Zahlungsfähigkeit oder zusätzlich auf die der Ertragsfähigkeit abgestellt werden soll.[45]

Die Einbindung ökonomischer Überlegungen in das Insolvenzrecht ist ein Bestandteil der Entwicklung der aus den USA stammenden Economic Analysis of Law, die hauptsächlich auf Posner[46] zurückgeht. Ein Teil der Literatur beschäftigt sich mit der Frage der Vorteilhaftigkeit der Sanierung.[47] Dies ist, wie bereits dargelegt wurde, aber ein Problem, was unabhängig von der Insolvenzeröffnung zu sehen ist. Neben der amerikanischen Literatur, die sich mit der Insolvenzauslösung beschäftigt, hat in Deutschland die Anwendung ökonomischer Modelle und Überlegungen in der lange währenden Diskussion um die Gestaltung der Insolvenzordnung im Vorfeld der Insolvenzrechtsreform 1999 zu einigen Veröffentlichungen bzw. Überlegungen geführt.[48] Einer der Protagonisten, Druckarczyk,

---

44 So haben sich z. B. 42 % der befragten Insolvenzverwalter gegen die modifizierte zweitstufige Prognose ausgesprochen; vgl. *Bitter/Hommerich/Reiß,* ZIP 2012, 1201, 1207.

45 Für eine ausschließliche Relevanz der Zahlungsfähigkeit: *Aleth/Harlfinger,* NZI 2011, 166 (167 f.); *Bitter/Kressner,* ZIP 2012, 1733; *Drukarczyk,* MüKo-InsO (2007), § 19 InsO, Rn. 53; *Frystatzki,* NZI 2011, 179; *Groß/Amen,* WPg 2002, 225 (225); *Hirte/Knof/Mock,* ZInsO 2008, 1217 (1222); *Müller,* Jaeger InsO (op. 2004), § 19 InsO, Rn. 36; *Pape,* in: Kübler/Prütting InsO (2012), § 19 InsO, Rn. 45; *Bork,* ZIP 2000, 1709 (1710); *Smid/Leonhardt,* Leonhardt et al. InsO (2010), § 19 InsO, Rn. 13; *Uhlenbruck,* Uhlenbruck InsO (2010), § 19 InsO, Rn. 43; a. A.: *Harz/ Baumgartner/Conrad,* ZInsO 2005, 1304 (1308 f.); *Hüttemann,* in: Bitter/Lutter/Priester et al. (Hrsg.), FS für Karsten Schmidt zum 70. Geburtstag 2009, 761 (764); *Egner/Wolff,* AG 1978, 99, 102; *Bähner,* KTS 1988, 443 (446); *Ehlers,* NZI 2011, 161 (162).

46 *Posner,* Economic analysis of law, 2007.

47 So etwa *Posner,* Economic analysis of law 2007, 546; *Eger,* European journal of law and economics 2001, 29; *Drukarczyk,* BFuP 1995, 40.

48 Statt vieler *Schmidt,* Ökonomische Analyse des Insolvenzrechts, 1980, S. 101; *Drukarczyk/Schüler,* in: Arbeitskreis für Insolvenzwesen Köln e. V. (Hrsg.), Kölner Schrift zur Insolvenzordnung, 1997, 57, 68 f.; *Drukarczyk,* Unternehmen und Insolvenz: Zur effizienten Gestaltung des Kreditsicherungs- und Insolvenzrechts 1987, S. 67; *Drukarczyk,* Finanzierung: Eine Einführung, 2008, S. 421; *Breuer/Haupt,* in: Ashauer (Hrsg.), Bildung – Führung – Veränderung, 2003, S. 125; *Bitz/Hemmerde/Rausch,* Gesetzliche Regelungen und Reformvorschläge zum Gläubigerschutz: Eine ökonomische Analyse, 1986; unabhängig von der Insolvenzrechtsreform: *Van Horne,*

hat als Nicht-Jurist die Kommentierung der Insolvenzgründe[49] übernommen. Die bestehenden Veröffentlichungen versuchen vor allem, einzelne Insolvenzantragsgründe oder Aspekte darin mit ökonomischen Modellen zu beantworten. Eine Darlegung mehrerer Theorien und Modelle, um die Problematik möglichst umfassend zu fundieren, besteht daher nur eingeschränkt.

Der Themenbereich Insolvenzgründe und Prognose wird auch in der Betriebswirtschaftslehre aufgegriffen. Diese fokussiert sich auf die Diskussion der Ausgestaltung der Fortbestehensprognose im Rahmen der Überschuldungsprüfung.[50] Die Veröffentlichungen dazu einschließlich des IDW Standards S 6 [51] beschäftigen sich aber vor allem mit dieser speziellen Fragestellung.[52] Eine allgemeine Betrachtung, wie die Betriebswirtschaftslehre die Anwendung der Prognose in den Insolvenzgründen ausfüllen kann, besteht eigener Ansicht nach nicht.

Auch die Haftungsfragen werden ob ihrer Relevanz intensiv diskutiert. Die Diskussion greift auch die Unsicherheit in der Prognose auf, was die Frage aufwirft, welche Bedeutung die Zivilrechtsakzessorietät des Strafrechts für diesen Problemkreis hat.[53] Fast außer Acht gelassen werden dabei die hinter den Insolvenzgründen liegenden ökonomischen und betriebswirtschaftlichen Überlegungen.[54] Diese kommen dann wieder in der Praxis zum Tragen, wenn es um die Sachverhaltsbeurteilung geht, aber eine grundsätzliche Diskussion fehlt.

Damit gibt es in der juristischen Diskussion zu einzelnen Fragen noch keine Antworten, die auch in Bezug zur Prognose stehen. Für die Gestaltung der Insolvenzgründe werden die Methoden der Ökonomik eingesetzt, wobei aber vor allem einzelne Gründe oder Aspekte analysiert werden. Die Betriebswirtschaftslehre

---

The Journal of Finance, 1976, 897; *Décamps/Faure-Grimaud,* European Economic Review, 2002, 1623.

49 In Münchener Kommentar zur Insolvenzordnung 2007.

50 So konstatiert K. Schmidt 1978, dass ein Dialog in diesem Zusammenhang stattfindet, wenn auch mit enttäuschendem Ertrag; *Schmidt,* AG 1978, 334 (335).

51 *IDW,* FN-IDW 2009.

52 So etwa *Klein,* Anforderungen an Sanierungskonzepte: Analyse bestehender Anforderungen und Leitfaden zur zukünftigen Ausgestaltung von Sanierungskonzepten 2008.

53 Dazu eingehend *Stracke,* Zur Übertragbarkeit des zivilrechtlichen Überschuldungsbegriffs in das Strafrecht, 2007, und *Röhm,* Zur Abhängigkeit des Insolvenzstrafrechts von der Insolvenzordnung, 2002.

54 Ausnahme *Bitter,* in: Bachmann/Bachmann-Casper-Schäfer-Veil (Hrsg.), Steuerungsfunktionen des Haftungsrechts im Gesellschafts- und Kapitalmarktrecht 2007, S. 57; *Hirte,* in: Eger/Schäfer (Hrsg.), Internationalisierung des Rechts und seine ökonomische Analyse = Internationalization of the Law and its Economic Analysis, 2008, S. 605.

beschäftigt sich vor allem mit der Gestaltung der Fortbestehensprognose. Die Haftung wird intensiv diskutiert, aber ökonomische Überlegungen und Ansätze nur vereinzelt behandelt. Die Diskussionen in den einzelnen Teilbereichen greifen somit Aspekte anderer Teilbereiche auf. Eine ganzheitliche Betrachtung der Problemfelder Ökonomik, Instrumente der Betriebswirtschaftslehre, Normierung der Insolvenzgründe und deren Durchsetzung mittels Haftung besteht nach eigenem Kenntnisstand derzeit nicht.

## III. Ziel der Arbeit

Ziel der Arbeit ist es, die gesetzliche Normierung der Insolvenzgründe für Unternehmen mit Haftungsbeschränkung und deren Durchsetzung mittels Geschäftsleiterhaftung vor einem ökomischen und betriebswirtschaftlichen Hintergrund daraufhin zu untersuchen, ob und wie eine Prognose der Unternehmensentwicklung theoretisch und praktisch berücksichtigt wird.

Dazu ist zunächst aus ökonomischer Perspektive zu analysieren, welche Konflikte zwischen den Personengruppen bestehen, welche Faktoren eine Rolle spielen und welche grundsätzlichen Prinzipien bei der Gestaltung der Insolvenzgründe zu beachten sind. Zudem ist zu klären, inwiefern prognostische Elemente wirken können und sollten. Es ist zu untersuchen, welche möglichen Antworten die Betriebswirtschaft auf die Frage hat, wie die Prognose der Unternehmensentwicklung zu berücksichtigen ist. Dabei ist auch zu klären, wie die Situation in Unternehmen im insolvenznahen Bereich aussieht und welchen Einfluss dies auf die Berücksichtigung der Prognose haben kann. Bevor diese Erkenntnisse gewonnen werden können, stellt sich die Frage, wie die bestehenden Insolvenzgründe normiert sind und inwiefern die Prognose in der Ausgestaltung und Anwendung zur Geltung kommt. Da die Insolvenzgründe und die damit verbundene Insolvenzantragspflicht mit Haftungsnormen durchgesetzt werden, ist auch für diese zu fragen, ob und wie sie eventuelle prognostische Bestandteile der Insolvenzgründe berücksichtigen.

## IV. Methodik

Es werden eine Vielzahl an Methoden aus Rechts- Betriebs- und Sozialwissenschaft verwendet, was dem interdisziplinären Ansatz der Arbeit geschuldet ist. So werden im ökonomischen Teil der Arbeit Theorien und Modelle herangezogen, um Interessenslagen und Verhaltensweisen der Beteiligten in bestimmten Situationen deduktiv zu erklären. Der betriebswirtschaftliche Teil der Arbeit bedient sich der deskriptiven Darstellung der Möglichkeiten, die die Betriebswirtschaftslehre bietet, die zuvor in der Ökonomik aufgezeigten Problemfälle zu lösen. Der ökonomische und betriebswirtschaftliche Teil der Arbeit sind damit normativ in Bezug auf die Gestaltung der Insolvenzgründe. Der juristische Teil der Arbeit bedient sich der Rechtsdogmatik, um die bestehenden Regelungen zu analysieren und auch vor dem betriebswirtschaftlichen Hintergrund auszulegen. Die Arbeit richtet sich dabei an Wissenschaftler und Praktiker, die in Ansätzen mit der Materie vertraut sind.

Zusätzlich wird ein qualitativ empirischer Ansatz verfolgt, indem im ersten Halbjahr 2012 14 Expertengespräche als semi-strukturierte Leitfadeninterviews[55] durchgeführt wurden. Zunächst wurden anhand eines vorläufigen aus der bestehenden Literatur zum Untersuchungsgegenstand gewonnenen Verständnisses zwei Interviewleitfäden[56] konzipiert. Ziel der Konzeption war es, ein Bild der Praxis des Untersuchungsgegenstandes zu erhalten und einzelne Zusammenhänge und Vermutungen über Zusammenhänge zu überprüfen. Der eine Leitfaden richtet sich an alle Nicht-Geschäftsführer, der andere an alle Geschäftsführer. Erstere Gruppe ist mit Fällen der Insolvenzanmeldung und damit auch der Insolvenzverschleppung aus Sicht eines Dritten befasst. Die Probleme der Praxis können daher offen angesprochen werden. Dies ist bei den Geschäftsführern, die persönlich in der Verantwortung stehen, nicht möglich. Daher ist der Leitfaden dieser Gruppe im Vergleich zur anderen leicht verändert, sodass das Vorgehen der Interviewpartner und die Reaktionen darauf abgefragt wurden. Die Interviewpartner wurden anhand einer Internet-Recherche und durch persönliche Ansprache, auch über Dritte, gewonnen. Die Interviews wurden persönlich zumeist in den Räumlichkeiten der Interviewpartner durchgeführt. Die Art der Auswahl der Gesprächspartner und der Durchführung der Interviews ist dem Umstand geschuldet, dass es sich um eine sehr spezielle Materie mit hohem Sensibilitätscharakter handelt. Die Expertengespräche haben je nach Teilnehmer eine halbe bis zu einer Stunde gedauert. Die Interviews wurden handschriftlich notiert und im Anschluss an das Interview wurde ein Protokoll des Gesprächs gefertigt. Aus diesem wurden dann die Antworten zu den jeweiligen Fragestellungen des Interviews zugeordnet. Interessante Zitate und

---

55 Eine Aufstellung der teilweise anonymisierten Gesprächspartner findet sich im Anhang.

56 Die Leitfäden der Interviews finden sich im Anhang.

Aussagen wurden dem Interviewpartner zur namentlichen oder anonymen Freigabe zugeleitet.

Aus der Struktur der Interviews folgt, dass nicht jeder Interviewpartner alle Fragen beantwortet hat. Der mit der Selektion der Interviewpartner verbundene Auswahlfehler und die Anzahl der Interviews (14) erlauben keine statistisch repräsentativen Aussagen oder Rückschlüsse auf die Praxis. Auch eine quantitative Auswertung der Ergebnisse ist daher nur bei vereinzelten Fragestellungen möglich. Die Expertengespräche haben dem Verfasser aber ein tieferes Verständnis für die Praxis des Untersuchungsgegenstands gebracht. Zudem ermöglichen sie, allgemeine Probleme und Tendenzen der Praxis, allerdings ohne Anspruch auf Allgemeingültigkeit, herauszuarbeiten. Die Interviewergebnisse sind in Form einiger zentraler Aussagen mit quantitativer Hinterlegung und durch einzelne Zitate der Interviewpartner in die Arbeit eingeflossen.

## V. Gang der Untersuchung

Die Arbeit gliedert sich in sieben Abschnitte. Auf die Einleitung folgen ein ökonomischer und ein betriebswirtschaftlicher Teil. Danach werden, eher juristisch, die Insolvenzgründe untersucht und daraufhin die Haftung, die an den Insolvenzgründen hängt, betrachtet. Die Arbeit schließt mit einer Zusammenfassung und Diskussion der Ergebnisse. Die Reihenfolge ergibt sich aus dem Untersuchungsansatz: Die bestehenden Regelungen sollen vor einem ökonomisch-betriebswirtschaftlichen Hintergrund untersucht werden. Daraus folgt, dass zunächst der ökonomische Hintergrund zu untersuchen ist und dann die betriebswirtschaftlichen Möglichkeiten, ihm zu begegnen, bevor die bestehenden Regelungen betrachtet werden können. Die sich dem anschließenden juristischen Teile der Arbeit beginnen mit den Insolvenzgründen selbst, da die sich anschließende Betrachtung der Haftung eine Konsequenz der Missachtung der Insolvenzgründe bzw. der Insolvenzantragspflicht bei deren Vorliegen ist.

Der ökonomische Teil der Arbeit gliedert sich in die ökonomische Theorie und die ökonomischen Analyse. Mithilfe gängiger ökonomischer Theorien werden die grundlegenden Zusammenhänge und Konflikte, die bei der Frage nach der Insolvenzreife eine Rolle spielen, dargestellt und analysiert. Die verwendeten Theorien sind die Theorie der Verfügungsrechte und das Prinzipal-Agenten-Modell. Erstere befasst sich mit der Verteilung und deren Wirkung der Handlungs- und Verfügungsrechte an einem Wirtschaftsgut, in diesem Fall eines Unternehmens. Die Insolvenzeröffnung bedeutet den Übergang der Verfügungsrechte über das

Unternehmen vom Gesellschafter und vor allem der sie vertretenen Geschäftsleitung auf die Gläubiger und deren Stellvertreter. Die Nutzen dieser Gruppen aus der Rechteverteilung vor und nach der Insolvenz werden analysiert. Die für den Untersuchungsgegenstand wichtigere ökonomische Theorie ist die anschließend betrachtete Prinzipal-Agenten-Theorie. Diese analysiert allgemein die Beziehung eines Prinzipals zu einem Agenten, dem er Aufgaben überträgt und die entsprechenden Ressourcen zu deren Erfüllung zur Verfügung stellt. Im Untersuchungskontext wird analysiert, zu welchen Problemen es kommt, wenn Gläubiger als Prinzipal dem Management eines Unternehmens als Agenten Kapital zur Verfügung stellen. Denn das Management kann andere Ziele verfolgen als die Gläubiger. Die sich daraus ergebende Anreizstruktur und deren Auswirkungen werden vor allem vor dem Hintergrund geringer Eigenkapitalausstattung betrachtet.

Der Darstellung der grundlegenden Konflikte der Theorie folgt die ökonomische Analyse, mit deren Hilfe konkrete und durch Annahmen vereinfachte Situationen dargestellt und analysiert werden. Dazu werden drei Modelle verwendet. Zunächst wird ein Entscheidungsbaummodell mit einer Folgeperiode formell dargestellt. Dabei wird eine Investition angenommen, die von einem Eigen- und einem Fremdkapitalgeber finanziert ist und zwei mögliche Wertentwicklungen in der Zukunft haben kann. Mithilfe des Modells wird herausgearbeitet, welche Faktoren bei der Beantwortung der Frage, ob die Investition aus Gläubigersicht sinnvoll ist, eine Rolle spielen. Im nächsten Schritt wird ein von der Grundstruktur her ähnliches Modell mit mehr als einer Folgeperiode betrachtet. Hier werden verschiedene Insolvenzauslöser, die zu verschiedenen Zeitpunkten wirken, betrachtet und in Bezug auf die Minimierung der Gläubigerverluste analysiert. Das dritte Modell baut wieder auf dem ersten Modell auf und betrachtet eine Folgeperiode. Im Unterschied zum ersten, werden jetzt aber zwei verschiedene Gläubigergruppen betrachtet. Eine Gruppe kann die Verträge mit dem Unternehmen nachverhandeln, die andere nicht. Vor diesem Modellhintergrund wird, wie im zweiten untersucht, wie verschiedene Insolvenzauslöser wirken. Somit wird bei der ökonomischen Analyse betrachtet, welche Wirkungen verschiedene Insolvenzauslöser vor dem Hintergrund zukünftiger Wertentwicklungen haben.

Die zukünftige Wertentwicklung und deren Prognose ist Gegenstand des nächsten betriebswirtschaftlichen Teils der Arbeit. Hier wird zum einen untersucht, inwiefern die Analyse von Unternehmenskennzahlen bei der Prognose der zukünftigen Wertentwicklung von Bedeutung sein kann. Dazu wird zunächst auf das grundsätzliche Vorgehen der Insolvenzprognose mittels Kennzahlen eingegangen und dann verschiedene mathematisch-statistische Verfahren angewendet, die das grundsätzliche Vorgehen umsetzen. Zum anderen wird der Frage nachgegangen, ob und wie die Unternehmensplanung die zukünftige Unternehmensentwicklung berücksichtigen kann. Dazu wird zunächst der grundsätzliche Charakter der Unternehmensplanung dargestellt, die neben prognostischen Elementen auch gestalterische ausweist. Dies vorangestellt wird der typische Ablauf einer Planung erläutert, um zu umreißen, was bei einer ganzheitlichen Unternehmensplanung betrachtet wird und wie daneben auch eine isolierte Finanzplanung aussieht. Danach wird auf die Annahmen der Planung eingegangen. Sie sind das prognostische Element in der Planung, und es wird herausgearbeitet, wie sie zu erstellen sind, an welchen Punkten sie wirken und inwiefern sie subjektiv beeinflussbar sind. Es folgt die Betrachtung der Ergebnisgrößen der Unternehmensplanung, zu der die Planung verdichtet wird. Schließlich wird eingehend untersucht, welche Einflüsse die Sondersituation Unternehmenskrise auf eine Planung haben kann. Dazu wird auf den möglichen Verlauf und die Ursachen einer Krise eingegangen und die praktische Situation in einem Krisenunternehmen dargestellt.

Vor dem Hintergrund der so gewonnenen Erkenntnisse werden als Schwerpunkt der Arbeit die Insolvenzgründe in der Reihenfolge ihrer Ausführung in der InsO bearbeitet. Die Analyse der Zahlungsunfähigkeit § 17 InsO betrachtet zunächst die Positionen, die als Zahlungsmittel, und dann solche, die als Zahlungsverpflichtungen angesetzt werden. Um die Frage beantworten zu können, welche Positionen auf der Aktiv- und Passivseite der „Liquiditätsbilanz“ angesetzt werden, wird betrachtet, welche Kriterien bei der Gegenüberstellung der beiden Positionen relevant sind. Dies sind die Kriterien der Dauer und der Wesentlichkeit einer potentiellen Unterdeckung. Nach diesen grundsätzlichen Erwägungen zur Ausgestaltung der Zahlungsunfähigkeit werden die verschiedenen Möglichkeiten der Ermittlung dargestellt. Dies umfasst zunächst die indiziengestützte Methode, die eine Vereinfachung des Nachweises darstellt. Darauf folgt die betriebswirtschaftliche Methode, die die praktische Umsetzung des Ansatzes und der Relation der Aktiva und Passiva der Liquiditätsbilanz umfasst. Schließlich wird bei den Methoden auf strafrechtliche Besonderheiten eingegangen, die sich aus dem Vergleich mit dem im Zivilrecht zu beachtenden strafrechtlichen Grundsätzen ergeben.

Die Analyse der drohenden Zahlungsunfähigkeit (§ 18 InsO) beginnt mit der Betrachtung des Zeithorizontes, innerhalb dessen die Zahlungsunfähigkeit drohen muss. Daraufhin folgt die Zusammenfassung der Aktiva und Passiva der zukünftigen Zahlungsmittelbilanz. Darauf folgt, analog zum Vorgehen bei der Feststellung der Zahlungsunfähigkeit, die Betrachtung der Dauer und Wesentlichkeit des Verhältnisses der beiden Positionen und die möglichen Methoden der Ermittlung. Es wird eine Abgrenzung zur vorangegangenen Untersuchung der

Zahlungsunfähigkeit und unter Inkaufnahme einer geringfügigen Vorwegnahme noch folgender Ergebnisse die Abgrenzung zur Überschuldung vorgenommen.

Als letzter Insolvenzgrund wird die Überschuldung nach § 19 InsO betrachtet. Zunächst werden die verschiedenen theoretisch möglichen Methoden der Überschuldungsmessung dargestellt. Diese sind unterteilt in einstufige Methoden, die zweistufige Methode und die modifizierte zweistufige Methode. Danach wird die rechtliche „Gültigkeit" der Methoden im Zeitablauf überprüft, die zuletzt zwischen der zweistufigen und der modifizierten Methode hin- und herschwankt. Der Unterschied der beiden Methoden liegt in der Stellung der Fortbestehensprognose. Diese wird nachfolgend eingehend untersucht. Es wird untersucht, ob das umstrittene Kriterium zukünftige Zahlungsfähigkeit allein oder darüber hinaus auch die Ertragsfähigkeit Entscheidungskriterium ist. Danach wird auf den Prognosezeitraum, über den sich die Prognose erstrecken muss, eingegangen. Die gesetzliche Anforderung der überwiegenden Wahrscheinlichkeit und deren Umsetzung in einer Prognose ist Gegenstand des darauffolgenden Abschnitts zur Fortbestehensprognose, bevor konstruktiv auf die Anforderungen, die den Annahmen, die der Fortbestehensprognose zugrunde liegen, eingegangen wird.

Auf den Hauptteil der Arbeit, die Untersuchung der Insolvenzgründe der InsO, folgt vor dem zuvor gezeichneten Hintergrund der ökonomischen und betriebswirtschaftlichen Perspektive die Untersuchung der Haftung, mit der die Befolgung der Insolvenzgründe durchgesetzt werden soll. Das Ergebnis der Untersuchung ermöglicht es, unter Berücksichtigung insbesondere praktischer Gesichtspunkte Rückschlüsse auf die Wirkung der Insolvenzgrunde zu ziehen. Adressaten der Normen sind die Geschäftsleiter der Unternehmen. Dazu werden zunächst die zivilrechtlichen Haftungsnormen des § 64 GmbHG und § 92 Abs. 2 AktG – verbotene Zahlungen nach Eintritt der Zahlungsunfähigkeit oder Überschuldung, des § 64 Satz 3 GmbHG und § 92 Abs. 2 Satz 3 AktG – Haftung für die Herbeiführung einer Zahlungsunfähigkeit, § 43 Abs. 2 GmbHG und § 93 Abs. 2 AktG – Haftung aufgrund von Pflichtverletzung und § 15a InsO i. V. m. § 823 Abs. 2 BGB – deliktische Außenhaftung – dargestellt. Zusätzlich wird die Beweis- und Darlegungslast erörtert, die in Bezug auf diese Haftungstatbestände wirkt. Nach der zivil- werden die strafrechtlichen Normen, die eine Missachtung der Antragspflicht sanktionieren (§ 15a Abs. 4 und 5 InsO), oder für die das Vorliegen der Insolvenzgründe Voraussetzung ist (§§ 283 ff. StGB) dargestellt. Auch bei der Darstellung der strafrechtlichen Normen wird auf die Beweis- und Darlegungslast eingegangen. Auf die Betrachtung des Strafrechts folgt gesondert die Betrachtung des subjektiven Tatbestandsmerkmals sowohl aus zivil- als auch aus strafrechtlicher Perspektive.

# B. Ökonomik der Insolvenzgründe

Der nachfolgende Abschnitt befasst sich mit der Ökonomik der Insolvenzgründe. Die ökonomische Analyse bzw. die ökonomische Theorie des Rechts, die hier verwendet wird, hat ihren Ursprung in den USA und basiert auf den grundlegenden Arbeiten von Coase und Posner.[57] Die grundsätzliche Idee dahinter ist, ökonomische Methoden auch bei der Beurteilung von rechtlichen Problemen zu verwenden.[58] Diese fachfremde Verwendung wirft einige methodische Probleme auf, die kurz erörtert werden.

In der Wirtschaftswissenschaft beschäftigen sich die Methoden mit dem Erreichen des dort zentralen Kriteriums: Die knappen Mittel sollen so eingesetzt werden, dass ein maximaler Grad an Wohlfahrt bzw. Nutzen generiert wird.[59] Dieses Kriterium wird auf die Rechtswissenschaft übertragen, und rechtliche Fragestellungen werden danach beurteilt, ob sie Verschwendung von Ressourcen vermeiden und damit die Effizienz von deren Nutzung erhöhen.[60] Zudem unterliegen die Modelle einer hohen Abstraktion des eigentlichen Problems.[61] Um die Abstraktion zu erreichen, müssen vereinfachende Annahmen getroffen werden. Die Grundannahmen, die auch als ökonomisches Paradigma bezeichnet werden, umfassen den methodologischen Individualismus. Dabei wird vom Verhalten des Einzelnen auf das Verhalten aller geschlossen: Die Knappheit der Ressourcen und die Annahmen, dass alle Beteiligten einzig mit dem Ziel handeln, den eigenen Nutzen zu maximieren, und dass sie rational handeln.[62] Die letzten beiden Annahmen werden meist auch zusammengefasst als homo oeconomicus bezeichnet.[63] Neben diesen Grundannahmen können die einzelnen Modelle noch auf weiteren

57 *Fezer*, JZ 1986, 817 (819), über *Coase,* Journal of Law and Economics, 1960, 1; *Posner,* Economic analysis of law, ursprünglich 1973 mittlerweile 2011.

58 *Fezer*, JZ 1986, 817 (819 f.).

59 *Schäfer/Ott*, Lehrbuch der ökonomischen Analyse des Zivilrechts, 2012, S. XXXIII.

60 Vgl. *Salje*, Rechtstheorie 1984, 277 (278, 285); *Eidenmüller*, Effizienz als Rechtsprinzip, 2005, S. 7; *Bitter*, ZBB 2007, 237 (239 f.) *Fezer*, JZ 1986, 817 (820).

61 Vgl. *Salje*, Rechtstheorie 1984, 277 (281); *Eidenmüller*, Effizienz als Rechtsprinzip, 2005, S. 7.

62 *Towfigh/Petersen/Englerth*, Ökonomische Methoden im Recht, 2010, S. 23.

63 *Towfigh/Petersen/Englerth*, Ökonomische Methoden im Recht, 2010, S. 23.

Annahmen basieren, z. B. auf der symmetrischen Informationsverteilung oder der Abwesenheit von Transaktionskosten.

Das Kriterium der Nutzenmaximierung und die ökonomische Reduktion juristischer Sachverhalte führt bei einigen Juristen zur grundsätzlichen Ablehnung des ökonomischen Instrumentariums in ihrer Wissenschaft: „[...] ökonomische Rechtsanalyse und freiheitliches Rechtsdenken sind unvereinbar."[64] Auch die Abstraktion und die Verwendung der grundsätzlichen Annahmen sind Gegenstand von Kritik.[65] Zudem sind die Annahmen selbst realitätsfern: Entgegen der Annahme des methodologischen Individualismus können sich Individuen in Gruppen anders verhalten als einzeln, was in der Soziologie unter dem Begriff der aggregierten Effekte untersucht wird.[66] Die Annahme der Nutzenmaximierung unterschlägt z. B., dass sich ein Individuum altruistisch verhalten kann.[67] Gegen die Rationalitätsannahme sprechen Untersuchungen, denen zufolge Menschen in ihren Entscheidungen fast immer irrational Handeln, wobei diesem Problem teilweise durch Ansätze, die unter dem Begriff Bounded Rationality zusammengefasst werden, begegnet wird.[68] Diese Kritik an den ökonomischen Modellen ist nachvollziehbar. Die Ökonomik kann nicht mit einem Universalitätsanspruch[69] alle rechtlichen Probleme umfassend und abschließend lösen. Zur Kritik an der Abstraktion bis zur Realitätsferne erwidert Posner, dass gerade dieses Mittel nötig ist, um Erklärungen zu liefern.[70] Würde die volle Komplexität der Realität berücksichtigt, würde man diese lediglich beschreiben, nicht aber erklären.[71] So können ökonomische Methoden, deren Beurteilungskriterium das Nutzenmaximum unter Verwendung von realitätsfernen Annahmen ist, nicht die einzigen Methoden sein, die bei der Lösung juristischer Probleme berücksichtigt werden sollten.[72] Aber Sie können eine

---

64 *Fezer*, JZ 1986, 817 (823); ähnlich Van Aaken, in: Bungenberg et al. (Hrsg.), Recht und Ökonomik, 2004, 1(6); siehe dazu bei *Bitter*, ZBB 2007, 237 (239); *Salje*, Rechtstheorie 1984, 277 (289); *Eidenmüller*, Effizienz als Rechtsprinzip, 2005, S. 7.

65 *Fezer*, JZ 1986, 817 (820 f.; 823); vgl. *Mathis*, Effizienz statt Gerechtigkeit? 2009, S. 43.

66 Häberle, in: Neumann (Hrsg.), Ansprüche Eigentum und Verfügungsrechte, 1983, S. 63 (70 f.).

67 Vgl. Häberle, in: Neumann (Hrsg.), Ansprüche Eigentum und Verfügungsrechte, 1983, S. 63 (71).

68 *Simon*, American Economic Review, 1979, 493 (510); siehe dazu auch *Gäfgen*, in: Neumann (Hrsg.), Ansprüche Eigentum und Verfügungsrechte, 1983, S. 43 (56 f.).

69 Zu diesem kritisch *Fezer*, JZ 1986, 817 (819).

70 *Posner*, Economic analysis of law, 2011, S. 18.

71 *Posner*, Economic analysis of law, 2011, S. 18.

72 Vgl. *Towfigh/Petersen/Englerth*, Ökonomische Methoden im Recht, 2010, S. 4.

zusätzliche Komponente der Beurteilung und Bewertung neben den klassischen juristischen Methoden[73].[74]

Die Untersuchung gliedert sich analog der Einteilung von *Kirchner* in die Methoden der ökonomischen Theorie und die der ökonomischen Analyse des Rechts.[75] Unter der ökonomischen Analyse des Rechts versteht er die Ansätze der Chicagoer Schule, die auf ein Effizienzziel abstellen.[76] Dabei geht diese Schule von der Anwendung der neoklassischen Preistheorie zur Erklärung menschlichen Verhaltens und der Annahme effizienter Märkte aus.[77] Die neoklassische Preistheorie bestimmt den Wert eines Gutes mithilfe des subjektiven Nutzens, der aus ihm zu ziehen ist, und bestimmt den Preis-Mengen-Zusammenhang in Form mathematischer Optimierungen.[78] Damit sind diese Modelle am ehesten Gegenstand der vorangegangenen methodischen Kritik. Die ökonomische Theorie umfasst Kirchner zufolge Methoden, die unterschiedliche Verhaltensannahmen, soziale Interaktionen und methodische Vorgaben berücksichtigen können und mit denen Gestaltungsvorschläge für den Handlungsrahmen und damit die Reglementierung eines Problems erarbeitet werden können.[79] Dabei ist das Handeln auf Märkten nicht Gegenstand der Betrachtung.[80] So werden nachfolgend Methoden mit einem weiteren, realistischeren Annahmenspektrum unter dem Begriff der ökonomischen Theorie aufgeführt. Modelle mit starren Annahmen, die so eine eher mathematische Beschreibung des Problems und damit eine klare Lösung ermöglichen, werden unter dem Begriff der ökonomischen Analyse zusammengefasst.

Dabei soll herausgearbeitet werden, welche konkreten ökonomischen Ansätze es gibt, um die Probleme im Zusammenhang mit der Insolvenzreife und möglichen Insolvenzgründen zu analysieren. Der ökonomische Untersuchungsansatz

---

73 Vgl. *Towfigh/Petersen/Englerth*, Ökonomische Methoden im Recht, 2010, S. 4.

74 *Salje*, Rechtstheorie 1984, 277 (290).

75 Vgl. *Kirchner*, Ökonomische Theorie des Rechts: Überarbeitete und ergänzte Fassung eines Vortrages, gehalten vor der Juristischen Gesellschaft zu Berlin am 16. Oktober 1996, 1997, 7.

76 Vgl. *Kirchner*, Ökonomische Theorie des Rechts: Überarbeitete und ergänzte Fassung eines Vortrages, gehalten vor der Juristischen Gesellschaft zu Berlin am 16. Oktober 1996, 1997, 7.

77 *Reder*: Chicago School, in: Durlauf/Blume (Hrsg.): The New Palgrave – Dictionary of Economics, New York 2008, S. 760 (760).

78 *Bontrup*, Volkswirtschaftslehre, 2004, S. 222.

79 *Kirchner*, Ökonomische Theorie des Insolvenzrechts, 30.01.2002.

80 *Kirchner*, Ökonomische Theorie des Rechts: Überarbeitete und ergänzte Fassung eines Vortrages, gehalten vor der Juristischen Gesellschaft zu Berlin am 16. Oktober 1996, 1997, 7.

soll zeigen, welche Konflikte zwischen den Personengruppen bestehen, welche Faktoren eine Rolle spielen und welche grundsätzlichen Prinzipien bei der Gestaltung der Insolvenzgründe zu beachten sind. So können zum einen eine theoretische Fundierung der Insolvenzreife und vereinzelt können auch Hinweise auf die praktische Gestaltung der Insolvenzgründe geliefert werden. Von der Untersuchung können im Sinne der vorangegangenen Diskussion der Anwendbarkeit ökonomischer Methoden im Recht keine klaren Regelungsvorschläge erwartet werden. Auch direkte Übertragungen von Erkenntnissen, die unter solch künstlichen Modellbedingungen getroffen werden, auf das Recht sind kritisch zu sehen.[81]

Die Betrachtung konzentriert sich auf die Geschäftsleitung und die Fremdkapitalgeber. Teilweise wird statt des Managements auch der Eigentümer betrachtet. In diesem Fall wird aber angenommen, dass im Konflikt mit dem Gläubiger Management und Eigentümer gleiche Interessen verfolgen. Es soll insbesondere auch herausgearbeitet werden, welche Rolle prognostische Elemente in der ökonomischen Diskussion spielen.

# I. Ökonomische Theorie des Rechts

Diese hier verwandten Theorien gehören zum Feld der „Neuen Institutionenökonomik". Diese versteht unter Institutionen das System von Werten und Normen, formeller oder informeller Art, die das Verhalten des Einzelnen steuern sollen.[82] Die Neue Institutionenökonomik beschäftigt sich mit der Wirkung und Gestaltung dieser Institutionen. Nachfolgend werden zwei Theorien der Neuen Institutionenökonomik zur Beurteilung der Insolvenzgründe verwendet: Die Theorie der Verfügungsrechte und die Prinzipal-Agenten-Theorie.

## 1. Theorie der Verfügungsrechte

### a) Grundsätze

Die Theorie der Verfügungsrechte (Property Rights) kann als Basis der anderen Theorien der Neuen Institutionenökonomik verstanden werden.[83] Sie beschäftigt sich

81 So für die Überschuldung *Schmidt,* ZfB 1984, 717 (724).

82 *Richter/Furubotn,* Neue Institutionenökonomik: Eine Einführung und kritische Würdigung, 2003, S. 513.

83 *Rudolph,* Unternehmensfinanzierung und Kapitalmarkt, 2006, S. 117.

mit der Art der ökonomisch relevanten Handlungs- und Verfügungsrechte an einem Gut und ihrer Durchsetzung.[84] Diese werden in verschiedene Arten unterschieden:

- das Recht ein Wirtschaftsgut zu nutzen,
- das Recht in den Genuss der Erträge eines Wirtschaftsgutes zu kommen,
- das Recht das Wirtschaftsgut zu verändern und schließlich
- das Recht ein Wirtschaftsgut zu veräußern.[85]

Die Theorie der Verfügungsrechte kann durch die Tragik der Allmende veranschaulicht werden.[86] Ein Beispiel dafür ist die Nutzung von Wildbeständen. Werden diese durch alle genutzt, kommt es zu einer Bestandsreduktion durch Überjagung, die auf Dauer zu einer geringeren Ausbeute führt. Der einzelne betrachtet die Kosten seiner Nutzung (externe Kosten) nicht. Die Nutzung eines Gutes, an dem jeder über alle Rechte verfügt, führt damit zu einem sinkenden Gesamtnutzen des Gutes für alle. Erst eine Verteilung der Nutzungsrechte führt dazu, dass der Rechteinhaber die externen Kosten seiner Nutzung berücksichtigt.[87] Daraus folgt, dass je vollständiger die Verfügungsrechte an einem Wirtschaftsgut einem handelnden Wirtschaftssubjekt zugeordnet sind, desto effizienter werden sie genutzt.[88]

In einer Welt ohne Kosten der Rechteübertragung verteilen sich die Verfügungsrechte an einem Wirtschaftsgut so, dass die durch die Güter generierte Wohlfahrt optimal ist. Denn derjenige, der den höchsten Nutzen aus einem Recht zieht, wird dieses erwerben. Dies ist in der realen Welt nicht der Fall. Kosten der Rechteübertragung werden in der Neuen Institutionenökonomik als Transaktionskosten berücksichtigt.[89] Sie resultieren aus der begrenzten Rationalität der Wirtschaftssubjekte.[90]

---

84 *Williamson,* De Economist 1998, 23 (40).

85 *Rudolph,* Unternehmensfinanzierung und Kapitalmarkt 2006, S. 124.

86 etwa *Richter/Furubotn,* Neue Institutionenökonomik: Eine Einführung und kritische Würdigung, 2003, S. 119.

87 *Rudolph,* Unternehmensfinanzierung und Kapitalmarkt, 2006, S. 124.

88 *Rudolph,* Unternehmensfinanzierung und Kapitalmarkt, 2006, S. 124.

89 *Richter/Furubotn,* Neue Institutionenökonomik: Eine Einführung und kritische Würdigung, 2003, S. 51. Die Theorie der Transaktionskosten geht aus dem Coase-Theorem zurück, das zu klären sucht, warum einige Aktivitäten innerhalb eines Unternehmens organisiert und durchgeführt werden, andere Aktivitäten ausgelagert sind und auf Märkten eingekauft werden. Das Problem wird durch die Existenz von Transaktionskosten erklärt, die die Beschaffung von Aktivitäten auf Märkten verteuert und die durch eine Organisation im Unternehmen vermieden werden können; *Coase,* Journal of Law and Economics, 1960, 1.

90 Die „Bounded Rationality“ reflektiert die Tendenz des Einzelnen, aufgrund seiner Beschränktheit, seines begrenzten Wissens und seiner Fehlerneigung nicht effizient

Daher wird eine Umverteilung von Verfügungsrechten dann für wohlfahrtssteigernd erachtet, wenn der Nutzen, den der neue Rechteinhaber erzielt, größer ist als der Nutzen des alten Rechteinhabers zuzüglich der Transaktionskosten.

### b) Anwendung

Ein Unternehmen, das sich in einem Insolvenzverfahren befindet, unterscheidet sich von einem, bei dem das nicht der Fall ist, darin, dass das Management von ersterem seine Verfügungsrechte an die Gläubiger abtreten musste.[91] Für die Entscheidung, ob es für ein Unternehmen besser ist, insolvent zu sein, sind somit folgende Größen relevant: der Nutzen des Managements und der der Fremdkapitalgeber mit und ohne Insolvenz und die Transaktionskosten der Rechteübertragung, was in diesem Fall den Insolvenzkosten entspricht.[92]

In einer Situation ohne Insolvenz zieht das Management neben dem Gehalt Nutzen aus der sozialen Stellung, der Macht, dem Ansehen und der Sicherheit, die mit der Position verbunden sind. Der Nutzen, den die Fremdkapitalgeber aus Ihrer Anlage ziehen ist der Wert ihrer Investition. Dieser Wert kann als Barwert der diskontierten Zins- und Tilgungsleistungen aus dem Unternehmen verstanden werden. Bei einem insolventen Unternehmen werden die Rechte des Managements auf die Fremdkapitalgeber oder deren Agenten übertragen.[93] Als Agenten des Fremdkapitals können der Gläubigerausschuss (§ 67 InsO), der vorläufige Sachwalter, der vorläufige Insolvenzverwalter und der Insolvenzverwalter aufgefasst werden. Der Nutzen des Managements bei einer Insolvenz ist abhängig davon, ob das Unternehmen mit dem bisherigen Management fortgeführt wird. Ist dies der Fall, zieht das Management auch in der Insolvenz Nutzen aus seiner Position.[94] Solche Nutzen, wie Stellung, Macht, Ansehen und Sicherheit, sind in der Insolvenz reduziert, weil die Verfügungsgewalt nicht mehr allein beim Management liegt. Wird das Unternehmen nicht oder mit einem anderen Management fortgeführt, zieht das alte Management durch den Verlust seiner Verfügungsrechte keinen Nutzen mehr aus dem Unternehmen. Der Nutzen des Fremdkapitals ist

---

zu handeln; *Richter/Furubotn,* Neue Institutionenökonomik: Eine Einführung und kritische Würdigung, 2003, S. 51.

91 Die Verfügungsrechte gehen zwar auf den Insolvenzverwalter über, es gilt aber Grundsatz der Gläubigerautonomie des Insolvenzrechts.

92 Auf die Betrachtung der Position der Eigenkapitalgeber wird gemäß der Zielsetzung der Arbeit verzichtet.

93 *Hax*, ZgS 1985, 80 (80 f.).

94 *Baird*, International Review of Law and Economics, 1991, 223 (232).

wieder als Barwert aus Zins- und Tilgungsleistungen aus dem Unternehmen zu verstehen. Woraus sich diese Zahlungen speisen, ist abhängig von der Unternehmensverwertung. In der Insolvenz kommt der Faktor der Insolvenzkosten hinzu, der aus den direkten und den indirekten Kosten besteht.[95] Die direkten Kosten sind die Verfahrenskosten für den Insolvenzverwalter, die Berater und die Anwälte.[96] Indirekte Kosten entstehen durch den Verlust von Ertragspotentialen, z. B. aufgrund von Ansehensverlust, Kundenabwanderung, verteuerter Belieferung.[97] Die Insolvenzkosten reduzieren die Ausschüttung an die Gläubiger, weshalb sie beim Barwert für die Fremdkapitalgeber mit berücksichtigt werden. Somit verliert das Management Nutzen teilweise oder komplett. Die Nutzensituation der Fremdkapitalgeber ist abhängig vom Vergleich der Barwerte in beiden Situationen.

### c) Ergebnis

Die Antwort auf die Frage, ob ein Unternehmen insolvent oder nicht insolvent sein sollte, hängt aus Sicht der Theorie der Verfügungsrechte davon ab, ob oder wie sich der Nutzenverlust des Managements durch eine Steigerung des Barwertes des Fremdkapitals kompensieren lässt. Aus diesen Überlegungen kann auch der Schluss gezogen werden, dass das Management aufgrund des damit verbundenen Nutzenverlustes keine Insolvenz auslösen wird. Unterstellt man ferner die aus der Unternehmenspraxis abgeleitete Überlegung, dass der Nutzen des Managements im Vergleich zum Barwert des Fremdkapitals gering ist, wird deutlich, dass aus Gläubigersicht die Auslösung einer Insolvenz hauptsächlich ein Nutzenoptimierungsproblem darstellt.

## 2. Prinzipal-Agenten-Modell

### a) Grundsätze

Das Prinzipal-Agenten-Modell hat sich als wichtiges Modell zur Erläuterung des menschlichen Verhaltens herausgebildet. Basierend auf den grundlegenden Überlegungen von Jensen/Meckling[98] ist es eine, wenn nicht *die* Methode, um Firmen und dabei insbesondere die Trennung zwischen Eigentum und Management

---

95 *Bigus/Schachner*, in: Eger/Schäfer (Hrsg.), Internationalisierung des Rechts und seine ökonomische Analyse = Internationalization of the Law and its Economic Analysis, 2008, S. 577 (577).

96 *Drukarczyk*, BFuP 1995, 40 (40).

97 *Altmann*, The Journal of Finance, 1984, 1067 (1067).

98 *Jensen/Meckling*, Journal of Financial Economics 1976, 305.

theoretisch zu fundieren.[99] Die Grundüberlegung des Modells ist einfach. Ein Prinzipal überträgt Befugnisse und Aufgaben auf einen Agenten.[100] Dieser soll die Befugnisse nutzen, um die ihm gestellte Aufgabe im Sinne des Prinzipals zu erledigen.[101] Es wird angenommen, dass beide Parteien ihre eigenen Ziele verfolgen, sie, ökonomisch ausgedrückt, rationale Nutzenmaximierer sind.[102] Damit der Agent die gleichen Ziele wie der Prinzipal verfolgt, kann dieser dem Agenten Anreize setzen, in seinem Sinne zu handeln.[103] In der realen Welt besteht meist eine asymmetrische Informationslage und nur der Agent ist über die relevanten Fakten informiert (hidden Information).[104] Daher kann der Prinzipal nicht ohne Weiteres erkennen, dass der Agent sich wie vereinbart verhält (hidden Action).[105] Der Agent kann einen Anreiz haben, entgegen den Vereinbarungen mit dem Prinzipal zu handeln, wenn er dadurch einen persönlichen Vorteil hat (Moral Hazard).[106] Dies kann beispielsweise dadurch geschehen, dass der Agent seine Leistung reduziert oder Vermögen, das dem Prinzipal zusteht, zu sich selbst umleitet.[107] Alle Kosten, die dadurch entstehen, werden als Agency-Kosten bezeichnet. Dazu zählen die Kosten für die Überwachung des Agenten, die seiner Belohnung und der Residualverlust, der Auftritt, wenn der Agent sich doch nicht im Sinne des Prinzipals verhält.[108] Um diese Agency-Kosten zu vermeiden, bestehen aus rechtlicher Sicht zwei grundsätzliche Möglichkeiten.[109] Eine Möglichkeit ist die Einführung von Regeln, die die Beziehung zwischen Prinzipal und Agent als Sachverhalt erfassen und das Verhalten des Agenten direkt beeinflussen sollen.[110] Die andere Möglichkeit ist, das Verhältnis zwischen Prinzipal und Agent (Governance) so zu gestalten, dass

---

99 *Erlei/Sauerland/Leschke*, Neue Institutionenökonomik 2007, S. 77.

100 *Jensen/Meckling*, Journal of Financial Economics, 1976, 305 (308).

101 *Jensen/Meckling*, Journal of Financial Economics, 1976, 305 (308).

102 *Jensen/Meckling*, Journal of Financial Economics, 1976, 305 (308).

103 *Jensen/Meckling*, Journal of Financial Economics, 1976, 305 (308).

104 *Armour/Hansmann/Knot*, in: Kraakman/Armour/Davies et al. (Hrsg.), The anatomy of corporate law, 2009, S. 35, 359.

105 *Armour/Hansmann/Knot*, in: Kraakman/Armour/Davies et al. (Hrsg.), The anatomy of corporate law, 2009, 35 (35).

106 *Rudolph*, Unternehmensfinanzierung und Kapitalmarkt, 2006, 139.

107 *Armour/Hansmann/Knot*, in: Kraakman/Armour/Davies et al. (Hrsg.), The anatomy of corporate law, 2009, 35 (35).

108 *Jensen/Meckling*, Journal of Financial Economics 1976, 305, 308.

109 *Armour/Hansmann/Knot*, in: Kraakman/Armour/Davies et al. (Hrsg.), The anatomy of corporate law, 2009, 35 (35).

110 *Armour/Hansmann/Knot*, in: Kraakman/Armour/Davies et al. (Hrsg.), The anatomy of corporate law, 2009, 35 (35).

die Kontrolle des Agenten einfacher wird.[111] Dazu kommen Lösungen der ökonomischen Theorie, wie Informations- und Kontrollsysteme, Anreizverträge, die die Ziele des Agenten an die des Prinzipals binden, Monitoring durch den Prinzipal, Reporting und Bonding durch den Agenten und der Aufbau von Reputation.[112]

## b) Anwendung

Der hier vorliegende Konflikt zwischen dem Schuldner, vertreten durch das Management und die Gläubiger, kann als Agency-Problem aufgefasst werden.[113] Die Gläubiger überlassen als Prinzipal dem Schuldner als Agenten Ressourcen, beispielsweise als Bankkredit oder in Form von Warenlieferungen. Der Agent soll die Ressourcen gewinnbringend für den Betrieb des Unternehmens einsetzen. Der Agent kann die Ressourcen aber auch anderweitig oder anders verwenden, z. B. für seinen privaten Konsum oder für besonders riskante Geschäfte. Da ein Gläubiger nicht vollständig über die Aktivitäten des Schuldners informiert sein kann, ist es ihm nicht möglich, ihn schädigendes Verhalten sofort wahrzunehmen. Welche Auswirkungen dies haben kann, wird nachfolgend anhand von graphischen Darstellungen gezeigt.

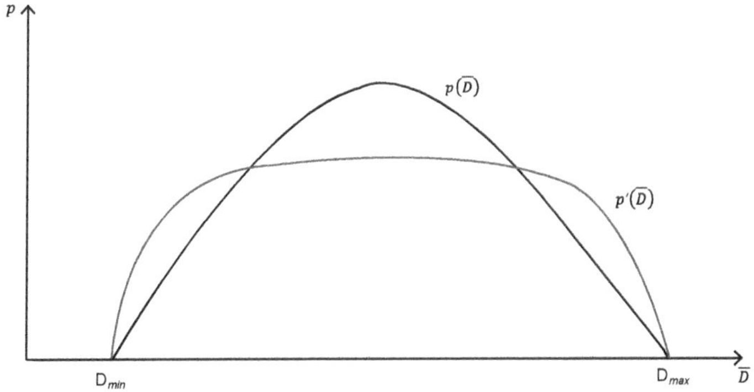


*Abb. 4: Dichtefunktionen*[114]

111 *Armour/Hansmann/Knot*, in: Kraakman/Armour/Davies et al. (Hrsg.), The anatomy of corporate law, 2009, 35 (35).

112 *Rudolph,* Unternehmensfinanzierung und Kapitalmarkt 2006, S. 124.

113 *Armour/Hansmann/Knot*, in: Kraakman/Armour/Davies et al. (Hrsg.), The anatomy of corporate law, 2009, 35 (36).

114 Eigene Darstellung in Anlehnung an *Bitz/Hemmerde/Rausch*, Gesetzliche Regelungen und Reformvorschläge zum Gläubigerschutz: Eine ökonomische Analyse, 1986, S. 12.

Abbildung 4 zeigt zwei Dichtefunktionen der Zufallsvariablen $\bar{D}$ die die Wahrscheinlichkeiten des Rückflusses einer Investition darstellen. $p(\bar{D})$ ist dabei weniger riskant als $p'(\bar{D})$, da es weniger wahrscheinlich zu extremen Ergebnissen nahe $D_0$ und $D_1$ kommt. Die aus den Dichtefunktionen resultierenden Verteilungsfunktionen können auch als Risikoprofil einer Investition bezeichnet werden. Abbildung 5 zeigt ein solches Risikoprofil exemplarisch. Dabei gibt jeder Punkt des Graphen die Wahrscheinlichkeit auf der Ordinate an, dass der zugehörige Wert $\bar{D}$ der Abszisse erreicht wird.

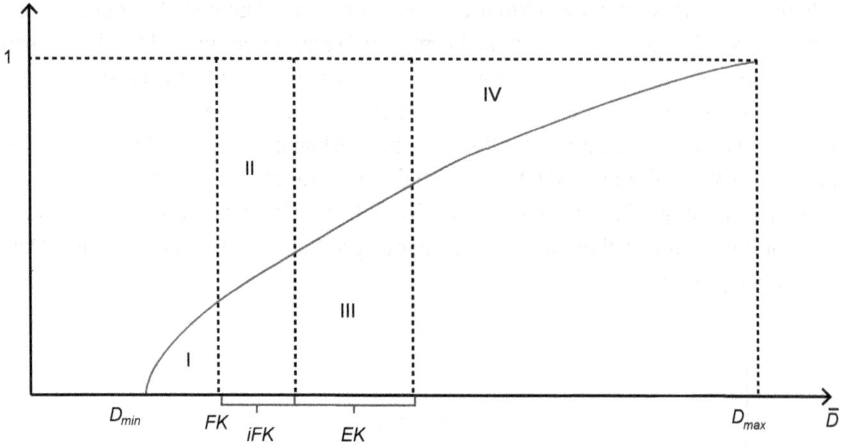


*Abb. 5: Exemplarisches Risikoprofil*[115]

In Abbildung 5 wird die Darstellung um die an der Investition Beteiligen erweitert. *FK* bezeichnet das eingesetzte Fremdkapital, *iFK* die am Ende der Investition fälligen Zinsen. *EK* bezeichnet das eingesetzte Eigenkapital. Die Nummerierungen von I bis IV bezeichnen die eingeschlossenen Flächen. Die Fläche I skizziert die Verlustrisiken der Fremdkapitalgeber und Fläche II ihre Gewinnchancen. Fläche III skizziert die Verlustrisiken der Eigenkapitalgeber, Fläche IV deren Gewinnchancen.

115 Eigene Darstellung in Anlehnung an *Bitz/Hemmerde/Rausch*, Gesetzliche Regelungen und Reformvorschläge zum Gläubigerschutz: Eine ökonomische Analyse, 1986, S. 18.

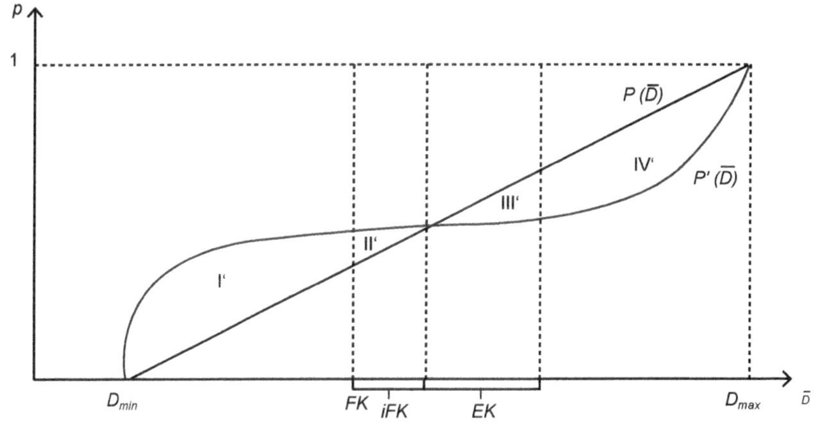


*Abb. 6: Risikoprofilvergleich*[116]

Abbildung 6 skizziert die Risikoprofile der Dichtefunktionen aus Abbildung 4, was einer Verteilungsfunktion entspricht. Vergleicht man die zugehörigen Risiko- und Gewinnchancen nach Eigen- und Fremdkapitalpositionen, ergibt sich folgendes Bild: Fläche I' stellt die zusätzlichen Verlustrisiken, Fläche II' die Reduktion der Gewinnchancen der Fremdkapitalgeber dar. Während Fläche III' die Reduktion der Verlustrisiken und Fläche IV' die Steigerung der Ergebnischancen der Eigenkapitalgeber darstellt. Ein riskanteres Risikoprofil einer Investition wirkt sich in diesem Modell einseitig zulasten der Fremdkapitalgeber aus, während die Eigenkapitalgeber profitieren.

Die Situation verschärft sich, wenn, wie in Abbildung 7 dargestellt, eine Eigenkapitalreduktion von *EK* auf *EK'* stattfindet und sich der Gesamtkapitalbedarf um diesen Betrag verringert. Bei dem ursprünglichen Risikoprofil $P(\bar{D})$ ergibt sich durch die Eigenkapitalreduktion für den Schuldner eine Erhöhung der Gewinnchancen um die Fläche I und eine Reduktion der Risikochancen um die Flächen II und III. Ein Wechsel zum Risikoprofil $P'(\bar{D})$ generiert eine zusätzliche Gewinnchance, dargestellt durch Fläche III. Ein riskanteres Risikoprofil bei reduziertem Eigenkapital erhöht die Gewinnchancen, ohne zu zusätzlichen Verlustrisiken zu führen. Ist gar kein Eigenkapitalmehr vorhanden, steigt der Anreiz, Risiken einzugehen, ins mathematisch gesehen unermessliche.

116 Eigene Darstellung in Anlehnung an *Bitz/Hemmerde/Rausch*, Gesetzliche Regelungen und Reformvorschläge zum Gläubigerschutz: Eine ökonomische Analyse, 1986, S. 70.

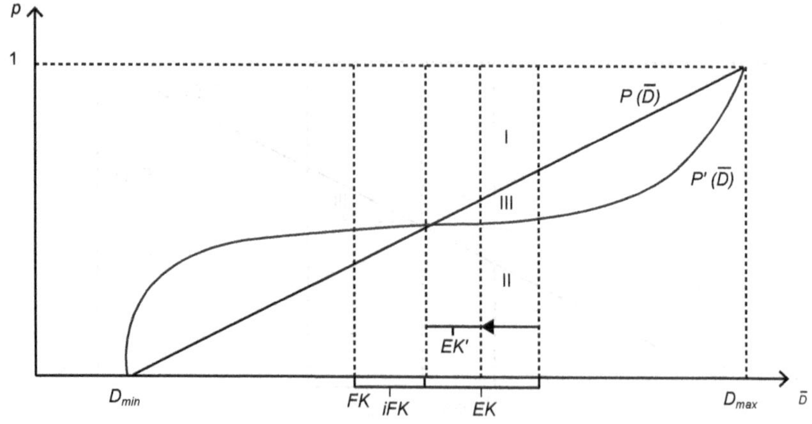


*Abb. 7: Risikoprofile mit reduziertem Eigenkapital*[117]

### c) Ergebnis

Die Überlegungen zeigen, dass der Schuldner einen Anreiz hat, eine riskantere Geschäftspolitik zu verfolgen. Dieser Anreiz wird bei reduziertem Eigenkapital verschärft, da der Eigenkapitalgeber weniger eigenes Geld „im Feuer" hat. Daraus folgt, dass in einer Situation mit reduziertem Eigenkapital Gesetze greifen sollten, die gläubigerschädigendes Verhalten unterbinden und die Beobachtbarkeit der Situation und der Handlungen des Schuldners erhöhen. Besteht kein Eigenkapital mehr ist es sinnvoll, dem Schuldner die Verfügungsgewalt über das Gläubigervermögen zu entziehen, die Prinzipal-Agenten-Situation aufzulösen.

## II. Ökonomische Analyse des Rechts

Im Folgenden werden vier statistische Modelle dargestellt, die in einem engen Annahmenrahmen mögliche Insolvenzgründe analysieren. Zu den Annahmen zählen, wie im vorangegangenen Beispiel auch, dass die einzelnen Parteien

117 Eigene Darstellung in Anlehnung an *Bitz/Hemmerde/Rausch*, Gesetzliche Regelungen und Reformvorschläge zum Gläubigerschutz: Eine ökonomische Analyse, 1986, S. 70.

vollständig über alle relevanten Informationen verfügen und dass es keine Transaktionskosten gibt. Ferner sind die für möglich gehaltenen zukünftigen Zustände endlich und die Wahrscheinlichkeit ihres Eintritts wird von allen Parteien gleich eingeschätzt. Es wird zunächst ein einfaches Modell mit nur einer Folgeperiode betrachtet. Das darauffolgende Modell umfasst mehrere Perioden. Zuletzt wird in einem zweiperiodigen Modell die Situation mit verschiedenen Gläubigergruppen abgebildet. Die im Modellrahmen betrachteten Antragsgründe sind die Zahlungsunfähigkeit und Überschuldung, jeweils im eingetretenen oder drohenden Zustand. Die Vereinfachungen der Modelle erlauben aber keine genaue Abbildung dieser möglichen Insolvenzgründe. Die Bezeichnungen richten sich daher nach den grundlegenden Konzeptionen dieser Gründe und sind daher nicht deckungsgleich zu den später zu behandelnden, gesetzlich normierten Insolvenzgründen. Die verwendeten Modelle der ökonomischen Analyse sind als optimales Gläubigerkalkül konstruiert. Daher wird ihnen eine größere Relevanz für die Gestaltung des Insolvenzrechts abgesprochen.[118] Zum einen, weil die exekutorische Betrachtung aus Sicht der Gläubiger nicht verallgemeinert werden kann, da die Gläubigerstrategie von der individuellen Gläubigerbesicherung abhänge, und andererseits, weil die externe Sicht verkenne, dass eine zeitlich sinnvolle Insolvenzauslösung nur aus dem Unternehmen selbst erfolgen kann.[119] Um ersterem Argument zu begegnen, wird im Modell mit zwei Gläubigergruppen auf eine unterschiedliche Sicherheitenstruktur der Gläubiger eingegangen. Es ist aber zutreffend, dass sich Modelle grundsätzlich Vereinfachungen bedienen, um einige wesentliche Elemente eines Problems zu untersuchen, und deshalb nicht jeden Einzelfall in dieser Hinsicht berücksichtigen können. Dem zweiten Argument kann das Ergebnis der Anwendung der Prinzipal-Agenten-Theorie entgegengehalten werden. Die Geschäftsleitung, die aus dem Unternehmen heraus am besten über eine Insolvenzantragstellung entscheiden kann, hat dazu keine Anreize. Im Sinne des Gläubigerschutzes sollten sehr wohl die Gläubigersituation optimierende Überlegungen in die Gestaltung der Insolvenzgründe mit einfließen. Dass diese dann im Rahmen einer haftungsbewehrten Selbstprüfungspflicht aus dem Unternehmen heraus zur Anwendung kommen müssen, ist wiederum unstrittig. Daher können zwar, wie bereits erwähnt, keine aus jeder Sicht optimalen Regelungen aus diesen Modellen abgeleitet werden, aber dennoch Hinweise auf die Gestaltung der Regelungen herausgearbeitet werden.

118 Vgl. *Schmidt*, JZ 1982, 165 (166).
119 Vgl. *Schmidt*, JZ 1982, 165 (166).

## 1. Modell mit einer Folgeperiode

### a) Einleitung

Van Horne veröffentlichte 1987 seine Überlegungen zur optimalen Insolvenzauslösung aus Gläubigersicht.[120] Er verwendet ein Entscheidungsbaummodell über zwei und erweitert es auf drei Perioden, um die optimale Gläubigerstrategie zur Insolvenzauslösung zu berechnen. Im Folgenden wird das Modell Van Hornes über eine Folgeperiode dargestellt, um die wesentlichen Ergebnisse nachzuvollziehen und das darauffolgende Modell mit mehreren Folgeperioden vorzubereiten.[121]

### b) Modell

Das Modell stellt eine Investition in der Höhe dar, die vor den betrachteten Zeitpunkten getätigt wurde und in der Folgeperiode zu einer Auszahlung führt. Diese kann im Vergleich zur ersten Periode zu einem Wertgewinn oder -verlust führen. An der Investition sind Eigen- und Fremdkapitalgeber beteiligt. Es wird angenommen, dass die Fremdkapitalgeber in der Lage sind, zum ersten Zeitpunkt eine Insolvenz herbeizuführen, da die Investition jetzt und in der Folgeperiode keine Auszahlungen an die Eigenkapitalgeber erlaubt. Die Vorteilhaftigkeit der Entscheidung wird durch den Barwert der an sie fließenden Zahlungen berechnet. Es wird untersucht, inwiefern eine sofortige Insolvenz aus Gläubigersicht sinnvoll ist.

Folgende Bezeichnungen und Relationen liegen dem Modell zugrunde: Eine Investition hat einen Wert in $t = 0$ in Höhe von $X_0$ und in $t = 1$ den Wert $X_1$. Zwischen dem Ausgangs- und dem Folgezeitpunkt können zwei Entwicklungen eintreten: eine Insolvenz, die Insolvenzkosten mit sich bringt, oder keine Insolvenz. Zur Insolvenz kommt es mit der Wahrscheinlichkeit $p_I$. Es besteht ein risikofreier Zins in Höhe von $i$, zu dem der Fremdkapitalgeber das Vorhaben finanziert hat und mit dem auch der Eigenkapitalinvestor die Investition bewertet. Beide Finanziers haben zu jedem Zeitpunkt die gleichen Erwartungen an die Auszahlungen (symmetrische Informationslage). Wird die Investition liquidiert, treten „Insolvenzkosten“ von $C_t$ auf.

120 *Van Horne,* The Journal of Finance, 1976, 897.

121 Daher hier und im Folgenden *Van Horne*, The Journal of Finance, 1976, 897.

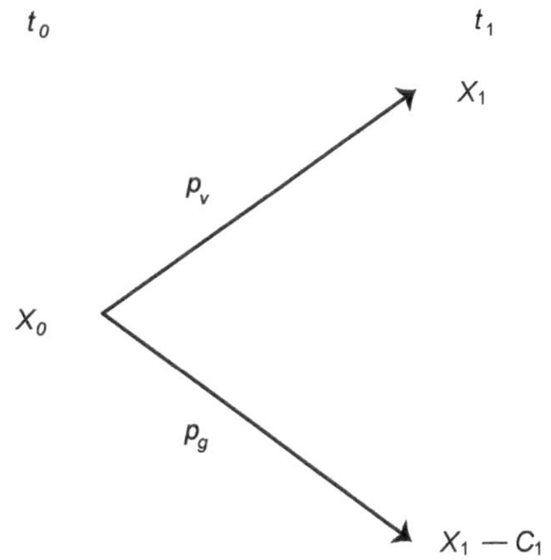


*Abb. 8: Entscheidungsbaum mit einer Folgeperiode*

Der Barwert der Auszahlungen an die Gläubiger bei Fortführung der Investition $BW_I^{FK,F}$ ergibt sich aus:

(1) $BW_{KI}^{FK,F} = (1 + i)^{-1}[(1 - p_i)(X_1) + (p_i)(X_1 - C_1)]$

Der Barwert der Auszahlungen an die Gläubiger mit Insolvenzanmeldung $BW_I^{FK,I}$ ergibt sich aus:

(2) $BW_I^{FK,I} = X_0 - C_0$

Aus Gläubigersicht ist es optimal, eine Insolvenz auszulösen, wenn der Barwert mit Insolvenz größer ist als der ohne. Daraus ergibt sich folgende Relation:

(3) $X_0 - X_1(1 + i)^{-1} > C_0 - (p_i - C_1)(1 + i)^{-1}$

Eine Insolvenz ist mithin vorteilhaft, wenn die Wertentwicklung der Auszahlungen größer ist als die erwartete Steigerung der Insolvenzkosten.[122] Damit sind die Wertentwicklung der Investition und die Steigerung der Insolvenzkosten die wesentlichen Parameter, um zu entscheiden, ob aus Gläubigersicht eine Insolvenz ausgelöst werden sollte.[123]

122 *Van Horne,* The Journal of Finance, 1976, 897 (903).

123 So die Ergebnisse ihrer Untersuchung von 73 Reorganisationsversuchen in der Insolvenz in den USA, zusammenfassend *Moulton/Thomas*, Strategic Management Journal, 1993, 125 (132).

### c) Ergebnis

Die Relevanz der Insolvenzkosten und der Wertentwicklung sind die wesentlichen Faktoren bei Ermittlung der Vorteilhaftigkeit einer Insolvenz aus Gläubigersicht. Ob die Gläubiger bei ihrer Entscheidung aber auch wirklich über die Wertentwicklung des Unternehmens und die der Insolvenzkosten informiert sind, ist zweifelhaft. Für die Insolvenzkosten könnten empirische Untersuchungen einen Vergleichs- oder Erfahrungswert liefern. Derartige Untersuchungen wurden auch in den USA unternommen.[124] Die Ergebnisse sind aber nicht eindeutig und zum Teil aufgrund verschiedener Bezugsgrößen auch nicht vergleichbar. In Bezug auf den Unternehmenswert reicht die Bandbreite in den USA beobachteter Insolvenzkosten von 16,7 %[125] bis 23 %[126]. Ob diese Ergebnisse auf den deutschen Rechtsraum übertragbar sind, ist fraglich. Für Deutschland selbst fehlen derartige Untersuchungen. Die Wertentwicklung des Unternehmens wird der Sache nach immer vom individuellen Unternehmen, dessen Wertentwicklung und dessen potentiellen Insolvenzkosten abhängen.

## 2. Modell mit mehr als einer Folgeperiode

### a) Einleitung

Drukarczyk untersuchte 1981 in einem Beitrag zur wissenschaftlichen Diskussion um die Reform der damals geltenden Konkurs- bzw. Vergleichsordnung verschiedene Auslösekriterien aus rationaler Gläubigersicht.[127] Seine Untersuchungen basieren zunächst auf einem Entscheidungsbaum, dessen Erkenntnisse er um eine Fallbetrachtung verschiedener Größenrelationen erweitert.[128] Die Betrachtung mittels Entscheidungsbaum ähnelt sehr dem Modelldesign von Van Horne[129]. Im Unterschied zu ihm verwendet Drukarczyk ein Modell über vier Perioden (Van Horne: 2). Im Folgenden wird das Modell Drukarczyk rekonstruiert, um die Erkenntnisse nachzuvollziehen und in den Kontext des Untersuchungsgegenstands einzubeziehen.

---

124 Einen Vergleich über die verschiedenen amerikanischen Studienergebnisse bieten *Bigus/Schachner*, in: Eger/Schäfer (Hrsg.), Internationalisierung des Rechts und seine ökonomische Analyse = Internationalization of the Law and its Economic Analysis, 2008, 577.

125 *Altmann*, The Journal of Finance, 1984, 1067 (1077 f.).

126 *Andrade/Kaplan*, The Journal of Finance, 1998, 1443 (1489 f.).

127 *Drukarczyk*, ZfB 1981, 235.

128 *Drukarczyk*, ZfB 1981, 235.

129 *Van Horne*, The Journal of Finance, 1976, 897.

## b) Modell

Das Modell stellt eine Investition in der Höhe dar, die zu einem Zeitpunkt getätigt wird und nach drei Perioden zu einer Auszahlung führt. Während dieser Perioden kann es jeweils entweder zu einem Wertverlust oder einer Wertsteigerung der Investition kommen. An der Investition beteiligen sich ein Eigen- und ein Fremdkapitalgeber. Die Investition kann vorzeitig liquidiert werden. Der Liquidationsbetrag ergibt sich aus dem aktuellen Wert der Investition abzüglich eines Betrages als Insolvenzkosten. Die Investition wird mittels eines Barwertes bewertet.

Folgende Bezeichnungen und Relationen liegen dem Modell zugrunde: Die Investition in Höhe vom $I$ wird zum Zeitpunkt $t = 0$ getätigt wird. An der Investition beteiligt sich ein Eigenkapitalgeber mit dem Anteil $ek$ mit $0 < ek \leq 1$, den Rest der Investition finanziert ein Fremdkapitalgeber mit dem Anteil $fk = 1 - ek$. In den Folgezeitpunkten wird der zustandsabhängige Wert der Investition mit $X_{t,j}$ bezeichnet, wobei $j$ den Zustand bezeichnet. Es werden neben $t = 0$ drei Folgezeitpunkte betrachtet: $t = 1,2,3$. Zwischen zwei Zeitpunkten können zwei Entwicklungen eintreten: ein Gewinn mit der Wahrscheinlichkeit $p_{t,g}$ und der Wertveränderung $X_{t+1} = X_t (1 + g)$ mit $g > 0$ oder ein Verlust mit der Wahrscheinlichkeit $p_{t,v}$ und der Wertveränderung $X_{t+1} = X_t (1 + v)$ mit $-1 \leq v \leq 0$. Die Wahrscheinlichkeiten für einen Gewinn oder Verlust seien für alle Zustände und Zeitpunkte jeweils gleich. Es besteht ein risikofreier Zins in Höhe von $i$, mit dem der Fremdkapitalgeber das Vorhaben finanziert und auch der Eigenkapitalinvestor die Investition bewertet. Beide Finanziers haben zu jedem Zeitpunkt die gleichen Erwartungen an die Auszahlungen (symmetrische Informationslage). Wird die Investition vorzeitig liquidiert, treten „Insolvenzkosten" von $C$ auf, die, im Unterschied zum vorangegangenen Modell periodenunabhängig sind.

Der Barwert der Investition $BW_I$ ergibt sich aus:

$$(4)\ BW_I = -I + (1+i)^{-3} \sum_{j=1}^{j=8} p\left(X_{3,j}\right) X_{3,j}$$

Der Barwert aus Sicht der Fremdkapitalgeber ergibt sich aus:

$$(5)\ BW_I^{FK} = -I * (1 - EK) + (1+i)^{-3} \sum_{j=1}^{j=8} p(X_{3,j}) * \min\left(\mathrm{X}_{3,j}; I(1-ek)(1+i)^3\right)$$

Der Barwert aus Sicht der Eigenkapitalgeber ergibt sich aus dem Residualwert von Investition und Fremdkapitalansprüchen:

$$(6)\, BW_I^{EK} = -I * EK + (1+i)^{-3} \sum_{j=1}^{j=8} p(X_{3,j}) \left(X_{3,j} - \min\left(X_{3,j}; I(1-ek)(1+i)\right)^3\right)$$

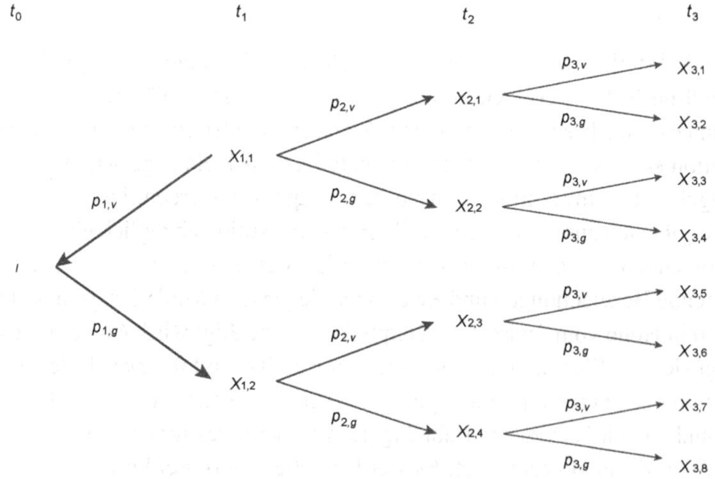


*Abb. 9: Entscheidungsbaum mit drei Folgeperioden*[130]

Wählt man die Parameter mit $g = 0{,}5$; $v = -0{,}2$; $p_g = 0{,}6$; $i = 0{,}08$; $fk = 0{,}4$; $C = 10$, so hat die Investition einen Barwert von $BW_I = 44{,}15$; der Wert für die Eigenkapitalgeber beträgt $BW_I^{EK} = 45{,}39$, für die Fremdkapitalgeber $BW_I^{FK} = -1{,}24$. Unter diesen Bedingungen sind die Chancen und Risiken einseitig zulasten der Fremdkapitalgeber verteilt.

Um diese Einseitigkeit aufzuheben, könnte die Haftungsbeschränkung aufgehoben werden. Die Eigenkapitalgeber würden den Fremdkapitalgebern entstandene Verluste ausgleichen. Die Barwerte würden folgende Ausprägung annehmen: Für die Eigenkapitalgeber beträgt $BW_I^{EK} = 45{,}15$, für die Fremdkapitalgeber $BW_I^{FK} = 0$.

Alternativ kann ein Insolvenzgrund, der als Überschuldung interpretiert werden kann, angewandt werden. Dieser ist so definiert, dass Überschuldung eintritt, wenn $X_t < X_t^{FK}$. Bei den hier gewählten Parametern ist dies zum Zeitpunkt $t = 2$ der Fall, wenn sich zuvor jeweils Verluste eingestellt haben. Dann ist $X_t = 64 < X_t^{FK} = 69{,}98$. Wird in diesem Zustand Insolvenz angemeldet, kommt es unter Berücksichtigung der Insolvenzkosten zu $BW_I^{EK} = 41{,}61$, für die Fremdkapitalgeber $BW_I^{FK} = -2{,}19$. Der Barwert der gesamten Investition beträgt jetzt $BW_I = 41{,}64$. Es wird deutlich, dass der Tatbestand der Überschuldung bei dieser Parameterwahl eine Verschlechterung der Gläubigerposition bewirkt.

---

130 Quelle: Eigene Darstellung in Anlehnung an *Drukarczyk*, ZfB 1981, 235.

Er wirkt zu „spät“, da der Wert der Investition abzüglich der Insolvenzkosten die Verbindlichkeiten nicht trägt. Ob dies auch bei anderen Parametern der Fall ist, hängt maßgeblich vom Verhältnis der Höhe der Insolvenzkosten und der Wertentwicklung der Investition in der Folgeperiode ab.

Eine weitere Möglichkeit wäre es, einen Insolvenzgrund einzuführen, der eine Liquidierung der Investition zu einem früheren Zeitpunkt ermöglicht. Etwa dann, wenn schon die Möglichkeit besteht, dass es in einer der Folgeperioden zu einer gläubigergefährdenden Situation kommt. Im verwendeten Modell wäre dies schon dann der Fall, wenn nach der ersten Periode ein Verlust eingetreten ist. Wird die Investition dann liquidiert, ergeben sich die Barwerte $BW_I = 32{,}26$; $BW_I^{EK} = 32{,}26$ und $BW_I^{FK} = 0$. Die Fremdkapitalgeber sind vor Verlusten geschützt.[131] Um diese Gläubigerverluste von 1,24 Einheiten im Vergleich zu der Situation ohne Insolvenz zu eliminieren, wird eine Reduktion des Investitionsbarwertes von 11,88 in Kauf genommen. Dies verringert den Barwert der Investition für die Eigenkapitalgeber um 13,12 und macht deutlich, dass die Gläubiger die Eigenkapitalgeber über das Instrument einer frühen Antragstellung zu Verhandlungen zwingen können. In diesen Verhandlungen können sie im Gegenzug für die Unterlassung der Antragstellung den Ausgleich der Verluste verlangen. Sie verfügen darüber hinaus über ein Erpressungspotential bis zur Höhe des von den Eigenkapitalgebern zu erwartenden Barwertverlusts bei verfrühter Antragstellung.

### c) Ergebnis

Das Modell zeigt, dass ein Insolvenzauslöser Überschuldung aus Gläubigersicht den Wert der Ansprüche reduziert, abhängig von der Relation zwischen Insolvenzkosten und zukünftiger Wertentwicklung der Investition. Es werden damit die Ergebnisse des vorangegangenen Modells bestätigt. Ein obligatorischer Insolvenzauslöser Überschuldung ist daher in diesem Modellrahmen nicht sinnvoll.[132] Dies spricht aber nur vordergründig gegen den Tatbestand. Er wirkt vielmehr in einem Zeitpunkt, in dem kein insolvenzrechtliches Eigenkapital mehr zur Verfügung steht und die Kosten der Insolvenz zulasten der Gläubiger gehen und somit zu spät. Im Modell kann gezeigt werden, dass eine prospektive Gläubigergefährdung die Gläubiger besser vor Verlusten schützen kann.[133] Diese sollte somit

131 So im Ergebnis auch *Drukarczyk*, ZfB 1981, 235 (241), der dieses Ergebnis vor dem Hintergrund weitergehender Betrachtungen als sehr vorläufig bezeichnet.

132 Vgl. *Drukarczyk*, ZfB 1981, 235 (245).

133 *Drukarczyk*, ZfB 1981, 235 (245).

zeitlich vor einer Überschuldung wirken. Es bieten sich eine Reihe von Möglichkeiten, eine prospektive Gläubigergefährdung in einem Insolvenzauslöser abzubilden. Potentiell sind jedoch alle Gläubiger zu jedem Zeitpunkt gefährdet, denn eine Kapitalanlage ist immer mit Risiko behaftet. Der Insolvenzgrund muss demnach eine substantielle Gefährdung als Insolvenzauslöser diagnostizieren können. Die Möglichkeit einer drohenden Überschuldung würde eine Insolvenz in einem Zustand definieren, in dem noch insolvenzrechtliches Eigenkapital zur Verfügung steht. In dieser Situation einen Eingriff in die Eigentümerrechte vorzunehmen, scheint schwierig. Auch müsste eine Grenze definiert werden, wieviel insolvenzrechtliches Eigenkapital noch zur Verfügung stehen muss, um eine drohende Überschuldung zu verneinen. Eine weitere Möglichkeit könnte die die drohende Zahlungsunfähigkeit als verpflichtender Insolvenzgrund sein. Ein Insolvenzauslöser im Sinne einer prognostischen Gläubigergefährdung kann auch sein, das Fortbestehen[134] des Unternehmens in der Zukunft zu prüfen. Kann eine solche Gefährdung bejaht werden, ist eine substantielle Gläubigergefährdung unwahrscheinlich. Ist das Fortbestehen gefährdet, sind dies auch die Ansprüche der Gläubiger. Damit ist als Tatbestand einer prognostischen Gläubigergefährdung als Fortbestehensprognose skizziert, wie sie in der ersten Stufe der Überschuldungsprüfung verwendet wird.[135]

Auch bei Zugrundelegung einer prospektiven Gläubigergefährdung ist eine zwingende Insolvenzauslösung im Modellrahmen nicht optimal, da sie den Wert der Investition, der im Modell den Eigenkapitalgebern zusteht, sehr stark reduziert. Vielmehr sollte die Drohung der Verfahrenseröffnung ein Verhandlungspotential für die Gläubiger eröffnen.[136] Dabei können diese den Schuldner zum Zeitpunkt der Gefährdung nicht nur zum Ausgleich der Verluste, sondern darüber hinaus zum Transfer von Teilen des Residualgewinns zwingen.[137] Diese Verhandlungslösung ist nicht uneingeschränkt auf die Realität übertragbar. Denn zu den Modellannahmen gehört, dass die Kapitalgeber gleich und vollständig über die erwarteten Zahlungsströme informiert sind.[138] Dies ist in der Realität aber nur selten der Fall. Daher kann und wird es nur in Situationen, in denen die Fremdkapitalgeber gut über die Unternehmensaussichten informiert sind, zu einer gläubigerschützenden Verhandlungsposition durch einen Insolvenzgrund der prospektiven

134 Zum Inhalt einer Fortbestehensprognose siehe unter D.III.2.

135 Siehe zur Überschuldungsprüfung unter D.III.

136 *Drukarczyk*, ZfB 1981, 235 (245).

137 *Drukarczyk*, ZfB 1981, 235 (245).

138 *Drukarczyk*, ZfB 1981, 235 (245).

Gläubigergefährdung für die Gläubiger kommen.[139] Dies deutet darauf hin, dass eine prospektive Gläubigergefährdung eher als Selbstprüfungspflicht des Schuldners bzw. seiner Organe aufgefasst werden sollte.

## 3. Modell mit zwei Gläubigergruppen

### a) Einleitung

Bullow und Shoven untersuchten 1987 die Frage, unter welchen Umständen es zu einer Insolvenz kommt.[140] Im Unterschied zu den vorangegangenen Überlegungen betrachten sie nicht nur den Konflikt zwischen Gläubigern und Eigentümern, sondern beziehen verschiedene Gläubigergruppen in ihr Modell mit ein. Das Modell selbst ist ein stochastischer Größenvergleich, der in der allgemeinen Darstellung mit einer Verteilungsfunktion arbeitet. Beim ergebnisrelevanten Größenvergleich wird dann allerdings wieder auf das Prinzip eines Zustandsbaumes mit zwei möglichen Ausprägungen in der Folgeperiode zurückgegriffen. Im Folgenden wird das Kernmodell nachvollzogen und um die Berücksichtigung eines Diskontierungszinssatzes erweitert. So sollen die Erkenntnisse herausgearbeitet werden, um diese in den Untersuchungskontext einzubringen.

### b) Modell

Eine in den bisherigen Modellen nicht berücksichtigte Gruppe ist hier die der Anleihegläubiger. Sie stellen eine nicht zusammenhängende Gruppe dar, die daher keine Entscheidungen bezüglich der Konditionen ihres Kreditvertrages treffen kann. Im Gegensatz dazu kann hier die betrachtete andere Gläubigergruppe (Bank) die Konditionen ihrer Kreditvergabe oder die Gewährung von Residualansprüchen mit der Gruppe der Eigentümer in einer Krisensituation neu verhandeln oder auch die sofortige Tilgung der Bankverbindlichkeiten verlangen. Wie in den vorangegangenen Modellen wird auch hier angenommen, dass eine symmetrische Informationsverteilung vorliegt.

Für das Modell werden zunächst eine Reihe von Bezeichnungen und Relationen benötigt: Es besteht ein Unternehmen, das eine Investition $I$ zum Zeitpunkt $t = 0$ bereits getätigt hat. Die Investition hat einen Barwert in $t = 0$ von $BW_I$. Es wird angenommen, dass die Investition sich zum risikolosen Zins im Wert entwickelt und

139 *Drukarczyk*, ZfB 1981, 235 (245).

140 *Bulow/Shoven*, The Bell Journal of Economics, 1978, 437.

zusätzlich zur jeweils hälftigen Wahrscheinlichkeit um den Wertveränderungsfaktor $g$ erhöht oder verringert wird ($v = -g$). Daneben verfügt das Unternehmen über einen Kassenbestand $K$. Drei Gruppen sind an dem Unternehmen beteiligt. Sie erwarten Auszahlungen aus dem Unternehmen, die davon abhängig sind, ob das Unternehmen Insolvenz anmeldet oder fortgeführt wird. Für die Eigentümer werden diese mit $X_t^{E,F}$ (Fortführung) und $X_t^{E,I}$(Insolvenz) bezeichnet. Die Auszahlungen an die Bank werden mit $X_t^{B,F}$ und $X_t^{B,I}$ bezeichnet und die der Anleihegläubiger mit $X_t^{A,F}$ und $X_t^{A,I}$, jeweils zum Zeitpunkt $t$. $L_t$ bezeichnet den Liquidationswert der Investition zum Zeitpunkt $t$ und $P$ den Ertrag der Investition. Der risikolose Zins wird mit $i$ bezeichnet und die Zinsforderungen der Anleihegläubiger mit $i_A$ sowie die der Bankgläubiger mit $i_B$.

Daraus ergeben sich für die Betrachtung folgende Relationen, die die Aufteilung des Unternehmensvermögens bei Fortführung und bei Insolvenz beschreiben:

$$(7)\ X_0^{E,F} + X_0^{B,F} + X_0^{A,F} = K + BW_I$$

$$(8)\ X_0^{E,I} + X_0^{B,I} + X_0^{A,I} = K + L_0$$

Die Insolvenzkosten $C$ werden dargestellt aus Differenz der Produktivität der Investition und dem Liquidationswert:

$$(9)\ C = BW_I - L_0$$

Aus Sicht der Eigenkapitalgeber und der Bank ist eine Insolvenz vorteilhaft, wenn die Auszahlungen an sie bei Fortführung kleiner sind als bei Insolvenz. Nimmt man an, dass die Eigenkapitalgeber in der Insolvenz keine Auszahlungen zu erwarten haben, gilt:

$$(10)\ X_0^{E,F} < X_0^{B,I} - X_0^{B,F}$$

Diese Relation stellt dar, dass eine Insolvenz sinnvoll ist, sobald die Auszahlungen an die Eigenkapitalgeber kleiner sind als der erwartete Mehrwert für die Bank bei Fortführung. Dies reflektiert, dass die Bank im Rahmen einer Verhandlungslösung maximal den Wert der Zuflüsse an die Eigenkapitalgeber selbigen abringen kann. Subtrahiert man (8) von (7) und berücksichtigt (10) gilt:

$$(11)\ C_0 < X_0^{A,F} - X_0^{A,I}$$

Eine Insolvenz ist aus Sicht der Bank und der Eigenkapitalgeber dann vorteilhaft, wenn die Insolvenzkosten kleiner sind als der Wertgewinn der Anleihegläubiger.

Anders ausgedrückt: Der Gesamtgewinn der Investition muss den Mehrwert bei Fortführung der Anleihegläubiger übersteigen.

Die Betrachtung wird jetzt auf die Folgeperiode $t = 1$ erweitert. Der zeitabhängige Anspruch, den Anspruchsinhaber haben, wird nachfolgend mit $X_t^E$; $X_t^B$; $X_t^A$, bezeichnet. Der risikolose Zins beträgt $i$, die Verzinsung für Bankredite $i_B$ und die Anleihe $i_A$. Die Investition wird zum Zeitpunkt $t = 1$ liquidiert.

Eine „Überschuldung" bei Fortführung bzw. bei Liquidation wird durch folgende Relationen abgebildet:

$$(12)\quad K + BW_I < (1+i_B)X_0^B + X_0^A i_A + X_0^A(1+i_A)(1+i)^{-1}$$

$$(13)\quad K + L_0 < (1+i_B)X_0^B + (1+i_A)X_0^A$$

Eine Zahlungsunfähigkeit liegt vor, wenn die Kasse den Zahlungsverpflichtungen in Form der Zinsleistung zum Zeitpunkt $t = 0$ nicht nachkommen kann (14), was an einem Zahlungsmittelmangel in Höhe von (15) liegt:

$$(14)\quad C_0 < X_0^B i_B + X_0^A i_A$$

$$(15)\quad X_0^B i_B + X_0^A i_A - C_0$$

Wählt man die Parameter $BW_I = 100$; $i = i_A = i_B = 0{,}04$; $g = 0{,}54$; $X_0^A = X_0^B = 60$; $L_0 = 110$; $K = 0$ einsetzt, so beschreibt man eine Situation, in der das Unternehmen zahlungsunfähig ist, da den aktuellen Zahlungsverpflichtungen von 4,8 Einheiten keine Zahlungsmittel gegenüberstehen.[141] Auch ist das Unternehmen sowohl zu Fortführungswerten $K + B_I = 100 < (1+i_B)X_0^B + X_0^A i_A + X_0^A(1+i_A)(1+i)^{-1} = 124{,}8$[142] als auch zu Liquidationswerten $K + L_0 = 110 < (1+i_B)X_0^B + (1+i_A)X_0^A = 124{,}8$[143] überschuldet. Zusätzlich ist der Liquidationswert größer als der Fortführungswert der Investition, anders ausgedrückt, hat die Investition einen negativen Nutzen. Wird Insolvenz angemeldet, erhalten die Anleihegläubiger und die Bankgläubiger bei einer gleichen Priorität ihrer Forderungen jeweils 55 Einheiten. Die Eigenkapitalgeber erhalten wegen des negativen Residualwertes nichts. Einigen sich Eigenkapitalgeber und Bank über eine zusätzliche Finanzierung des Unternehmens in Höhe der fälligen Forderungen, kommt es nicht zu einer Insolvenz. Die Barwerte der erwarteten Zahlungen an die Anleihegläubiger betragen jetzt 43,46. Der Barwert, den Bank und Eigenkapitalgeber unter sich aufteilen

141 Siehe Formel (14).
142 Siehe Formel (12).
143 Siehe Formel (13).

können, beträgt 58,94. Aus Sicht der Bank ist eine Finanzierung des Vorhabens sinnvoll, da sie dem Eigenkapitalgeber lediglich einen Anteil am Erwartungswert zusichern muss, der größer null ist. Es gelten die Überlegungen der Formeln (10) $X_0^{E,F} = 14,6 < X_0^{B,I} - X_0^{B,F} = 10,66$ und (11) $C_0 = -10 < X_0^{A,F} - X_0^{A,I} = -11,54$ für die Vorteilhaftigkeit einer Insolvenzauslösung aus Sicht der Bank und der Eigenkapitalgeber nicht.

Hier wird die gleiche Grundproblematik noch einmal aufgegriffen und einige Parameter geändert: $BW_I = 100$; $i = i_A = i_B = 0,04$; $g = 0,54$; $X_0^A = 110$; $X_0^B = 20$; $L_0 = 110$; $K = 0$. Wieder beschreibt man eine Situation, in der das Unternehmen zahlungsunfähig ist, da den aktuellen Zahlungsverpflichtungen von 4,4 Einheiten keine Zahlungsmittel gegenüberstehen.[144] Auch ist das Unternehmen sowohl zu Fortführungswerten $K + B_I = 100 < (1+i_B)X_0^B + X_0^A i_A + X_0^A(1+i_A)(1+i)^{-1} = 135,2$[145] als auch zu Liquidationswerten $K + L_0 = 110 < (1+i_B)X_0^B + (1+i_A)X_0^A = 135,2$[146] überschuldet. Der Liquidationswert ist wie im vorangegangenen Beispiel größer als der Fortführungswert der Investition, anders ausgedrückt: Die Investition hat einen negativen Nutzen. Wird Insolvenz angemeldet, erhalten die Anleihegläubiger und die Bankgläubiger bei einer gleichen Priorität ihrer Forderungen 93,07 bzw. 16,92 Einheiten. Die Eigenkapitalgeber erhalten wegen des negativen Residualwertes nichts. Hier wird angenommen, dass die Eigenkapitalgeber Eigenkapital in Höhe von 25,2 Einheiten zuführen, um die Bank und die Zinsforderungen auszugleichen. Es kommt zu keiner Insolvenz. Die Barwerte der erwarteten Zahlungen an die Anleihegläubiger betragen jetzt 78,11. Der Barwert der erwarteten Zuflüsse an die Eigenkapitalgeber beträgt 26,29. Aus Sicht der Eigenkapitalgeber ist eine Finanzierung sinnvoll, da sie einen Mehrnutzen von 1,09 Einheiten erwirtschaften. Die Anleihegläubiger verlieren hingegen 14,96 Einheiten. Es gelten auch hier die Überlegungen der Formeln (10) $X_0^{E,F} = 9,40 < X_0^{B,I} - X_0^{B,F} = 0,44$ und (11) $C_0 = -10 < X_0^{A,F} - X_0^{A,I} = -14,96$ für die Vorteilhaftigkeit einer Insolvenzauslösung aus Sicht der Bank und der Eigenkapitalgeber nicht.

### c) Ergebnis

Das Modell zeigt im Modellrahmen, dass bei verschiedenen Arten von Fremdkapital mit verschiedenen Rechten und Handlungsmöglichkeiten eine Insolvenz keinesfalls zwingend im Zustand der ökonomischen Überschuldung erfolgen

144 Siehe Formel (14).
145 Siehe Formel (12).
146 Siehe Formel (13).

muss. Dies auch dann nicht, wenn eine Zahlungsunfähigkeit vorliegt und eine Gläubigergruppe zur Insolvenzanmeldung berechtigt ist.[147] Für diese kann es vielmehr sinnvoll sein, das Unternehmen zusätzlich zu finanzieren, um von den Chancen einer Fortführung über die Maßen zu profitieren. Die Last einer solchen Entscheidung trägt in diesem Fall die Gläubigergruppe, deren Vertragskonditionen fixiert sind. In der Realität können dazu neben Anleihegläubigern, wie im Modell auch Kleingläubiger oder unfreiwillige Gläubiger, gehören, die zwar Verhandlungsspielraum besitzen, diesen aber aufgrund der Geringfügigkeit ihres Engagements nicht ausnutzen können. Auch eine Eigenkapitalfinanzierung zur Vermeidung einer Zahlungsunfähigkeit kann sich zulasten der bestehenden Fremdkapitalgläubiger auswirken. Die Annahmen der symmetrischen Informationslage schränkt die Anwendbarkeit der Ergebnisse auf die Realität nicht ein. Vielmehr kann es dann zu einer zusätzlichen Gefährdung der Gläubiger, auch der Bank kommen, die nicht abschätzen können, inwiefern sich eine weitere Finanzierung des Unternehmens lohnt. Dieses Ergebnis spricht aber nicht gegen den Antragsgrund einer Zahlungsunfähigkeit. Denn in einer Situation, in der nicht genügend Ertragspotentiale mehr zur Verfügung stehen, wird sich kein Finanzier für eine Liquiditätslücke finden. Es zeigt aber, dass eine Zahlungsunfähigkeit alleine nicht ausreichend ist und durch einen Überschuldungstatbestand ergänzt werden muss. Da die Gläubiger zum einen nicht unbedingt über die Unternehmensaussichten informiert sind und, wie das Modell gezeigt hat, auch nicht zwingend an einem Insolvenzantrag interessiert sind, ist es sinnvoll den Überschuldungstatbestand als Selbstprüfungspflicht des Schuldners zu gestalten.

## III. Zusammenfassung

Die ökonomische Untersuchung der Insolvenzgründe zeigt eine ganze Reihe von Problematiken im Zusammenspiel von Schuldner und Gläubiger in der Unternehmenskrise. Aus Sicht der Theorie der Verfügungsrechte hat das Management einen Anreiz, keine Insolvenz zu eröffnen. Da das Management aber am besten über die Unternehmenssituation informiert ist und damit am ehesten entscheiden kann, ob eine Insolvenz gerechtfertigt ist, muss diese Anreizsituation durch gesetzliche Regelungen ausgeglichen werden. Die Prinzipal-Agenten-Theorie legt dar, dass die Eigentümer eines Unternehmens, die durch das Management vertreten werden, einen Anreiz haben, riskantere Geschäftsmodelle als mit den Gläubigern

147 *Bulow/Shoven*, The Bell Journal of Economics, 1978, 437 (454 f.).

vereinbart durchzuführen. Dieser Risikowille steigt umso geringer die Eigenkapitalausstattung ist, und ohne Eigenkapital liegt dieser Anreiz mathematisch gesehen im Unermesslichen. Daraus folgt, dass bei aufgezehrtem Eigenkapital, was einer Überschuldung gleich kommt, die Prinzipal-Agenten-Situation durch Insolvenz aufgelöst werden sollte. Eine genauere Betrachtung mittels ökonomischer Analysen zeigt in einem einperiodigen Modell, dass die Frage nach der Vorteilhaftigkeit einer Insolvenz aus Gläubigersicht vom zukünftigen Unternehmenswert und den Insolvenzkosten abhängt. Dies bestätigt die Ergebnisse der Betrachtung der Theorie der Verfügungsrechte. Eine zwingende Insolvenz bei Überschuldung mag zwar nach Prinzipal-Agenten-Theorie sinnvoll sein, aus Gläubigersicht ist das nicht zwingend der Fall. Auch die Erweiterung des Einperiodenmodells auf mehrere Perioden zeigt, dass eine zwingende Insolvenz bei Überschuldung zu spät wirkt. Vielmehr wird sichtbar, dass eine prognostische Betrachtung mittels einer prospektiven Gläubigergefährdung die Gläubiger effektiver vor Verlusten schützen kann. Ein solcher Insolvenzgrund könnte durch eine drohende Zahlungsunfähigkeit oder durch eine Fortbestehensprognose, beide als zwingende Antragsgründe, operationalisiert werden. Ferner wird festgestellt, dass es in der Praxis aufgrund der Informationslage sinnvoll erscheint, diese Insolvenzgründe als Selbstprüfungspflicht des Schuldners aufzufassen. Das einperiodige Modell wird auf zwei Gläubigergruppen, wobei eine nicht mit verhandeln kann, erweitert. Es zeigt sich, dass diese Gruppe gegenüber den verhandelnden Parteien, z. B. Eigenkapitalgeber und Bank, ausbeutungsoffen ist. Auch der Insolvenzgrund „alleinige Zahlungsunfähigkeit" kann dies nicht verhindern. Er müsste um eine ökonomische Überschuldung ergänzt werden. Dass die Gläubigergruppen im Modell ein Interesse an der Vermeidung einer Insolvenz haben können, um sich zulasten anderer Gläubiger zu bereichern, ist neben der Informationslage ein weiterer Grund, eine Überschuldung als Selbstprüfungspflicht des Schuldners zu gestalten.

Daraus lassen sich folgende Hinweise für die Gestaltung der Insolvenzgründe ableiten: Die Betrachtung der zukünftigen Unternehmensentwicklung und die der Insolvenzkosten sollte in den Insolvenzgründen berücksichtigt werden. Insolvenzgründe sollten frühzeitig wirken, etwa durch einen Insolvenzauslöser drohende Zahlungsunfähigkeit oder durch die Prüfung einer Fortbestehensprognose. Diese Auslöser sollen Verhandlungen zwischen Gläubigern und Schuldnern ermöglichen und werden dann eher in einer Insolvenz münden, wenn Friktionen, etwa eine intransparente Informationslage, vorliegen.[148] Aufgrund der

148 Smith/Strömberg gehen davon aus, dass eine Insolvenz die Funktion hat, die Folgen von Friktionen, wie eine asymmetrische Informationslage, zu beheben; *Smith/*

Informationslage und dem möglichen Interesse von Gläubigern, sich im Rahmen einer Insolvenzverzögerung zu bereichern, sollten diese Antragsgründe als Selbstprüfungspflicht des Schuldners ausgelegt werden. Ferner wird deutlich, eine Zahlungsunfähigkeit alleine reicht nicht als Insolvenzgrund aus. Sie muss durch einen Insolvenzgrund, der die Aufzehrung des wirtschaftlichen Eigenkapitals bzw. der ökonomischen Überschuldung aufgreift, flankiert werden.

---

*Strömberg,* Maximizing the value of distressed assets: Bankruptcy law and the efficient reorganization of firms, 2005, S. 911.

# C. Betriebswirtschaftliche Betrachtung der Insolvenzgründe

Im vorangegangenen Abschnitt der Arbeit wurde herausgearbeitet, dass die zukünftige Unternehmensentwicklung sowohl ohne Insolvenzanmeldung als auch mit, was dann auch die Insolvenzkosten berücksichtigt, eine entscheidende Rolle bei der Beurteilung der Insolvenzgründe spielen sollte. Wie diese zukünftige Unternehmensentwicklung aus betriebswirtschaftlicher Sicht beurteilt werden kann, welche Stellung hierbei die Prognose einnimmt, welche Probleme auftreten und welche Hinweise dies für die Insolvenzgründe liefert, ist Gegenstand des nachfolgenden Teils der Arbeit. Dazu wird auf die Insolvenzprognose auf der Basis von Kennzahlen und die Unternehmensplanung eingegangen.

## I. Insolvenzvorhersage durch Kennzahlen

Eine Möglichkeit, die zukünftige Entwicklung eines Unternehmens vorherzusagen, ist die Kennzahlenanalyse. Diese versucht, für die Gesamtbeurteilung eines Unternehmens relevante Kennzahlen zu einer Gesamtaussage oder Gesamtkennzahl zu verdichten.[149] Für die Gesamtkennzahl soll dann ein Grenzwert gefunden werden, der die Gefährdung eines Unternehmens wiedergibt.[150] Dieser Grenzwert könnte einen brauchbaren Insolvenzgrund darstellen, der die zukünftige Unternehmensentwicklung berücksichtigt. Dazu wird nachfolgend untersucht, wie diese Gesamtkennzahl und ihr Grenzwert ermittelt werden.

### 1. Grundsätzliches Vorgehen

Um mittels einer Kennzahl die Unternehmen in gefährdete und nicht gefährdete aufzuteilen, muss ein Kriterium definiert werden, anhand dessen die Aufteilung

149 *Coenenberg/Haller/Schultze,* Jahresabschluss und Jahresabschlussanalyse: Betriebswirtschaftliche, handelsrechtliche, steuerrechtliche und internationale Grundlagen, 2013; HGB, IAS/IFRS, US-GAAP, DRS 2012, S. 1050.

150 *Coenenberg/Haller/Schultze,* Jahresabschluss und Jahresabschlussanalyse: Betriebswirtschaftliche, handelsrechtliche, steuerrechtliche und internationale Grundlagen, 2013; HGB, IAS/IFRS, US-GAAP, DRS 2012, S. 1050.

erfolgen kann.[151] Dazu bietet sich vor dem Hintergrund der Arbeit die Eröffnung eines Insolvenzverfahrens oder die Abweisung desselben mangels Masse an. Aber auch andere Kriterien sind möglich, die eine allgemeinere Form der Störung der Leistungsfähigkeit eines Unternehmens darstellen, wie etwa die Stellung eines Insolvenzantrages oder die Stundungen oder Erlasse von Verbindlichkeiten. Es ist zudem ein Datensatz über Unternehmen nötig. Dieser muss die verschiedenen Kennzahlen der Unternehmen beinhalten, und es muss bekannt sein, ob und wann diese Unternehmen das zuvor definierte Kriterium erfüllen. Anhand dieses Kriteriums werden einige Unternehmen des Datensatzes aufgeteilt.[152] Nun wird mittels statistisch-mathematischer Methoden untersucht, durch welche Kennzahlen oder Kennzahlenkombinationen sich beide Gruppen möglichst eindeutig voneinander unterscheiden (Diskriminanzanalyse).[153] Die Ergebnisse werden dann an einer Vergleichsgruppe überprüft, d. h., Unternehmen der Vergleichsgruppe werden durch das ermittelte Kriterium zu den Gruppen zugeordnet, und es wird dann überprüft, inwiefern die Zuordnung richtig ist. Die Basis der Zuordnung ist damit die tatsächliche durchschnittliche Entwicklung von Kennzahlen von Unternehmen im Vorfeld der Insolvenz anhand von Vergangenheitsdaten. Diese durchschnittliche Entwicklung wird auf andere Unternehmen übertragen.

## 2. Statistisch-mathematische Methoden

Es gibt eine ganze Reihe von statistisch-mathematischen Methoden, mithilfe derer die beiden Gruppen von Unternehmen untersucht werden. Univariate Diskriminanzanalysen untersuchen einzelne Kennzahlen.[154] Ein Beispiel dafür ist die Relation von Cashflow zu Fremdkapital, die in der Untersuchung von Beaver[155] die „beste" Kennzahl darstellt. Sie kann eine zu 78 % richtige Gruppenzuordnung ein Jahr vor dem Auftreten einer eventuellen Insolvenz liefern.[156] Univariate Analysen

151 *Hauschildt/Baetge,* Krisendiagnose durch Bilanzanalyse, 2000, S. 120.

152 *Hauschildt/Baetge,* Krisendiagnose durch Bilanzanalyse, 2000, S. 120.

153 *Hauschildt/Baetge,* Krisendiagnose durch Bilanzanalyse, 2000, S. 120.

154 *Coenenberg/Haller/Schultze,* Jahresabschluss und Jahresabschlussanalyse: Betriebswirtschaftliche, handelsrechtliche, steuerrechtliche und internationale Grundlagen 2013; HGB, IAS/IFRS, US-GAAP, DRS 2012, 1049.

155 *Beaver,* Journal of Accounting Research, 1966, 71.

156 *Beaver,* Journal of Accounting Research, 1966, 71 (90 f.).

betrachten aber nur einen Aspekt des Unternehmens.[157] Daher ist es auch möglich, dass verschiedene Kennzahlen zu unterschiedlichen Ergebnissen für ein Unternehmen führen.[158] Diesem Problem begegnen multivariate Analysemethoden, die mehrere Kennzahlen gewichten und zu einer Gesamtkennzahl verknüpfen. Ein Beispiel dafür ist das von Altman entwickelte Z-Score Model, das die Kennzahlen Working Capital zu Gesamtkapital, Gewinnrücklagen zu Gesamtkapital, Ergebnis vor Zinsen und Steuern (EBIT) zu Gesamtkapital, Marktwert des Eigenkapitals zu Buchwert der Verbindlichkeiten und Umsatz zu Gesamtkapital verknüpft.[159] Dieses Modell konnte in einer empirischen Überprüfung zu 79 % eine korrekte Klassifikation der Unternehmen zwei Jahre vor dem eventuellen Auftreten einer Insolvenz leisten.[160] Die Weiterentwicklung des Z-Score Model, das Zeta-Modell kann mit der Verknüpfung von sieben Kennzahlen eine zu 95 % richtige Klassifikation ein Jahr vor Eintritt einer eventuellen Insolvenz liefern.[161] Weitere Verfahren zur Nutzung mehrerer Kennzahlen sind künstliche neuronale Netze.[162] Diese stellen ein lernendes System dar, das als Basis die künstliche Intelligenz nutzt und durch „Trial and Error“-Regeln zur korrekten Gruppenzuordnung findet.[163] Die Qualität der Ergebnisse, die bei der Gruppenzuordnung durch neuronale Netze erzielt wird, übertrifft die der multivariaten Diskriminanzanalyse.[164]

## 3. Zusammenfassung

Alle Tests basieren auf der Beobachtung der Veränderung von Unternehmenskennzahlen im Vorfeld von Insolvenzen. Diese Beobachtungen bilden

---

157 *Coenenberg/Haller/Schultze,* Jahresabschluss und Jahresabschlussanalyse: Betriebswirtschaftliche, handelsrechtliche, steuerrechtliche und internationale Grundlagen 2013; HGB, IAS/IFRS, US-GAAP, DRS 2012, 1049.

158 *Coenenberg/Haller/Schultze,* Jahresabschluss und Jahresabschlussanalyse: Betriebswirtschaftliche, handelsrechtliche, steuerrechtliche und internationale Grundlagen 2013; HGB, IAS/IFRS, US-GAAP, DRS 2012, 1050.

159 *Altman,* Corporate financial distress: A complete guide to predicting, avoiding, and dealing with bankruptcy, 1983, S. 106.

160 *Altman,* Corporate financial distress: A complete guide to predicting, avoiding, and dealing with bankruptcy, 1983, S. 115 f.

161 *Altman,* Corporate financial distress: A complete guide to predicting, avoiding, and dealing with bankruptcy, 1983, S. 147.

162 *Baetge/Kirsch/Thiele,* Bilanzanalyse, 2004, S. 552.

163 *Baetge/Kirsch/Thiele,* Bilanzanalyse, 2004, S. 553.

164 *Baetge/Kirsch/Thiele,* Bilanzanalyse, 2004, S. 552.

auf der Basis eines Durchschnittswertes zu Regeln, anhand derer andere Unternehmen klassifiziert werden. Dadurch sind die Verfahren selbst objektiv, da bei der Anwendung eines Verfahrens für alle Unternehmen dieselbe Diskriminanzfunktion zugrunde gelegt wird. Problematisch ist dabei, dass die Diskriminanzfunktionen einen Durchschnittswert abbilden und daher nie den individuellen Unternehmensfall berücksichtigen können. Zusätzlich basieren diese Analysen auf den Jahresabschlüssen und damit der Buchhaltung. Diese Daten reflektieren aber die Vergangenheit des Unternehmens. Letztlich werden damit auch lediglich die Symptome einer Krise diagnostiziert.[165] Die eigentlichen Ursachen und deren Wirkungen in der Zukunft werden nicht erfasst.[166] Damit mag die Insolvenzprognose mittels Kennzahlen ein Indiz für die Beteiligten sein, wie sich das Unternehmen entwickeln wird. Als solches findet es im Rahmen des Kreditrisikoratings oder sonstiger Bonitätsanalysen auch Anwendung. Aber eine unternehmensbezogene Vorausschau ist nicht möglich, weshalb auch kein Insolvenzgrund an das Ergebnis einer solchen Prognose geknüpft werden kann.

## II. Unternehmensplanung

Eine andere Möglichkeit, die zukünftige Entwicklung des Unternehmens zu beurteilen, ist die Unternehmensplanung. Diese kann als die gedankliche Vorwegnahme zukünftiger Entwicklungen und die Evaluierung der darauf abgestimmten eigenen Möglichkeiten verstanden werden.[167] Sie wird daher für die Fälle dargestellt und untersucht, in denen die Prognose zum Tragen kommt, und es wird zusätzlich dargestellt welche Kernaussagen gewonnen werden und welche Besonderheiten bei der Unternehmensplanung in der Krise wirken. Insgesamt soll festgestellt werden, inwiefern eine Unternehmensplanung anhand welcher Kriterien die Zukunftsaussichten eines Unternehmens abbilden kann. Dazu wird detailliert auf eine Unternehmensgesamtplanung eingegangen und daneben auch die meist ergänzende isolierte Planung der Ein- und Auszahlungen betrachtet.

---

165 *Hauschildt/Baetge,* Krisendiagnose durch Bilanzanalyse, 2000, 146.
166 *Hauschildt/Baetge,* Krisendiagnose durch Bilanzanalyse, 2000, 146.
167 *Plagens/Brunow,* DStR 2004, 102 (102).

# 1. Grundsätze der Unternehmensplanung

Eine Unternehmensplanung hat einen Zukunftsbezug, wird rational durchgeführt und hat Gestaltungs-, Prozess- und Informationscharakter.[168] Unternehmensplanung ist daher nicht nur, wie noch in den 1920er und 1930er Jahren angenommen, eine betriebliche Vorschaurechnung, die einzig vom Zukunftsaspekt beeinflusst ist.[169] Sondern sie umfasst auch einen Soll Aspekt, der sich aus Zielen definiert, die erreicht werden sollen. Eine Planung basiert auf Entwicklungen aus der Unternehmensumwelt, die vom Management nicht zu beeinflussen sind, wie etwa Einkommensentwicklung, Konjunktur oder Wettbewerberverhalten.[170] Darauf aufbauend plant das Management, wie es mit dieser Situation umgeht und welche Maßnahmen es ergreift, um seine Ziele zu erreichen. Die Unternehmensplanung wird meist in eine strategische, eine taktische und eine operative Ebene unterteilt.[171] Die strategische Ebene befasst sich mit grundsätzlichen, langfristigen Zielen und befasst sich mit den Strategien für Produkte, Märkte, Standorte und Geschäftsfelder.[172] Das andere Extrem, die operative Ebene, befasst sich mit der kurzfristigen Planung, etwa von Bestellmengen, Kapazitätsabstimmungen oder Personaleinsatz.[173] Sie beinhaltet das „praktische" Handeln.[174] Die taktische Planung liegt bezüglich des Zeithorizonts und des Detaillierungsgrades zwischen strategischer und operativer Planung.

# 2. Ablauf der Planung

Eine typische Unternehmensplanung kann aus einer ganzen Reihe von Teilplänen bestehen. Ausgangspunkt kann bei einem vertriebsorientierten Unternehmen die Absatzplanung des Unternehmens sein.[175] Basierend auf einer

---

168 *Küpper,* in: Schreyögg/v. Werder (Hrsg.), Handwörterbuch Unternehmensführung und Organisation, 2004, Sp. 1149 (Sp. 1150).

169 *Koch,* Integrierte Unternehmensplanung, 1982, S. 3.

170 *Koch,* Integrierte Unternehmensplanung, 1982, S. 4.

171 *Küpper,* in: Schreyögg/v. Werder (Hrsg.), Handwörterbuch Unternehmensführung und Organisation, 2004, Sp. 1149 (Sp. 1150).

172 *Küpper,* in: Schreyögg/v. Werder (Hrsg.), Handwörterbuch Unternehmensführung und Organisation, 2004, Sp. 1149 (Sp. 1150).

173 *Küpper,* in: Schreyögg/v. Werder (Hrsg.), Handwörterbuch Unternehmensführung und Organisation, 2004, Sp. 1149 (Sp. 1150).

174 *Koch,* Integrierte Unternehmensplanung, 1982, S. 167.

175 *Hammer,* Unternehmensplanung 1995, S. 70; vgl. zum Zusammenhang der Teilpläne *Schön/Irmer,* Controlling 2007, 245 (250).

Absatzmarktprognose und eigenen Aktivitäten, Vertriebs- und Marketingmaßnahmen wird der Unternehmensabsatz geplant.[176] Um die geplante Unternehmensleistung zu erstellen, werden dazu benötige Ressourcen, wie Personal, Material, Investitionen oder Forschungs- und Entwicklungsaufwendungen, geplant. Die dadurch verursachten Kosten werden von der Prognose der Situation an den jeweiligen Beschaffungsmärkten bestimmt. Ebenfalls relevant sind aber auch die Entscheidungen, die im Bereich des Unternehmens liegen. Dazu zählt beispielweise die Frage, welches Produktionsverfahren eingesetzt wird und welche Maßnahmen zur Steigerung der Produktivität der Mitarbeiter wirken. Welche Pläne in welchem Detailgrad erstellt werden, hängt maßgeblich von der Größe des Unternehmens ab. Die Teilpläne werden zu einer Kosten- und Leistungsrechnung zusammengefasst, die der Wirtschaftlichkeitskontrolle von einzelnen Produkten, Produktgruppen oder Unternehmensbereichen dient.[177] Ihre Ergebnisse führen gegebenenfalls zu einer Anpassung der Teilpläne. Die jeweiligen Ergebnisse der Planung der Einzelpläne und der Kosten- und Leistungsplanung werden letztlich in der integrierten Unternehmensplanung zusammengefasst. Diese besteht aus der Planung der Gewinn- und Verlustrechnung, der Bilanz und der Kapitalflussrechnung, die auch als Cashflow-Rechnung bezeichnet wird.[178] Abbildung 10 stellt dieses Vorgehen schematisch dar. Auch die Ergebnisse der integrierten Unternehmensplanung können zu Anpassungen der jeweils davor liegenden Planungen führen. Neben der hier beschriebenen ganzheitlichen Unternehmensplanung wird diese meist um eine kurzfristige Planung der Ein- und Auszahlungen für die nächsten Wochen ergänzt. Dazu werden bestehende und absehbare Zahlungspflichten und Zahlungseingänge in Form eines Zahlungsplanes im Zeitablauf gegenübergestellt.

In großen Unternehmen werden die relevanten Teilpläne vorliegen oder es wird für einfach sein, diese mit dem Ziel einer Unternehmensgesamtplanung zu erstellen.[179] In kleineren Unternehmen kann es sein, dass die Teilpläne nur sehr rudimentär ermittelt werden können.[180] Es kann darüber hinaus sein und kommt auch häufig vor, dass ein Unternehmen gar keine Planung erstellt.[181] Auch eine kurzfristige

176 Vgl. *Hammer*, Unternehmensplanung 1995, S. 62 f.

177 Vgl. *Fiedler,* Einführung in das Controlling: Methoden, Instrumente und DV-Unterstützung, 1998, S. 54 f.

178 Vgl. *Fiedler,* Einführung in das Controlling: Methoden, Instrumente und DV-Unterstützung, 1998, S. 51.

179 *Plagens/Brunow,* DStR 2004, 102 (107).

180 *Plagens/Brunow,* DStR 2004, 102 (107).

181 *IDW,* Berichte über die 44. IDW-Arbeitstagung vom 13. bis 15. November 2002 in Baden-Baden, 2002, O 24.

Gegenüberstellung der Ein- und Auszahlungen ist keine Selbstverständlichkeit. Dies kann auch daran liegen, dass es eine zentrale und direkte Regelung einer Planungspflicht für Unternehmen in Deutschland nicht gibt. Vielmehr finden sich vereinzelte und vielfach auch rechtsformspezifische oder indirekte Verpflichtungen zur Unternehmensplanung.[182] So zeigt Abbildung 10 eher den idealtypischen Fall einer gesamtheitlichen Unternehmensplanung.

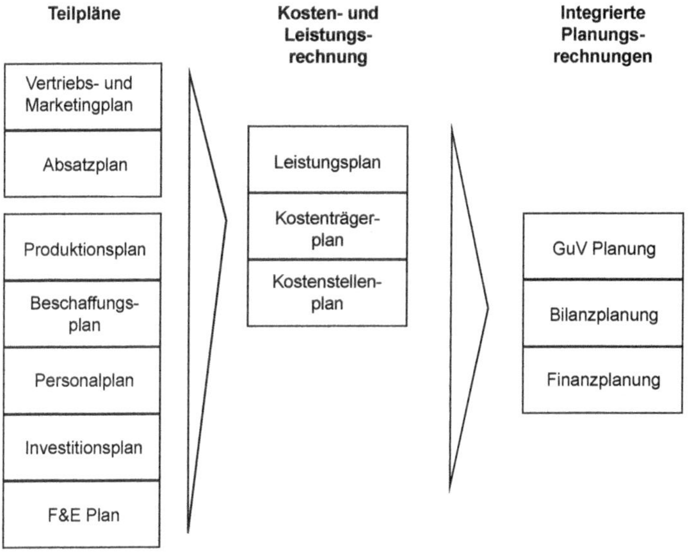


*Abb. 10: Schema der Unternehmensplanung*[183]

182 Eine direkte Planungspflicht ergibt sich für den Vorstand der AG aus den Berichtspflichten an den Aufsichtsrat (§ 90 Abs. 1 Satz 1 AktG). Für GmbH und AG wird eine Planungspflicht aus den Geschäftsleiterpflichten abgeleitet; *Altmeppen,* ZGR 1999, 291 (303). Indirekte Planungspflichten ergeben sich aus der Erstellung der Going-Concern-Prämisse (§ 252 Abs. 1 Nr. 2 HGB), der voraussichtlichen Entwicklung im Lagebericht (§ 289 Abs. 1 HGB), der Risikoberichterstattung (§ 289 Abs. 2 HBG), der Risikofrüherkennung (§ 91 Abs. 2 AktG), der Verpflichtung zur Analyse der wirtschaftlichen Lage des Kreditnehmers (§ 18 KWG), der Berichtspflicht an Wirtschaftsausschuss und Betriebsrat (§§ 90, 92 BetrVG), rechtzeitiger Aufstellung einer Zwischenbilanz zur Feststellung des Verlustes des hälftigen Eigenkapitals (§§ 49 Abs. 3 GmbHG, 92 Abs. 1 AktG) und Wahrnehmung der Insolvenzantragspflicht nach § 19 Abs. 2 InsO; *Groß/Amen,* WPg 2003, 1161 (1163).

183 Quelle: Eigene Darstellung in Anlehnung an *Fiedler,* Einführung in das Controlling: Methoden, Instrumente und DV-Unterstützung, 1998, S. 48.

## 3. Annahmen

Jedem Teilplan liegen Annahmen über die zukünftige Entwicklung von einzelnen Parametern zugrunde. Diese Annahmen sind der eigentliche Prognosegegenstand. Eine geschlossene betriebswirtschaftliche Theorie der der Prognosebildung, die durch empirische Forschungen abgesichert ist, existiert bislang nicht.[184] Allerdings haben sich einige Methoden zur Prognosebildung entwickelt. Diese werden in quantitativ bzw. datenbasiert und qualitativ bzw. meinungsbasiert unterteilt.[185] Unter quantitativen Methoden wird die Analyse bestehender Daten aus der Vergangenheit und das Fortschreiben gefundener Muster in die Zukunft verstanden.[186] Dies kann beispielsweise mittels gleitenden Durchschnitts oder durch exponentielles Glätten durchgeführt werden.[187] Quantitative Methoden sind dabei objektiv, haben aber den Nachteil, dass sie Strukturbrüche, d. h. eine grundsätzliche Veränderung einer Entwicklung nicht erkennen.[188] Die Quellen, aus denen sich Grundlagen für die quantitativen Prognosen speisen, können unternehmensintern beispielsweise das betriebliche Rechnungswesen mit Buchhaltung und Controlling sein. Unternehmensextern kommen beispielsweise die Analyse vergangener Markt- und Branchenentwicklungen als Quellen in Frage. Qualitative, meinungsbasierte Methoden sind beispielsweise Meinungsumfragen oder Experteninterviews.[189] Diese Verfahren haben den Vorteil, dass keine Daten und auch keine mathematischen Kenntnisse für ihre Auswertung benötigt werden.[190] Dem steht der Nachteil der Subjektivität der Ergebnisse gegenüber.[191] Quellen für eine quantitative Prognose können unternehmensintern Gespräche mit Mitarbeitern sein, dabei insbesondere mit Betriebsräten, Einkaufs- und Vertriebsangestellten.

---

184 So *Kuhner*, AG 2006, 713 (714).

185 *Treyer*, Business Forecasting: Anwendungsorientierte Theorie quantitativer Prognoseverfahren, 2010, S. 27.

186 *Treyer*, Business Forecasting: Anwendungsorientierte Theorie quantitativer Prognoseverfahren, 2010, S. 28.

187 *Treyer*, Business Forecasting: Anwendungsorientierte Theorie quantitativer Prognoseverfahren, 2010, S. 111.

188 *Treyer*, Business Forecasting: Anwendungsorientierte Theorie quantitativer Prognoseverfahren, 2010, S. 28.

189 *Treyer*, Business Forecasting: Anwendungsorientierte Theorie quantitativer Prognoseverfahren, 2010, S. 35.

190 *Treyer*, Business Forecasting: Anwendungsorientierte Theorie quantitativer Prognoseverfahren, 2010, S. 28.

191 *Treyer*, Business Forecasting: Anwendungsorientierte Theorie quantitativer Prognoseverfahren, 2010, S. 28.

Unternehmensextern können das Gespräche mit Kunden- und Lieferanten oder Kreditinstituten und Wettbewerbern als Informationsquellen sein.

Bei der Prognose bezeichnet Treyer ein Vorgehen in vier Schritten als optimal: Zunächst wird eine quantitative Analyse durchgeführt. Im zweiten Schritt folgt eine qualitative Analyse, deren Ergebnisse dann im dritten Schritt kombiniert werden.[192] Abschließend werden die Ergebnisse, die je nach Quelle der Informationen auch widersprüchlich sein können, durch das Management wertend zusammengefasst.[193] Welche Annahmen letztlich zur Grundlage der Planung gemacht werden, ist damit lediglich durch das Kriterium der Plausibilität begrenzt. Dieses Spektrum der Plausibilität ist breit.[194] Die Auswahl der konkreten Annahme im Rahmen der Plausibilität obliegt der subjektiven Beurteilung des Prognoseerstellers.

Diese Annahmen, und damit kommt das gestalterische Element der Planung zum Tragen, werden aber nicht unreflektiert in die Teilpläne übernommen. Vielmehr werden Ziele definiert und mit Maßnahmen, wie diese zu erreichen sind, unterlegt. So wird beispielsweise der Absatz eines Unternehmens nicht nur auf der Basis von Vergangenheitsdaten und erwarteten Marktentwicklungen geplant, sondern es werden darauf aufbauend Vertriebsziele und -maßnahmen definiert. Diesen Zusammenhang veranschaulicht Abbildung 11.

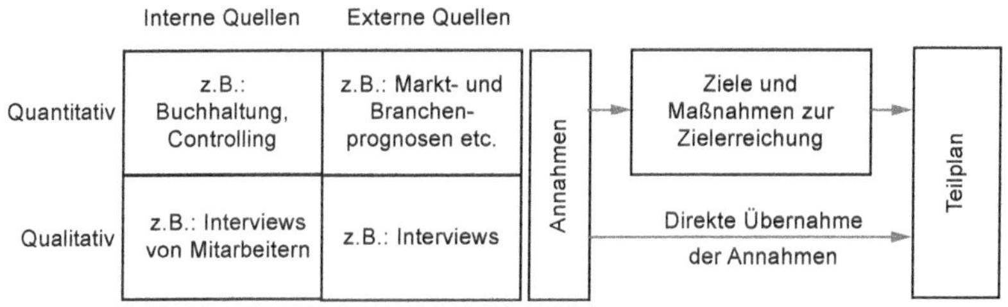


*Abb. 11: Darstellung der Systematik der Annahmen*[195]

Ob die Ziele wie geplant durch die Maßnahmen erreicht werden können, ist unsicher und damit wiederum selbst eine Prognose. Im Rahmen der Plausibilität unterliegt auch diese der subjektiven Beurteilung des Prognoseerstellers.

192 *Treyer,* Business Forecasting: Anwendungsorientierte Theorie quantitativer Prognoseverfahren, 2010, S. 29.

193 *Treyer,* Business Forecasting: Anwendungsorientierte Theorie quantitativer Prognoseverfahren, 2010, S. 29.

194 *Kuhner,* AG 2006, 713 (718).

195 Quelle: Eigene Darstellung.

Die direkte Methode der kurzfristigen Planung der Ein- und Auszahlungen basiert vor allem auf den bestehenden Daten der Buchhaltung. Aus der Auflistungen der offenen Posten wird deutlich, welche Ein- und Auszahlungen wann fällig werden. Auf der Ausgabenseite kann sicher bestimmt werden, wann diese dann auch bezahlt werden, da dies in der eigenen Hand liegt. Die zeitliche Einnahmenplanung ist mit mehr Unsicherheit behaftet. Hier kann aber auf das vergangene Zahlungsverhalten der Kunden zurückgegriffen werden. Für die Auszahlungen der Löhne und Gehälter, die Abführung der Lohnsteuer, die Zahlungen für Sozial- und Krankenversicherungen oder die Steuerzahlungen stehen die Auszahlungszeitpunkte fest. Die Höhe der Zahlungen kann zumeist auch vorab aus der Lohn- oder Finanzbuchhaltung ermittelt werden. Damit ist der kurzfristigen Planung der Ein- und Auszahlungen ein wesentlich geringerer Grad an prognostischer Unsicherheit zu eigen.

## 4. Ergebnisgrößen

Mit einer Gegenüberstellung der absehbaren Ein- und Auszahlungen wird einzig die Ergebnisgröße der Liquidität geplant. Der zeitliche Horizont dieser Planung ist kurzfristig. Der Ertrag des Unternehmens spielt bei dieser Planungsrechnung keine Rolle. Die kurz- bis mittelfristige Unternehmensplanung mündet in der Planung der Gewinn- und Verlustrechnung (GuV), der Planung der Unternehmensbilanz und der Finanzplanung.[196] Dabei wird durch die GuV die Kerngröße des Unternehmensertrages herausgestellt.

Die Bilanz bildet (im Gegensatz zur eigentlichen Definition als Gegenüberstellung von Vermögen und Schulden[197]) nicht das „wahre“ Unternehmensvermögens ab. Dies wäre ein nach Schmalenbach statistisches Bilanzverständnis, welches den Zustand eines Unternehmens darstellt.[198] Die Ermittlung einer richtigen GuV tritt dabei in den Hintergrund. Eine solche statische Bilanzauffassung[199] geht von einem wirklichen Reinvermögensvergleich aus. Die Erkenntnis, dass das Ganze mehr Wert ist als die Summe seiner Einzelteile, führt zum dynamischen

---

196 Siehe Abb. 10: Schema der Unternehmensplanung.

197 *Baetge/Kirsch/Thiele,* Bilanzen, 2007, S. 2.

198 *Schmalenbach,* Dynamische Bilanz, 1962, S. 44.

199 Repräsentativ für den Stand der Literatur in der zweiten Hälfte des 19. Jahrhunderts *Simon,* Die Bilanzen der Aktiengesellschaften und Kommanditgesellschaft auf Aktien, 1899.

Bilanzverständnis Schmalenbachs.[200] Er geht davon aus, dass das Unternehmensvermögen durch seine Ertragsfähigkeit gemessen wird.[201] Die Bilanz bildet daher eine Art Abgrenzungskonto, das Vorgänge abbildet, die nicht mit Einnahme oder Ausgabe erfolgswirksam sind.[202] Das heutige Bilanzrecht orientiert sich zwar nicht vollständig an der dynamischen Bilanztheorie.[203] Dennoch enthält die Bilanz Vermögensansätze und Bewertungen, die es ihr nicht ermöglichen, das „wahre" Unternehmensvermögen und das Schuldendeckungspotential darzustellen, wie z. B. die Bewertung zu fortgeführten Anschaffungskosten. Die Bilanz kann daher allenfalls einen Indiziencharakter für die Beurteilung des Unternehmensvermögens haben.

Neben dem Ertrag stellt der durch die Finanzplanung oder auch die Kapitalflussrechnung geplante Cashflow, die Liquidität, die zweite wesentliche Kerngröße der Unternehmensplanung dar. Sie wird im Fall einer mittel- bis langfristigen Planung meist indirekt aus der Korrektur der GuV um zahlungswirksame Abweichungen, die sich aus der Bilanz ergeben, abgeleitet.[204] Das indirekte Vorgehen reflektiert den Charakter der Bilanz als Abgrenzungskonto von nicht erfolgswirksamen Ein- und Auszahlungen. Ein Vorteil der Kerngröße des Cashflows ist daher auch, dass er unabhängig von den verschiedenen Möglichkeiten von Ansatz und Bewertung in der Bilanz ist.[205]

Die mittel- bis langfristige Unternehmensplanung plant im Ergebnis die Entwicklung zweier Kerngrößen: den Ertrag und die Liquidität. Über die Gesamtlebensdauer des Unternehmens sind beide Größen identisch. Betrachtet man nur zeitliche Ausschnitte der Gesamtlebensdauer, können beide Größen auseinanderfallen. Das Schuldendeckungspotential eines Unternehmens wird nicht abgebildet. Es ist aber durch eine Diskontierung beider Größen über die gesamte Lebensdauer des Unternehmens möglich, zu einem Unternehmenswert zu gelangen. Die Diskontierung der geplanten Erträge oder Cashflows kann nicht nur den Wert eines fortzuführenden Unternehmens, sondern auch den Wert eines Unternehmens bestimmen, das liquidiert wird.[206] Die zu diskontierenden Größen speisen sich dann

200 *Schmalenbach,* Dynamische Bilanz, 1962, S. 44.

201 *Schmalenbach,* Dynamische Bilanz, 1962, S. 44.

202 *Schmalenbach,* Dynamische Bilanz, 1962, S. 71 f.

203 *Baetge/Kirsch/Thiele,* Bilanzen, 2007, S. 22.

204 Vgl. *Schmeisser/Spree,* Unternehmensbewertung in praktischer Anwendung, in: Einführung in die Unternehmensbewertung, 2009, S. 92 (137 f.).

205 *Hauschildt/Rösler/Gemünden,* DBW 1984, 353 (354).

206 Die alternative Konzeption zu einem solchen Fortführungswert ist der Substanzwert. Dessen Aufgaben erfüllt allerdings die Erfolgsbewertung zuverlässiger; *Sieben,* Der Substanzwert: Ein Beitrag zur Lehre der Bewertung der Unternehmung, 1963, S. 78.

nicht mehr vornehmlich aus dem regulären Geschäftsbetrieb, sondern aus der Liquidation des Unternehmens. Es wird diskontiert, was inhaltlich geplant wird. Theoretisch gelangt die Diskontierung beider, Ertrags- und Liquiditätszahlen zum gleichen Ergebnis. Diese Größe hängt selbstverständlich von der in der Planung festgelegten Verwendung des Unternehmens ab.

Zwei weitere wesentliche Größen sind bei der Ermittlung eines Unternehmenswertes zu berücksichtigen, was zu mehr Beurteilungsspielraum und Unsicherheit führt. Die eine Größe ist die angenommene Lebensdauer des Unternehmens. In der Unternehmensbewertung wird unrealistischerweise von einer unendlichen Lebensdauer ausgegangen.[207] Dem wird nach einer Detailplanung zwischen fünf und 10 Jahren zwar durch den Ansatz einer Terminal Values begegnet.[208] Dabei wird aber lediglich eine konstante Unternehmensleistung für die Zeit nach dem Planungszeitraum unterstellt.[209] Somit beruhen so maßgebliche Bestandteile des Wertes auf Planungen, die sehr weit in der Zukunft liegen. Und Prognosen und Planung werden umso unsicherer, je weiter sie in der Zukunft liegen. Die andere zusätzliche Größe ist der Diskontierungszins, der zur Barwertbildung bestimmt werden muss. Er besteht aus risikolosem Zins und dem Zins, der das Unternehmensrisiko reflektiert.

## 5. Besonderheiten bei Krisenunternehmen

Der vorangegangene Abschnitt hat gezeigt, dass die Kerngrößen, die eine Unternehmensplanung hervorbringt, maßgeblich von den Annahmen und den Maßnahmen einer Planung abhängen. Diese unterliegen innerhalb der Grenzen der Plausibilität einem subjektiven Einfluss. Nachfolgend wird untersucht, welche besonderen Umstände in Krisenunternehmen bestehen und welchen Einfluss diese auf die Ermittlung und Gestaltung von Prämissen und Maßnahmen haben.

### a) Krisenverlauf

Der Begriff der Krise selbst kommt aus dem Altgriechischen und bedeutet kritische Krankheitsphase oder Zuspitzung des Geschehens im antiken Drama.[210] Um

207 *Tham / Vélez-Pareja*, Principles of Cash Flow Valuation 2004, S. 333.
208 *Tham / Vélez-Pareja*, Principles of Cash Flow Valuation 2004, S. 333.
209 *Tham / Vélez-Pareja*, Principles of Cash Flow Valuation 2004, S. 350.
210 *Maus,* in: Schmidt/Uhlenbruck (Hrsg.), Die GmbH in Krise, Sanierung und Insolvenz, 2009, S. 1.

zu beurteilen, wie „krank“ oder „zuspitzend“ die Situation in einem Unternehmen ist, hat sich in der Literatur der vierstufige typische Krisenverlauf etabliert.[211] Ausgangspunkt ist eine strategische Krise, danach wird die Krise im Ertrag sichtbar und mit weiterer Zuspitzung kommt es zur Liquiditätskrise, die dann in einer Insolvenz mündet.[212] Je weiter die Unternehmenskrise in diesem Sinne fortgeschritten ist, desto sichtbarer wird sie für das Management und für Außenstehende.[213] Außerdem nimmt parallel zu Krisenverlauf die Beherrschbarkeit der Krise ab.[214] Dieser Krisenverlauf und daran festgemachte Eigenschaften sind typisch, treffen aber nicht auf jeden Einzelfall zu.

## b) Krisenursachen

Eine Krise kann neben ihrem Stadium auch durch ihre Ursachen charakterisiert werden. Diese können inner- oder außerhalb des Unternehmens liegen, auch wenn die individuelle Unternehmenskrise meist auf einer Kombination aus mehreren originär verschiedenen Ursachen beruht.[215] Typische externe Krisenursachen sind: verändertes Wirtschaftswachstum, Kreditverfügbarkeit, Änderungen am Kapitalmarkt, Änderungen in den Unternehmensstrukturen oder Preisänderungen.[216] Interne Krisenursachen können mannigfaltig sein.[217] Sie ergeben sich aber meist aus der mangelnden Anpassung des Unternehmens an Änderungen in seinem Umfeld. Diese mangelnde Anpassung, Kernaufgabe des Managements, verdeutlicht, warum mehrere Autoren[218] und alle Interviewpartner Managementfehler als

---

211 *Krystek,* Handbuch Krisen- und Restrukturierungsmanagement: Generelle Konzepte, Spezialprobleme, Praxisberichte, 2007, S. 34; *Böckenförde,* Unternehmenssanierung 1991, S. 19.

212 *Müller,* Krisenmanagement in der Unternehmung, 1986, S. 54.

213 *Müller,* Krisenmanagement in der Unternehmung, 1986, S. 54.

214 *Klein,* Anforderungen an Sanierungskonzepte: Analyse bestehender Anforderungen und Leitfaden zur zukünftigen Ausgestaltung von Sanierungskonzepten, 2008, S. 23.

215 *Klein,* Anforderungen an Sanierungskonzepte: Analyse bestehender Anforderungen und Leitfaden zur zukünftigen Ausgestaltung von Sanierungskonzepten, 2008, S. 24.

216 *Altman,* Corporate financial distress: A complete guide to predicting, avoiding, and dealing with bankruptcy, 1983, S. 85, der in diesen Punkten wichtige Einflussgrößen auf das Scheitern von Unternehmen sieht.

217 Ein umfassender Überblick zu unternehmensinternen Krisenursachen findet sich bei *Böckenförde,* Unternehmenssanierung, 1991, S. 26.

218 *Klein,* Anforderungen an Sanierungskonzepte: Analyse bestehender Anforderungen und Leitfaden zur zukünftigen Ausgestaltung von Sanierungskonzepten, 2008, S. 24; *Euler, Hermes Kreditversicherungen/Zentrum für Insolvenz und Sanierung an der*

eigentliche Krisenursache sehen. Unternehmenskrisen haben dabei selten nur eine Ursache, die Ursachen können in verschiedenen Bereichen innerhalb und außerhalb des Unternehmens liegen und ihre Entwicklung ist meist mehrstufig, d. h. verschiedene Ursachen bedingen einander.[219] Dies macht die Analyse von Krisenursachen zu einer komplexen Aufgabe.[220]

### c) Situation in Krisenunternehmen

Die Situation in Krisenunternehmen ist meist von Chaos gekennzeichnet. Eine straffe Führung ist oft nicht vorhanden. Leistungs- und damit auch Wissensträger verlassen das Unternehmen. Aufgaben der Buchhaltung werden nur noch eingeschränkt wahrgenommen. Damit stehen wichtige Informationen nicht mehr zur Verfügung. Gleichwohl werden die Aufgaben, wie dargelegt, mit steigender Krisenintensität komplexer und der zeitliche Entscheidungsdruck steigt.[221] Hinzu kommen neben wirtschaftlichen Fragestellungen juristische Fragestellungen, die zu beachten sind.[222] In dieser Situation droht eine zusätzliche Überforderung des Managements, das diese Fehler meist vor der Krise selbst verursacht hat.

### d) Zusammenfassung

Planung in der Krise ist nicht oder nur sehr schwer möglich, weil die Situation von Unsicherheit geprägt ist. Daher können, je nach Krisengrad und -ursache die Grenzen der Plausibilität sehr weit sein. Zudem liegen die Quellen, aus denen die Planungsannahmen prognostiziert werden, im Vergleich zu einem normalen Unternehmen nur eingeschränkt vor. Das Management ist durch die Komplexität der Situation schnell überfordert. Wurde vor der Krise im Unternehmen keine Planung durchgeführt, was bei Krisenunternehmen häufig der Fall ist, muss die Planung

---

*Universität Mannheim e. V.,* Ursachen von Insolvenzen: Gründe für Unternehmensinsolvnzen aus der Sicht von Insolvenzverwaltern, 08.11.2006; ähnlich *Böckenförde,* Unternehmenssanierung, 1991, S. 29.

219 *Krystek,* Handbuch Krisen- und Restrukturierungsmanagement: Generelle Konzepte, Spezialprobleme, Praxisberichte, 2007, S. 50.

220 *Krystek,* Handbuch Krisen- und Restrukturierungsmanagement: Generelle Konzepte, Spezialprobleme, Praxisberichte, 2007, S. 50.

221 *Böckenförde,* Unternehmenssanierung, 1991, S. 17.

222 *Dittmann,* Feststellung der Zahlungsunfähigkeit und der Überschuldung als Voraussetzungen für Insolvenzstraftaten nach § 283 StGB, 2009, S. 218.

unter diesen erschwerten Bedingungen entwickelt werden.[223] Die Situation kann durch Zuhilfenahme von Beratern, die eine Planung im Rahmen eines Sanierungsgutachtens erstellen, gelöst werden. Ist der Berater unabhängig, kann so auch die Problematik der asymmetrischen Informationslage zwischen Unternehmen und Gläubigern gelöst werden. Dies wird allerdings aufgrund der damit verbundenen Kosten nur bei größeren Unternehmen möglich sein.

## III. Zusammenfassung

Die Prognose einer zukünftigen Unternehmensentwicklung oder direkt einer Insolvenzprognose anhand von Kennzahlen ist nicht in der Lage, eine unternehmensbezogene Vorausschau abzubilden. Sie kann allenfalls ein Indiz für die zukünftige Entwicklung darstellen.

Die Planung eines Unternehmens ist dazu in der Lage. Sie wird unternehmensindividuell erstellt, ist zukunftsbezogen und umfasst in der mittel- bis langfristigen Planung ein gestalterisches Element. Die kurzfristige Gegenüberstellung der Ein- und Auszahlungen hat einen geringen Prognosegehalt. Sie basiert im Wesentlichen auf bestehenden Informationen. Die Prognose spielt in einer umfassenden mittel- bis langfristigen Planung eine größere Rolle, weil sie weiter in die Zukunft blickt. Die Prognose selbst beinhaltet Annahmen über zukünftige Entwicklungen und Annahmen zur Wirksamkeit geplanter Maßnahmen. Die Unternehmensplanung bildet die Kerngrößen Ertrag und Liquidität ab und kann um eine Unternehmenswertbetrachtung als Barwert von zukünftigen Erträgen oder Liquidität erweitert werden.

In der Unternehmenskrise ist die Planung durch den Mangel an Informationen und Kapazitäten wesentlich erschwert. Dies kann dazu führen, dass eine Fundierung der Prognoseannahmen durch quantitative Methoden nicht möglich ist. Es bleiben dann lediglich qualitative, meinungsbasierte Prognosemethoden, die den Nachteil der Subjektivität haben.

Die zukünftige Unternehmensentwicklung als Insolvenzgrund kann durch eine Unternehmensplanung berücksichtigt werden. Dafür kommen die Kerngrößen der Planung Ertrag und Liquidität bzw. Cashflow in Frage. Es ist ebenfalls möglich, den Unternehmenswert, dessen Mehrwert allerdings begrenzt ist, da er auf den beiden anderen Kerngrößen basiert und zusätzliche Bewertungsspielräume mit sich bringt, zu berücksichtigen Damit greift die Planung die Größen auf, die auch

223 *Groß/Amen,* WPg 2003, 1161 (1163).

im ökonomischen Teil der Arbeit herausgearbeitet bzw. im Modellrahmen verwendet wurden.

Wird die kurzfristige Gegenüberstellung von Ein- und Auszahlungen in die Insolvenzgründe einbezogen, ist der Anteil der Prognose und damit auch die Unsicherheit gering. Allerdings bildet diese nur die nächsten Wochen ab und betrachtet isoliert den Aspekt der Liquiditätsentwicklung, die über eine so kurze Sicht nicht mit den Erfolgsaussichten des Unternehmens verwechselt werden darf. Diese Liquiditätsvorausschau spiegelt eher die finanziellen Auswirkungen vergangener Unternehmensleistung wider. Wird eine mittel- bis langfristige Unternehmensplanung in die Insolvenzgründe eingebracht, ist die zukünftige Erfolgsbetrachtung berücksichtigt. Es muss aber in Kauf genommen werden, dass die Annahmen einer Planung und damit das Ergebnis derselben innerhalb der Grenzen der Plausibilität subjektiv beeinflussbar sind. Und diesen Spielraum wird insbesondere der Geschäftsleiter eines Krisenunternehmens mit negativen Zukunftsaussichten versuchen, für sich zu nutzen. Da nicht alle Unternehmen planen und auch keine umfassende direkte Planungspflicht besteht, sollten die Insolvenzgründe so gestaltet sein, dass eine Incentivierung zur Prognoseerstellung besteht. Dies könnte durch die Aufnahme einer widerlegbaren Vermutung negativer Unternehmensaussichten in das Recht verwirklicht werden.

# D. Insolvenzgründe der InsO

In diesem Abschnitt werden die aktuellen Insolvenzgründe der InsO detailliert dargestellt und speziell die Diskussionen um einen Zukunftsbezug und deren Wirkungen herausgearbeitet. Dabei soll überprüft werden, inwiefern die Ergebnisse des ökonomischen und betriebswirtschaftlichen Teils der Arbeit Berücksichtigung finden.

## I. Zahlungsunfähigkeit

Die Zahlungsunfähigkeit ist nach § 17 Abs. 1 InsO allgemeiner Eröffnungsgrund. Er gilt für alle Vermögensmassen und Rechtsträger.[224] Dies unterscheidet ihn von den anderen Insolvenzgründen, die in Bezug auf die Person des Antragstellers, den Gegenstand des Insolvenzantrags und den betrachteten Zeitraum speziell sind.[225] Dass die Zahlungsunfähigkeit diese Stellung hat, scheint historisch gesehen keine Selbstverständlichkeit, wie die Gesetzesbegründung zur KO 1877[226] zeigt. So tritt die Zahlungsunfähigkeit in verschiedenen Rechtsordnungen zwar immer wieder zutage,[227] etwa in Form des erfolglosen Vollstreckungsversuchs eines einzigen Gläubigers, der im römischen Recht Grund zur „Verfahrenseröffnung" war,[228] oder in der Hamburger Falliten-Ordnung, die in Art. 1 entscheidend auf die Zahlungsunfähigkeit setzt.[229] Doch zumeist war die Überschuldung in Form

224 BT-Drs. 12/2443, S. 114.

225 *Drukarczyk,* MüKo-InsO (2007), § 18 InsO, Rn. 10; *Drukarczyk,* MüKo-InsO (2007), § 19 InsO, Rn. 124.

226 Begründung des Entwurfs einer Konkursordnung, in: *Hahn,* Die gesammelten Materialien zur Konkursordnung und dem Einführungsgesetz zu derselben, 1881, S. 291 f.

227 Siehe Begründung des Entwurfs einer Konkursordnung, in: *Hahn,* Die gesammelten Materialien zur Konkursordnung und dem Einführungsgesetz zu derselben, 1881, S. 291.

228 Siehe Begründung des Entwurfs einer Konkursordnung, in: *Hahn,* Die gesammelten Materialien zur Konkursordnung und dem Einführungsgesetz zu derselben, 1881, S. 291.

229 *Stadt Hamburg,* Der Stadt Hamburg neue Falliten-Ordnung. Auf Befehl E. Hochedlen Raths publicirt den 31. Aug. 1753, zitiert nach der Begründung des Entwurfs einer

der Vermögensunzulänglichkeit Insolvenzgrund.[230] Erst die französische Gesetzgebung hat mit dem Code de Commerce von 1808 der Zahlungsunfähigkeit, wenn auch nur für den kaufmännischen Bereich, zum Durchbruch verholfen.[231] Die Zahlungsunfähigkeit wird dann mit der Einführung der KO 1877 allgemeiner Eröffnungsgrund.[232]

Wann ein Unternehmen zahlungsunfähig ist, definiert der Gesetzgeber heute in § 17 Abs. 2 InsO: „Der Schuldner ist zahlungsunfähig, wenn er nicht in der Lage ist, die fälligen Zahlungspflichten zu erfüllen. Zahlungsunfähigkeit ist in der Regel anzunehmen, wenn der Schuldner seine Zahlungen eingestellt hat." Die gesetzliche Definition gilt seit der Einführung der Insolvenzordnung im Jahre 1999. Inhaltlich lehnt sie sich in Bezug auf die Vermutung der Zahlungsunfähigkeit bei Zahlungseinstellung stark an ihre Vorgängernorm, den § 102 Abs. 2 KO, an.[233] Der dortige Wortlaut („Zahlungsunfähigkeit ist insbesondere anzunehmen, wenn Zahlungseinstellung erfolgt ist") entspricht der Konkretisierung der Zahlungsunfähigkeit bei Einführung der KO mit § 94 KO 1877, die wiederum durch Art. 438 des französischen Code de Commerce inspiriert wurde.[234] Die mit der Insolvenzordnung 1999 ins Gesetz aufgenommene Definition der Zahlungsunfähigkeit in § 17 Abs. 2 Satz 1 InsO basiert auf der Definition des BGH zu Zeiten der KO: „Zahlungsunfähigkeit ist das auf dem Mangel an Zahlungsmitteln beruhende dauernde Unvermögen des Schuldners, seine sofort zu erfüllenden Geldschulden noch im wesentlichen zu decken."[235] Mit Einführung der InsO wurden

---

Konkursordnung, in *Hahn,* Die gesammelten Materialien zur Konkursordnung und dem Einführungsgesetz zu derselben 1881, 291.

230 Siehe Begründung des Entwurfs einer Konkursordnung, in: *Hahn,* Die gesammelten Materialien zur Konkursordnung und dem Einführungsgesetz zu derselben, 1881, S. 291.

231 Siehe Begründung des Entwurfs einer Konkursordnung, in: *Hahn,* Die gesammelten Materialien zur Konkursordnung und dem Einführungsgesetz zu derselben, 1881, S. 291.

232 Siehe Begründung des Entwurfs einer Konkursordnung, in: *Hahn,* Die gesammelten Materialien zur Konkursordnung und dem Einführungsgesetz zu derselben, 1881, S. 291.

233 BT-Drs. 12/2443, S. 114.

234 Siehe Begründung des Entwurfs einer Konkursordnung, in: *Hahn,* Die gesammelten Materialien zur Konkursordnung und dem Einführungsgesetz zu derselben, 1881, S. 291.

235 BGH, Urt. v. 05.11.1956 (III ZR 139/55), WM 1957, 68; Bestätigung von RGH, Urt. v. 17.12.1901 (VIL 386/01), RGZ, 50, 39, 41 und RGH Urt. v. 28.09.1920 (VII 93/20), RGZ, 100, 62, 65; *Uhlenbruck,* Kuhn/Uhlenbruck, KO (1994), § 102, Rn. 2.

im Vergleich dazu einige Änderungen im Sinne der „Rechtsklarheit" vorgenommen.[236] Die Merkmale der Dauer und das der Wesentlichkeit einer Unterdeckung wurden nicht übernommen. Der Wegfall der Dauer wird damit begründet, dass eine Woche oder Monate dauernde Illiquidität im Sinne einer möglichst frühen Antragstellung nicht als bloße Zahlungsstockung interpretiert werden dürfe.[237] Auch der Wegfall der Wesentlichkeit soll klarstellen, dass es nicht ausreicht, wenn der Schuldner nur einen Teil der Verbindlichkeiten bedienen kann.[238] Dies entspricht vordergründig einer statischen Auffassung, die rein auf den Betrachtungszeitpunkt abstellt und den zeitlichen Spielraum, in dem eine behebbare Zahlungsstockung vorliegt, auf null reduziert.[239] Auch einen Spielraum bei der Unterdeckung sollte es nicht mehr geben. Dass dies nur vordergründig der Fall ist, ergibt sich aus der Gesetzesbegründung, in der davon ausgegangen wird, dass auch ganz geringfügige Unterdeckungen oder nur vorübergehende Liquiditätslücken nicht zu einer Zahlungsunfähigkeit führen sollen.[240] Schon der Begriff der „vorübergehenden Unterdeckung" impliziert, dass durch den unmittelbaren Blick in die nahe Zukunft eine aktuell bestehende Liquiditätsunterdeckung aufgehoben werden kann. Dies reflektiert dann auch der BGH anhand der zuvor in der Literatur vertretenen Meinung wie folgt: „[...] zahlungsunfähig sei ein Schuldner, wenn ihm die Erfüllung der fälligen Zahlungspflichten wegen eines objektiven, kurzfristig nicht zu behebenden Mangels an Zahlungsmitteln nicht möglich sei."[241] Ist demnach ein solcher Mangel kurzfristig zu beheben, liegt keine Zahlungsunfähigkeit vor. Auch zur Unterdeckung äußert sich die Gesetzesbegründung relativierend, denn eine nur kurzfristige Zahlungsstockung, bei der kurzfristig neue Mittel beschafft werden können, soll nicht gleich eine Zahlungsunfähigkeit bedeuten.[242] Dies konkretisiert der BGH durch die Akzeptanz einer höchstens 10 %igen Unterdeckung.[243] Die 10 %ige Unterdeckung darf aber nur in Anspruch genommen werden, wenn nicht absehbar ist, dass die Unternehmenslage sich weiter verschlechtert.[244] Die Nichtübernahme der „Weichspüler"

236 BT-Drs. 12/2443, S. 114.
237 BT-Drs. 12/2443, S. 114.
238 BT-Drs. 12/2443, S. 114.
239 *Röhm,* Zur Abhängigkeit des Insolvenzstrafrechts von der Insolvenzordnung, 2002, S. 108.
240 BT-Drs. 12/2443, S. 114.
241 BGH, Urt. v. 24.05.2005 (IX ZR 123/04), BGHZ 163, 134, Rn. 16.
242 BT-Drs. 12/2443, S. 114.
243 Vgl. BGH, Urt. v. 24.05.2005 (IX ZR 123/04), BGHZ 163, 134, 2. Leitsatz.
244 Vgl. BGH, Urt. v. 24.05.2005 (IX ZR 123/04), BGHZ 163, 134, 2. Leitsatz.

führt zwar zu einer Verschärfung der Kriterien der Zahlungsunfähigkeit, womit der Gesetzgeber eine frühere Antragstellung erreichen wollte.[245] Dennoch spielt nach der Gesetzesbegründung und der Konkretisierung seitens des BGH der Blick in die unmittelbare Zukunft und damit die Prognose bei der Zahlungsunfähigkeit eine Rolle.[246] Die Spielräume scheinen mit der Einführung der Insolvenzordnung geringer geworden zu sein. Aber sie bleiben vorhanden.

Im Folgenden wird zunächst dargestellt, wie die Zahlungsunfähigkeit normiert ist, und es wird dabei untersucht, wo Prognose oder prognostische Elemente eine Rolle spielen. Im Kern geht es um die Gegenüberstellung von verfügbaren Zahlungsmitteln und den damit zu begleichenden Verbindlichkeiten. Daraus ergibt sich, dass zunächst betrachtet werden muss, welche Vermögensgegenstände als verfügbare Zahlungsmittel berücksichtigt werden können und welche Verbindlichkeiten in die Betrachtung mit einbezogen werden müssen. Im nächsten Schritt wird der Problematik nachgegangen, inwiefern diese Aktiva und Passiva fällig sein müssen, um bei deren Gegenüberstellung berücksichtigt zu werden. Nachdem klargestellt ist, was zu berücksichtigen ist, wird der Einfluss der Kriterien Dauer und Wesentlichkeit einer möglichen Unterdeckung auf die Gegenüberstellung auch mithilfe graphischer Darstellungen untersucht. Dies vorangestellt, wird auf die Methoden eingegangen, mit deren Hilfe die Zahlungsunfähigkeit aus zivil- und strafrechtlicher Sicht ermittelt wird.

## 1. Aktivpositionen

Welche Vermögensgegenstände als Zahlungsmittel zur Begleichung von Verbindlichkeiten zur Verfügung stehen, ist auf den ersten Blick einfach: Kassenbestände und Bankguthaben.[247] Dazu zählen auch Anlagen, die in kurzer Zeit in Zahlungsmittel umwandelbar sind, wie z. B. Festgeld oder Sparbriefe.[248] Zu diesen

245 *Drukarczyk/Schüler,* in: Arbeitskreis für Insolvenzwesen Köln e. V. (Hrsg.), Kölner Schrift zur Insolvenzordnung, 2009, S. 28, 35.

246 So auch Schmerbach, der von einer Belastung der Zahlungsunfähigkeit durch prognostische Elemente spricht, *Schmerbach,* FK-InsO (2013), § 17 InsO, Rn. 23.

247 Der BGH definiert dies mit „Geld oder andere übliche Zahlungsmittel". BGH, Beschluss v. 19.07.2007 (IX ZB 36/07), BGHZ 173, 286, Rn. 21; *Plagens/Wilkes,* ZInsO 2010, 2107 (2113).

248 *Plagens/Wilkes,* ZInsO 2010, 2107 (2114).

flüssigen Mitteln gehören nach BGH auch liquidierbare Mittel.[249] Dies folgt aus der Klarstellung im Gesetzentwurf zur Insolvenzordnung, dass Zahlungsstockung keine Zahlungsunfähigkeit darstellt.[250] Denn, wenn z. B. ein Zahlungseingang aus einem Anlagenverkauf bevorsteht, wäre es nicht sinnvoll, auf der Basis eines nur vorübergehenden Zustandes einen Insolvenzantrag stellen zu müssen. Dies ist vor dem Hintergrund der Intention des Gesetzgebers der InsO, eine möglichst frühe Antragstellung zu erreichen, nicht unwidersprochen.[251] Eine Reihe von Argumenten wird dafür ins Feld geführt. Zahlungen könnten nur mit Geldmitteln erfolgen, daher seien auch nur diese zu berücksichtigen.[252] Eine auf dieser Basis erfolgende Liquidation des Gesellschaftsvermögens zur Vermeidung von Zahlungsunfähigkeit würde zur Masseaushöhlung führen.[253] Die Ermittlung, welche Vermögensgegenstände in welchem Zeitraum liquidierbar sind, ist zu komplex und zeitaufwändig.[254] Denkbar ist auch das Argument, dass auf der im Rahmen dieser Arbeit noch zu behandelnden Passivseite auch nur Geldforderungen berücksichtigt werden, was bei der Berücksichtigung von liquidierbaren Vermögensgegenständen zu einer Ungleichbehandlung von Aktiva und Passiva führen würde. Prinzipielle Argumente gegen die Berücksichtigung werden durch die Gesetzesbegründung ausgehebelt, nach der es keiner besonderen Erwähnung bedarf, dass eine Zahlungsstockung keine Zahlungsunfähigkeit darstellt.[255] Beachtung verdienen vielmehr die praktischen Gründe, die gegen eine Berücksichtigung von (noch) nicht liquiden Vermögensgegenständen sprechen. Der Zeitaufwand, der für die Liquidierung eines Vermögensgegenstandes nötig ist, darf die drei Wochen, mit denen der BGH die Zahlungsstockung von der Zahlungsunfähigkeit abgrenzt,[256] nicht übersteigen. Eine geplante oder bereits begonnene Veräußerung muss also

249 BGH, Urt. v. 03.12.1998 (IX ZR 313/97), NJW 1999, 645, 2. Leitsatz; wobei die hier angenommene Frist zur Liquidierbarkeit von einem Monat zwischenzeitlich auf drei Wochen verkürzt wurde; BGH, Urt. v. 24.05.2005 (IX ZR 123/04), BGHZ 163, 134, Rn. 15.

250 Vgl. BT-Drs. 12/2443, S. 114.

251 *Röhm,* Zur Abhängigkeit des Insolvenzstrafrechts von der Insolvenzordnung, 2002, S. 100.

252 *Röhm,* Zur Abhängigkeit des Insolvenzstrafrechts von der Insolvenzordnung, 2002, S. 100.

253 *Röhm,* Zur Abhängigkeit des Insolvenzstrafrechts von der Insolvenzordnung, 2002, S. 101.

254 *Röhm,* Zur Abhängigkeit des Insolvenzstrafrechts von der Insolvenzordnung, 2002, S. 101.

255 BT-Drs. 12/2443, S. 114.

256 BGH, Urt. v. 24.05.2005 (IX ZR 123/04), BGHZ 163, 134, 1. Leitsatz.

innerhalb von drei Wochen zu einem Liquiditätszufluss führen.[257] Die Veräußerung von betriebsnotwendigem Vermögen darf, wenn die Vermögensgegenstände somit dem Betrieb entzogen werden, nicht angesetzt werden. Andernfalls wäre, um kurzfristig eine Zahlungsunfähigkeit zu vermeiden, die Fortführung des Betriebes gefährdet. Nachfolgend werden die für eine Liquidation in Frage kommenden Vermögensgegenstände auch vor dem Hintergrund der zeitnahen Liquidierbarkeit untersucht. Dazu zählen Forderungen, sonstige Vermögensgegenstände und auch Neukreditaufnahmen.

### a) Forderungen

Forderungen sind Ansprüche auf Zahlungen, die im Wirtschaftsverkehr meist auf zuvor erbrachten Leistungen beruhen. Sie können einen beträchtlichen Teil der Bilanzsumme von Unternehmen ausmachen, da im Wirtschaftsverkehr, wie bereits in der Einleitung dargestellt, einer Atradius Studie zufolge, Zahlungsziele von durchschnittlich 22 Tagen bei inländischen und 27,7 Tage bei ausländischen Kunden gewährt werden.[258] Trotz dieser großzügigen Zahlungsziele werden Verbindlichkeiten nach Erhebungen der Creditreform durchschnittlich erst 12,99 Tage nach Fälligkeit bezahlt.[259] Damit stellt der Forderungsbestand ein großes Reservoir an potentiellen Zahlungsmitteln dar. Mit Forderungen selbst können keine Verbindlichkeiten beglichen werden, da sie kein Zahlungsmittel darstellen. Demgegenüber ist der BGH nicht eindeutig bei der Frage, inwiefern fällige Forderungen eines Schuldners zu den Zahlungsmitteln gehören oder ob diese zumindest in der Drei-Wochen-Frist berücksichtigt werden können.[260] Da es sich bei Forderungen aber auch lediglich um Vermögensgegenstände handelt, sind auch diese mit in die Betrachtung der Zahlungsfähigkeit einzubeziehen, wenn mit ihrem Eingang innerhalb der Drei-Wochen-Frist gerechnet werden kann. Fraglich ist, wann mit einem Zahlungseingang gerechnet werden kann. Grundsätzlich sollten Forderungen im Zeitpunkt der Fälligkeit beglichen werden. Diese Annahme sollte um die Erfahrungen mit dem Zahlungsverhalten der Debitoren des Unternehmens erweitert werden. Zahlt ein Großkunde mit regelmäßiger Verspätung, muss dies in

257 So auch das AG Köln, was von einer Liquidierbarkeit innerhalb kürzester Zeit spricht; AG Köln, Beschluss v. 07.03.2007 (71 IN 609/06), NZI 2007, 666, Rn. 35.

258 Atradius Zahlungsmoralbarometer, 2012, S. 11 f.

259 *Creditreform Wirtschaftsforschung,* Insolvenzschäden und Arbeitsplatzverluste: Insolvenzen in Deutschland, 2012.

260 *Knolle/Tetzlaff,* ZInsO 2005, 897 (898) zu BGH, Urt. v. 24.05.2005 (IX ZR 123/04), BGHZ 163, 134.

der Planung der Zahlungseingänge berücksichtigt werden. Dass dies eher Regel als Ausnahme ist, zeigt die schon erwähnte durchschnittliche Überfälligkeit aller Forderungen von 12,99 Tagen.[261] Für diese überfälligen Forderungen wird auch gefordert, sie nicht in voller Höhe zu berücksichtigen, da der Zahlungsverzug ein Indiz für das komplette Ausbleiben der Forderung sein soll.[262] Für die Bemessung der konkreten Höhe des Abschlags soll die Möglichkeit, die Forderungen an einen Factor zu verkaufen, als Vergleichsmaßstab herangezogen werden.[263] Die Forderungen sollen nur berücksichtigt werden, wenn der Factor sie annehmen würde.[264] Dieser praktische Vergleichsmaßstab wirft die Frage auf, wann ein Factor Forderungen zum Kauf annimmt. Dies ist nur dann der Fall, wenn die Bonität des Schuldners unkritisch und durch eine Warenkreditversicherung abgesichert ist. Dieser direkte Vergleichsmaßstab bietet sich eher an als der hypothetische Forderungsverkauf. Zumal der hypothetische Forderungsverkauf die Frage aufwirft, warum ein Unternehmen, für das sich die Frage der Zahlungsfähigkeit stellt und das die Möglichkeit hat, Forderungen an einen Factor zu verkaufen, diese Möglichkeit nicht auch wahrnimmt. Forderungen mit guter Bonität des Schuldners sind in voller Höhe mit dem wahrscheinlichen Zahlungseingang zu berücksichtigen. Bei kritischer Bonität haben Abschläge zu erfolgen.

### b) Streitige Forderungen

Neben der Frage, ob überfällige Forderungen berücksichtigt werden, ist der Ansatz von streitigen Forderungen zu betrachten. Die einfache Behauptung seitens des Unternehmens, dass eine Forderung besteht, kann nicht zu einer Berücksichtigung führen.[265] Andererseits sind streitige Forderungen, deren Bestand bereits zivilrechtlich geklärt ist und für die ein vollstreckbarer Titel vorliegt, zu berücksichtigen.[266] Diese Forderungen sind wiederum nur insoweit zu berücksichtigen,

---

261 *Creditreform Wirtschaftsforschung,* Insolvenzschäden und Arbeitsplatzverluste: Insolvenzen in Deutschland, 2012.

262 *Pohl,* Der Insolvenzgrund der Zahlungsunfähigkeit, 2011, S. 79; *Bork,* ZIP 2008, 1749 (1750).

263 *Pohl,* Der Insolvenzgrund der Zahlungsunfähigkeit, 2011, S. 79.

264 *Pohl,* Der Insolvenzgrund der Zahlungsunfähigkeit, 2011, S. 79.

265 *Pohl,* Der Insolvenzgrund der Zahlungsunfähigkeit, 2011, S. 82 ff.

266 Dies folgt analog aus der Rechtsprechung des BGH, nach der die Verbindlichkeiten, die rechtskräftig tituliert sind, als solche bei der Beurteilung der Insolvenzeröffnung zu berücksichtigen sind; BGH, Beschluss v. 14.01.2010 (IX ZB 177/09), ZInsO 2010, 331, Leitsatz.

als der zu erwartende Zahlungseigang innerhalb der nächsten drei Wochen liegt und die Bonität des Schuldners der Vollstreckung nicht entgegensteht. Ist die Forderung noch nicht tituliert bzw. der Prozess der Feststellung noch im Gange, wird die erwartete Dauer bis zur Feststellung und Vollstreckung, sofern sie über drei Wochen liegt, gegen einen Ansatz als Zahlungsmittel sprechen. Steht dieses Verfahren kurz vor dem Abschluss, muss individuell geprüft werden, wie wahrscheinlich ein Titel erwirkt und vollstreckt werden kann. Dies entspricht der handelsrechtlichen Forderungsbewertung, nach der zweifelhafte Forderungen mit dem zu erwartenden Eingangsbetrag angesetzt werden.[267] Da die handelsrechtliche Bilanzierung grundsätzlich über das Vorsichtsprinzip auch dem Grundsatz des Gläubigerschutzes verpflichtet ist, erscheint eine analoge Anwendung auch zweckmäßig.[268]

### c) Vorräte

Neben Forderungen machen Vorräte einen erheblichen Teil des Umlaufvermögens aus. Wie bei den Forderungen sind auch sie kein Zahlungsmittel, sodass sie bei einer Zeitpunktbetrachtung nicht zu berücksichtigen sind. Ob dies für die kurzfristige Drei-Wochen-Sicht anders ist, wird analog zu den Forderungen davon abhängen, ob und wie schnell diese Vorräte zu liquidieren sind. So wird eine Veräußerungsabsicht nicht genügen. Vielmehr müssen konkrete Vertragsabschlüsse vorliegen oder in Aussicht stehen, die dann auch zu Zahlungsmittelzuflüssen innerhalb der drei Wochen führen. Dabei sind zusätzlich einige Punkte zu beachten. Zum einen wird ein bestimmter Vorratsbestand sowohl an Roh-, Hilfs- und Betriebsstoffen und unfertigen Erzeugnissen als auch an fertigen Erzeugnissen für eine Unternehmensfortführung unabdingbar sein. Ein Verkauf dieses Bestandes und damit die Berücksichtigung als Zahlungsmittel werden damit nicht möglich sein. Eine Ausnahme wäre es grundsätzlich, wenn der betreffende Geschäftsbetrieb nicht fortgeführt werden soll. Ebenso ist zu beachten, dass ein kurzfristiger Verkauf gegebenenfalls nur mit erheblichen Abschlägen zu realisieren ist. Hinzu kommt, dass bei Krisenunternehmen das Vorratsvermögen regelmäßig nicht mehr voll werthaltig ist. Beide Aspekte sind im Ansatz der Höhe nach zu berücksichtigen. Darüber hinaus bergen Abschläge im Fall der Werthaltigkeit das Risiko, dass

---

267 *Ballwieser,* MüKo-HBG (2008), § 253 HGB, Rn. 63; *Kleindiek*, Staub GK HGB (2002), § 253 HGB, Rn. 72; *Merkt*, Baumbach/Hopt HGB (2010), § 253 BGB, Rn. 23.

268 So Pohl zum Ansatz von streitigen Verbindlichkeiten; *Pohl,* Der Insolvenzgrund der Zahlungsunfähigkeit, 2011, S. 86.

der Verkauf als Verschleuderung nach § 283 Abs. 1 Nr. 1 oder 8 StGB zu qualifizieren wäre.[269] Dann sollte die Berücksichtigung als Zahlungsmittel unterbleiben.

### d) Anlagevermögen

Für die Berücksichtigung von Gegenständen des Anlagevermögens werden ähnliche Anforderungen zu stellen sein. Wobei die kurzfristige Veräußerbarkeit für Vermögensgegenstände des Anlagevermögens generell schwieriger sein wird. Damit werden die Anforderungen an den Fortschritt des Veräußerungsprozesses höher sein müssen als beim Umlaufvermögen. Die Grenzen der Berücksichtigung werden, wie auch beim Umlaufvermögen, dadurch bestimmt, indem beurteilt wird, ob der Vermögensgegenstand für den Geschäftsbetrieb notwendig ist und diesem durch den Verkauf entzogen wird[270] und ob ein strafbarer Verschleuderungsverkauf geplant ist.[271]

### e) Zusätzliches Kapital

Neben einem Aktivtausch von Vermögensgegenständen nicht liquider in solche liquider Art ist es auch möglich, Zahlungsmittel in Form einer Aktiv-Passiv-Mehrung durch Aufnahme von Fremd- oder Eigenkapital dem Unternehmen zuzuführen. Die Berücksichtigung bestehender Linien bei Kreditunternehmen im Rahmen eines Liquiditätsstatus ist unkritisch.[272] Die kritisiert Hartung, da eine freie Linie den Gläubigern im Insolvenzfall nicht zur Verfügung steht und deren Berücksichtigung als Zahlungsmittel dem Grundsatz des Gläubigerschutzes zuwider liefe.[273] Bestehende Linien bei Kreditinstituten sollten seiner Ansicht nach nur berücksichtigt werden, wenn sie tatsächlich gezogen werden.[274] Diese Argumentation läuft an der Praxis vorbei. Kontokorrentlinien dienen dem Unternehmen für den täglichen Zahlungsverkehr. Je nach Tagessituation wird die Linie mal mehr, mal weniger beansprucht, steht dem Unternehmen aber als

---

269 So für Gegenstände des Anlagevermögens *Hartung,* wistra 1997, 1 (3).

270 Auch betriebsnotwendige Vermögensgegenstände können z. B. im Rahmen einer Sale-and-Lease-Back-Transaktion veräußert werden und trotzdem dem Geschäftsbetrieb zur Verfügung stehen; *Hartung,* wistra 1997, 1 (3).

271 *Hartung,* wistra 1997, 1 (3).

272 *Uhlenbruck,* Uhlenbruck InsO (2010), § 17 InsO, Rn. 9; *Bußhardt,* Braun InsO (2012), § 17 InsO, Rn. 20 f.; *Müller,* Jaeger InsO (op. 2004), § 17 InsO, Rn. 16.

273 *Hartung,* wistra 1997, 1 (4).

274 *Hartung,* wistra 1997, 1 (4).

Zahlungsmittel zur Verfügung. Ausgenommen davon sind Kreditlinien, die dem Unternehmen zwar offiziell zur Verfügung stehen, unter der Hand aber vereinbart wurde, diese nicht in Anspruch zu nehmen. Denn diese dem Unternehmen nicht tatsächlich zur Verfügung. Kreditlinien zur freien Verfügung stellen Zahlungsmittel dar, der im Umkehrschluss aus Hartungs Argumentation folgende Zwang, eine solche Linie zu ziehen, um eine Zahlungsunfähigkeit zu vermeiden, ist nicht einleuchtend.

Viel interessanter ist die Situation, in der die zusätzlichen Banklinien bzw. der (Sanierungs-)Kredit oder eine Eigenkapitalzufuhr für das Unternehmen in Aussicht stehen, aber noch nicht zu einer Zahlung geführt haben. Für den Fall der Bewilligung solch zusätzlicher Mittel kann die in Aussicht stehende Liquidität „eingeplant" werden, es sei denn, die Bonität des Kapitalgebers lässt einen tatsächlichen Zahlungsmittelzufluss unwahrscheinlich erscheinen.[275] Ist die Bewilligung des Kapitalgebers ausstehend, stellt Hartung auf die bisherige Dauer der Verhandlungen ab: Ist diese nur kurz, geht er offenbar davon aus, dass die verhandelten Mittelzuflüsse berücksichtigt werden dürfen.[276] Ziehen sich die Verhandlungen über Monate hin, soll dies nicht mehr der Fall sein.[277] Dies ist vor dem Hintergrund der Drei-Wochen-Frist des BGH insofern zu verschärfen, als die kurz andauernden Verhandlungen bei bestehender Zahlungsunfähigkeit von Beginn der Zahlungsunfähigkeit an innerhalb von drei Wochen zu einem Zahlungseingang führen müssen. Dauert die Zahlungsunfähigkeit länger als drei Wochen an, reichen laufende Verhandlungen nicht mehr aus, um die Frist aufgrund von Zahlungseingängen, die mit an Sicherheit grenzender Wahrscheinlichkeit bevorstehen, zu verlängern. Dies muss auch dann gelten, wenn ein Sanierungsgutachten Grundlage der Verhandlungen ist. Denn zum einen sind die Sanierungsgutachten selbst in diesen Fällen vorbehaltlich der zur Verfügungstellung einer Sanierungsfinanzierung ausgestellt. Zusätzlich sind die Verhandlungen trotz eines Sanierungsgutachtens meist ergebnisoffen und führen eben nicht fast sicher zum Erfolg. Der BGH hat aber klargestellt, dass die drei Wochen für die Erlangung eines Kredites ausreichen müssen.[278] Auch das Argument, dass eventuelle Verluste die während einer Verhandlungsphase, die letztlich scheitert, meist von den an den Verhandlungen Beteiligten zu tragen sind, trägt nicht. Denn dass auch andere Gläubiger geschädigt werden, kann nicht ausgeschlossen werden. Und wenn den

275 So für den Fall des Gesellschafters *Hartung,* wistra 1997, 1 (4).
276 Vgl. *Hartung,* wistra 1997, 1 (4).
277 So *Hartung,* wistra 1997, 1 (4).
278 BGH, Urt. v. 24.05.2005 (IX ZR 123/04), BGHZ 163, 134, 1. Leitsatz.

Gläubigern auch ein Zuwarten in dieser Situation sicher zugemutet werden kann, muss zusätzlich die mit an Sicherheit grenzende Wahrscheinlichkeit des Verhandlungserfolges vorliegen.[279] Damit diese absehbar ist, sollte zumindest eine Zusage unter Gremienvorbehalt vorliegen.[280] Eine in der Praxis in diesen Verhandlungssituationen häufig angenommen Grauzone gibt es nicht.

#### f) Ansprüche aus anfechtbaren Rechtshandlungen

Ansprüche, die aufgrund einer späteren Insolvenzeröffnung entstehen, wie etwa aus der insolvenzrechtlichen Anfechtung §§ 130 146 InsO, sind nicht zu berücksichtigen. Der Anspruch entsteht erst mit Verfahrenseröffnung und liegt damit zum Zeitpunkt der Beurteilung vor einer möglichen Insolvenz nicht vor.[281]

#### g) Restricted Cash

Neben den behandelten nicht liquiden, aber liquidierbaren Vermögensgegenständen können Unternehmen auch liquide Mittel besitzen, über die sie aber nicht frei verfügen können. Dazu zählen Barhinterlegungen, wie sie etwa bei der Übernahme von Avalen[282] durch Kreditinstitute üblich sind. Sie dienen der Aval gewährenden Bank als Sicherheit und werden meist auf ein Sperrkonto geleistet. Damit stehen sie dem Unternehmen erst wieder zur Verfügung, wenn die Verpflichtungen aus dem Geschäft, das mit dem Aval abgesichert wurde, erfüllt wurden. Sie sind erst dann wieder bei der Betrachtung der Zahlungsfähigkeit mit einzuplanen.

### 2. Passivpositionen

Als Verbindlichkeiten kommen jegliche Ansprüche gegen den Schuldner in Frage, die zu einem Zahlungsmittelabfluss führen können. Die Ansprüche müssen zudem

---

279 BGH, Urt. v. 24.05.2005 (IX ZR 123/04), BGHZ 163, 134, 3. Leitsatz.

280 Unter Gremienvorbehalt ist der Vorbehalt aufgrund noch einzuholender Zustimmung bankinterner Gremien zu verstehen.

281 So der BGH auch im Umkehrschluss für Verbindlichkeiten, die durch Anfechtung wieder aufleben; BGH, Beschluss v. 27.07.2006 (IX ZB 204/04), BGHZ 169, 17, Rn. 15.

282 Avale sind Haftungsübernahmen die Kreditinstitute gegenüber Dritten leisten, etwa zur Absicherung von Anzahlungen, Lieferungen oder Leistungen inkl. Gewährleistungen; *Alisch,* Gabler-Wirtschaftslexikon 2004, S. 290.

fällig sein. Nachfolgend werden Ansprüche untersucht, deren Berücksichtigung der Sache nach strittig ist, und es wird das Kriterium der Fälligkeit betrachtet.

### a) Streitige Verbindlichkeiten

Fraglich ist, ob Verbindlichkeiten, die vom Schuldner bestritten sind, bei der Betrachtung der Zahlungsfähigkeit zu berücksichtigen sind. Die einfache Behauptung eines Gläubigers, eine derartige Verbindlichkeit würde bestehen, reicht für eine zwingende Berücksichtigung genau so wenig aus wie das einfache (grundlose) Bestreiten der Forderung durch den Schuldner.[283] Unkritisch sind Forderungen, für die der Gläubiger bereits einen Titel erwirkt hat. Sie sind auf jeden Fall zu berücksichtigen.[284] Forderungen, die substantiiert bestritten, aber noch nicht tituliert sind, werden bei der gerichtlichen Prüfung eines Gläubigerantrags nicht berücksichtigt, da es nicht die Aufgabe des Insolvenzgerichtes ist zu prüfen, ob die Forderung besteht.[285] Für die Selbstprüfungspflicht der Organe sollen die Verbindlichkeiten der Wahrscheinlichkeit ihres Bestehens nach in Gruppen prozentual berücksichtigt werden.[286] Handelt es sich nur um ein oder zwei Verbindlichkeiten, auf die es maßgeblich ankommt, sollte die Einschätzung der prozentualen Wahrscheinlichkeit der später nötigen Auszahlung für jede einzelne Position vorgenommen werden.[287]

### b) Nachrangige Verbindlichkeiten

Teilweise wird es in der Literatur als unklar bezeichnet, ob nachrangige Verbindlichkeiten nach § 39 InsO bei der Zahlungsunfähigkeit zu berücksichtigen sind.[288] Gegen den Ansatz in der Prüfung wurde vorgebracht, dass diese Verbindlichkeiten bei der Schlussverteilung im Insolvenzverfahren fast nie bedient

283 *Pohl,* Der Insolvenzgrund der Zahlungsunfähigkeit, 2011, S. 82 ff.

284 Vgl. bei *Henkel,* ZInsO 2011, 1237 (1238), demzufolge titulierte Verbindlichkeiten bei der gerichtlichen Prüfung einer etwaigen Zahlungsunfähigkeit zu berücksichtigen sind.

285 BGH, Beschluss v. 29.11.2007 (IX ZB 12/07), ZInsO 2008, 103, Rn. 9.

286 Pohl sieht dieses der handelsrechtlichen Buchhaltung entlehnte Verfahren als sinnvoll an, da auch die handelsrechtlichen Regelungen das Ziel des Gläubigerschutzes verfolgen. *Pohl,* Der Insolvenzgrund der Zahlungsunfähigkeit, 2011, S. 82 ff.; unabhängig von der Selbstprüfungspflicht *Schmerbach,* FK-InsO (2013), § 17 InsO, Rn. 8.

287 *Schmerbach,* FK-InsO (2013), § 17 InsO, Rn. 8; *Kirchhof,* HK-InsO (2011), § 17 InsO, Rn. 7.

288 *Pohl,* Der Insolvenzgrund der Zahlungsunfähigkeit, 2011, S. 87.

würden und daher auch bei der Verfahrenseröffnung keine Rolle spielen sollten.[289] Diese Ansicht ist mittlerweile überholt, Gesellschafterdarlehen sind bei der Beurteilung der Zahlungsunfähigkeit mit zu berücksichtigen.[290] Denn im Unterschied zur Überschuldungsprüfung, wo gem. § 19 Abs. 2 Satz 2 InsO Forderungen aus Gesellschafterdarlehen oder aus Darlehen, bei denen ein Rangrücktritt vereinbart ist, nicht berücksichtigt werden, gibt es für die Zahlungsunfähigkeit keine derartige Regelung.[291] Diese wäre auch nicht gerechtfertigt, da die Zahlungsunfähigkeit inhaltlich nicht auf die Vermögensinsuffizienz abstellt. Vielmehr werden an dieser Stelle die fälligen Verbindlichkeiten betrachtet. Im Insolvenzverfahren nachrangige Verbindlichkeiten sind, so sie denn fällig, vor dem Insolvenzverfahren echte Zahlungsverpflichtungen.[292] Dabei ist es unerheblich, ob die Insolvenzmasse später einen Anspruch auf Rückgewähr hat. Denn dieser Anspruch führt ja nicht innerhalb von drei Wochen zu einem Zahlungsmittelzufluss.[293] Dafür spricht auch, dass der Insolvenzantrag eines nachrangigen Gläubigers zulässig ist, auch wenn dieser nicht mit der Befriedigung seiner Forderungen rechnen kann.[294]

### c) Eventualverbindlichkeiten

Ebenso sind Eventualverbindlichkeiten zu berücksichtigen, wenn daraus eine Zahlungspflicht herrührt oder sich abzeichnet.[295]

### d) Fälligkeit

Nachdem die zu berücksichtigenden Verbindlichkeiten untersucht wurden, soll nun auf das Merkmal der Fälligkeit eingegangen werden. Nach § 17 Abs. 2 Satz 1 InsO sind alle fälligen Verbindlichkeiten in die Evaluierung der

---

289 Stellvertretend *Uhlenbruck*, Uhlenbruck, InsO (2003), § 17 InsO, Rn. 7, mittlerweile überholt durch die Folgeauflage; *Uhlenbruck*, Uhlenbruck, InsO (2010), § 17 InsO, Rn. 10.

290 *Altmeppen*, Altmeppen/Roth, GmbHG (2012), Vor § 64 GmbHG, Rn. 23; *Schröder*, HambKomm-InsO (2012), § 17 InsO, Rn. 17; *Uhlenbruck*, Uhlenbruck, InsO (2010), § 17 InsO, Rn. 10; *Müller*, Jaeger InsO (op. 2004), § 17 InsO, Rn. 11.

291 *Altmeppen*, Altmeppen/Roth, GmbHG (2012), Vor § 64 GmbHG, Rn. 23.

292 *Pohl*, Der Insolvenzgrund der Zahlungsunfähigkeit, 2011, S. 98.

293 Siehe dazu unter Abschn. I. 1. zur Nichtberücksichtigung von im Insolvenzfall anfechtbaren Rechtshandlungen.

294 So BGH, Beschluss v. 23.09.2010 (IX ZB 282/09), DZWIR 2011, 41, Leitsatz.

295 *Hartung*, wistra 1997, 1 (7).

Zahlungsfähigkeit mit einzubeziehen. Im Unterschied zu § 271 BGB, wonach eine Verbindlichkeit fällig ist, wenn der Gläubiger die Zahlung verlangen kann, ist in diesem Zusammenhang zusätzlich das ernsthafte Einfordern der Zahlung nötig.[296] Die Anforderungen an das ernsthafte Einfordern sind aber gering. Es ist ausreichend, wenn der Gläubiger eine Zahlungsaufforderung in Form einer Rechnung übersandt hat.[297] Eine Mahnung oder das Betreiben von Zwangsvollstreckungsmaßnahmen sind nicht erforderlich.[298] Der Fälligkeit, der Möglichkeit eines Gläubigers die Leistung zu fordern, stehen Einreden und Einwendungen entgegen, wie Stundung, Verjährung oder etwa ein Einbehaltungsrecht.[299] Eine Stundung liegt vor, wenn eine zivilrechtlich wirksame Abrede zwischen Schuldner und Gläubiger vorliegt.[300] Diese kann formfrei erfolgt sein[301] und ist grundsätzlich auch konkludent möglich.[302] Zu Stundungen zählen auch Stillhalteabkommen, vorausgesetzt der Gläubiger hat einem solchen zugestimmt.[303] Schwieriger ist die Beurteilung einer stillschweigenden Stundung. Das Ausbleiben von Mahnungen im Falle des Nichtbegleichens einer Rechnung oder das Ausbleiben von Vollstreckungsversuchen aufgrund von Aussichtslosigkeit reichen nicht hierfür nicht aus.[304] Denn die InsO führt den Begriff des ernsthaften Einforderns nicht.[305] Sind Verbindlichkeiten, etwa aus Lieferungen und Leistungen nach Überschreiten des Zahlungsziels nicht beglichen, so sind sie in der Regel uneingeschränkt fällig.[306]

---

296 So BGH, Beschluss v. 19.07.2007 (IX ZB 36/07), BGHZ 173, 286, Rn. 12; BGH, Urt. v. 14.05.2009 (IX ZR 63/08), BGHZ 181, 132, Rn. 22.

297 BGH, Urt. v. 08.10.1998 (IX ZR 337/97), ZIP 1998, 2008, Rn. 16; BGH, Beschluss v. 19.07.2007 (IX ZB 36/07), BGHZ 173, 286, Rn. 18.

298 *Altmeppen,* Altmeppen/Roth, GmbHG (2012), Vor § 64 GmbHG, Rn. 23; Mahnung nicht erforderlich in BGH, Beschluss v. 19.07.2007 (IX ZB 36/07), BGHZ 173, 286, Rn. 17.

299 *Pohl,* Der Insolvenzgrund der Zahlungsunfähigkeit, 2011, S. 70.

300 *Schröder,* HambKomm-InsO (2012), § 17 InsO, Rn. 10; *Bremen,* Graf-Schlicker, InsO (2012), § 17 InsO, Rn. 9.

301 BGH, Beschluss v. 19.07.2007 (IX ZB 36/07), BGHZ 173, 286, Rn. 23.

302 *Bork,* KTS 2005, 1 (4); *Schröder,* HambKomm-InsO (2012), § 17 InsO, Rn. 10.

303 BGH, Urt. v. 27.12.2007, (IX ZR 93/06), ZInsO 2008, 273, 1. Leitsatz; *Schmerbach,* FK-InsO (2013), § 17 InsO, Rn. 14.

304 *Schmerbach,* FK-InsO (2013), § 17 InsO, Rn. 15.

305 *Bork,* KTS 2005, 1 (4).

306 *Uhlenbruck,* Uhlenbruck, InsO (2010), § 17 InsO, Rn. 15; *Schröder,* HambKomm-InsO (2012), § 17 InsO, Rn. 9.

## 3. Dauer

Nach der Betrachtung, welche Aktiva und Passiva bei der Beurteilung der Zahlungsfähigkeit zu berücksichtigen sind, wird nachfolgend auf die Abgrenzung zwischen Zahlungsstockung und Zahlungsunfähigkeit eingegangen. Denn der Gesetzgeber hat klargestellt, dass eine nur vorübergehende Unterdeckung an liquiden Mitteln nicht zu einer Zahlungsunfähigkeit führen soll.[307] Insofern wird auch nach Einführung der Insolvenzordnung keine Zeitpunktilliquidität, sondern wie zu Zeiten der Konkursordnung eine Zeitraumilliquidität betrachtet.[308] Der BGH hat das Merkmal „vorübergehend" durch eine Frist von drei Wochen konkretisiert.[309] Damit greift er die zuvor gem. KO gültige Frist von einem Monat auf und verschärft diese vor dem Hintergrund der Intention des Gesetzgebers, diese Dauer zu verkürzen, leicht.[310] Diese Frist ist aber nicht als starre Grenze zu verstehen. Ist mit „an Sicherheit grenzender Wahrscheinlichkeit" absehbar, dass die Illiquidität jenseits der Drei-Wochen-Frist behoben sein wird und den Gläubigern im Einzelfall ein längeres Warten zugemutet werden kann, können auch längere Zeiträume maßgeblich sein.[311] Wie lang ein solcher noch „überschaubarer" Zeitraum sein kann, lässt der BGH offen.[312] Die Literatur geht von bis zu drei[313] oder auch sechs Monaten[314] aus. Der BGH führt zu der längeren Frist begründend aus, dass bei saisonabhängigen Geschäften auf Phasen, in denen Liquiditätsengpässe vorkommen, Hochphasen folgen, in denen diese wieder abgebaut werden können.[315] Und Saisonschwankungen sind bei Winter-Sommer-Saisons auf ein halbes Jahr beschränkt. Je nach Branche sind aber kürzere Fristen maßgeblich. Es kommt auf die konkreten Umstände an.[316] Im Übrigen ist bei der Begründung einer längeren Liquiditätsunterdeckung Vorsicht geboten. Denn bei absehbaren, regelmäßigen Schwankungen, die mit an Sicherheit grenzender Wahrscheinlichkeit

---

307 BT-Drs. 12/2443, S. 114.

308 *Uhlenbruck*, Uhlenbruck InsO (2010), § 17 InsO, Rn. 19.

309 BGH, Urt. v. 24.05.2005 (IX ZR 123/04), BGHZ 163, 134, Rn. 13.

310 BGH, Urt. v. 24.05.2005 (IX ZR 123/04), BGHZ 163, 134, Rn. 13.

311 BGH, Urt. v. 24.05.2005 (IX ZR 123/04), BGHZ 163, 134, Rn. 31.

312 BGH, Urt. v. 24.05.2005 (IX ZR 123/04), BGHZ 163, 134, Rn. 31.

313 *Harz/Baumgartner/Conrad*, ZInsO 2005, 1304 (1307); *Uhlenbruck*, Uhlenbruck, InsO (2010), § 17 InsO, Rn. 23.

314 *Pohl*, Der Insolvenzgrund der Zahlungsunfähigkeit, 2011, S. 41; *Fischer*, ZGR 2006, 403 (408).

315 BGH, Urt. v. 24.05.2005 (IX ZR 123/04), BGHZ 163, 134, Rn. 24.

316 BGH, Urt. v. 24.05.2005 (IX ZR 123/04), BGHZ 163, 134, Rn. 31.

entstandene Liquiditätslücken wieder auffüllen, wird aber eine Finanzierung dieser Lücken problemlos möglich sein. Warum diese Finanzierung durch Gläubiger möglich sein soll, die eine Stundung ihrer Forderungen offensichtlich ablehnen, ist nicht nachzuvollziehen und daher abzulehnen.[317] Vielmehr wird es häufig so sein, dass die saisonalen Liquiditätsengpässe nicht mit an Sicherheit grenzender Wahrscheinlichkeit wieder aufgeholt werden, weshalb in einem solchen Fall eine Zahlungsunfähigkeit vorliegt.

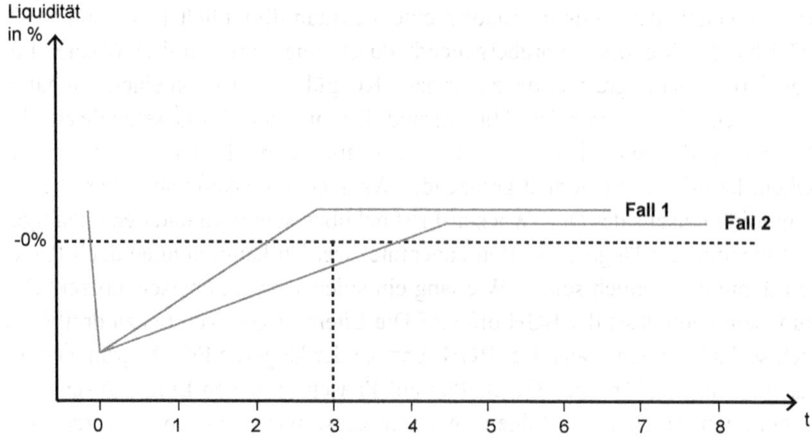


*Abb. 12: Einfluss der Dauerhaftigkeit bei kontinuierlichem Liquiditätsverlauf*[318]

Zur Veranschaulichung werden in Abbildung 12 zwei Fälle graphisch dargestellt. Auf der Abszisse werden die Zeiteinheiten in Wochen und auf der Ordinate die Liquidität im prozentualen Verhältnis zu den fälligen Verbindlichkeiten abgetragen. Die Beurteilung der Liquidität findet zum Zeitpunkt $t_0$ statt. In Fall 1 besteht keine Unterdeckung, da innerhalb von 3 Wochen die Illiquidität beseitigt ist. In Fall 2 dauert die Unterdeckung länger als drei Wochen an. Hier liegt eine Zahlungsunfähigkeit vor, es sei denn, die Wiederherstellung der Liquidität tritt mit an Sicherheit grenzender Wahrscheinlichkeit ein.

317 Ähnlich auch *Pohl*, Der Insolvenzgrund der Zahlungsunfähigkeit, 2011, S. 42.

318 Quelle: Eigene Darstellung in Anlehnung an *Bitter*, Insolvenzverschleppung aus Sicht des Zivilrechts, 04.11.2011, S. 12.

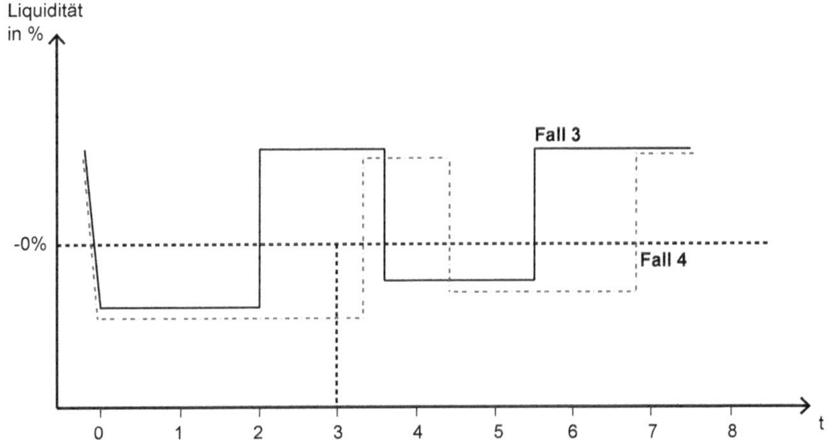


*Abb. 13: Einfluss der Dauerhaftigkeit bei schwankendem Liquiditätsverlauf I/III*[319]

In Abbildung 13 sind die Liquiditätsverläufe im Gegensatz zu Abbildung 12 nicht mehr kontinuierlich, sondern schwankend, was auch eher der Realität des Wirtschaftslebens entsprechen dürfte. In Fall 3 und Fall 4 wechseln sich liquide Perioden mit illiquiden ab. Im Fall 3 beträgt die Dauer der Illiquidität unter 3 Wochen, womit diese als Zahlungsstockung zu qualifizieren ist. In Fall 4 beträgt die erste Periode der Illiquidität mehr als drei Wochen, was im Ergebnis einer Zahlungsunfähigkeit entspricht, es sei denn, die nachfolgende Erholung ist wie in Fall 2 hochwahrscheinlich.

In Abbildung 13 liegen die Liquiditätsverläufe im Durchschnitt über der Null-Prozent-Grenze der Unterdeckung. Dies ist bei Abbildung 14 anders. Hier liegt vielmehr der Fall vor, dass die Zahlungsfähigkeit durchschnittlich im Bereich der Unterdeckung liegt. Dennoch ergeben sich im Vergleich zu Abbildung 13 keine Änderungen in der Beurteilung der Fälle. Denn auch hier folgen Perioden der Zahlungsfähigkeit auf solche der Unterdeckung. Die Dauer der Perioden, in denen Zahlungsfähigkeit vorherrscht, ist grundsätzlich unbeachtlich. Es ist möglich, dass die Perioden der Zahlungsfähigkeit sehr kurz sind. Auch die Beseitigung der Unterdeckung für die Dauern von einem Tag ist ausreichend.[320]

319 Quelle: Eigene Darstellung in Anlehnung an *Bitter,* Insolvenzverschleppung aus Sicht des Zivilrechts 04.11.2011, S. 12.

320 *Pohl,* Der Insolvenzgrund der Zahlungsunfähigkeit, 2011, S. 94.

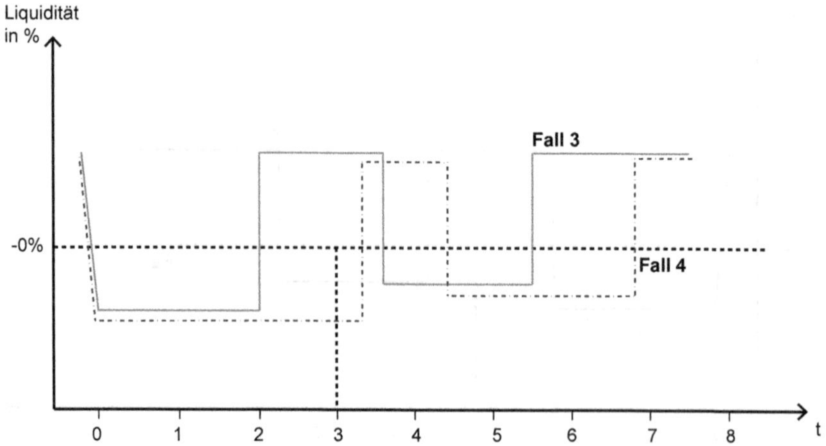


*Abb. 14: Einfluss der Dauerhaftigkeit bei schwankendem Liquiditätsverlauf II/III* [321]

Eine besondere Bedeutung kommt der Art der Drei-Wochen-Frist bei der Beurteilung von schwankender Liquidität zu. Sie könnte als starre Frist, in der zwei Zeitpunkte $t_0$ und $t_3$ relevant sind, oder als Maximalfrist, die längstens toleriert wird, aufzufassen sein. Bei einer starren Frist, wie sie Pohl im Ergebnis sieht, ist der Liquiditätsverlauf innerhalb der drei Wochen irrelevant.[322] In diesem Zeitpunkt kann sowohl eine Liquiditätslücke vorgelegen haben als auch ein Liquiditätsüberschuss. Pohl zufolge wird man so dem Zweck des Prognosezeitraums am ehesten gerecht.[323] Vorschnelle Insolvenzanträge sollen bei Unklarheit über die Zahlungsfähigkeit vermieden werden. Dafür bleiben drei Wochen Zeit, danach muss Klarheit bestehen.[324]

In Abbildung 15 werden die Konsequenzen dieser Auffassung verdeutlicht. Demnach wäre in Fall 1 das Unternehmen in $t_0$ zahlungsunfähig und in Fall 2 zahlungsfähig, obwohl das Unternehmen die ursprüngliche Zahlungsstockung schon nach wenigen Tagen wieder überwunden hätte. Würden so zwei Liquiditätslücken von jeweils einem Tag genau drei Wochen auseinanderliegen, läge Zahlungsunfähigkeit vor. Wenn diese Lücken kürzer oder länger auseinanderlägen nicht. Dieses

321 Quelle: Eigene Darstellung in Anlehnung an *Bitter,* Insolvenzverschleppung aus Sicht des Zivilrechts 04.11.2011, S. 12.

322 *Pohl,* Der Insolvenzgrund der Zahlungsunfähigkeit, 2011, S. 92.

323 *Pohl,* Der Insolvenzgrund der Zahlungsunfähigkeit, 2011, S. 92 f.

324 *Pohl,* Der Insolvenzgrund der Zahlungsunfähigkeit, 2011, S. 92.

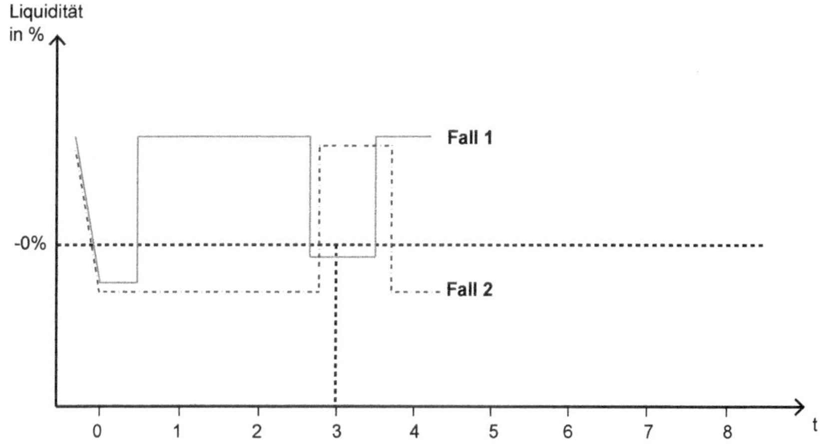


*Abb. 15:* *Einfluss der Dauerhaftigkeit bei schwankendem Liquiditätsverlauf III/III*[325]

Ergebnis erscheint willkürlich und überzeugt nicht. Vielmehr ist das Unternehmen in Fall 1 nach wenigen Tagen wieder zahlungsfähig. Die Geschäftsleitung muss sich laufend erneut fragen, ob eine Zahlungsstockung beseitigt werden konnte. Dafür stehen maximal drei Wochen Zeit zur Verfügung. Schafft sie es in einem geringeren Zeitraum, kann ihr dies nicht negativ angelastet werden.

Im Zusammenhang mit der Drei-Wochen-Frist zur Abgrenzung der Zahlungsstockung von der Zahlungsunfähigkeit und dem Kriterium der Fälligkeit von Verbindlichkeiten und auch Forderungen haben sich die Bugwellentheorie und der Streit um sie entwickelt. Dabei geht es um die Frage, ob innerhalb der Drei-Wochen-Frist neben erwarteten Zahlungseingängen, etwa aus Forderungen (Aktiva 2), auch erwartete Zahlungsabflüsse durch fällig werdende Verbindlichkeiten (Passiva 2) zu berücksichtigen sind. Diese Frage wird in der Situation relevant, in der Liquiditätszuflüsse ausreichen, um die bestehenden fälligen Verbindlichkeiten auf ein akzeptables Maß zurückzuführen, nicht aber, um die im gleichen Zeitpunkt fällig werdenden Verbindlichkeiten zu befriedigen.[326] Sind die fällig werdenden Verbindlichkeiten nicht zu berücksichtigen, würde dem Schuldner permanent gestattet sein, eine Liquiditätsunterdeckung aufgrund fälliger Verbindlichkeiten vor

325 Quelle: Eigene Darstellung in Anlehnung an *Bitter,* Insolvenzverschleppung aus Sicht des Zivilrechts, 04.11.2011, S. 12.

326 *Ganter,* ZInsO 2011, 2297 (2297).

sich herzuschieben, woher die Bezeichnung „Bugwelle“ rührt.[327] Der BGH hat sich dazu nicht eindeutig geäußert.[328] Für die Bugwellentheorie kann die Formulierung „[…] die im maßgeblichen Zeitpunkt verfügbaren und innerhalb von drei Wochen flüssig zu machenden Mittel in Beziehung zu setzen mit den am selben Stichtag fälligen und eingeforderten Verbindlichkeiten“[329] als Kriterium bei der Betrachtung der Zahlungsfähigkeit herangezogen werden. Gegen eine Ungleichbehandlung von Aktiva II und Passiva II spricht, dass eine Liquiditätslücke wieder auf ein erträgliches Maß zurückgeführt werden muss, damit die Liquiditätslücke lediglich als eine Zahlungsstockung angesehen wird.[330] In der Folge dieser Unentschlossenheit haben sich auch in der Literatur verschiedene Meinungen zu dem Thema etabliert.

Für die Ungleichbehandlung von Aktiva II und Passiva II könnte sprechen, dass es nicht absehbar ist, wann Verbindlichkeiten fällig und ernsthaft eingefordert sein werden.[331] Dies müsse prognostiziert werden und berge die Gefahr, auf der Basis einer falschen Prognose einen Insolvenzantrag zu stellen.[332] Fischer leitet die Ungleichbehandlung aus dem Wortlaut des § 17 Abs. 2 Satz 1 InsO ab.[333] Dieser stelle nur auf die Begleichung der fälligen Zahlungspflichten ab.[334] Wenn dies innerhalb der vom BGH konkretisierten Drei-Wochen-Frist gelänge, sei von

327 *Wolf/Kurz,* DStR 2006, 1339 (1342).

328 *Ganter,* ZInsO 2011, 2297 (2298).

329 Zunächst referierte Formulierung: BGH, Urt. v. 24.05.2005 (IX ZR 123/04), BGHZ 163, 134, Rn. 11; dann zu eigen gemachte: BGH, Urt. v. 12.10.2006 (IX ZR 228/03), DZWIR 2007, 116, Rn. 28 und zuletzt bestätigte Formulierung: BGH, Urt. v. 14.05.2009 (IX ZR 63/08), BGHZ 181, 132, Rn. 37.

330 So BGH, Urt. v. 24.05.2005 (IX ZR 123/04), BGHZ 163, 134, 3. Leitsatz; BGH, Urt. v. 21.06.2007 (IX ZR 231/04), ZInsO 2007, 816, Rn. 30.

331 *Prager/Jungclaus,* in: Flitsch/Hagebusch/Oberle et al. (Hrsg.), FS für Jobst Wellensiek zum 80. Geburtstag 2011, 101 (103); *Fischer,* in: Berger/Kayser/Pannen (Hrsg.), Sanierung, Insolvenz, Berufsrecht der Rechtsanwälte und Notare, 2010, S. 153, 159. Der BGH sieht die Kriterien der Fälligkeit und des ernsthaften Einforderns als Voraussetzung für die Berücksichtigung als Verbindlichkeit in einem Liquiditätsstatus an. BGH, Beschluss v. 19.07.2007 (IX ZB 36/07), BGHZ 173, 286, Rn. 17.

332 *Fischer,* in: Berger/Kayser/Pannen (Hrsg.), Sanierung, Insolvenz, Berufsrecht der Rechtsanwälte und Notare, 2010, S. 153, 159.

333 *Fischer,* in: Berger/Kayser/Pannen (Hrsg.), Sanierung, Insolvenz, Berufsrecht der Rechtsanwälte und Notare, 2010, S. 153, 158.

334 *Fischer,* in: Berger/Kayser/Pannen (Hrsg.), Sanierung, Insolvenz, Berufsrecht der Rechtsanwälte und Notare, 2010, S. 153, 158.

Zahlungsfähigkeit auszugehen.[335] Fischer sieht ferner in der Gleichbehandlung eine unzulässige Verschärfung der Regelung.[336] Denn innerhalb der Drei-Wochen-Frist noch fällig werdende Verbindlichkeiten müssten dann schneller bedient werden als die Verbindlichkeiten, die schon zu Beginn fällig waren.[337] Letztlich führt er an, dass es unwahrscheinlich sei, dass ein Unternehmen eine solche Bugwelle an Verbindlichkeiten vor sich her schieben würde, da die Krisendynamik entweder eine Verschlechterung oder Verbesserung und keine Konstanz der Lage erwarten lassen würde.[338]

Die im Schrifttum herrschende Meinung sieht dies anders.[339] Zum einen werden im Wirtschaftsverkehr fast immer Rechnungen versandt werden, auf denen die Leistung gefordert und die Fälligkeit der Forderung bekanntgegeben sind. Somit sind dem Schuldner diese Eigenschaften seiner Verbindlichkeiten regelmäßig bekannt. Auch bei Lohn- und Gehaltszahlungen sowie Lohnnebenkosten kann davon ausgegangen werden, dass diese mit Fälligkeit ernsthaft eigefordert sind.[340] Ein so begründetes Außerachtlassen von Verbindlichkeiten würde daher nur einen sehr geringen Teil von Verbindlichkeiten betreffen. Abgesehen davon, ist unklar, warum ein Zahlungseingang besser zu prognostizieren sein soll als der Eintritt der Fälligkeit einer Verbindlichkeit. Auch verlangt der BGH für das Wiederaufleben der Zahlungsfähigkeit, dass der Schuldner seine Zahlungen im Allgemeinen wieder aufnimmt.[341] Dies muss für alle Zahlungen gelten. Dabei ist es irrelevant, ob die Zahlungsverpflichtungen erst seit zwei Tagen oder drei Wochen fällig sind. Sie müssen bedient werden.[342] Zudem ist es bei Gültigkeit der Bugwellentheorie, auch wenn Fischer dies wie dargestellt bezweifelt, möglich, dass sich eine

---

335 *Fischer,* in: Berger/Kayser/Pannen (Hrsg.), Sanierung, Insolvenz, Berufsrecht der Rechtsanwälte und Notare, 2010, S. 153, 158.

336 *Fischer,* in: Berger/Kayser/Pannen (Hrsg.), Sanierung, Insolvenz, Berufsrecht der Rechtsanwälte und Notare, 2010, S. 153, 158.

337 *Fischer,* in: Berger/Kayser/Pannen (Hrsg.), Sanierung, Insolvenz, Berufsrecht der Rechtsanwälte und Notare, 2010, S. 153, 158.

338 *Fischer,* in: Berger/Kayser/Pannen (Hrsg.), Sanierung, Insolvenz, Berufsrecht der Rechtsanwälte und Notare, 2010, S. 153, 159.

339 *Bork,* ZIP 2008, 1749; *Prager/Jungclaus,* in: Flitsch/Hagebusch/Oberle et al. (Hrsg.), FS für Jobst Wellensiek zum 80. Geburtstag 2011, S. 101, 103.; *Ganter,* ZInsO 2011, 2297 (2302); *Wolf/Kurz,* DStR 2006, 1339 (1342).

340 *Bork,* ZIP 2008, 1749 (1751).

341 BGH, Urt. v. 14.02.2008 (IX ZR 38/04), ZIP 2008, 706, Rn. 27; BGH, Urt. v. 20.12.2007 (IX ZR 93/06), ZInsO 2008, 273, Rn. 24.

342 *Prager/Jungclaus,* in: Flitsch/Hagebusch/Oberle et al. (Hrsg.), FS für Jobst Wellensiek zum 80. Geburtstag 2011, S. 101, 103 f.

Zahlungsstockung über Monate hinzieht.[343] Dies widerspricht der Gesetzesbegründung, die eine Qualifikation einer wochen- oder monatelangen Illiquidität als Zahlungsstockung ausschließt.[344] Bork weist auf die Inkongruenz dieser Interpretation mit der Rechtsprechung des 2. Zivilsenats des BGH im Zusammenhang mit der Insolvenzanfechtung hin.[345] Danach wird der Zeitpunkt der Zahlungsunfähigkeit durch die älteste Fälligkeit der im Zeitpunkt der Insolvenzanmeldung offenen Verbindlichkeiten terminiert.[346] Begleicht ein Geschäftsführer fällige Verbindlichkeiten nach deren Priorität für den Geschäftsbetrieb und nicht nach der Dauer der Fälligkeit, kann es sein, dass er überfällige Verbindlichkeiten von mehr als drei Wochen im Bestand hat.[347] Gilt die Bugwellentheorie, ist er in dieser Situation nicht unbedingt zahlungsunfähig. Kommt es dann aber doch zur Insolvenz, liegt der Zeitpunkt der Insolvenzreife länger als drei Wochen in der Vergangenheit.

Der herrschenden Meinung ist zuzustimmen. Denn letztlich ist es unverständlich, warum bei einer Ausweitung der Zeitpunkt- auf eine Zeitraumbetrachtung nur die für den Schuldner günstigen Elemente in Form der Aktiva II zählen sollen. Dies widerspricht aus bilanzrechtlicher Sicht dem Grundsatz der Vollständigkeit als Grundsatz ordnungsgemäßer Buchführung kodifiziert in §§ 239 Abs. 2, 246 Abs. 1 HGB. Die Verletzung eines solch elementaren Bilanzverständnisses wäre nur mit dem Ziel gerechtfertigt, dass der Zeitpunkt der Insolvenz möglichst spät liegen soll. Dies ist aber laut Gesetzesbegründung zur InsO gerade nicht der Fall.[348]

## 4. Wesentlichkeit

Zu den bei der zeitlichen Abgrenzung einer Zahlungsstockung und einer Zahlungsunfähigkeit wirkenden Spielräumen gehören solche, die durch das Kriterium Wesentlichkeit der Unterdeckung gewährt werden. Zwar wurde, wie bereits beschrieben, bei Einführung der InsO auf Kriterium der Wesentlichkeit verzichtet. Der Gesetzgeber hat dabei aber auch klargestellt, dass nur ganz geringfügige Unterdeckungen keine Zahlungsunfähigkeit begründen.[349] Der BGH hat diese

343 Bork bezeichnet diese Situation als „keineswegs unrealistisch“ *Bork,* ZIP 2008, 1749 (1752); ähnlich auch *Eilenberger,* MüKo-InsO (2007), § 17 InsO, Rn. 22.

344 BT-Drs. 12/2443, S. 114.

345 *Bork,* ZIP 2008, 1749 (1753).

346 BGH, Urt. v. 12.10.2006 (IX ZR 228/03), DZWIR 2007, 116, Rn. 28.

347 *Bork,* ZIP 2008, 1749 (1753).

348 BT-Drs. 12/2443, S. 80 f.; so auch *Bork,* ZIP 2008, 1749 (1753).

349 BT-Drs. 12/2443, S. 114.

tolerierbare Unterdeckung mit 10 % konkretisiert.[350] Die 10 % sind aber nicht als starre Grenze zu sehen, da eine feste Zahl den unterschiedlichen Situationen im Wirtschaftsleben nicht gerecht wird.[351] Im Folgenden werden, analog zur Beschreibung des BGH, zunächst die Folgen einer Liquiditätsdeckungslücke von unter und danach von über 10 % untersucht.

Eine Unterdeckung von weniger als 10 % kann auch dann eine Zahlungsunfähigkeit darstellen, wenn sonstige Gründe, wie etwa eine weitere Verschlechterung der Unternehmenslage, darauf hinweisen.[352] Daraus folgt, dass eine derzeitige Unterdeckung von weniger als 10 % als Zahlungsunfähigkeit zu qualifizieren ist, wenn absehbar ist, dass diese Schwelle demnächst überschritten wird.[353] Auch Indizien, die auf eine Zahlungseinstellung schließen lassen,[354] können bei einer an sich tolerierbaren Unterdeckung auf eine Zahlungsunfähigkeit schließen lassen.[355] Ob eine solche Unterdeckung ohne negativen Ausblick über einen längeren Zeitraum tolerierbar ist, wird in dem Urteil des BGH nicht bestimmt,[356] und in Literatur und Rechtsprechung unterschiedlich beurteilt.[357] Das OLG Rostock interpretiert die Dauerhaftigkeit der Unterdeckung als Umstand, der dennoch auf eine Zahlungsunfähigkeit schließen lässt.[358] Hölzle argumentiert, dass in der BGH-Urteilsbegründung den Gläubigern ein längeres Zuwarten zuzumuten sei, wenn Aussicht auf vollständige Bezahlung besteht, was bei einer dauerhaften Unterdeckung aber nicht der Fall sei.[359] Dagegen führt Pohl treffend aus, dass sich die besonderen Umstände, die das OLG Rostock heranzieht, auf Hinweise, nach denen die 10 %-Schwelle demnächst überschritten werde, beziehen.[360] Hölzle ist zu entgegnen, dass auch bei einer dauerhaften leichten Unterdeckung laufend Altverbindlichkeiten getilgt werden. Der einzelne Gläubiger muss daher vielleicht länger, nicht aber bis eine leichte Unterdeckung wieder aufgehoben ist, auf die Zahlung seiner Forderung warten. Da der Gesetzgeber geringfügige Unterdeckungen außer Acht lassen will und dies auch nicht zeitlich

350 BGH, Urt. v. 24.05.2005 (IX ZR 123/04), BGHZ 163, 134–148.
351 BGH, Urt. v. 24.05.2005 (IX ZR 123/04), BGHZ 163, 134, Rn. 26 f.
352 BGH, Urt. v. 24.05.2005 (IX ZR 123/04), BGHZ 163, 134, Rn. 30.
353 *Krüger/Wigand,* ZInsO 2011, 314 (316 f.).
354 Siehe zur indiziengestützten Ermittlung einer Zahlungsunfähigkeit unter D. I. 5. a).
355 *Krüger/Wigand,* ZInsO 2011, 314 (317).
356 BGH, Urt. v. 24.05.2005 (IX ZR 123/04), BGHZ 163, 134–148.
357 Vgl. *Pohl,* Der Insolvenzgrund der Zahlungsunfähigkeit, 2011, 97.
358 OLG Rostock, Urt. v. 10.07.2006 (3 U 158/05), ZInsO 2006, 1109, Leitsatz.
359 *Hölzle,* ZIP 2006, 101 (103).
360 *Pohl,* Der Insolvenzgrund der Zahlungsunfähigkeit, 2011, S. 97.

beschränkt hat, ist von einer dauerhaften Tolerierung einer leichten Unterdeckung auszugehen.[361] Auch die Argumentation des BGH kann in diese Richtung interpretiert werden. Zunächst beschreibt er, dass eine dauerhafte, geringfügige Unterdeckung ein Unternehmen nicht erhaltungswürdig erscheinen lässt.[362] Darauf folgt aber direkt die Klarstellung, nach der die Gründe überwiegen, die ein Unternehmen, das seine Verbindlichkeiten bis auf einen Rest bedienen kann, als zahlungsfähig einzustufen.[363]

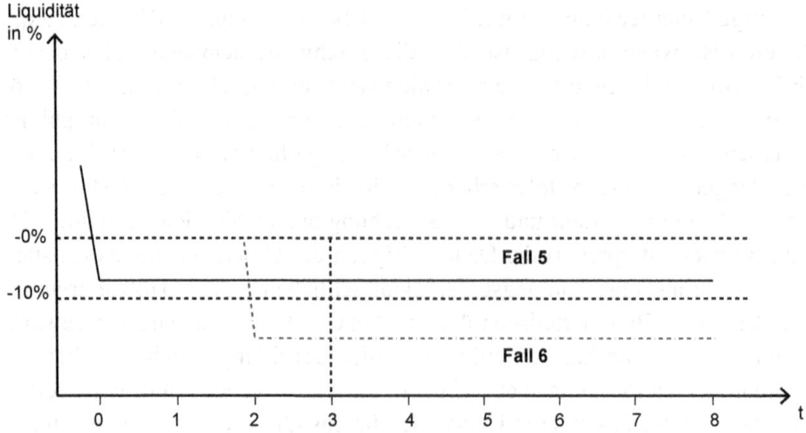


*Abb. 16: Einfluss der Wesentlichkeit I/II*[364]

Abbildung 16 stellt die soeben beschriebenen Sachverhalte dar. In Fall 5 liegt eine dauerhafte Unterdeckung von weniger als 10 % vor, die noch keine Zahlungsfähigkeit darstellt. In Fall 6 liegt eine Zahlungsunfähigkeit vor. Die Unterdeckung beträgt auf Dauer mehr als 10 %.

Im Gegenzug kann bei einer Unterdeckung von mehr als 10 % Zahlungsfähigkeit vorliegen. Denn das Überschreiten dieser Grenze ist vielmehr als widerlegbare Vermutung einer Zahlungsunfähigkeit aufzufassen.[365] Dies ist dann der Fall, wenn „mit an Sicherheit grenzender Wahrscheinlichkeit“ damit

361 *Pohl,* Der Insolvenzgrund der Zahlungsunfähigkeit, 2011, S. 97 f.

362 BGH, Urt. v. 24.05.2005 (IX ZR 123/04), BGHZ 163, 134, Rn. 18.

363 BGH, Urt. v. 24.05.2005 (IX ZR 123/04), BGHZ 163, 134. Rn. 19.

364 Quelle: Eigene Darstellung in Anlehnung an *Bitter,* Insolvenzverschleppung aus Sicht des Zivilrechts, 04.11.2011, S. 12.

365 BGH, Urt. v. 24.05.2005 (IX ZR 123/04), BGHZ 163, 134, Rn. 28.

gerechnet werden kann, dass sich die Unterdeckung in einem überschaubaren Zeitrahmen wieder auflöst.[366] An dieser Stelle muss eine Fallunterscheidung anhand der Kombination von Drei-Wochen-Regel und nicht mehr tolerierbarer Unterdeckung erfolgen. Liegt eine Unterdeckung von mehr als 10 % innerhalb der Drei-Wochen-Frist oder über die Drei-Wochen-Frist hinausgehend vor. Der letztere Fall, eine große Unterdeckung, die über drei Wochen hinausgeht, dargestellt in Abbildung 17, Fall 8, ist klar. Sie muss fast sicher wieder beseitigt werden. Die Frist dazu ist die gleiche, die schon im Rahmen der Zahlungsstockung mit maximal drei bis sechs Monaten beschrieben wurde. Für den ersten Fall, dargestellt in Abbildung 17, Fall 7, in dem nur für weniger als drei Wochen eine mehr als 10 %ige Unterdeckung vorliegt, ist es fraglich, ob die Erholung mit an Sicherheit grenzender Wahrscheinlichkeit erfolgen muss oder nicht. Da in diesem Fall eine Zahlungsstockung von weniger als drei Wochen vorliegt, an die der BGH nur die Anforderung stellt, dass die Resolvenz absehbar sein muss,[367] ist eine mit an Sicherheit grenzende Wahrscheinlichkeit nicht nötig.

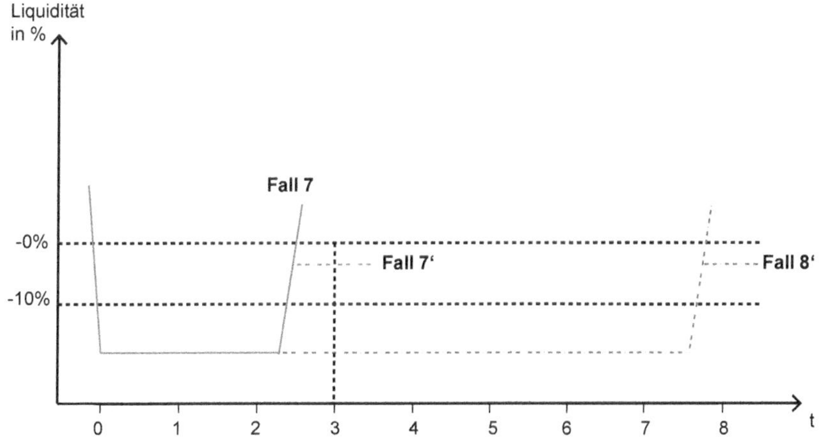


*Abb. 17: Wirkung der Wesentlichkeit II/II*[368]

366 BGH, Urt. v. 24.05.2005 (IX ZR 123/04), BGHZ 163, 134, Rn. 30.

367 BGH, Urt. v. 24.05.2005 (IX ZR 123/04), BGHZ 163, 134, Rn. 15, wonach der Geschäftsleiter eine Prognose nach ordentlicher und gewissenhafter Prüfung aufzustellen hat.

368 Quelle: Eigene Darstellung in Anlehnung an *Bitter,* Insolvenzverschleppung aus Sicht des Zivilrechts, 04.11.2011, S. 12.

Abbildung 17 stellt zusätzlich in den Abwandlungen der Fälle 7‘ und 8‘ dar, dass die Resolvenz nicht vollständig, sondern nur bis zum Stand einer tolerierbaren Unterdeckung eintritt. Fraglich ist, ob dies als Qualifizierung für eine Zahlungsstockung ausreicht. Dafür spricht der Vergleich mit einem Unternehmen, das sich in einem permanenten Zustand der leichten Unterdeckung befindet. Der finanzielle Zustand dieses Unternehmens ist gleich einem solchen, das sich zuvor in einer größeren Unterdeckung befunden hat. Damit sollte auch das Ergebnis der Zahlungsfähigkeitsbeurteilung gleich lauten.[369]

## 5. Methoden der Ermittlung

Im Folgenden wird dargestellt, von welchen praktischen Instrumenten die Rechtsprechung bei der Ermittlung der Zahlungsfähigkeit ausgeht und inwiefern sich diese von einer „betriebswirtschaftlichen“ Betrachtung unterscheidet.

### a) Indiziengestützte Ermittlung

§ 17 Abs. 2 Satz 2 InsO geht, wie seine Vorgängernorm, von einer widerlegbaren Zahlungsunfähigkeit aus, wenn eine Zahlungseinstellung des Schuldners vorliegt.[370] Zahlungseinstellung wird vom BGH definiert als das sichtbare Schuldnerverhalten, das bei Zahlungsunfähigkeit normalerweise auftritt und wodurch der Eindruck erweckt wird, „dass der Schuldner nicht in der Lage ist, seine fälligen Zahlungspflichten zu erfüllen“[371]. Diese Feststellung kann nicht nur durch eine Gegenüberstellung der beglichenen und der offenen Verbindlichkeiten, sondern auch mithilfe von Indiztatsachen getroffen werden.[372] Dies ist aus Sicht des Insolvenzverwalters[373] oder von Gläubigerseite verhältnismäßig einfach. Denn als Indizien

369 So im Ergebnis auch *Pohl,* Der Insolvenzgrund der Zahlungsunfähigkeit, 2011, S. 94.

370 Wie Eingangs zu Zahlungsunfähigkeit beschrieben, galt die Vermutung der Zahlungsunfähigkeit bei Zahlungseinstellung schon unter § 102 Abs. II KO und davor § 94 Satz 2 KO 1877 und wurde aus dem französischen Code de Commerce übernommen, Begründung des Entwurfs einer Konkursordnung, in *Hahn,* Die gesammelten Materialien zur Konkursordnung und dem Einführungsgesetz zu derselben 1881, 291.

371 BGH, Urt. v. 30.06.2011 (IX ZR 134/10), NJW-RR 2011, 1413, Rn. 12; BGH, Urt. v. 12.10.2006 (IX ZR 228/03), DZWIR 2007, 116, Rn. 13; BGH, Urt. v. 20.11.2001 (IX ZR 48/01), BGHZ 149, 178, Rn. 26.

372 BGH, Urt. v. 30.06.2011 (IX ZR 134/10), NJW-RR 2011, 1413, Leitsatz.

373 *Krüger/Wigand,* ZInsO 2011, 314 (315).

reichen z. B. aus: jahrelange Nichtzahlung von Sozialversicherungsbeiträgen,[374] beträchtliche Zahlungsrückstände zum Zeitpunkt der Verfahrenseröffnung,[375] Nichtzahlung oder schleppende Zahlung von Steuerverbindlichkeiten,[376] Nichteinlösung von Schecks durch die Bank mangels Deckung[377] und vieles andere mehr.[378] Auch ab welchem Zeitpunkt retrospektiv betrachtet eine Zahlungsunfähigkeit vorliegt, kann durch Indizien verhältnismäßig einfach ermittelt werden. So kann der Zeitpunkt, zu dem die am längsten fällige Verbindlichkeit, die zum Zeitpunkt der Insolvenzeröffnung noch nicht beglichen wurde, als Beginn der Zahlungsunfähigkeit angenommen werden.[379]

Es wäre selbsterklärend nicht sinnvoll, bei einem Unternehmen mit Millionenumsätzen eine Zahlungsunfähigkeit aufgrund einer offenen Verbindlichkeit von wenigen Euro zu attestieren. Dies stellt der BGH auch durch das Kriterium der Nichtzahlung des „maßgeglichen Teils der fälligen Verbindlichkeiten“ [380] klar. Ob eine Maßgeblichkeit vorliegt, kann ein Vergleich mit dem Geschäftsbetriebsumfang zeigen.[381] Es ist ebenfalls möglich, die zur Tabelle angemeldeten Insolvenzforderungen als Vergleich heranzuziehen.[382] Das OLG Hamburg verwendet daher zur Qualifizierung die 10 %-Grenze, bezieht sie aber auf die zur Tabelle angemeldeten Forderungen.[383] Dies ist laut BGH aber nicht zwingend notwendig. Auf Basis der vorliegenden Indizien kann der Tatrichter auch zur Gesamtabwägung kommen, ohne dass bestimme Schwellenwerte überschritten sind.[384] Andernfalls liefe die Vereinfachung, die dem häufigen Umstand mangelnder Buchhaltungs- und Geschäftsunterlagen begegnet,[385] ins Leere. Lägen die Unterlagen vor, aus denen die Stände der in der Vergangenheit fälligen Verbindlichkeiten abzulesen

374 BGH, Urt. v. 30.06.2011 (IX ZR 134/10), NJW-RR 2011, 1413, Rn. 15.

375 BGH, Urt. v. 30.06.2011 (IX ZR 134/10), NJW-RR 2011, 1413, Rn. 15; BGH, Urt. v. 12.10.2006 (IX ZR 228/03), DZWIR 2007, 116, Rn. 28a.

376 BGH, Urt. v. 30.06.2011 (IX ZR 134/10), NJW-RR 2011, 1413, Rn. 16; BGH, Beschluss v. 28.04.2008 (II ZR 51/07), ZInsO 2008, 1019, Rn. 6.

377 BGH, Urt. v. 30.06.2011 (IX ZR 134/10), NJW-RR 2011, 1413, Rn. 17.

378 Für eine umfassende Aufzählung vgl. *Krüger/Wigand,* ZInsO 2011, 314 (316).

379 BGH, Urt. v. 12.10.2006 (IX ZR 228/03), DZWIR 2007, 116, Rn. 28a.

380 BGH, Urt. v. 30.06.2011 (IX ZR 134/10), NJW-RR 2011, 1413, Leitsatz.

381 BGH, Urt. v. 30.06.2011 (IX ZR 134/10), NJW-RR 2011, 1413, Rn. 15; BGH, Urt. v. 29.03.2012 (IX ZR 40/10), WM 2012, 998, Rn. 15.

382 BGH, Urt. v. 29.03.2012 (IX ZR 40/10), WM 2012, 998, Rn. 15.

383 OLG Hamburg, Urt. v. 24.07.2009 (1 U 23/09), ZInsO 2009, 1698, Rn. 41.

384 BGH, Urt. v. 29.03.2012 (IX ZR 40/10), WM 2012, 998, Rn. 11; BGH, Urt. v. 30.06.2011 (IX ZR 134/10), NJW-RR 2011, 1413, Rn. 13.

385 So *Krüger/Wigand,* ZInsO 2011, 314 (317 f.).

sind, kann die Zahlungsunfähigkeit auch direkt „betriebswirtschaftlich" ermittelt werden. Eine Schuldnerbenachteiligung aufgrund dieser Regelung ist ausgeschlossen. Tritt die Zahlungsunfähigkeit in Form der Zahlungsstockung nach außen in Erscheinung, wird der Schuldner vorher alles ihm Mögliche versucht haben, dies zu verhindern.[386] Die materielle Zahlungsunfähigkeit wird daher regelmäßig vorher vorgelegen haben.[387] Die „Krücke" der indiziengestützten Ermittlung kann daher auch meist nur den spätesten Zeitpunkt als Zahlungsunfähigkeit identifizieren. Dass so aber auch ein zu früher Termin identifiziert werden kann, zeigt sich dadurch, dass diese Methode durch eine betriebswirtschaftliche Ermittlung widerlegt werden kann.

### b) Betriebswirtschaftliche Methode

Die Reihenfolge der betriebswirtschaftlichen Feststellung der Zahlungsunfähigkeit orientiert sich grob am Vorgehen von Schmerbach.[388] Zur Widerlegung der beschriebenen vereinfachten, indizienbasierten Herleitung einer Zahlungsunfähigkeit wird im ersten Schritt ein Liquiditätsstatus erstellt. In diesem werden die im gegenwärtigen Zeitpunkt bestehenden fälligen Verbindlichkeiten und die verfügbaren liquiden Mittel ins Verhältnis zueinander gesetzt.[389] Liegt keine Unterdeckung vor, ist das Unternehmen zahlungsfähig. Im Rahmen der Zahlungsfähigkeitsprüfung muss dann nicht weiter geprüft werden. Verschlechtert sich die Liquiditätssituation im Anschluss noch so dramatisch, läge allenfalls eine drohende Zahlungsunfähigkeit vor. Liegt eine Unterdeckung von unter oder über 10 % vor, stellt diese eine erste Indikation für eine Zahlungsunfähigkeit dar.[390] Dann muss im nächsten Schritt geprüft werden, ob lediglich eine Zahlungsstockung[391] oder eine leichte, tolerierbare Unterdeckung, die sich nicht weiter verschlechtert, vorliegt.

---

386 BGH, Urt. v. 25.09.1957 (2 StR 313/57) n. V. zitiert nach *Kirchhof, H.-P.,* in: Arbeitskreis für Insolvenzwesen Köln e. V. (Hrsg.), Kölner Schrift zur Insolvenzordnung, 2009, S. 85, Rn. 3.

387 *Kirchhof, H.-P.,* in: Arbeitskreis für Insolvenzwesen Köln e. V. (Hrsg.), Kölner Schrift zur Insolvenzordnung, 2009, S. 85, Rn. 3.

388 *Schmerbach,* FK-InsO (2013), § 17 InsO, Rn. 36; ähnlich auch *Smid/Leonhardt,* Leonhardt et al., InsO (2010), § 17 InsO, Rn. 16a; *Mitter*, Haarmeyer/Wutzke/Förster InsO (2012), § 17 InsO, Rn. 18 f.

389 *Schmerbach,* FK-InsO (2013), § 17 InsO, Rn. 36; *Smid/Leonhardt,* Leonhardt et al., InsO (2010), § 17 InsO, Rn. 16a.

390 So *Plagens/Wilkes,* ZInsO 2010, 2107 (2111).

391 *Schmerbach,* FK-InsO (2013), § 17 InsO, Rn. 36.

Dazu wird eine Zeitraumbetrachtung notwendig, die mittels einer Liquiditätsbilanz bzw. eines Liquiditätsplans erfolgt.[392] In einer Liquiditätsbilanz werden zu den Positionen des Liquiditätsstatus die kurzfristig liquidierbaren Vermögensgegenstände und die fällig werdenden Verbindlichkeiten innerhalb eines Drei-Wochen-Zeitraumes in die Betrachtung mit aufgenommen.[393] Dieses Instrument stellt die Positionen kumuliert dar und ist daher ungenau.[394] Der Liquiditätsverlauf innerhalb dieser Frist mit möglichen Unterdeckungen und Deckungen im Zeitablauf oder sich abzeichnenden Entwicklungen können so nicht nachgezeichnet werden.[395]

Der Finanzplan ist eine Gegenüberstellung der geplanten Ein- und Auszahlungen im Zeitablauf.[396] Als Ausgangssituation bzw. Anfangsbestand eines Finanzplans dienen der Liquiditätsstatus und die sich daraus ergebende Unterdeckung, die fortgeschrieben wird.[397] Verbindlichkeiten sind mit dem Tag ihrer tatsächlichen oder erwarteten Fälligkeit einzuplanen.[398] Einzahlungen aufgrund von fällig werdenden Forderungen oder geplanten Umsätzen sind mit ihrem erwarteten Zahlungseingang zu berücksichtigen.[399] Dieser Zeitpunkt wird für die Einzahlungen regelmäßig nach der Fälligkeit liegen. Erweisen sich ursprünglich realistische Annahmen zu den Zahlungsströmen als falsch, etwa weil die Kunden später als erwartet zahlen, ist die Planung dahingehend laufend zu korrigieren.[400] Bei der retrograden Ermittlung der Zahlungsunfähigkeit muss für jeden Tag in dem in

392 Vgl. BGH, Urt. v. 14.05.2009 (IX ZR 63/08), BGHZ 181, 132, Rn. 44; *Schmerbach,* FK-InsO (2013), § 17 InsO, Rn. 36.

393 BGH, Urt. v. 24.05.2005 (IX ZR 123/04), BGHZ 163, 134, Rn. 11. Allerdings ist der BGH hier nicht wörtlich zu nehmen. In Teil I. 3. A. wurde bereits aufgezeigt, dass auch die fällig werdenden Verbindlichkeiten zu berücksichtigen sind.

394 *Eilenberger,* MüKo-InsO (2007), § 17 InsO, Rn. 20; siehe dazu auch Abbildung 19.

395 *Eilenberger,* MüKo-InsO (2007), § 17 InsO, Rn. 20; siehe dazu auch Abbildung 19.

396 Siehe IDW PS 800 (Stand: 06.03.2009), S. 11; *Schröder,* HambKomm-InsO (2012), § 17 InsO, Rn. 35 f.; bei Uhlenbruck wird dieser als finanzplanorientierte Prognoserechnung bezeichnet, *Uhlenbruck,* Uhlenbruck, InsO (2010), § 17 InsO, Rn. 45; siehe zu den Anforderungen an einen Finanzplan bei *Drukarczyk/Schüler,* in: Arbeitskreis für Insolvenzwesen Köln e. V. (Hrsg.), Kölner Schrift zur Insolvenzordnung, 2009, S. 47 f.

397 *Plagens/Wilkes,* ZInsO 2010, 2107 (2118 f.).

398 Vgl. *Plagens/Wilkes,* ZInsO 2010, 2107 (2119).

399 Vgl. *Plagens/Wilkes,* ZInsO 2010, 2107 (2119).

400 Vgl. zur laufenden Korrektur der Annahmen im Rahmen der Fortbestehensprognose *Uhlenbruck,* Uhlenbruck, InsO (2010), § 19 InsO, Rn. 56.

Frage kommenden Zeitraum ein Liquiditätsstatus ermittelt werden.[401] Durch die Aneinanderreihung der Stichtage ergibt sich dann der zu beurteilende Liquiditätsverlauf.

Die Defizite der Liquiditätsbilanz gehen aus dem Beispiel des Falles hervor, der in Abbildung 15 zum Kriterium der Dauer dargestellt wird. Zum tieferen Verständnis wird der in Abbildung 15 dargestellte Liquiditätsverlauf mit einem konkreten Zahlenbeispiel unterlegt. Abbildung 18 zeigt dabei die Ein- und Auszahlungen im Zeitablauf ausgehend von einer Unterdeckung von 5 Geldeinheiten zum Zeitpunkt der Betrachtung. Die Zeiteinheit *t* entspricht in der Zeiteinheit der Woche. Der Liquiditätsverlauf zu einem Zeitpunkt ergibt sich aus dem Liquiditätsstand der Vorwoche zuzüglich erwarteter Einzahlungen und abzüglich erwarteter Auszahlungen.

**Fall 1**

| t | 0 | 1 | 2 | 3 | 4 | 5 | 6 |
|---|---|---|---|---|---|---|---|
| Erwartete Einzahlungen | | 15 | | 5 | 10 | | |
| Erwartete Auszahlungen | | -5 | | -15 | | | |
| Liquiditätsverlauf gem. Liquiditätsplan | -5 | 5 | 5 | -5 | 5 | 5 | 5 |

**Fall 2**

| t | 0 | 1 | 2 | 3 | 4 | 5 | 6 |
|---|---|---|---|---|---|---|---|
| Erwartete Einzahlungen | | 10 | | 10 | | | |
| Erwartete Auszahlungen | | -10 | | | -10 | | |
| Liquiditätsverlauf gem. Liquiditätsplan | -5 | -5 | -5 | 5 | -5 | -5 | -5 |

*Abb. 18: Übersicht erwarteter Ein- und Auszahlungen im Zeitablauf für zwei Fälle*[402]

Abbildung 19 stellt den Liquiditätsverlauf und die Liquiditätsbilanz der beiden in Abbildung 18 skizzierten Fälle graphisch dar. Für den Liquiditätsverlauf werden auf der Abszisse dafür die Zeiteinheiten abgetragen und auf der Ordinate der Liquiditätsstand in Geldeinheiten.

401 *Staufenbiel/Hoffmann,* ZInsO 2008, 891 (898).

402 Quelle: Eigene Darstellung.

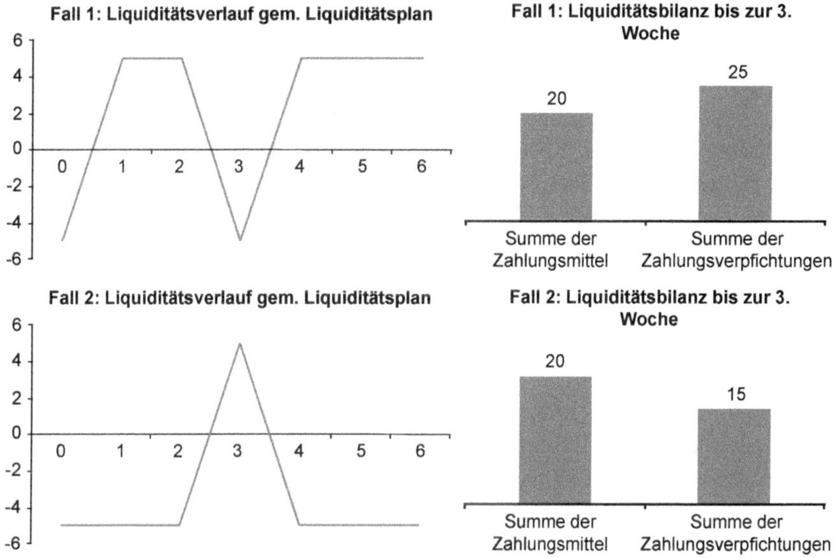


*Abb. 19: Liquiditätsverlauf und Liquiditätsbilanz zu den Fällen 1 und 2 aus Abb. 18*[403]

Im Fall 1 gleicht sich eine derzeitige Unterdeckung in den beiden Folgewochen wieder aus, bevor sie in der dritten Woche wieder auftritt. Die Liquiditätsbilanz zeigt für diesen Fall eine Unterdeckung an. Im Fall 2 besteht die aktuelle Unterdeckung zwei Wochen fort, bevor Sie sich in der dritten Woche wieder auflöst. Die Liquiditätsbilanz zeigt keine Unterdeckung an.[404] Das Problem der kumulierten Betrachtung durch die Liquiditätsbilanz wird deutlich. Vor dem Hintergrund der bereits erörterten Kriterien der Dauerhaftigkeit und der Wesentlichkeit ist zur genauen Beurteilung der Situation auch innerhalb der Drei-Wochen-Frist ein Finanzplan nötig.[405] Einige Quellen verzichten vermutlich aus diesem Grund gleich auf das Instrument der Liquiditätsbilanz.[406]

Um eine Liquiditätsentwicklung über drei Monate bzw. bis zu sechs Monaten zu planen, wird ein isolierter Liquiditätsplan, außer bei sehr einfach strukturierten

---

403 Quelle: Eigene Darstellung.

404 Siehe zur rechtlichen Bewertung der dargestellten Situation unter D.I.3. Dauer, nach Abbildung 15.

405 So auch *Eilenberger,* MüKo-InsO (2007), § 17 InsO, Rn. 23.

406 Siehe IDW PS 800 (Stand: 06.03.2009); *Smid/Leonhardt,* Leonhardt et al., InsO (2010), § 17 InsO, Rn. 16a.

Unternehmen, nicht mehr ausreichend sein. Denn innerhalb eines halben Jahres werden Entwicklungen, die in der GuV und in der Bilanz geplant werden, liquiditätswirksam.[407] Diese können auch in einer isolierten Gegenüberstellung von Ein- und Auszahlungen abgebildet werden. Durch die Menge der Einflüsse wird eine solche Gegenüberstellung aber unübersichtlich und schwierig zu plausibilisieren sein.[408] Daher ist der Liquiditätsplan vielmehr aus der Gewinn- und Verlustrechnung und den Veränderungen der Bilanz indirekt über eine Kapitalflussrechnung herzuleiten.[409] Dieses Vorgehen entspricht der integrierten Unternehmensplanung, wie sie schon in Teil B. II. beschrieben wurde.[410]

### c) Strafrechtliche Besonderheiten

Für die strafrechtliche Ermittlung des Vorliegens einer Zahlungsunfähigkeit wurde mit dem BGH-Beschluss vom 23.05.2007[411] eine Zivilrechtsakzessorietät für das Strafrecht festgestellt.[412] Zuvor war strittig, ob die Verschärfung der Zahlungsfähigkeit durch die Einführung der InsO[413] auch für das Strafrecht maßgeblich sei.[414] Demnach muss sich die strafrechtliche Beurteilung der Zahlungsfähigkeit nach der zivilrechtlichen richten. Die strafrechtliche Beurteilung muss dennoch eigenständig unter Berücksichtigung einiger strafrechtlicher Besonderheiten wie dem Bestimmtheitsgrundsatz (Art. 103 Abs. 2 GG) und dem in Dubio-pro-reo-Grundsatz erfolgen. Die Bestimmtheit von Straftatbeständen verlangt, dass der sanktionierte Tatbestand die Bedingungen der Strafbarkeit so bestimmt umschreibt, dass man die Möglichkeit hat, sein Verhalten der Rechtslage anzupassen und sich Folgen und Anwendungsbereich des Straftatbestandes

---

407 Vgl. *Plagens/Wilkes,* ZInsO 2010, 2107 (2120).

408 Vgl. *Plagens/Wilkes,* ZInsO 2010, 2107 (2120).

409 Vgl. *Plagens/Wilkes,* ZInsO 2010, 2107 (2120); *Smid/Leonhardt,* Leonhardt et al., InsO (2010), § 17 InsO, Rn. 16a. Das IDW beschreibt dieses Vorgehen als Regel, lässt aber Alternativen zu; IDW PS 800 (Stand: 06.03.2009), S. 5.

410 Eine solche Planung wird als integriert bezeichnet, da die Rechenwerke Bilanz, GuV und Kapitalflussrechnung interpendent sind. Das Ergebnis der Liquiditätsplanung hat über die Zinskosten einen Einfluss auf die GuV und damit das Eigenkapital und die Bilanzposition Kasse bzw. Bankverbindlichkeiten.

411 BGH, Beschluss v. 23.05.2007 (1 StR 88/07), wistra 2007, 386–387.

412 *Natale/Bader,* wistra 2008, 413 (413); *Bieneck/Richter,* in: Müller-Gugenberger/ Alexander (Hrsg.), Wirtschaftsstrafrecht, 2011, S. 2351, Rn. 50.

413 Siehe dazu in Teil D. I.

414 BGH, Beschluss v. 23.05.2007 (1 StR 88/07), wistra 2007, 386 (387).

erkennen lassen.[415] Dies bedeutet aber keineswegs, dass das Gesetz für jeden Fall eine exakte Beschreibung vorhalten muss.[416] Vielmehr muss das Risiko einer Bestrafung erkennbar sein.[417] Dies ist, anders als bei der Überschuldung[418], bei der Zahlungsfähigkeit zweifelsohne der Fall. Denn ein Blick in die Buchhaltung genügt, um festzustellen, ob aktuell eine Unterdeckung vorhanden ist. Die schwierigere dreiwöchige Zahlungsvorausschau hilft dann nur dabei, die aktuell bestehende Unterdeckung als Zahlungsstockung zu qualifizieren. Das Risiko einer Bestrafung ist daher bei Vorliegen einer Unterdeckung sofort sichtbar. Eine besondere strafrechtliche Auslegung der Zahlungsunfähigkeit entfällt. Der Grundsatz in dubio pro reo ist prozessrechtlicher Natur und hat keine Bedeutung für die Rechtsauslegung.[419] Die strafrechtliche Rechtsprechung erlaubt daher auch eine vereinfachte Methode zur Ermittlung der Zahlungsfähigkeit, analog der in Teil B. I. 5. a) beschriebenen indiziengestützten zivilrechtlichen Ermittlung.[420] In diesem Zusammenhang wird sie als kriminalistische Methode bezeichnet.[421] Die kriminalistischen Beweisanzeichen können sein:

- Mahn- oder Vollstreckungsbescheide,
- Säumnisurteile,
- fruchtlose Zwangsvollstreckungen,
- eidesstattliche Versicherungen,
- Überziehung oder Kündigung von Kontokorrent-Linien und viele weitere mehr.[422]

Wie auch im Zivilrecht kann die kriminalistische Methode durch eine, hier als betriebswirtschaftlich-mathematisch benannte Feststellung widerlegt werden.[423]

---

415 BVerfG, Beschluss v. 20.10.1992 (1 BvR 698/89), BVerfGE 87, 209, Rn. 95.

416 BVerfG, Beschluss v. 17.01.1979 (1 BvL 25/77), BVerfGE 50, 142, Rn. 57.

417 BVerfG, Beschluss v. 10.01.1995 (1 BvR 718/89, 1 BvR 719/89, 1 BvR 722/89, 1 BvR 723/89), BVerfGE 92, 1, Orientierungssatz 3. d.

418 Siehe dazu in Teil D. V.

419 *Steinberg-Lieben,* Die objektiven Schranken der Einwilligung im Strafrecht, 1997, s. 480.

420 BGH, Beschluss v. 17.02.1993 (3 StR 474/92), wistra 1993, 184, Orientierungssatz.

421 *Hartung,* wistra 1997, 1 (2).

422 Für eine umfassende Aufzählung vgl. *Hartung,* wistra 1997, 1 (11 f.) oder *Dittmann,* Feststellung der Zahlungsunfähigkeit und der Überschuldung als Voraussetzungen für Insolvenzstraftaten nach § 283 StGB, 2009, S. 95 f.

423 *Natale/Bader,* wistra 2008, 413 (415).

## 6. Zusammenfassung

Im vorangegangenen Teil der Arbeit wurde der Insolvenzgrund der Zahlungsunfähigkeit untersucht. Die Prüfung der Zahlungsunfähigkeit ist ein Vorgehen, das der betriebswirtschaftlichen isolierten Gegenüberstellung von Ein- und Auszahlungen entspricht. Die Diskussion, welche Aktiva und Passiva als Zahlungsmittel bzw. Zahlungsverpflichtungen zu berücksichtigen sind, was den geringen prognostischen Anteilen der kurzfristigen Liquiditätsplanung entspricht, reflektiert dies. Es wird gezeigt, dass die so entstehenden Spielräume durch die Einführung der InsO im Vergleich zur KO zwar reduziert wurden, aber dennoch eine große Rolle spielen. Das Kriterium der Dauer mit seiner Drei-Wochen-Frist erlaubt einen Blick in die nahe Zukunft, wobei eine Vermutung der Zahlungsunfähigkeit bei Zahlungsstockung so widerlegt werden kann. Es wird somit kein Zeitpunkt, sondern eine Zeitraumilliquidität betrachtet.[424] Zusätzlichen Spielraum eröffnet das Kriterium der Wesentlichkeit, nachdem geringfügige Unterdeckungen auch in der Zukunft außer Acht zu lassen sind. Hinter der Zahlungsfähigkeit ein statisches, sicher bestimmbares Kriterium zu vermuten, ist falsch. Auch der BGH spricht in diesem Zusammenhang von einer Prognose, die sich als unrichtig erweisen kann.[425] Die Verlängerung der Drei-Wochen-Frist auf bis zu sechs Monate, für den Fall der mit Sicherheit grenzenden Wahrscheinlichkeit der „Wiedererlangung der Zahlungsfähigkeit“ stellt eine Ausnahme dar. Ihr Nachweis wird durch eine ganzheitliche Unternehmensplanung, die den kontinuierlichen Geschäftsfortlauf zeigt, nicht begründbar sein. Hier muss ein zusätzliches besonderes Ereignis hinzukommen, das die Liquiditätsentwicklung disruptiv beeinflusst.

Diese Feinheiten der Zahlungsfähigkeit scheinen aber nur für einige, vor allem große Unternehmen relevant. Dies verdeutlicht das Zitat eines Interviewteilnehmers: „In vielen Krisenunternehmen gibt es keine aktuelle Liquiditätsplanung. Die Liquidität ist kritisch, doch das Problem wird verdrängt.“[426] Auch die Auswertung der Interviewfragen zur Drei-Wochen-rist (Frage 13.4) deuten dies an: Acht der 14 Interviewpartner haben sich zu der Frage geäußert. Drei von Ihnen sind der Meinung, die Drei-Wochen-Frist spielt keine Rolle, weil die Unternehmen bei Antragstellung schon länger als drei Wochen zahlungsunfähig sind. Fünf sind der Meinung, die Drei-Wochen-Frist spielt eine Rolle, wobei drei von ihnen einschränken, dass dies nur bei größeren Unternehmen der Fall ist, die über eine

424 So auch *Schmerbach,* FK-InsO (2013), § 17 InsO, Rn. 23.

425 BGH, Urt. v. 24.05.2005 (IX ZR 123/04), BGHZ 163, 134, Rn. 15.

426 Interviewpartner Dr. Hans-Gerd Höptner.

geordnete Buchhaltung verfügen. Ein Teilnehmer, der eine Relevanz der Insolvenzantragsfrist sieht, schränkt ein, dass die Frist meist aber entgegen der Darstellung des Antrages schon überschritten wurde. Dies spiegelt sich auch in einer anderen Relation wider. Wie bereits bei der Betrachtung der Forderungen erwähnt, werden in Deutschland Zahlungsziele von durchschnittlich 22 Tagen bei inländischen und 27,7 Tage bei ausländischen Kunden gewährt.[427] Einer anderen Erhebung zufolge werden die Verbindlichkeiten durchschnittlich erst 12,99 Tage nach Fälligkeit bezahlt.[428] Zwar basieren beide Studien nicht auf dem gleichen Datensatz und erlauben somit keine statistisch einwandfreien Rückschlüsse. Dennoch indizieren sie, dass ca. 37 % der Forderungen und damit auch der Verbindlichkeiten aus Lieferungen und Leistungen eines Unternehmens überfällig sind. Ohne weitere Statistiken zur durchschnittlichen Größenrelation von Verbindlichkeiten aus Lieferungen und Leistungen zu verfügbaren liquiden Mitteln zu erheben, wird deutlich, dass dieser Anteil an überfälligen Verbindlichkeiten kritisch ist. Damit liegt die Vermutung nahe, dass bei vielen deutschen Unternehmen eine strukturelle Zahlungsunfähigkeit vorliegen könnte. Die Möglichkeiten, die die Kriterien der Dauer und der Wesentlichkeit, die sich damit beschäftigenden Urteile des BGH und obige detaillierten Ausführungen, greifen dieses Problem nicht auf. Vielmehr sind sie Regelungen für den Ausnahmefall eines gut organisierten Unternehmens in der Krise.

In Teil C. II. 5. zur Unternehmensplanung in Krisensituationen wird im Gegensatz dazu beschrieben, dass in Krisenunternehmen laufende Aufgaben, wie die Buchhaltung, vernachlässigt werden. Die Buchhaltung ist aber die Grundlage für die Zahlungsfähigkeitsbetrachtung in der Drei-Wochen-Vorausschau. Die Geschäftsleitung ist daher in den vielen Fällen gar nicht in der Lage, laufend eine die Zukunft berücksichtigende Zahlungsfähigkeitsprüfung durchzuführen.

Die Rechtsprechung hat, vermutlich aus diesem Grund, mit der indiziengestützten Methode und ihrem strafrechtlichen Pendant, der kriminalistischen Methode, einen vereinfachten, widerlegbaren Nachweis einer Zahlungsunfähigkeit ermöglicht. Hier sind keine prognostischen Elemente und die mit ihnen verbundenen Probleme mehr von Bedeutung. Allerdings kann so nur ein verhältnismäßig später Zeitpunkt der Insolvenz identifiziert werden. Es steht zu vermuten, dass eine Zahlungsunfähigkeit schon länger vorliegt, bis sie nach außen in Erscheinung tritt und wahrgenommen wird. Dies verknüpft mit der These der strukturellen

427 Atradius Zahlungsmoralbarometer, 2012, S. 11 f.

428 *Creditreform, Wirtschaftsforschung,* Insolvenzschäden und Arbeitsplatzverluste: Insolvenzen in Deutschland 2012.

Zahlungsunfähigkeit legt nahe, dass in Deutschland eine große Anzahl von Unternehmen zahlungsunfähig ist, dieser Zustand aber nicht nach außen in Erscheinung getreten ist.

Damit ist eine der Kerngrößen der Unternehmensplanung, die der Liquidität, in Form einer direkten kurzfristigen Gegenüberstellung von Zahlungsmitteln und Zahlungsverpflichtungen im Insolvenzgrund der Zahlungsfähigkeit verankert. Prognostische Elemente beziehen sich weniger auf die aktuelle Unternehmensleistung als vielmehr auf die Auswirkungen vergangener Leistung innerhalb der nächsten Wochen. Die Prognose kommt durch die Vermutung der Zahlungsunfähigkeit bei Zahlungseinstellung und die kriminalistische Methode nur zur Geltung, wenn die Geschäftsleitung sie darlegen kann, was durch die Erkenntnis des betriebswirtschaftlichen Teil C angeregt wird. Inwiefern dies auch von den an die Zahlungsunfähigkeit geknüpften Haftungsnormen aufgegriffen wird, wird in Teil E herausgearbeitet.

## II. Drohende Zahlungsunfähigkeit

Mit der Insolvenzordnung wurde auch die drohende Zahlungsunfähigkeit (§ 18 InsO) als Insolvenzgrund eingeführt. Damit liegt ein Insolvenzgrund vor, der die in B. II. 2. aufgezeigte prospektive Gläubigergefährdung aufgreift. Allerdings hat sich der Gesetzgeber 1992 gegen die verpflichtende Insolvenzauslösung bei drohender Zahlungsunfähigkeit entschieden.[429] Damit soll verhindert werden, dass die Gläubiger Unternehmen zu früh unter Druck setzen und so Sanierungen vereitelt werden.[430] Damit wird die prospektive Gläubigergefährdung durch die drohende Zahlungsunfähigkeit nicht behoben. Auch wenn die Druckausübung durch Gläubiger vor dem Hintergrund nicht gänzlich nachvollziehbar ist, da nach § 18 Abs. 1 InsO nur der Schuldner bzw. sein vertretungsberechtigtes Organ einen Antrag stellen kann.

Nach § 18 Abs. 2 InsO ist ein Schuldner drohend zahlungsunfähig, „wenn er voraussichtlich nicht in der Lage sein wird, die bestehenden Zahlungspflichten im Zeitpunkt der Fälligkeit zu erfüllen“. Mit der Einführung dieser Norm sollte zusammen mit einer Reihe von Anreizen[431] eine möglichst frühe Antragstellung

429 BT-Drs. 12/2443, S. 114.

430 BT-Drs. 12/2443, S. 114.

431 Dazu zählen etwa das Vorlagerecht eines Insolvenzplans § 281 Abs. 1 InsO, die Möglichkeit der Eigenverwaltung §§ 270 ff. InsO.

erreicht werden.[432] Damit sollen die Sanierungschancen in der Insolvenz erhöht und die zu Zeiten vor der Insolvenzordnung verschwindend geringen Insolvenzquoten erhöht werden.[433] Andererseits sollen außergerichtliche Sanierungsbemühungen, bevor Zahlungsunfähigkeit und Überschuldung vorliegen, nicht durch tatsächliche oder in Aussicht gestellte Fremdanträge ad absurdum geführt werden.[434] Auch wenn für diesen Insolvenzgrund keine Antragspflicht besteht und der Schuldner dazu motiviert wird, einen Antrag zu stellen, wurde mit Einführung der Insolvenzordnung nicht so weit gegangen, ein „grundloses“ Antragsrecht zu schaffen.[435] So muss das Vorliegen des Insolvenzgrundes vom Schuldner nachvollziehbar dargelegt und vom Gericht überprüft werden.[436] Bei diesem Antragsgrund wird die Nachweisrichtung im Vergleich zur Zahlungsunfähigkeit und Überschuldung eine andere sein. Denn der Schuldner wird bei Antragstellung nachweisen wollen, dass ein Insolvenzgrund vorliegt. Einzig im Rahmen des Nachweises von Bankrottdelikten nach § 283 StGB ist es demgegenüber auch möglich, dass der Staatsanwalt eine drohende Zahlungsunfähigkeit nachweisen will. Denn nach § 283 Abs. 1 StGB sind die Bankrottdelikte nur strafbar, wenn sie im Zustand der Überschuldung, Zahlungsunfähigkeit oder eben der drohenden Zahlungsunfähigkeit erfolgen.

Die Prognose ist der drohenden Zahlungsunfähigkeit immanent, da sie noch nicht eingetreten ist, sondern in Zukunft droht. Im Folgenden wird untersucht, aus welchen Elementen eine drohende Zahlungsunfähigkeit besteht und wie sie aus ihnen ermittelt wird. Dazu werden zunächst der Prognosehorizont und dann ähnlich dem Vorgehen in Teil D.I. (Zahlungsunfähigkeit) die Elemente, die als Ein- und Auszahlungen zu berücksichtigen sind, bestimmt. Sodann wird auf die Kriterien der Dauer und Wesentlichkeit eingegangen und daraufhin die drohende Zahlungsunfähigkeit zur Zahlungsunfähigkeit abgegrenzt. Es folgen die Ermittlungsmethoden und eine Zusammenfassung. Dabei werden Elemente, die bereits im Rahmen der Zahlungsfähigkeit behandelt wurden und die keinen Unterschied zur drohenden Zahlungsunfähigkeit aufweisen, außer Acht gelassen.

---

432 BT-Drs. 12/2443, S. 86.

433 *Uhlenbruck*, Uhlenbruck InsO (2010), § 18 InsO, Rn. 1.

434 BT-Drs. 12/2443, S. 114.

435 *Drukarczyk*, MüKo-InsO (2007), § 18 InsO, Rn. 11; § 16 InsO setzt für die Eröffnung einer Insolvenz das Vorliegen eines Insolvenzgrundes voraus.

436 *Pape*, Kübler/Prütting, InsO (2012), § 18 InsO, Rn. 10; *Uhlenbruck*, Uhlenbruck InsO (2010), § 18 InsO, Rn. 20; *Bremen*, Graf-Schlicker, InsO (2012), § 17 InsO, Rn. 3, 5.

## 1. Zeithorizont

Die Begründung zur Einführung der Insolvenzordnung gibt einen Hinweis auf den Zeitrahmen, in dem eine drohende Zahlungsfähigkeit vorliegen kann. Bis zur Fälligkeit der bestehenden Verbindlichkeiten sollen alle Ein- und Auszahlungen berücksichtigt werden.[437] Damit wäre die letzte Fälligkeit der zum Zeitpunkt dem Grunde nach bestehenden Zahlungspflichten der Prognosezeitraum.[438] Diese Begrenzung ist aber beliebig, da aus Schuldnersicht immer Verbindlichkeiten, wie z. B. langfristige Bankkredite, die erst in einigen Jahren ablaufen, zur Rechtfertigung eines weiten Prognosehorizonts herangezogen werden können.[439] Aus der Gesetzesbegründung ergibt sich vielmehr eine indirekte Begrenzung. Denn die Voraussichtlichkeit der drohenden Unterdeckung ist so zu verstehen, dass sie zu mehr als 50 %tiger Wahrscheinlichkeit eintreten muss.[440] Prognosen werden, je weiter sie in die Zukunft reichen, immer unsicherer. Damit ist der Prognosehorizont bis zu dem Zeitpunkt begrenzt, in dem eine zukünftige Unterdeckung nicht mehr mit 50 %tiger Wahrscheinlichkeit angenommen werden kann.[441] Der Zeitraum, in dem dies allgemein der Fall sein soll, wird unterschiedlich beurteilt und reicht von einigen Monaten[442] über maximal zwei[443] bis maximal drei Jahre[444]. Diese Bandbreite kann vielmehr als Hinweis darauf gesehen werden, dass eine starre Begrenzung des Horizontes nicht sinnvoll ist. Je nach Unternehmensgegenstand kann die Liquidität mal für einen längeren, mal kürzeren Zeitraum sicher prognostiziert werden.[445] Eine drohende Zahlungsunfähigkeit kann soweit in der Zukunft liegen, wie sie noch mit überwiegender Wahrscheinlichkeit angenommen werden kann.

---

437 BT-Drs. 12/2443, S. 115.

438 *Drukarczyk,* MüKo-InsO (2007), § 18 InsO, Rn. 10; *Schmerbach,* FK-InsO (2013), § 17 InsO, Rn. 12.

439 Vgl. *Schmerbach,* FK-InsO (2013), § 17 InsO, Rn. 13; *Drukarczyk,* MüKo-InsO (2007), § 18 InsO, Rn. 10.

440 BT-Drs. 12/2443, S. 115.

441 Vgl. *Schmerbach,* FK-InsO (2013), § 17 InsO, Rn. 13.

442 *Mönning,* Nerlich/Römermann, InsO (1999), § 18 InsO; Rn. 34.

443 *Pape,* Kübler/Prütting, InsO (2012), § 18 InsO, Rn. 6.

444 *Schmerbach,* FK-InsO (2013), § 17 InsO, Rn. 13.

445 So *Drukarczyk/Schüler,* in: Arbeitskreis für Insolvenzwesen Köln e. V. (Hrsg.), Kölner Schrift zur Insolvenzordnung, 2009, S. 28, Rn. 47.

## 2. Aktiv- und Passivpositionen

Bei der Evaluierung der drohenden Zahlungsunfähigkeit sind auf der Aktivseite neben bereits bestehender Liquidität auch alle zukünftigen Einnahmen hinzuzuzählen.[446] Bei der Beantwortung der Frage, welche Auszahlungen zu berücksichtigen sind, wird ein Widerspruch zwischen Gesetzestext und Gesetzesbegründung zum Problem. § 18 Abs. 2 InsO stellt auf die Unfähigkeit ab, die bestehenden Zahlungspflichten im Zeitpunkt ihrer Fälligkeit zu erfüllen. Aus dem Wortlaut folgert eine Ansicht in der Literatur, dass nur die bereits bestehenden Zahlungspflichten und demnach noch nicht begründete Zahlungspflichten nicht zu berücksichtigen sind.[447] Entgegen dem Wortlaut stellt die Gesetzesbegründung klar, dass in der Prognose bis zum Zeitpunkt der Fälligkeit der letzten bestehenden Verbindlichkeit „auch die zukünftigen noch nicht begründeten Zahlungspflichten mit zuberücksichtigen“ sind.[448] Dies ist konsequent, denn innerhalb des Zeitraumes, in dem eine drohende Zahlungsunfähigkeit vorliegen kann, soll die gesamte Entwicklung der Finanzlage berücksichtigt werden.[449] Berücksichtigt man zukünftige geplante Einnahmen, nicht aber die zur Erzielung der Einnahmen nötigen, aber noch zu begründenden Ausgaben, wird nicht die gesamte Entwicklung der Finanzlage abgebildet. Geplante Auszahlungen, und der Ansicht ist die mittlerweile herrschende Meinung, sind daher innerhalb des Zeithorizontes zu berücksichtigen, auch wenn sie noch nicht begründet sind.[450] Der Wortlaut des § 18 Abs. 2 InsO ist zum einen vielmehr als Begrenzung des Betrachtungszeitraumes zu sehen.[451] Sind innerhalb des Betrachtungszeitraumes alle geplanten Auszahlungen zu berücksichtigen, erklärt sich der Wortlaut dadurch, dass bei einer Unterdeckung sowohl die nicht begründeten als auch die schon begründeten Verbindlichkeiten in Summe nicht voll befriedigt werden können. Vor diesem Hintergrund sind entgegen der Ansicht

---

446 BT-Drs. 12/2443, S. 115.

447 Dieser Ansicht *Schmerbach,* FK-InsO (2013), § 18, Rn. 10; *Jäger,* DB 1986, 1441 (1446); *Burger/Schellberg,* BB 1995, 261 (264).

448 BT-Drs. 12/2443, S. 115.

449 BT-Drs. 12/2443, S. 115.

450 Dieser Ansicht *Uhlenbruck,* Uhlenbruck InsO (2010), § 18 InsO, Rn. 6; *Schröder,* HambKomm-InsO (2012), § 18 InsO, Rn. 6; *Kirchhof,* HK-InsO (2011), § 18 InsO, Rn. 6; *Mitter*, Haarmeyer/Wutzke/Förster, InsO (2012), § 18 InsO, Rn. 8; *Bremen*, Graf-Schlicker InsO (2012), § 18 InsO, Rn. 8; *Pape,* Kübler/Prütting, InsO (2012), § 18 InsO, Rn. 7.

451 *Schmerbach,* FK-InsO (2013), § 18, Rn. 17. Siehe dazu im vorangegangenen Abschnitt.

Schmerbachs[452] auch drohende Verluste gewichtet mit ihrer Eintrittswahrscheinlichkeit zu berücksichtigen, wenn sie innerhalb des Zeithorizonts liquiditätswirksam werden. Auch Eventualverbindlichkeiten oder bestrittene Verbindlichkeiten sollten daher nicht gänzlich unberücksichtigt bleiben, sondern analog zur Zahlungsfähigkeit mit ihrem wahrscheinlichen Auszahlungsbetrag in die Betrachtung mit eingebracht werden.[453]

## 3. Dauer und Wesentlichkeit

Wie bei der Zahlungsunfähigkeit sollen auch bei der Prüfung der drohenden Zahlungsunfähigkeit ganz geringe Liquiditätslücken oder vorübergehende Zahlungsstockungen außer Betracht bleiben.[454] Damit ist in Bezug auf die Wesentlichkeit auch hier die Konkretisierung der 10 %-Schwelle des BGH[455] anzuwenden.[456] Die Dauer einer Unterdeckung wird die vom BGH in der gleichen Entscheidung definierte Drei-Wochen-Frist sein.[457]

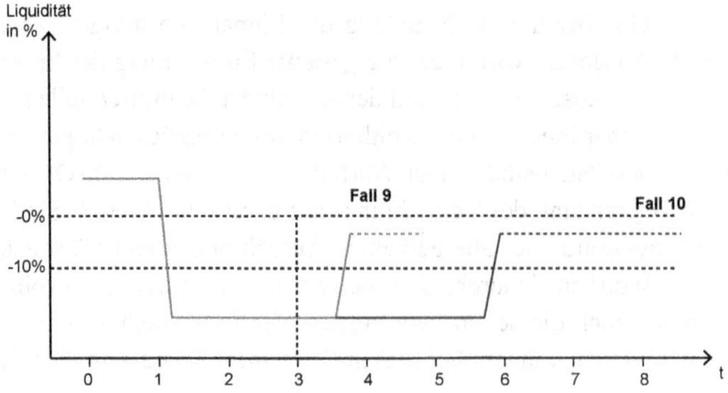


*Abb. 20: Drohende Zahlungsunfähigkeit*[458]

452 *Schmerbach,* FK-InsO (2013), § 18, Rn. 10.

453 Siehe dazu A. 2. a); Ähnlich *Schmerbach,* FK-InsO (2013), § 18, Rn. 8; *Uhlenbruck,* Uhlenbruck, InsO (2010), § 18 InsO, Rn. 9; *Müller,* Jaeger, InsO (op. 2004), § 18 InsO, Rn. 11.

454 BT-Drs. 12/2443, S. 114.

455 Aus BGH, Urt. v. 24.05.2005 (IX ZR 123/04), BGHZ 163, 134, 1. Leitsatz.

456 *Mitter*, Haarmeyer/Wutzke/Förster InsO (2012), § 18 InsO, Rn. 9; *Uhlenbruck,* Uhlenbruck, InsO (2010), § 18 InsO, Rn. 8.

457 BGH, Urt. v. 24.05.2005 (IX ZR 123/04), BGHZ 163, 134, 2. und 1. Leitsatz.

458 Eigene Darstellung in Anlehnung an *Bitter,* Insolvenzverschleppung aus Sicht des Zivilrechts, 04.11.2011, S. 12.

Abbildung 20 verdeutlicht die Wirkung von Dauer und Wesentlichkeit bei der drohenden Zahlungsunfähigkeit. Fall 9 beschreibt eine in der Zukunft liegende Zahlungsstockung, die kürzer als drei Wochen anhält und sich dann bis zu einer tolerierbaren leichten Unterdeckung entwickelt. Im Gegensatz dazu liegt in Fall 10 eine drohende Zahlungsunfähigkeit vor, da sich die Zahlungsstockung länger als drei Wochen hinzieht.

## 4. Methoden der Ermittlung

Da die zu ermittelnde Unterdeckung in der Zukunft liegt, hilft ein Liquiditätsstatus nur bedingt weiter. Denn dieser gibt nur den jetzigen Stand der Zahlungsfähigkeit wieder und ist nur eingeschränkt in der Lage, eine Zeitraumilliquidität zu erfassen. Um genau, analog zur Zahlungsfähigkeit, festzustellen, ob die Kriterien der Dauerhaftigkeit und der Wesentlichkeit erfüllt sind, wird daher auf den im Rahmen der Zahlungsfähigkeit beschriebenen Finanzplan[459] oder eine integrierte Unternehmensplanung zurückzugreifen sein. In klaren Fällen werden aber auch Indizien reichen.[460] Dies wird z. B. für den Fall angenommen, in dem bei allgemein angespannter Liquiditätslage die Bank einen Kredit zum nächst möglichen Zeitpunkt kündigt oder die Begleichung einer in Zukunft fälligen Steuerverbindlichkeit aussichtslos erscheint.[461] Liegen derartige Indizien vor und der Schuldner verfügt über ausreichend liquide Mittel, um die derzeitig fälligen Verbindlichkeiten zu begleichen, fällt eine Abgrenzung zur Zahlungsunfähigkeit leicht. Allerdings ist dann aber auch in Betracht zu ziehen, ob anhand solcher Indizien nicht gleichzeitig eine Überschuldung nachgewiesen wird.[462]

## 5. Abgrenzung zur Zahlungsunfähigkeit

In Abgrenzung zur Zahlungsunfähigkeit kann eine *drohende* Zahlungsunfähigkeit immer nur dann vorliegen, wenn zum gegenwärtigen Zeitpunkt noch keine

---

459 Für die Verwendung eines Finanzplans *Burger/Schellberg,* BB 1995, 261 (264); *Drukarczyk/Schüler,* in: Arbeitskreis für Insolvenzwesen Köln e. V. (Hrsg.), Kölner Schrift zur Insolvenzordnung, 2009, S. 28, Rn. 11; *Drukarczyk,* MüKo-InsO (2007), § 18 InsO, Rn. 13.

460 *Jäger,* DB 1986, 1441 (1442).

461 *Jäger,* DB 1986, 1441 (1442); *Kirchhof,* HK-InsO (2011), § 18 InsO, Rn. 15.

462 Zumindest eine positive Fortbestehensprognose, die auch eine ausgeglichene Finanzlage innerhalb des laufenden und folgenden Geschäftsjahres voraussetzt, wird in einem solchen Fall nicht vorliegen; siehe dazu unter D. III. zur Überschuldung.

Unterdeckung vorliegt. Keine Unterdeckung bedeutet, dass auch keine geringfügige gegenwärtige Unterdeckung von weniger als 10 % vorliegen darf. Denn sind die sonstigen Voraussetzungen einer drohenden Zahlungsunfähigkeit gegeben, bedeutet dies bei einer an sich noch zu tolerierenden Unterdeckung, dass sich die Liquiditätslage in Zukunft weiter verschlechtern wird. Damit liegt eine Zahlungsunfähigkeit vor.[463]

## 6. Abgrenzung zur Überschuldung

Der zurzeit gültige modifizierte zweistufige Überschuldungsbegriff führt, wie noch beschrieben wird, dazu, dass kein Überschuldungstatus mehr zu erstellen ist. Es kommt derzeit bei Bestehen einer positiven Fortführungsprognose allein auf diese an. Die Fortführungsprognose muss nachweisen, dass das Unternehmen nicht zahlungsunfähig und in Zukunft keine Verluste erwirtschaften wird. Dies wirft die Frage auf, inwiefern sich die Fortführungsprognose der Überschuldung nach § 19 InsO von der drohenden Zahlungsunfähigkeit nach § 18 InsO unterscheidet. Ein Unterschied liegt im Anwendungsbereich, da § 19 Abs. 1 InsO die Anwendung der Überschuldung auf Kapitalgesellschaften beschränkt, was Personenkapitalgesellschaften mit einschließt und § 18 InsO allgemeiner Eröffnungsgrund ist. Demnach kann es nur bei Kapitalgesellschaften zu Überschneidungen kommen. Nach § 18 InsO hat ein Unternehmen bei drohender Illiquidität das Recht, einen Insolvenzantrag zu stellen, unabhängig davon, ob es in Zukunft Gewinne oder Verluste erwirtschaften wird. Nach § 19 InsO muss ein Unternehmen, das prospektiv illiquide ist, Insolvenz anmelden. Dies gilt, wie hier gezeigt, auch für Unternehmen, die zwar liquide bleiben, aber nicht zeigen können, dass jemand für ihre in Zukunft entstehenden Verluste eintritt. Damit erfasst § 19 InsO nicht nur alle Fälle des § 18 InsO, sondern auch weitere.[464] Die inhaltliche Nähe hat auch der Gesetzgeber mit Einführung des ESUG zumindest indirekt bestätigt. Denn nach § 270b InsO ist der Antrag auf ein Schutzschirmverfahren sowohl bei Überschuldung als auch bei drohender Zahlungsunfähigkeit möglich. Es bleibt offen, ob es

463 BGH, Urt. v. 24.05.2005 (IX ZR 123/04), BGHZ 163, 134, Rn. 30.

464 So im Ergebnis für den modifiziert zweistufigen Überschuldungsbegriff auch *Höffner*, BB 1999, 252 (253 f.), der auf die Notwendigkeit der Abschaffung einer der beiden Regelungen schließt. So auch Uhlenbruck, der auf Basis der von ihm angenommenen ausschließlichen Liquiditätsbetrachtung der Fortbestehensprognose diese mit der Frage der drohenden Zahlungsfähigkeit gleichsetzt; *Uhlenbruck*, Uhlenbruck, InsO (2010), § 19 InsO, Rn. 45 f.

zu Fällen kommen kann, in denen nur § 18 InsO und nicht § 19 InsO einschlägig ist. Dies kann nur dann der Fall sein, wenn ein Unternehmen eine negative Prognose hat, aber über einen zu Liquidationswerten positiven Überschuldungsstatus verfügt.[465] Damit hat § 18 InsO theoretisch einen Anwendungsbereich. Ob dies auch praktisch der Fall sein wird, ist zumindest fraglich. Denn die Situation, in der ein Unternehmen drohend zahlungsunfähig ist, aber über Vermögen verfügt, das auch zu Liquidationswerten seine Schulden übersteigt, ist mutmaßlich sehr selten.[466] Es kann aber in diesem Fall sinnvoll sein, eine Insolvenz anzustreben, wenn die negative Fortbestehensprognose durch die Sanierungsmöglichkeiten der Insolvenzordnung[467] beseitigt werden kann. Damit ist der Anwendungsbereich des § 17 InsO aufgrund der Überschneidungen für Kapitalgesellschaften sehr gering,[468] aber sinnvoll.

## 7. Zusammenfassung

Die im vorangegangenen Abschnitt untersuchte drohende Zahlungsunfähigkeit wurde eingeführt, um dem Schuldner die Möglichkeit zu eröffnen, möglichst früh einen Insolvenzantrag stellen zu können. Der Gesetzgeber stellt dabei auf eine Zeitraumilliquidität in der Zukunft ab. Die aus der ökonomischen Untersuchung abgeleitete prospektive Gläubigergefährdung wird durch Ausgestaltung als Antragswahlrecht nicht aufgegriffen. Der Gesetzgeber hat in Kauf genommen, dass die Eröffnung eines Insolvenzverfahrens auf einer unsicheren Prognose fußt.[469] Die Prognose selbst unterscheidet sich nur unwesentlich von der Prognose der Zahlungsunfähigkeit. Im Unterschied zu dieser darf bei einer drohenden Zahlungsunfähigkeit im gegenwärtigen Zeitpunkt noch keine Unterdeckung vorliegen. Damit liegt der Schwerpunkt der Betrachtung in der weiteren Zukunft. Dies wirkt sich auf die Methoden der Ermittlung der drohenden Zahlungsunfähigkeit

---

465 Ähnlich Drukarczyk, der dies bei Gültigkeit des zweistufigen Überschuldungsbegriffes auch für den Fall eines positiven Überschuldungsstatus zu Fortbestehenswerten sieht; *Drukarczyk,* MüKo-InsO (2007), § 19 InsO, Rn. 126; *Pott,* NZI 2012, 4 (6).

466 Pott sieht das Vorkommen dieser Fallgestaltung in der Praxis als höchst zweifelhaft an, *Pott,* NZI 2012, 4 (6).

467 Dazu gehören z. B. das Erfüllungswahlrecht des Insolvenzverwalters (§ 103 InsO) oder die Erleichterungen im Bereich des Arbeitsrechts (§§ 113, 125 ff. InsO).

468 *Nickert,* in: Lamberti (Hrsg.), Überschuldungs- und Zahlungsunfähigkeitsprüfung im Insolvenzrecht, 2011, Rn. 117.

469 *Uhlenbruck,* Uhlenbruck InsO (2010), § 18 InsO, Rn. 3.

aus. Es wird neben einem deutlichen Indiziennachweis eher eine integrierte Unternehmensplanung mit indirekt ermittelter Liquidität nötig sein als eine direkte Gegenüberstellung der Ein- und Auszahlungen. Die Prognose als Basis der drohenden Zahlungsunfähigkeit ist insofern unproblematisch, als der Schuldner als Antragsteller den Nachweis des Vorliegens des Insolvenzgrundes erbringen will.

In der Praxis hat die drohende Zahlungsunfähigkeit eine geringe Bedeutung.[470] Bei den Anträgen, die mit diesem Insolvenzgrund gestellt werden, liegt meist schon eine Zahlungsunfähigkeit vor. Eine echte Nutzung des Insolvenzgrundes gibt es nur sehr selten. Denn: „Die ‚strategischen Vorteile' der frühzeitigen Einleitung eines Insolvenzverfahrens werden vielfach durch nachteilige Rechtsfolgen mehr als kompensiert."[471] Dies soll sich durch die Einführung des ESUG ändern.[472] Daher ist es möglich, dass die drohende Überschuldung durch Anträge auf ein Schutzschirmverfahren nach § 270b InsO relevanter wird. Interessant bleibt die Überschneidung der drohenden Zahlungsunfähigkeit und der Überschuldung. Zumal § 270b InsO mit drohender Zahlungsunfähigkeit und Überschuldung beide Insolvenzgründe als Voraussetzungen für ein Schutzschirmverfahren heranzieht. Bei der herausgearbeiteten Deckungsgleichheit zur Überschuldung, ist die drohende Zahlungsunfähigkeit nur für natürliche Personen und juristische Personen, die nach Zerschlagungswerten keine Unterdeckung aufweisen, relevant.

## III. Überschuldung

Eine Überschuldung liegt nach § 19 Abs. 2 Satz 1 InsO vor, wenn das Vermögen die bestehenden Schulden nicht mehr deckt. Überschuldung ist nach § 19 Abs. 1 InsO auf juristische Personen beschränkt und damit kein allgemeiner Antragsgrund. Die Beschränkung trägt dem Umstand Rechnung, dass nur bei juristischen Personen keine natürliche Person für die Verbindlichkeiten des Unternehmens haftet, wenn das Eigenkapital aufgezehrt ist.[473] Um die Gläubiger vor

---

470 Die letzte Veröffentlichung offizieller Zahlen des Statistischen Bundesamtes weist schon allein für 2007 209 Antragsstellungen wegen drohender Zahlungsunfähigkeit aus; *Angele,* Insolvenzen 2007.

471 *Uhlenbruck,* in: Richter (Hrsg.), Kapitalgeberansprüche, Marktwertorientierung und Unternehmenswert, 2003, S. 441, 444.

472 BT-Drs. 17/5712, S. 1 f.

473 Siehe Begründung des Entwurfs einer Konkursordnung, in: *Hahn,* Die gesammelten Materialien zur Konkursordnung und dem Einführungsgesetz zu derselben, 1881, S. 219.

dieser Situation zu schützen, besteht für die Überschuldung nach § 15a Abs. 1 InsO eine Antragspflicht für die Geschäftsleiter und ein Antragsrecht für Gläubiger. Die Überschuldung ist damit eine Terminierungsregel, die festlegt, ab wann eine Gläubigergefährdung vorliegt, weil kein Risikopuffer in Form von insolvenzrechtlichem Eigenkapital mehr vorhanden ist.[474] Daraus ergibt sich auch eine Abgrenzung zur Zahlungsunfähigkeit. Die Überschuldung betrachtet grundsätzlich das Unternehmensgesamtvermögen im Vergleich zu den Gesamtverbindlichkeiten während die Zahlungsunfähigkeit sich auf die Betrachtung des Vermögens an liquiden Mitteln und den gegenüberstehenden Auszahlungsverpflichtungen beschränkt.

Vor Einführung der KO 1877 war meist die Überschuldung in Form der Vermögensinsuffizienz Eröffnungsgrund.[475] Wie bereits bei der Zahlungsunfähigkeit dargestellt, wurde die Zahlungsunfähigkeit in Form der Zahlungseinstellung durch den Code de Commerce für Kaufleute in den Vordergrund gerückt.[476] Dies wurde bei Einführung der KO 1877 übernommen.[477] Die Überschuldung ist in dieser ein Ausnahmetatbestand für Nachlässe nach § 203 KO 1877 als einziger Insolvenzgrund für Aktiengesellschaften nach § 193 KO 1877 und als zusätzlicher Insolvenzgrund neben der Zahlungsunfähigkeit.[478] Beiden Ausnahmen ist gemein, dass sie Vermögen betreffen, die von Personen losgelöst sind, mit anderen Worten, für Vermögen, für die keine Person mehr haftet.[479] Die Begründung für die Anwendbarkeit der Überschuldung sah der Gesetzgeber damals so: „Bei eingetretener Überschuldung dürfen die Gläubiger nicht darauf verwiesen werden,

474 *Drukarczyk,* MüKo-InsO (2007), § 19 InsO, Rn. 1.

475 Siehe Begründung des Entwurfs einer Konkursordnung, in: *Hahn,* Die gesammelten Materialien zur Konkursordnung und dem Einführungsgesetz zu derselben, 1881, S. 291.

476 Siehe Begründung des Entwurfs einer Konkursordnung, in: *Hahn,* Die gesammelten Materialien zur Konkursordnung und dem Einführungsgesetz zu derselben, 1881, S. 291.

477 Siehe Begründung des Entwurfs einer Konkursordnung, in: *Hahn,* Die gesammelten Materialien zur Konkursordnung und dem Einführungsgesetz zu derselben, 1881, S. 291 f.

478 Siehe Begründung des Entwurfs einer Konkursordnung, in: *Hahn,* Die gesammelten Materialien zur Konkursordnung und dem Einführungsgesetz zu derselben, 1881, S. 27 f.

479 Siehe Begründung des Entwurfs einer Konkursordnung, in: *Hahn,* Die gesammelten Materialien zur Konkursordnung und dem Einführungsgesetz zu derselben, 1881, für den Nachlass S. 399, für die Aktiengesellschaft S. 391.

abzuwarten, bis auch eine Zahlungsunfähigkeit der Gesellschaft ausbricht.“[480] Der Eintritt der Überschuldung liegt demnach zeitlich vor der Zahlungsunfähigkeit. Mit dem Aufstieg der Kapitalgesellschaften wird die Überschuldung vom Ausnahmetatbestand zum potentiellen Tatbestand für circa die Hälfte aller Insolvenzanträge von Unternehmen.[481]

Die im Kern einfache Definition der Überschuldung nach § 19 Abs. 2 InsO als Vergleich von Vermögen und Schulden hat es in sich. Denn die Überschuldung ist im Vergleich zur Zahlungsunfähigkeit nicht konkret fühlbar. Sie muss vielmehr gemessen werden, was die Verbindlichkeiten betreffend noch unproblematisch ist. Die Messung des Vermögens ist aber sowohl in Bezug auf die Bewertungskonzeption als auch auf die konkrete Bewertung schwierig. Diese der Überschuldung inhärente Problematik wird in Ansätzen schon mit Einführung der KO 1877 gesehen, wo u. a. von „Inkonvienzen“ bei der „Schätzung der Activa“ gesprochen wird.[482] Sie hat auch in den letzten Jahren zu einer Flut von Veröffentlichungen geführt[483] und der Überschuldung die Charakterisierung

---

480 Begründung des Entwurfs einer Konkursordnung, in: *Hahn,* Die gesammelten Materialien zur Konkursordnung und dem Einführungsgesetz zu derselben, 1881, S. 391.

481 Der Anteil der Unternehmen mit Haftungsbeschränkung an den Insolvenzanträgen betragt ca. 50%; eigene Auswertung der Zahlen des *Statistischen Bundesamtes,* Insolvenzverfahren (Unternehmen): Deutschland, Jahre, Beantragte Verfahren, Rechtsformen 2012.

482 Begründung des Entwurfs einer Konkursordnung, in: *Hahn,* Die gesammelten Materialien zur Konkursordnung und dem Einführungsgesetz zu derselben, 1881, S. 219.

483 So z. B.: *Beck/Brucklacher,* in: Flitsch/Hagebusch/Oberle et al. (Hrsg.), FS für Jobst Wellensiek zum 80. Geburtstag, 2011, S. 5; *Bittman,* wistra 1999, 10; *Bittman,* wistra 2009, 138; *Böcker,* Die Überschuldung im Recht der Gesellschaft mit beschränkter Haftung: Harmonisierung von Insolvenzverschleppungshaftung und Eigenkapitalersatzrecht, 2002; *Drukarczyk,* ZGR 1979, 553; *Drukarczyk,* zfbf 1986, 207; *Drukarczyk,* WM 1994, 1737; *Drukarczyk/Schüler,* in: Arbeitskreis für Insolvenzwesen Köln e. V. (Hrsg.), Kölner Schrift zur Insolvenzordnung, 2009, S. 28; *Egner/Wolff,* AG 1978, 99; *Ehlers,* NZI 2011, 161; *Fenske,* AG 1997, 554; *Fromm/Gierthmühlen,* NZI 2009, 665; *Frystatzki,* NZI 2011, 521; *Grube/Röhm,* wistra 2009, 81; *Hirte/Knof/Mock,* ZInsO 2008, 1217; *Höffner,* BB 1999, 198; *Hunkemöller/Tymann,* ZInsO 2011, 712; *Klar,* DB 1990, 2077; *Kühn,* DB 1970, 549; *Kupsch,* BB 1984, 159; *Meyer-Cording,* BB 1985, 1925; *Möhlmann-Mahlau/Schmitt,* NZI 2009, 19; *Penzlin,* NZG 2000, 464; *Plate,* DB 1980, 217; *Poertzgen,* ZInsO 2009, 401; *Rokas,* ZInsO 2009, 18; *Schmidt,* JZ 1982, 165; *Schmidt,* DB 2008, 2467; *Schmidt,* in: Schmidt/Uhlenbruck (Hrsg.), Die GmbH in Krise, Sanierung und Insolvenz, 2009, S. 397; *Schmitz,*

eingebracht, „zu den schwierigsten und umstrittensten Begriffen des Insolvenzrechts überhaupt“[484] zu gehören.

Um den Überschuldungsbegriff darzustellen und zu analysieren, wo die Prognose zum Tragen kommt, werden zunächst die grundsätzlich möglichen Methoden der Überschuldungsmessung dargestellt und ihre Anwendung im Zeitablauf aufgezeigt. Da die Bewertung von Schulden, insbesondere deren Zukunftsbezug im Vergleich zur Vermögensmessung, als unkritisch angesehen wird, wird auf ihre darstellende Untersuchung verzichtet. Danach wird die Fortbestehensprognose eingehend untersucht, bevor auf die strafrechtlichen Besonderheiten bei der Ermittlung der Überschuldung und kurz auf die Besonderheiten des insolvenzrechtlichen Vermögensvergleichs eingegangen wird. Die Behandlung der Überschuldung schließt mit einer Zusammenfassung.

## 1. Methoden

### a) Einstufige Überschuldungsprüfung

Die Gegenüberstellung von Vermögen und Schulden ist im Grunde eine einstufige Prüfung, wie in Abbildung 21 dargestellt. Dabei stellt sich die Frage, wie das Unternehmensvermögen zu bewerten ist. Die Bandbreite vertretener Meinungen darüber reicht von Liquidationseinzelwerten im Sinne von Zerschlagungseinzelwerten bis zu Fortführungswerten.[485]

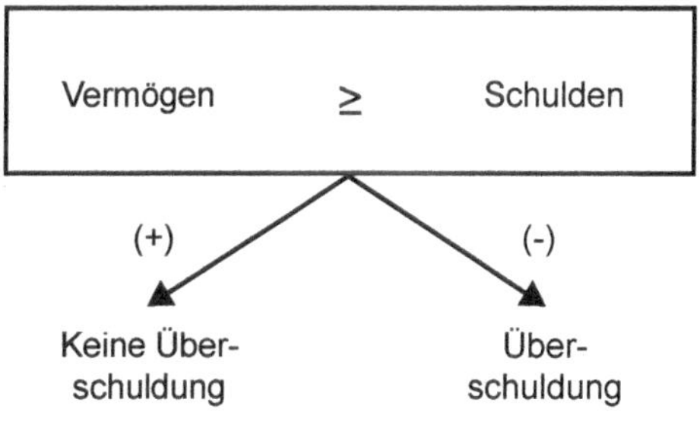


*Abb. 21: Darstellung einstufige Prüfungsmethode*[486]

wistra 2009, 397; *Thonfeld,* NZI 2009, 15; *Wolf,* Überschuldung: Entstehung, Bilanzierung und Auswege, 1998.

484 *Pape,* Kübler/Prütting, InsO (2012), § 19 InsO, Rn. 2.

485 Vgl. *Kupsch,* BB 1984, 159 (161).

486 Quelle: Eigene Darstellung.

Der Liquidationswert aus betriebswirtschaftlicher Sicht ist die Summe der Erlöse, die bei einer Veräußerung des Unternehmensvermögens erzielt werden können.[487] Die Vertreter dieses Ansatzes argumentieren, dass ein Unternehmen auch im Liquidationsfall in der Lage sein muss, alle seine Schulden zu begleichen.[488] Der Liquidationsfall wird in diesem Zusammenhang aber nicht nur im Sinne der Verwertung von einzelnen Vermögensgegenständen verstanden.[489] Vielmehr kann auch angenommen werden, dass das Unternehmen im Ganzen oder einzelne Geschäftsbereiche veräußert werden.[490] Neben der Form der Liquidation wird auch der jeweilig erzielbare Veräußerungserlös dadurch bestimmt, welche Liquidationsgeschwindigkeit zugrunde gelegt wird.[491] Bei einer sehr kurzfristigen Liquidation können dies Verschleuderungspreise sein; steht für die Suche nach einem Käufer mehr Zeit zur Verfügung, können die Werte wesentlich höher liegen.[492] Damit ist der Liquidationswert eine Größe, die von Annahmen abhängig ist und bei Zugrundelegung einer langen Liquidationsdauer auch über ein prognostisches Element verfügen kann.[493] In der juristischen Literatur wird daher vereinfachend von einer Bewertung einzelner Vermögensgegenstände ausgegangen, die bei einer Unternehmensabwicklung mit der Sorgfalt des ordentlichen Kaufmanns als Kaufpreis erzielt werden kann.[494] Ausnahmen von der Einzelbewertung dürfen nur bei konkreten Verwertungsmöglichkeiten gemacht werden.[495] Damit beseitigt auch diese Definition nur einen der dargestellten Spielräume aus.

---

487 Vgl. *Moxter,* WpG 1980, 345 (348).

488 *Dahl,* GmbHR 1964, 112 (112); *Egner/Wolff,* AG 1978, 99 (101); Kühn will aus gleichem Grund von einer Einzelbewertung nur im Ausnahmefall abweichen; *Kühn,* DB 1970, 549 (551).

489 *Dahl,* GmbHR 1964, 112 (114).

490 *Dahl,* GmbHR 1964, 112 (114); Kallmeyer, GmbHR 1999, 16 f.; ähnlich *Schmerbach,* FK-InsO (2013), § 19, Rn. 19.

491 *Schmerbach,* FK-InsO (2013), § 19, Rn. 19. *Smid/Leonhardt,* Leonhardt et al., InsO (2010), § 19 InsO, Rn. 33; *Burger/Schellberg,* BB 1995, 261 (266).

492 Vgl. *Burger/Schellberg,* BB 1995, 261 (266).

493 Vgl. *Moxter,* WpG 1980, 345 (348); *Schmerbach,* FK-InsO (2013), § 19, Rn. 19.

494 *Bundesministerium der Justiz,* Erster Bericht der Kommission für Insolvenzrecht, 1985, S. 113; *Smid/Leonhardt,* Leonhardt et al., InsO (2010), § 19 InsO, Rn. 33; *Uhlenbruck,* Uhlenbruck, InsO (2010), § 19 InsO, Rn. 18; ähnlich Höffner, BB 1999, 198 (199 f.).

495 *Bundesministerium der Justiz,* Erster Bericht der Kommission für Insolvenzrecht, 1985, S. 113; *Smid/Leonhardt,* Leonhardt et al., InsO (2010), § 19 InsO, Rn. 33; *Uhlenbruck,* Uhlenbruck, InsO (2010), § 19 InsO, Rn. 18.

Gegen eine grundsätzliche Liquidationsprämisse spricht, dass die Gläubiger bei einer Zerschlagung in der Insolvenz keine oder nur geringe Ausfälle zu verzeichnen hätten.[496] Dies kann ihre Motivation, einer außergerichtlichen Sanierung zuzustimmen oder diese zu unterstützen, einschränken.[497] Zudem ist es denkbar, dass eine ganze Reihe von erfolgreichen Unternehmen zu Liquidationswerten überschuldet ist. Daher könnte man für die Bewertung auf Basis der grundsätzlichen Annahmen einer Unternehmensfortführung plädieren. Bei dieser werden Fortbestehenswerte angesetzt, die die zukünftige Unternehmensentwicklung mit berücksichtigen.[498] Dieser Methode kann wiederum entgegengesetzt werden, dass ein Unternehmen, was nicht fortgeführt wird, unter diesen Umständen zu günstig bewertet wird. In dieser Situation käme es dann zu spät zu einem Insolvenzantrag.

Ein weiteres Konzept geht vom Ansatz der Handelsbilanzwerte aus. Dieses Konzept scheint der Gesetzgeber der KO 1877 bei der Begründung der Überschuldung für die Aktiengesellschaft zugrunde gelegt zu haben.[499] Bei der Frage, ob „das Vermögen der Gesellschaft nicht mehr so viel beträgt, daß dasselbe die Schulden trägt", sollen die Handelsbilanzen herangezogen werden, die öffentlich verfügbar sind.[500] Höffner sieht in den Ausführungen eine Liquidationsbilanz.[501] Denn die Handelsbilanz basiert nach der damaligen Auffassung des Reichsoberhandelsgerichts auf der „Idee einer fingierten augenblicklichen allgemeinen Realisierung sämtlicher Activa und Passive zum Grunde"[502] Allerdings ergänzt das Reichsoberhandelsgericht auch, „daß in Wirklichkeiten nicht die Liquidation

---

496 *Duttle,* Ökonomische Analyse dinglicher Sicherheiten: Die Reform der Mobiliarsicherheiten und Probleme ihrer Behandlung in insolvenzrechtlichen Verfahren, 1986, S. 143.

497 *Duttle,* Ökonomische Analyse dinglicher Sicherheiten: Die Reform der Mobiliarsicherheiten und Probleme ihrer Behandlung in insolvenzrechtlichen Verfahren, 1986, S. 143.

498 Siehe zu den Möglichkeiten der Ermittlung von Fortbestehenswerten nachfolgend unter D. III, 1. b).

499 Siehe Begründung des Entwurfs einer Konkursordnung, in: *Hahn,* Die gesammelten Materialien zur Konkursordnung und dem Einführungsgesetz zu derselben, 1881, S. 390.

500 Siehe Begründung des Entwurfs einer Konkursordnung, in: *Hahn,* Die gesammelten Materialien zur Konkursordnung und dem Einführungsgesetz zu derselben, 1881, S. 390.

501 *Höffner,* BB 1999, 198 (198); ähnlich *Arens,* Ertragsorientierte Überschuldungsprüfung, 1991, S. 103 f.

502 ROHG, Urt. v. 12.07.1873, Rep. 934/73, ROHG, 16, 19.

sondern vielmehr der Fortbestand eines Geschäftes beabsichtigt wird“[503]. Dabei bezieht es sich vorab auf Marktpreise, was von ihm als „der allgemeine Verkehrswert“ bezeichnet wird.[504] Damit deutet sich an, dass das damalige Bilanzverständnis durchaus auch Marktwerte in der Bilanz sieht.

Dafür, dass Handelsbilanzwerte im heutigen Sinne anzusetzen sind, spricht, dass mit ihnen Bewertungsprobleme vermieden werden, da diese Werte ohnehin in der Buchhaltung vorhanden sind.[505] Ein solches Vorgehen ist damit einfach und praktikabel. Auch das der handelsrechtlichen Bilanzierung zugrunde liegende Vorsichtsprinzip, worin sich der Gläubigerschutz äußert,[506] liegt diesen Werten zugrunde und fügt sich in den Gläubigerschutzgedanken durch Insolvenzeröffnung ein. Aber weitere Zwecke der handelsrechtlichen Bewertung, wie die der Dokumentation, der Ausschüttungsbemessung oder der Gewinnverteilung,[507] sind mit dem Zweck einer Bewertung unter Liquidations- oder Fortführungsprämisse nicht in Einklang zu bringen.[508] Denn diese Bewertung soll ermitteln, ob ausreichend Schuldendeckungspotential im Unternehmen vorhanden ist.[509] Und dazu sind realistische Werte anzusetzen,[510] was die formalisierten Bewertungsgrundsätze des HGB nicht erlauben.[511] Beispiele dafür sind der Ansatz von Vermögenswerten zu fortgeschriebenen Anschaffungskosten für Anlagevermögen oder das strenge Niederstwertprinzip für Umlaufvermögen nach § 253 HGB.[512] Damit entsprechen die Handelsbilanzwerte nach heutiger Interpretation weder dem Konzept einer Bewertung zu Liquidations- noch zu dem zu Fortbestehenswerten. Auch das Bilanzverständnis des Reichsoberhandelsgerichtes mit Wiederbeschaffungswerten wird durch die heutige Handelsbilanz nicht reflektiert. Eine handelsrechtliche Unterbilanz kann daher nur indizieren,

503 ROHG, Urt. v. 12.07.1873, Rep. 934/73, ROHG, 16, 19.
504 ROHG, Urt. v. 12.07.1873, Rep. 934/73, ROHG, 16, 18.
505 *Lütkemeyer,* Die Überschuldung der GmbH: Ein Beitrag zum Recht der Unternehmensbewertung, 1983, S. 336 f.
506 *Wöhe/Döring,* Einführung in die Allgemeine Betriebswirtschaftslehre, 2005, S. 843.
507 *Moxter,* Bilanzlehre. Band I: Einführung in die Bilanztheorie, 1993, S. 156.
508 *Egner/Wolff,* AG 1978, 99 (101 f.).
509 *Crezelius,* in: Crezelius/Röhricht (Hrsg.), FS für Volker Röhricht zum 65. Geburtstag, 2005, S. 787, 790.
510 BT-Drs. 12/2443, S. 115.
511 *Pape,* Kübler/Prütting, InsO (2012), § 19 InsO, Rn. 52; so im Ergebnis auch *Leithaus,* Andres/Leithaus, InsO (2012), § 19 InsO, Rn. 7.
512 Vgl. *Mönning,* Nerlich/Römermann, InsO (1999), § 19 InsO; Rn. 29.

ob ein Unternehmen überschuldet ist,[513] und ein deutliches Warnsignal für die Geschäftsführung darstellen.

Die verschiedenen Konzeptionen des Wertansatzes bei den einstufigen Verfahren wollen entweder eine prinzipielle Festlegung, wie das Unternehmensvermögen weiter verwendet werden soll,[514] oder alternativ wird eine Verwendung von Handelsbilanzwerten vorgeschlagen, die aber nicht dem Zweck der Bewertung entsprechen.

## b) Zweistufige Überschuldungsprüfung

Die Frage, welche Prämisse im Rahmen eines einstufigen Verfahrens für die Vermögensbewertung maßgeblich ist, führt zur zweistufigen Methode. Bei dieser wird in einem vorgeschalteten Schritt nicht prinzipiell angenommen, sondern geprüft, wie das zu bewertende Unternehmen verwendet werden soll – ob es zerschlagen oder fortgeführt wird. Diese Verwendung wird dann im nächsten Schritt zur Maßgabe der Bewertung.[515] Die Prüfung, wie das Unternehmen weiter zu verwenden ist, wird durch eine Fortbestehensprognose[516] evaluiert. Hier tritt das prognostische Element direkt begrifflich zutage. Bei einer negativen Fortbestehensprognose wird geprüft, ob das Unternehmen zu Zerschlagungswerten überschuldet ist.[517] Bei einer positiven Forbestehensprognose werden Fortbestehenswerte (Going-Concern-Werte) herangezogen.[518] Streng genommen handelt es sich bei dieser Prüfung um eine dreistufige. Denn ein Unternehmen, dessen Fortführungsprognose positiv ist und das nach Fortbestehenswerten überschuldet ist, kann dennoch über ein ausreichendes Schuldendeckungspotential zu Liquidationswerten verfügen.[519] Dieser dritte Schritt ist aber meist überflüssig, da nur in

---

513 So BGH, Beschluss v. 08.03.2012 (IX ZR 102/11), WM 2012, 665, Rn. 4; BGH, Urt. v. 08.01.2001 (II ZR 88/99), BGHZ 146, 264, Rn. 9; *Crezelius,* in: Crezelius/Röhricht (Hrsg.), FS für Volker Röhricht zum 65. Geburtstag, 2005, S. 787, 790.

514 So auch *Drukarczyk,* MüKo-InsO (2007), § 19 InsO, Rn. 21.

515 *Altmeppen,* Altmeppen/Roth, GmbHG (2012), § 64 GmbHG, Rn. 33; *Pape,* Kübler/Prütting, InsO (2012), § 19 InsO, Rn. 6; *Müller,* Jaeger InsO (op. 2004), § 19 InsO, Rn. 17.

516 Siehe zur Fortbestehensprognose Teil D. III. 2.

517 BT-Drs. 12/2443, S. 115; *Altmeppen,* Altmeppen/Roth, GmbHG (2012), § 64 GmbHG, Rn. 33; *Müller,* Jaeger InsO (op. 2004), § 19 InsO, Rn. 17.

518 BT-Drs. 12/2443, S. 115; *Altmeppen,* Altmeppen/Roth, GmbHG (2012), § 64 GmbHG, Rn. 33; *Uhlenbruck,* Uhlenbruck, InsO (2010), § 19 InsO, Rn. 20; *Müller,* Jaeger InsO (op. 2004), § 19 InsO, Rn. 17.

519 Vgl. *Drukarczyk/Schüler,* in: Arbeitskreis für Insolvenzwesen Köln e. V. (Hrsg.), Kölner Schrift zur Insolvenzordnung, 1997, 57, 66 f.

Ausnahmefällen Fortbestehenswerte niedriger sein werden als Liquidationswerte.[520] Abbildung 22 stellt die Schritte der zweistufigen Überschuldungsprüfung schematisch dar.

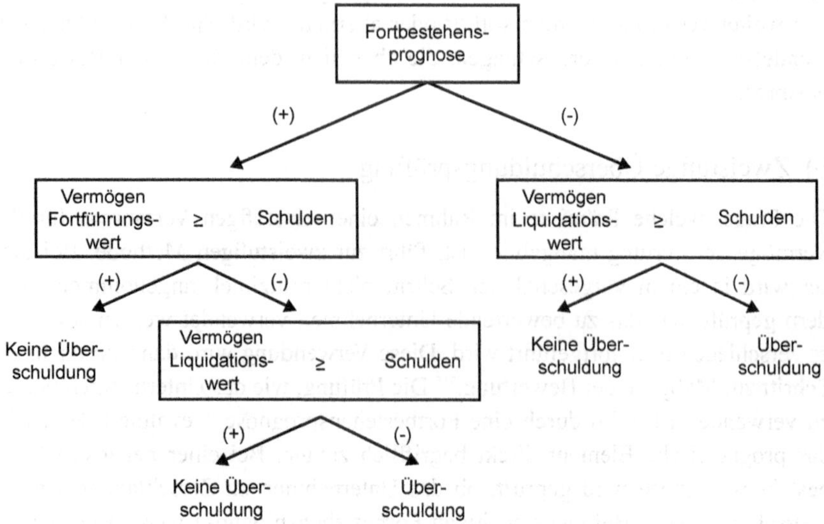


*Abb. 22: Darstellung zweistufige Überschuldungsprüfung*[521]

In dem nach der jeweiligen Bewertungsmaßgabe zu erstellenden Überschuldungstatus sind alle Vermögensgegenstände anzusetzen, die in einem eröffneten Insolvenzverfahren zur verwertbaren Masse gehören.[522] Im Falle einer negativen Fortführungsprognose sind Liquidations- bzw. Zerschlagungswerte im Überschuldungsstatus anzusetzen.[523] Ausgangspunkt für die Ermittlung der einzelnen Werte

---

520 Vgl. *Drukarczyk/Schüler,* in: Arbeitskreis für Insolvenzwesen Köln e. V. (Hrsg.), Kölner Schrift zur Insolvenzordnung, 1997, 57, 67.

521 Quelle: eigene Darstellung in Anlehnung an *Drukarczyk/Schüler,* in: Arbeitskreis für Insolvenzwesen Köln e. V. (Hrsg.), Kölner Schrift zur Insolvenzordnung, 1997, 57, 64; sowie *Groß/Amen,* WPg 2002, 225 (229).

522 *Pape,* Kübler/Prütting, InsO (2012), § 19 InsO, Rn. 6; *Müller,* Jaeger InsO (op. 2004), § 19 InsO, Rn. 44.

523 *Altmeppen,* Altmeppen/Roth, GmbHG (2012), § 64 GmbHG, Rn. 33; *Müller,* Jaeger InsO (op. 2004), § 19 InsO, Rn. 17; *Uhlenbruck,* Uhlenbruck, InsO (2010), § 19 InsO, Rn. 39. Dies gilt bei einer positiven Fortbestehensprognose auch für nicht

ist die Handelsbilanz.[524] Die dortigen Positionen müssen nach dem Prinzip der Verwertbarkeit angepasst werden.[525] Alle Vermögensgegenstände, die nicht verwertbar sind, werden gestrichen und nach HGB nicht ansetzbare Posten, die verwertbar sind, werden hinzugefügt.[526] Die Bewertung erfolgt zum Liquidationswert bei Einzelveräußerung.[527] Davon kann nur abgewichen werden, wenn konkrete Anhaltspunkte für die Veräußerung des Unternehmens oder von Teilen davon vorliegen.[528]

Die Bewertung der Vermögensseite des Überschuldungsstatus bei positiver Prognose ist umstritten. Die eher betriebswirtschaftlich geprägte Strömung will keine Einzelbewertung der Vermögensgegenstände, da das Unternehmen gemäß Prognoseergebnis fortgeführt und eben nicht einzeln verwertet wird.[529] Vielmehr soll eine Bewertung des Unternehmensvermögens als Einheit, als Unternehmensgesamtwert erfolgen.[530] Für die Ermittlung dieses Wertes werden die in Zukunft geplanten Erträge des Unternehmens mit dem aus gewichteten Eigen- und Fremdkapitalkosten bestimmten Zinskosten diskontiert.[531] Neben diesem Ertragswertverfahren ist es auch möglich, mit der sogenannten Discounted-Cashflow(DCF)-Methode die in der Zukunft geplanten Cashflows um die Kapitalkosten zu diskontieren.[532] Bei beiden Verfahren muss die Unternehmensentwicklung für die Zukunft geplant und

---

betriebsnotwendige Vermögensgegenstände; *Drukarczyk,* MüKo-InsO (2007), § 19 InsO, Rn. 112.

524 *Altmeppen,* Altmeppen/Roth, GmbHG (2012), § 64 GmbHG, Rn. 34; *Drukarczyk/Schüler,* in: Arbeitskreis für Insolvenzwesen Köln e. V. (Hrsg.), Kölner Schrift zur Insolvenzordnung, 2009, S. 28, 78; *Müller,* Jaeger, InsO (op. 2004), § 19 InsO, Rn. 43.

525 Vgl. Früh/Wagner, WPg 1998, 907 (912).

526 *Drukarczyk/Schüler,* in: Arbeitskreis für Insolvenzwesen Köln e. V. (Hrsg.), Kölner Schrift zur Insolvenzordnung, 2009, S. 28, 78.

527 *Pape,* Kübler/Prütting, InsO (2012), § 19 InsO, Rn. 59; *Kleindiek,* Lutter/Hommelhoff, GmbHG (2012), Anhang zu § 64 GmbHG, Rn. 29; *Uhlenbruck,* Uhlenbruck, InsO (2010), § 19 InsO, Rn. 18; *Müller,* Jaeger InsO (op. 2004), § 19 InsO, Rn. 48; *Auler,* DB 1976, 2169 (2170).

528 *Uhlenbruck,* Uhlenbruck, InsO (2010), § 19 InsO, Rn. 18; *Müller,* Jaeger InsO (op. 2004), § 19 InsO, Rn. 48.

529 *Drukarczyk/Schüler,* in: Arbeitskreis für Insolvenzwesen Köln e. V. (Hrsg.), Kölner Schrift zur Insolvenzordnung, 2009, S. 28, 79.

530 *Drukarczyk/Schüler,* in: Arbeitskreis für Insolvenzwesen Köln e. V. (Hrsg.), Kölner Schrift zur Insolvenzordnung, 2009, S. 28, 79.

531 *Drukarczyk,* MüKo-InsO (2007), § 19 InsO, Rn. 111; *Burger/Schellberg,* BB 1995, 261 (266).

532 *Spliedt,* DB 1999, 1941 (1943).

Annahmen für die zukünftigen Kapitalkosten getroffen werden.[533] Die Methoden unterscheiden sich insofern, als sich die Ertragswertmethode als Equity-Ansatz auf die Erträge nach Fremdkapitalkosten bezieht und die DCF-Methoden sich als Entity-Ansatz auf den Cashflow vor Finanzierungskosten beziehen.[534] Eine Methode misst den Wert des Eigenkapitals, die andere misst finanzierungsunabhängig den Wert des Gesamtkapitals, von dem dann der Wert des Fremdkapitals abzuziehen ist. Dieser Unterschied ändert aber nichts daran, dass das grundsätzliche Vorgehen gleich ist.[535] Für die theoretisch richtige Ermittlung der Fortbestehenswerte besteht Einigkeit darüber, dass diese Methoden am besten geeignet sind.[536] Denn sie messen direkt in Form von Erträgen oder Cashflows, welcher Nutzen aus der Unternehmung gezogen werden kann. Ein derartiger zukunftsbezogener Nutzenswert ist aus betriebswirtschaftlicher Sicht der einzige „richtige" Unternehmenswert.[537]

Aufgrund der Bewertungsspielräume und damit auch der Manipulationsspielräume, die die Unternehmensplanung und die Ermittlung des Zinsfußes mit sich bringen, wird dieses investitionstheoretische Verständnis von der eher juristisch geprägten Literatur abgelehnt.[538] Diese fordert die Ermittlung des Fortbestehenswertes auf der Basis von Einzelbewertungen.[539] Es wird empfohlen, auch hier von der Handelsbilanz auszugehen, die dortigen Positionen und deren Bewertung anzupassen.[540] Diese bilanzielle Sichtweise wird aus den Forderungen

533 *Spliedt,* DB 1999, 1941 (1943).

534 *Spliedt,* DB 1999, 1941 (1943).

535 Spliedt spricht hier von Usancen, *Spliedt,* DB 1999, 1941 (1943); Koller et al. gehen bei korrekter Anwendung von dem gleichen Ergebnis bei beiden grundsätzlichen Methoden aus, *Koller/Goedhart/Wessels*, Valuation, 2010, S. 103.

536 *Drukarczyk,* MüKo-InsO (2007), § 19 InsO, Rn. 111; *Burger/Schellberg,* BB 1995, 261 (266).

537 *Spliedt,* DB 1999, 1941 (1943).

538 *Drukarczyk,* MüKo-InsO (2007), § 19 InsO, Rn. 111; *Drukarczyk,* Finanzierung: Eine Einführung, 2008, S. 433 f. So im Ergebnis *Pape,* Kübler/Prütting, InsO (2012), § 19 InsO, Rn. 57; *Uhlenbruck,* Uhlenbruck, InsO (2010), § 19 InsO, Rn. 57 f.; *Müller,* Jaeger InsO (op. 2004), § 19 InsO, Rn. 46.

539 *Müller*, MüKo GmbHG (2011), § 64 GmbHG, Rn. 28; *Uhlenbruck,* in: Schmidt/Uhlenbruck (Hrsg.), Die GmbH in Krise, Sanierung und Insolvenz, 2009, S. 446, 484; *Altmeppen,* Altmeppen/Roth, GmbHG (2012), Vor § 64 GmbHG, Rn. 34.

540 *Müller*, MüKo GmbHG (2011), § 64 GmbHG, Rn. 26; *Uhlenbruck,* Uhlenbruck InsO (2010), § 19 InsO, Rn. 59; *Altmeppen,* Altmeppen/Roth, GmbHG (2012), Vor § 64 GmbHG, Rn. 34; *Kleindiek,* Lutter/Hommelhoff, GmbHG (2012), Anhang zu § 64 GmbHG, Rn. 29.

des InsO-Gesetzgebers[541] abgeleitet, der aber nicht ausreichend zwischen Ansatz und Bewertung in dieser Sonderbilanz differenziert.[542] Für die Einzelbewertung werden zwei Konzeptionen vertreten, der Wiederbeschaffungswert und der Teilwert.[543] Der Wiederbeschaffungswert ist der Wert, der benötigt wird, um die betriebsnotwendigen Vermögensgegenstände auf einem Markt zu beschaffen.[544] Die nicht betriebsnotwendigen Vermögensgegenstände sind im Gegensatz dazu mit Liquidationswerten, d. h. Einzelveräußerungswerten, anzusetzen.[545] Das Konzept basiert auf der Logik, dass das Unternehmen aufgrund der positiven Fortbestehensprognose weiterarbeiten kann und sein Wert sich daher in den Beträgen reflektiert, die es kosten würde, ein gleiches Unternehmen aufzubauen, weshalb dieser Wert auch als Rekonstruktionswert bezeichnet wird.[546] *Kuhner/Maltry* differenzieren zwischen einem Teilrekonstruktionswert, der alle selbstständig verkehrsfähigen Vermögensgegenstände umfasst, und einem Vollrekonstruktionswert, der darüber hinaus Vermögensgegenstände, die nicht verkehrsfähig sind, wie die Organisation, Lieferanten und Kundenbeziehungen, Marken oder Know-how.[547] Der Teilrekonstruktionswert ist ihnen zufolge der Wert, der meist über die Bilanz hergeleitet wird.[548] Er ist, da er sich an Marktpreisen orientiert, nachvollziehbar und damit objektivierbar,[549] und liefert damit ein Argument für diese Methode. Es sprechen aber auch einige Punkte gegen diesen Bestandteil des Wiederbeschaffungswertes. Denn fraglich ist, ob man einem

541 BT-Drs. 12/2443, S. 115.

542 *Crezelius,* in: Crezelius/Röhricht (Hrsg.), FS für Volker Röhricht zum 65. Geburtstag, 2005, S. 787, 794 f.

543 *Drukarczyk,* MüKo-InsO (2007), § 19 InsO, Rn. 112; *Drukarczyk/Schüler,* in: Arbeitskreis für Insolvenzwesen Köln e. V. (Hrsg.), Kölner Schrift zur Insolvenzordnung, 2009, S. 28, 80.

544 *Sieben/Maltry,* in: Peemöller (Hrsg.), Praxishandbuch der Unternehmensbewertung, 2009, S. 541, 543.

545 *Drukarczyk,* MüKo-InsO (2007), § 19 InsO, Rn. 112; *Drukarczyk/Schüler,* in: Arbeitskreis für Insolvenzwesen Köln e. V. (Hrsg.), Kölner Schrift zur Insolvenzordnung, 2009, S. 28, 80.

546 *Sieben/Maltry,* in: Peemöller (Hrsg.), Praxishandbuch der Unternehmensbewertung, 2009, S. 541, 543; *Ballwieser,* Unternehmensbewertung, 2007, S. 191.

547 *Sieben/Maltry,* in: Peemöller (Hrsg.), Praxishandbuch der Unternehmensbewertung, 2009, S. 541, 544.

548 *Sieben/Maltry,* in: Peemöller (Hrsg.), Praxishandbuch der Unternehmensbewertung, 2009, S. 541, 544.

549 *Sieben/Maltry,* in: Peemöller (Hrsg.), Praxishandbuch der Unternehmensbewertung, 2009, S. 541, 547 f.

Unternehmen, bei dem sich die Frage nach der Insolvenzreife stellt, wirklich durch die Bewertung mit Wiederbeschaffungswerten gerecht wird.[550] Denn ein potentieller Käufer würde ein solches Unternehmen sicher nicht in gleicher Weise nachbauen.[551] Ein Beispiel für diese Problematik ist eine getätigte Fehlinvestition, die nach der Logik der Wiederbeschaffungswerte in den Unternehmenswert einfließt.[552] Ein weiteres Beispiel ist ein Maschinenpark, der so veraltet ist, dass die Maschinen so nicht wiederzubeschaffen sind. Der Logik des Reproduktionswertes zufolge ist dann der Wert einer neueren Maschine anzusetzen. Diesem Problem soll durch Abschläge bei den Vermögensgegenständen Rechnung getragen werden, die auch ein potentieller Käufer vornehmen würde.[553] Dies entspräche dann einem Teilrekonstruktionsaltwert.[554] Das schwierigere Problem des Wiederbeschaffungswertes liegt in der Differenz zwischen Voll- und Teilrekonstruktionswert, bei dem es um nicht verkehrsfähige Vermögensgegenstände geht. Der Gesamtbetrag zwischen dem Teil- und Vollrekonstruktionswert kann auch als Goodwill oder Firmenwert bezeichnet werden.[555] Ob dieser angesetzt werden kann, ist umstritten.[556] Die meisten Autoren äußern sich dahingehend, dass er nur angesetzt werden kann, wenn Aussichten bestehen, die Firma im Insolvenzfall veräußern zu können und ein solcher Mehrwert dann auch erzielt werden könne.[557] Ein konkretes Erwerberangebot ist dazu nicht nötig, da die

550 *Förschle/Hoffmann,* in: Budde/Ameling (Hrsg.), Sonderbilanzen, 2008, S. 651, 672 f.; *Müller,* Jaeger InsO (op. 2004), § 19 InsO, Rn. 47.

551 Vgl. *Ballwieser*, Unternehmensbewertung, 2007, S. 191.

552 *Burger/Schellberg,* BB 1995, 261 (266).

553 *Pape,* Kübler/Prütting, InsO (2012), § 19 InsO, Rn. 57; *Müller,* Jaeger InsO (op. 2004), § 19 InsO, Rn. 46; ähnlich *Schröder,* HambKomm-InsO (2012), § 19 InsO, Rn. 20.

554 Vgl. *Sieben/Maltry,* in: Peemöller (Hrsg.), Praxishandbuch der Unternehmensbewertung, 2009, S. 541, 544 f.; IDW, WP-Handbuch 2008, S. 156.

555 Vgl. *Schmidt/Bitter*, Scholz, GmbHG (2010), Vor § 64 GmbHG, Rn. 34; *Sieben/Maltry,* in: Peemöller (Hrsg.), Praxishandbuch der Unternehmensbewertung, 2009, S. 541, 546; *Müller,* Jaeger InsO (op. 2004), § 19 InsO, Rn. 51.

556 *Pape,* Kübler/Prütting, InsO (2012), § 19 InsO, Rn. 62; *Müller,* Jaeger InsO (op. 2004), § 19 InsO, Rn. 51; *Crezelius,* in: Crezelius/Röhricht (Hrsg.), FS für Volker Röhricht zum 65. Geburtstag, 2005, S. 787, 799.

557 *Kleindiek,* Lutter/Hommelhoff, GmbHG (2012), Anhang zu § 64 GmbHG, Rn. 31; *Pape,* Kübler/Prütting, InsO (2012), § 19 InsO, Rn. 62; Müller, MüKo GmbHG (2011), § 64 GmbHG, Rn. 31; Müller, Jaeger InsO (op. 2004), § 19 InsO, Rn. 52; *Crezelius,* in: Crezelius/Röhricht (Hrsg.), FS für Volker Röhricht zum 65. Geburtstag, 2005, S. 787, 801; *Wengel,* DStR 2001, 1769 (1770).

Fortbestehensprognose positiv ausfällt.[558] Eine andere Meinung geht von einem grundsätzlichen Ansatz des Goodwills aus.[559] Bliebe der Goodwill demnach unberücksichtigt, würde diese Bewertung der vorab gestellten positiven Fortbestehensprognose widersprechen.[560] Zusätzlich legen *Schmidt/Bitter* als Vertreter dieser Ansicht nahe, dass bei positiver Fortbestehensprognose in der Regel ein Goodwill zu erwarten ist und daher eine rechnerische Überschuldung auszuschließen ist.[561] Ihr Kernargument, dass bei positiver Fortbestehensprognose das Unternehmen fortgeführt wird und es so zu einem Goodwill kommt, der daher zu berücksichtigen ist, ist nachvollziehbar und daher ihrer Ansicht zu folgen. Dies wird auch durch die grundsätzliche Überlegung gestützt, dass sich, abhängig vom Kaufpreis, immer ein Käufer für ein Unternehmen findet. Einzig denkbare Ausnahme ist die, bei der der Unternehmensbetrieb an der Persönlichkeit oder persönlichen Rechten des Eigentümers hängt. Aber auch diese Ausnahmekonstellation lässt sich bei der Preisfindung berücksichtigen. Allerdings geht das Argument des zwangsläufigen Goodwills von *Schmidt/Bitter* fehl. Kommt es zu einem niedrigen Kaufpreis, ist denkbar, dass dieser unter den Wiederbeschaffungswerten der einzelnen Vermögensgegenstände liegt. Dies ist dann denkbar, wenn das Unternehmen über Vermögensgegenstände verfügt, die unter einer anderen Nutzung höhere Erträge erwirtschaften könnten. Beispiel dafür kann die Nutzung eines Grundstücks in Innenstadtlage für eine Fertigung sein. In dieser Situation wird der Goodwill zum Badwill und ist in einer Bewertung unter Fortführungsprognose zu berücksichtigen. Das dann eine Bewertung unter Liquidationsprämisse zu einem anderen Ergebnis als unter Fortführungsprämisse kommen kann, ist an anderer Stelle zu prüfen. Damit ist ein Goodwill in positiver wie in negativer Ausprägung zu berücksichtigen.

Neben dem Ansatz ist die Bewertung des Goodwills zu ermitteln. Der Wert des Goodwill ergibt sich aus der Differenz zwischen Unternehmensgesamtwert und der Summe der einzelnen Wiederbeschaffungswerte.[562] Der Unternehmensgesamtwert wird, wie schon beschrieben, durch einen Ertragswert oder eine Discounted-Cashflow-Methode bestimmt.[563] Wird ein Goodwill in der Bilanz zusätzlich zu

---

558 *Müller,* Jaeger InsO (op. 2004), § 19 InsO, Rn. 51.

559 *Schmidt/Bitter*, Scholz, GmbHG (2010), Vor § 64 GmbHG, Rn. 34.

560 *Schmidt/Bitter*, Scholz, GmbHG (2010), Vor § 64 GmbHG, Rn. 34.

561 *Schmidt/Bitter*, Scholz, GmbHG (2010), Vor § 64 GmbHG, Rn. 21 und 34.

562 *Sieben/Maltry,* in: Peemöller (Hrsg.), Praxishandbuch der Unternehmensbewertung, 2009, S. 541, 546; ähnlich *Müller,* Jaeger InsO (op. 2004), § 19 InsO, Rn. 51.

563 Dies bestätigt für den Ertragswert *Müller,* Jaeger InsO (op. 2004), § 19 InsO, Rn. 51.

den Wiederbeschaffungswerten angesetzt, ergibt sich dieser, indem man vom Unternehmensgesamtwert die Wiederbeschaffungswerte abzieht. Dies bedeutet, dass für den Gesamtansatz des Unternehmensvermögens einzig die Höhe des Unternehmensgesamtwertes wertbestimmend ist. Damit entfällt die Relevanz der Wiederbeschaffungswerte, die damit einzig die Größenordnung des Goodwills offenlegen.[564]

Teilweise wird auch der Ansatz von Teilwerten als Fortbestehenswert vertreten.[565] Der Begriff des Teilwertes kommt aus dem Steuerrecht (§ 6 Abs. 1 Nr. 1 Satz 3 EStG). Der Teilwert ist nach EStG der Wert, der im Rahmen eines Gesamtwertes für den einzelnen Vermögensgegenstand angesetzt wird. So soll dieser Wert reflektieren, dass der bewertete Vermögensgegenstand einen Teil des zukünftigen Ertrages des Unternehmens ermöglicht.[566] Der Gesamtwert des Unternehmens wird auf die einzelnen zu bewertenden Gegenstände aufgeteilt.[567] Es stellen sich zwei Fragen: Wie wird der Wert auf die einzelnen Vermögensgegenstände aufgeteilt und wie wird der Gesamtwert ermittelt? Die Verteilung des Gesamtwertes ist unerheblich, da im Rahmen der Überschuldung nicht die Bewertung der einzelnen Vermögensgegenstände, sondern die Summe der Werte zählt. Dies führt zur zweiten Frage, anhand derer sich zeigt, dass auch bei den Teilwerten wieder eine Gesamtbewertung des Unternehmens ausschlaggebend ist. Auch wenn durch das Teilwertverfahren eine fiktive Einzelbewertung möglich scheint, bringt sie keinen zusätzlichen Erkenntnisgewinn.[568]

Somit wird klar, dass im Überschuldungsstatus zu Fortbestehenswerten immer die Bewertung des gesamten Unternehmens entscheidend für den Wert der Aktivseite des Überschuldungsstatus ist. Dies ist richtig, denn bei fortzuführenden Unternehmen werden die Gläubiger aus den zukünftigen Erträgen bzw. Zahlungsmittelüberschüssen und nicht aus einem Verkauf der Einzelteile befriedigt.[569] Vom Grundsatz der Einzelbewertung mit Ausweis eines Goodwills, kumuliert oder

---

564 Vgl. *Schmidt/Bitter*, Scholz, GmbHG (2010), Vor § 64 GmbHG, Rn. 21, 36; *Müller,* Jaeger InsO (op. 2004), § 19 InsO, Rn. 26.

565 *Altmeppen,* Altmeppen/Roth, GmbHG (2012), Vor § 64 GmbHG, Rn. 36; *Müller,* Jaeger InsO (op. 2004), § 19 InsO, Rn. 46; *Loch,* in: Freidank (Hrsg.), Vahlens großes Auditing Lexikon, 2007, S. 1355, 1356.

566 *Müller,* Jaeger InsO (op. 2004), § 19 InsO, Rn. 46; *Pape,* Kübler/Prütting, InsO (2012), § 19 InsO, Rn. 57; *Wengel,* DStR 2001, 1769 (1770).

567 *Müller,* Jaeger InsO (op. 2004), § 19 InsO, Rn. 46. *Pape,* Kübler/Prütting, InsO (2012), § 19 InsO, Rn. 57.

568 *Egner/Wolff,* AG 1978, 99 (103 f.).

569 *Auler,* DB 1976, 2169 (2169).

beim Teilwertverfahren auf die einzelnen Vermögensgegenstände aufgeteilt, ist, da er keinen Erkenntnisgewinn bietet, abzusehen.[570] Dies bedeutet auch, dass die Prognose im Rahmen der zweistufigen Methode zweimal in Erscheinung tritt: im Rahmen der Fortbestehensprognose und wenn diese positiv ausfällt, bei der Bewertung des Unternehmensvermögens.

### c) Modifizierte zweistufige Methode

Die Erkenntnis, dass einzig die Bewertung auf Basis von Ertrags- oder Cashflow-Werten bei positiver Fortbestehensprognose zielkonform ist, veranlassen Egner/Wolff 1978 zu vergleichen, welche Kriterien im Rahmen einer Fortbestehensprognose und welche bei einer Ertragsbewertung eine Rolle spielen.[571] Für die Fortbestehensprognose legen sie die zukünftigen Erträge eines Unternehmens zugrunde.[572] Bei der Bewertung zu Ertragswerten sind es ebenfalls die zukünftigen Erträge und zusätzlich der zu ermittelnde Diskontierungssatz.[573] Wird auf Basis der Erträge ein Fortbestehen des Unternehmens angenommen, kann das Ergebnis eines Überschuldungsstatus zu Ertragswerten Egner/Wolff zufolge nicht anders lauten.[574] Eine Ausnahme hierzu wäre nur bei einem unrealistisch hohen Diskontierungssatz denkbar.[575] Der Überschuldungsstatus wird daher zu einer Bestätigungsrechnung und damit überflüssig.[576] Da Egner/Wolff andere Bewertungskonzepte als nicht zielkonform ablehnen, plädieren Sie für die Abschaffung des Überschuldungsbegriffs.[577] K. Schmidt entwickelt auf der Basis dieser Kritik die als modifizierte zweistufige Überschuldungsprüfung bekannt gewordene Methode.[578] Die Probleme des Überschuldungstatus stellen ihm zufolge nicht die Überschuldung insgesamt, wohl aber den Überschuldungsstatus bei positiver Fortbestehensprognose in Frage.[579] Sie ist daher wegzulassen.[580] Es reicht eine positive

570 Vgl. *Egner/Wolff,* AG 1978, 99 (103 f.).
571 *Egner/Wolff,* AG 1978, 99 (103 f.).
572 *Egner/Wolff,* AG 1978, 99 (104).
573 *Egner/Wolff,* AG 1978, 99 (104).
574 *Egner/Wolff,* AG 1978, 99 (104).
575 *Egner/Wolff,* AG 1978, 99 (104).
576 *Egner/Wolff,* AG 1978, 99 (104).
577 *Egner/Wolff,* AG 1978, 99 (106).
578 *Schmidt,* AG 1978, 334 (337).
579 *Schmidt,* AG 1978, 334 (337).
580 *Schmidt,* AG 1978, 334 (337).

Fortbestehensprognose, um eine Überschuldung zu verneinen. Daraus ergibt sich die Darstellung der modifiziert zweistufigen Prognose in Abbildung 23.

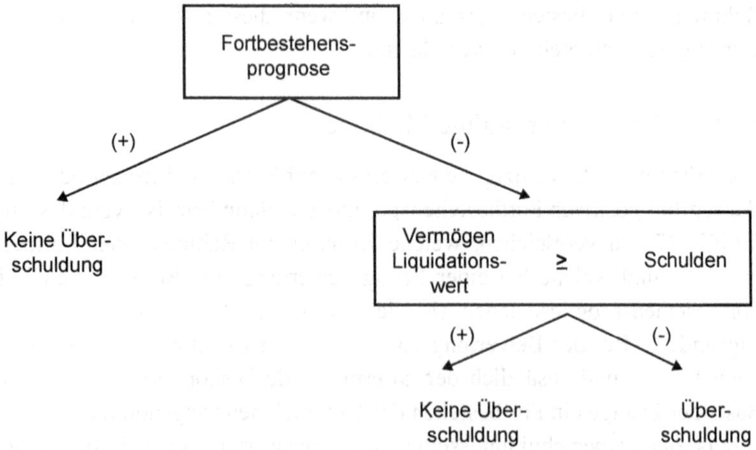


*Abb. 23: Darstellung modifiziert zweistufige Überschuldungsprüfung*[581]

## d) Gültigkeit der Methoden im Zeitablauf

Mit Einführung der Konkursordnung (KO) 1877 wird die Überschuldung in § 193 Abs.1 KO zum Eröffnungsgrund speziell für Aktiengesellschaften. Der in der Begründung der KO definierte Zustand, in dem „das Vermögen der Gesellschaft nicht mehr so viel beträgt, dass dasselbe die Schulden deckt“[582], ist zunächst eine einfache Überschuldungsprüfung zu Zerschlagungswerten.[583] Bis 1986 finden im Rahmen dieser einstufigen Prüfung auch Handelsbilanzwerte an Stelle von Zerschlagungswerten Verwendung.[584] 1992 wird die durch K. Schmidt geprägte modifizierte zweistufige Überschuldungsprüfung durch den BGH zur geltenden Rechtsprechung.[585] Mit Einführung der InsO 1999 verwirft der Gesetzgeber die modifizierte zweistufige Methode und setzt den

581 Quelle: eigene Darstellung in Anlehnung an *Groß/Amen,* WPg 2002, 225 (225).

582 Begründung des Entwurfs einer Konkursordnung, in: *Hahn,* Die gesammelten Materialien zur Konkursordnung und dem Einführungsgesetz zu derselben, 1881, S. 390.

583 *Arens,* Ertragsorientierte Überschuldungsprüfung, 1991, S. 104.

584 *Drukarczyk,* MüKo-InsO (2007), § 19 InsO, Rn. 14.

585 BGH, Urt. v. 13.07.1992 (II ZR 269/91), BGHZ 119, 201.

zweistufigen Überschuldungsbegriff ein.[586] Hintergrund ist die Befürchtung, dass eine positive Fortführungsprognose vorschnell zugrunde gelegt wird.[587] Mit dem Finanzmarktstabilisierungsgesetz (FMStG) 2008 wird, wenn auch nur vorübergehend, die modifizierte zweistufige Methode wieder eingesetzt.[588] Damit soll vermieden werden, das Unternehmen mit positiver Fortbestehensprognose Insolvenz anmelden müssen.[589] Die Befürchtungen einer vorschnell zugrunde gelegten Prognose scheinen verflogen. Die Regelung ist zunächst bis zum 1. Januar 2011 befristet, wird dann aber im Rahmen des Gesetzes zur Erleichterung der Sanierung von Unternehmen bis zum 31. Dezember 2013 verlängert.[590] Begründet wird dies mit dem Argument, dass sich die Regelung während der Finanzmarktkrise bewährt habe, indem Insolvenzen in Krisenzeiten vermieden wurden, die ansonsten hätten eröffnet werden müssen.[591] Da die Krise nicht, wie zum Zeitpunkt der Befristung angenommen, überwunden ist, sondern in Form der Schuldenkrise fortdauert, sollen die Risiken, die eine Rückkehr zum zweistufigen Überschuldungsbegriff mit sich bringen würde, vermieden werden.[592] Mit der Verlängerung wird die Bundesregierung beauftragt zu untersuchen, wie die Regelung der Überschuldung in Zukunft zu gestalten ist.[593]

Die Unentschlossenheit des Gesetzgebers wird mit dem Wechsel zwischen der zweistufigen und der modifizierten zweistufigen Methode überdeutlich. Einmal wird die Fortbestehensprognose als zu manipulationsanfällig abgelehnt, dann führt der Überschuldungstatus zu „ökonomisch völlig unsinnigen Ergebnissen". Hier tritt der Konflikt zwischen Prognoserelevanz und ihrer scheinbaren Manipulationsanfälligkeit zutage. Dabei wird scheinbar übersehen, dass die Prognose im Überschuldungsstatus ebenfalls, und zwar in Form von Fortbestehenswerten vorhanden ist.

### e) Strafrechtliche Besonderheiten

Eher als bei der Zahlungsunfähigkeit ist auch fraglich, inwiefern der zivilrechtliche Überschuldungsbegriff in das Strafrecht übernommen werden kann. Denn hier

586 BT-Drs. 12/2443, S. 115.
587 BT-Drs. 12/2443, S. 115.
588 BT-Drs. 16/10600, S. 13.
589 BT-Drs. 16/10600, S. 13.
590 BT-Drs. 16/13927, S. 4.
591 BT-Drs. 16/13927, S. 4.
592 BT-Drs. 16/13927, S. 4.
593 BT-Drs. 16/13927, S. 5.

tritt im Vergleich zur Zahlungsfähigkeit das prognostische Element noch stärker zutage. Die Meinungen reichen auch hier von einer strengen Zivilrechtsakzessorietät des Strafrechts[594] bis zur Ablehnung des zivilrechtlichen Begriffes für das Strafrecht[595]. Letztlich gilt auch hier die Zivilrechtsakzessorietät, wobei der Begriff auf die Vereinbarkeit mit den strafrechtlichen Prinzipien zu überprüfen ist.[596] Damit stellt sich für die strafrechtliche Beurteilung des Vorliegens einer Überschuldung die Frage, ob der Bestimmheitsgrundsatz oder der Zweifelsgrundsatz Auswirkungen auf die strafrechtliche Interpretation des Überschuldungsbegriffs hat. Obige Ausführungen zum Verständnis des Überschuldungsbegriffs haben gezeigt, dass auch wenn der Begriff komplex und umstritten ist, Klarheit in Bezug auf seine Ausgestaltung besteht. Auch wie eine Prognose zu erstellen ist, steht fest und wird im nachfolgenden Teil der Arbeit erörtert. Zwar wird die Überschuldung nicht so einfach deutlich wird wie eine Zahlungsunfähigkeit, es gibt aber eine Reihe von Anzeichen, die dem Geschäftsleiter deutlich machen, dass eine Überschuldungsprüfung vorzunehmen ist. Denkbar sind hier der Verlust der Hälfte des Stammkapitals (§§ 49 Abs. 3 GmbHG, 92 AktG) oder das Vorliegen einer Unterbilanz. Unterjährig können diverse Krisenanzeichen, wie sie auch auf eine Zahlungsunfähigkeit hindeuten, Indizien für eine Ertrags- oder Liquiditätsschwäche sein. Damit ist das Risiko einer Strafbarkeit wegen einer Überschuldung klar erkennbar und der Bestimmtheitsgrundsatz hat, wie auch bei der Zahlungsfähigkeit, keine Auswirkungen auf die strafrechtliche Interpretation der Überschuldung.

Interessanter sind da die möglichen Auswirkungen des Zweifelsgrundsatzes auf die Beweiswürdigung einer Überschuldung. Die mit der Überschuldung verbundene Unsicherheit resultiert aus der Unbestimmtheit der Prognoseannahmen und ist damit ein Problem der Tatbestandswürdigung und nicht der Bestimmtheit des Begriffes.[597] Denn wie im Teil D. III. 2. d) deutlich zu machen ist, steckt in den Prognoseannahmen eine nicht zu vermeidende Unsicherheit. Solange sich die Annahmen innerhalb der Grenzen der Plausibilität bewegen, sind sie zu akzeptieren.[598]

---

594 *Höffner,* BB 1999, 252 (253); *Röhm,* Zur Abhängigkeit des Insolvenzstrafrechts von der Insolvenzordnung, 2002, S. 207; *Bittman,* wistra 1999, 10 (17).

595 *Penzlin,* Strafrechtliche Auswirkungen der Insolvenzordnung, 1999, S. 213; zumindest kritisch *Wegner,* in: Achenbach (Hrsg.), Handbuch Wirtschaftsstrafrecht, 2011, S. 857, 878.

596 So *Radke,* MüKo-StGB (2003–2010), Vor §§ 283 ff. StGB, Rn. 7.

597 *Erdmann,* Die Krisenbegriffe der Insolvenzstraftatbestände (§§ 283 ff. StGB), 2007, S. 156; *Bieneck,* in: Müller-Gugenberger/Alexander (Hrsg.), Wirtschaftsstrafrecht, 2011, S. 2397, Rn. 33;

598 Siehe zu den Annahmen in der Prognose im nachfolgenden Teil der Arbeit D. III. 2. d).

Hier könnte auf der Basis des Zweifelsgrundsatzes eine Ausweitung der Grenzen, z. B. bis „nicht gänzlich unplausibel", vorzunehmen sein. Ob es aber in der Praxis zu einer strafrechtlichen Bewertung einer Prognose überhaupt kommt, ist fraglich. In den meisten Fällen liegt keine überprüfbare Prognose vor.[599] Liegt eine solche in Ausnahmefällen vor, ist sie fast immer von Wirtschaftsprüfern oder Beratern erstellt, sodass keine unplausiblen oder sogar gänzlich unplausiblen Annahmen zugrunde gelegt wurden.[600]

Die Anwendung einer kriminalistischen Methode ist bei der Überschuldung pauschal nicht möglich.[601] Lediglich im Rahmen der Fortbestehensprognose ist die Relevanz von Indizien möglich.[602]

## 2. Fortbestehensprognose

Fortbestehensprognosen sind nicht nur im Rahmen der Überschuldungsprüfung zu erstellen. Weitere Anlässe sind die Begründung der Going-Concern-Prämisse im Rahmen des Jahresabschlusses nach § 252 Abs. 1 Nr. 2 HGB oder etwa das Überwachungssystem zum Erkennen von unternehmensgefährdenden Entwicklungen nach § 91 Abs. 2 AktG.[603] An dieser Stelle wird die Fortbestehensprognose im Rahmen der Überschuldungsprüfung untersucht. Dies soll aber keine Aussage darstellen, dass die Prognosen in anderen Fällen anders auszusehen haben,[604] vielmehr sind solche nicht Gegenstand der Betrachtung. Ferner ist die Fortbestehensprognose von einem Sanierungsgutachten abzugrenzen. Ein positives Sanierungsgutachten beinhaltet zwangsläufig eine positive Fortbestehensprognose. Denn es muss im Rahmen des Sanierungskonzeptes geklärt werden, ob ein Unternehmen insolvenzreif ist und inwiefern diese Insolvenzreife überwunden werden kann.[605] Und zur Verneinung einer Überschuldung ist, außer in seltenen Fällen einer Vermögenssuffizenz zu Liquidationswerten, eine Fortbestehensprognose nötig. Allerdings gehen die Anforderungen, die im Rahmen eines Sanierungskonzeptes an das Unternehmen gestellt werden, über die Anforderungen einer Fortbestehensprognose hinaus. Denn Erstere muss zusätzlich die Frage der

599 So *Bittman,* wistra 1999, 10 (19).
600 So einer der interviewten Staatsanwälte.
601 *Bittman,* wistra 1999, 10 (15).
602 Siehe D. III. 2.
603 *Groß/Amen,* WPg 2002, 225 (227).
604 So *Weller,* DStR 2010, 1046 (1047); a. A. *Groß/Amen,* WPg 2003, 67 (70 f.).
605 stellvertretend *IDW,* IDW FN 2009, Punkt 3.4.6 sowie 5.1.

Sanierungsfähigkeit beantworten und diese umfasst nach Interpretation des IDW das Erreichen zumindest einer durchschnittlichen branchenüblichen Rendite.[606] Wie noch zu zeigen ist, sollte aus der Fortbestehensprognose hervorgehen, dass das Unternehmen in Zukunft liquide sein wird, und darüber hinaus auch, dass es keine Verluste mehr erwirtschaften wird. Die strengeren Anforderungen eines Sanierungsgutachtens reflektieren, dass dieses im Vergleich zu einer Fortbestehensprognose zusätzliche Funktionen hat. Denn Kapitalgeber werden nur dann in ein Krisenunternehmen investieren, wenn es dadurch nachhaltig gesunden kann und darüber hinaus eine Rendite erwirtschaftet werden kann. Zudem ist ein Sanierungskonzept Voraussetzung für die Gewährung von Sanierungskrediten durch Banken und Neugesellschafter. Denn ohne ein solches laufen Banken Gefahr, dass der von ihnen gegebenenfalls eigennützig gewährte Sanierungskredit bei Scheitern der Sanierung als sittenwidrig (§ 138 BGB) eingestuft wird und darüber hinaus Schadensersatzansprüche (§ 826 BGB) entstehen.[607] Neugesellschafter kommen ohne Sanierungskonzept nicht in den Genuss des Sanierungsprivilegs nach § 32 Abs. 3 GmbHG.[608] Sind allerdings Sanierungskredite Voraussetzung für eine positive Fortbestehensprognose, entsteht ein Zirkelschluss, da diese Kredite nicht ohne Sanierungskonzept gewährt werden. Dann kann eine positive Fortbestehensprognose nicht ohne positives Sanierungskonzept angenommen werden. Dies zeigt sich dadurch in der Praxis, dass kein Unterschied zwischen Fortbestehensprognose und Sanierungskonzept anzutreffen ist.[609]

Die Fortbestehensprognose für eine Überschuldungsprüfung ist bei der derzeit gültigen Überschuldungskonzeption von entscheidender Bedeutung. Ist sie positiv, liegt keine Überschulung vor.[610] Fällt sie negativ aus, ist ein Unternehmen in den

---

606 Dabei ist zu beachten, dass der IDW S 6 in der Praxiswahrnehmung den Status einer allgemeinen Verbindlichkeit erreicht hat (so *IDW,* IDW FN 2011, 698, 698.), auch wenn er eigentlich nur für Ersteller von Sanierungsgutachten gilt, die Wirtschaftsprüfer und Mitglied der Wirtschaftsprüferkammer sind.

607 *Buth/Hermanns,* in: Buth/Hermanns (Hrsg.), Restrukturierung, Sanierung, Insolvenz 2009, S. 184, 187. Der Sanierungskredit ist meist mit der Gewährung neuer Sicherheiten oder der Rückführung von Altverbindlichkeiten verbunden. Wird ein Sanierungskredit gewährt und das Unternehmen ist weder sanierungsfähig noch -würdig, verlängert er lediglich den Todeskampf. In diesem hat sich die Bank dann durch die neuen Sicherheiten oder die Rückführung von Altverbindlichkeiten zulasten der Masse bereichert.

608 *Buth/Hermanns,* in: Buth/Hermanns (Hrsg.), Restrukturierung, Sanierung, Insolvenz, 2009, S. 184, 187.

609 So *Groß/Amen,* WPg 2003, 67 (70).

610 Siehe zur Prüfungssystematik Abbildung 22 zur modifizierten zweistufigen Methode.

meisten Fällen überschuldet, es sei denn, es trifft die Ausnahme zu, dass das Unternehmen zu Liquidationswerten mehr als seine Schulden Wert ist.[611] Daher wird nachfolgend betrachtet was Inhalt einer Fortbestehensprognose sein muss und sein kann.

Der Gesetzgeber hat sich, wie in D.III.1.d) beschrieben, mehrfach zur Stellung der Prognose innerhalb der Überschuldung geäußert. Zum Aufbau der Prognose finden sich dort nur der Hinweis auf einen nötigen Willen zur Fortführung und die Beurteilung der wirtschaftlichen Lebensfähigkeit.[612] Die Fortbestehensprognose hat erstmals mit BGHZ 119, 201[613] Eingang in die Rechtsprechung des BGH gefunden. Darin verweist der BGH lediglich auf eine positive Prognose aufgrund einer erfolgversprechenden Unternehmensentwicklung auf Basis von Absatz- und Gewinnpotentialen, die durch die Bereitschaft der Beteiligung Dritter am Unternehmen und die Bereitstellung von Fördermitteln der öffentlichen Hand gestützt sei.[614] Diese werden später als begründete Anhaltspunkte, die eine positive Prognose rechtfertigen,[615] mit anderen Worten „nachvollziehbar und vertretbar"[616] erscheinen lassen, verallgemeinert. 1997 äußert sich der BGH dahingehend, dass ein tragfähiges Unternehmenskonzept Voraussetzung für eine positive Prognose ist.[617] Diese Anforderungen werden dann um einen Fortführungswillen des Schuldners, den, wie beschrieben, auch der Gesetzgeber sieht, erweitert, und das Unternehmenskonzept wird mit dem Hinweis auf eine Ertrags- und Finanzplanung konkretisiert.[618] Darüber hinaus bestehen keine Hinweise des BGH zum Inhalt einer Fortbestehensprognose.

Der BGH hat sich in mehreren Entscheidungen zu den Anforderungen an Sanierungskonzepte meist im Rahmen von Anfechtungsprozessen[619] geäußert. Wie bereits dargestellt besteht ein Unterschied zwischen Fortführungsprognose und Sanierungskonzept. Dennoch können einige Konkretisierungen zu den Sanierungskonzepten auf die Gestaltung der Fortbestehensprognose übertragen werden. So muss bei einem Sanierungskonzept erkennbar sein, auf welchen

---

611 Siehe zur Prüfungssystematik Abbildung 22 zur modifizierten zweistufigen Methode.

612 Siehe BT-Drs. 12/2443, S. 115; BT-Drs. 16/10600, S. 13; BT-Drs. 16/13927, S. 4.

613 BGH, Urt. v. 13.07.1992 (II ZR 269/91), BGHZ 119, 201.

614 BGH, Urt. v. 13.07.1992 (II ZR 269/91), BGHZ 119, 201, Rn. 15.

615 BGH, Urt. v. 06.06.1994 (II ZR 292/91), BGHZ 126, 181, Rn. 32.

616 BGH, Urt. v. 12.11.1992 (IX ZR 236/91), WM 1993, 270, Rn. 31.

617 BGH, Urt. v. 29.09.1997 (II ZR 245/96), NJW 1998, 233, Rn. 10.

618 BGH, Beschluss v. 09.10.2006 (II ZR 303/05), ZIP 2006, 2171, Rn. 3; bestätigt durch BGH, Urt. v. 18.10.2010 (II ZR 151/09), ZIP 2010, 2400 Rn. 13.

619 Der Insolvenzverwalter kann vor Insolvenzantrag getätigte Leistungen nach §§ 129 ff. InsO anfechten.

tatsächlichen Grundlagen es fußt,[620] und dabei von den erkannten und erkennbaren Gegebenheiten ausgehen[621]. Es muss die wirtschaftliche Lage des Unternehmens auch im Branchenkontext analysieren, die Krisenursachen identifizieren und die derzeitige Ertrags-, Vermögens und Finanzlage darstellen.[622] Darauf aufbauend muss ein schlüssiges Konzept entwickelt werden,[623] was der BGH an anderer Stelle als „objektiv, sachgerecht angelegten Sanierungsversuch" umschreibt.[624] Ex ante muss mit der erfolgreichen Umsetzung des Konzepts zu rechnen sein,[625] bzw. es müssen Tatsachen vorliegen, die zur Erwartung berechtigen, dass die Bemühungen erfolgreich sein werden.[626] Was aber nicht dadurch widerlegt wird, dass der Sanierungsversuch später tatsächlich scheitert.[627]

Die Literatur unterstreicht und konkretisiert die eher groben Anforderungen des BGH. Zunächst ist ein Fortführungswille notwendig.[628] Für die eigentliche Prognose wird dann auf den vom IDW in der Stellungnahme des Fachausschuss Recht empfohlenen Dreischritt zurückgegriffen: Unternehmenskonzept, Finanzplanung und Ableitung der Prognose.[629] Der IDW umschreibt das Unternehmenskonzept wiederum in einem Dreischritt. So soll ein Konzept basierend auf „Unterlagen (wie Marktanalysen, vertriebsorganisatorische Planungen usw." erstellt werden.[630] Dies wird verallgemeinernd als Ausgangslage des Unternehmens und deren Analyse aufgefasst.[631] Im Rahmen von Sanierungsgutachten bezeichnet auch der IDW

---

620 BGH, Urt. v. 08.12.2011 (IX ZR 156/09), ZIP 2012, 137, Rn. 14.

621 BGH, Urt. v. 04.12.1997 (IX ZR 47/97), ZIP 1998, 248, Rn. 28.

622 BGH, Urt. v. 04.12.1997 (IX ZR 47/97), ZIP 1998, 248, Rn. 28.

623 BGH, Urt. v. 12.11.1992 (IX ZR 236/91), WM 1993, 270, Rn. 30.

624 BGH, Urt. v. 03.12.1998 (IX ZR 313/97), NJW 1999, 645, Rn. 28.

625 BGH, Urt. v. 08.12.2011 (IX ZR 156/09), ZIP 2012, 137, Rn. 15.

626 BGH, Urt. v. 26.03.1984 (II ZR 171/83), BGHZ 90, 381, Rn. 54.

627 BGH, Urt. v. 04.12.1997 (IX ZR 47/97), ZIP 1998, 248, Rn. 28.

628 *Pape,* Kübler/Prütting, InsO (2012), § 19 InsO, Rn. 38; *Müller,* Jaeger InsO (op. 2004), § 19 InsO, Rn. 32; *Kirchhof,* Kreft; InsO (2011), § 19 InsO, Rn. 10; *Altmeppen,* Altmeppen/Roth, GmbHG (2012), Vor § 64 GmbHG, Rn. 37; *Müller*, MüKo GmbHG (2011), § 64 GmbHG, Rn. 25.

629 *IDW,* FAR 1/1996, WpG 1997, 22 (23 f.); *Uhlenbruck,* Uhlenbruck InsO (2010), § 19 InsO, Rn. 43; *Pape,* Kübler/Prütting, InsO (2012), § 19 InsO, Rn. 41; *Müller,* Jaeger InsO (op. 2004), § 19 InsO, Rn. 38 f.; *Kleindiek,* Lutter/Hommelhoff, GmbHG (2012), Anhang zu § 64 GmbHG, Rn. 28; *Aleth/Harlfinger,* NZI 2011, 166 (168).

630 *IDW,* FAR 1/1996, WpG 1997, 22 (23). Dies aufgreifend *Uhlenbruck,* Uhlenbruck InsO (2010), § 19 InsO, Rn. 43.

631 Ähnlich Pape der von realistischen Prämissen als Basis spricht, *Pape,* Kübler/Prütting, InsO (2012), § 19 InsO, Rn. 43.

diesen Schritt als „Darstellung und Analyse das Unternehmens".[632] Um ein plausibles Unternehmenskonzept zu erstellen, muss zunächst das Unternehmen analysiert werden, um herauszufinden, welche Ursachen der Krise zugrunde liegen.[633] Denn nur, wenn die eigentlichen Krisenursachen bekannt sind, können sie für eine nachhaltige Sanierung beseitigt werden. Der IDW geht für die Überschuldungsprüfung basierend auf der soeben beschriebenen Ausgangslage von einem aufzustellenden Leitbild des Unternehmens aus, das als Soll-Vorstellung erreicht werden soll.[634] Dies greift auch die Kommentierung vereinzelt auf.[635] Auch für Sanierungsgutachten spricht das IDW von einem „Leitbild des sanierten Unternehmens."[636] Um von der derzeitigen Ausgangslage des Unternehmens zum Leitbild zu gelangen sind Veränderungen notwendig. Diese benennt das IDW indirekt mit der Veräußerung von nicht betriebsnotwendigem Vermögen und Unternehmensverläufen die von der Schwere der Krise in der Ausgangslage abhängen.[637] Die Kommentierungen nennen dazu die Begriffe Maßnahmen oder auch Sanierungsmaßnahmen, die zu ergreifen sind.[638] Dabei müssen in der Planung auch die Kosten und Investitionen, die diese Maßnahmen mit sich bringen, berücksichtigt werden.[639] Das IDW spricht hier von der Realisierbarkeit im Hinblick auf die personelle, sachliche, fachliche und finanzielle Situation.[640] Ist beispielsweise die Senkung von Lohn- und Gehaltskosten durch Personalabbau geplant, ist zu beachten, dass diese zunächst zu hohen Aufwendungen und Liquiditätsabflüssen für Abfinden führen. Das dies in der Praxis nicht immer berücksichtigt wird, zeigt die Aussage eines Interviewpartners: „Die Plausibilität einer Fortbestehensprognose wird meist durch die mangelnde

---

632 *IDW,* IDW FN 2009, 578 (578).

633 *Pape,* Kübler/Prütting, InsO (2012), § 19 InsO, Rn. 43; *Hirte/Knof/Mock,* ZInsO 2008, 1217 (1222 f.).

634 *IDW,* FAR 1/1996, WpG 1997, 22 (23).

635 *Müller,* Jaeger InsO (op. 2004), § 19 InsO, Rn. 38 f.; *Pape,* Kübler/Prütting, InsO (2012), § 19 InsO, Rn. 43.

636 *IDW,* IDW FN 2009, 578 (578).

637 *IDW,* FAR 1/1996, WpG 1997, 22 (23).

638 *Pape,* Kübler/Prütting, InsO (2012), § 19 InsO, Rn. 43; *Kirchhof,* Kreft; InsO (2011), § 19 InsO, Rn. 12; *Müller,* MüKo GmbHG (2011), § 64 GmbHG, Rn. 25; *Kleindiek,* Lutter/Hommelhoff, GmbHG (2012), Anhang zu § 64 GmbHG, Rn. 28.

639 Klargestellt vom BGH in einem Fall, in dem Verkaufs- und Ausstellungsgebäude im Sanierungskonzept geplant, deren Finanzierung aber nicht sichergestellt wurde; BGH, Urt. v. 23.02.2004 (II ZR 207/01), ZIP 2004, 1049, Rn. 11.

640 *IDW,* FAR 1/1996, WpG 1997, 22 (23); *Uhlenbruck,* Uhlenbruck InsO (2010), § 19 InsO, Rn. 44.

Finanzierung der geplanten Verbesserungsmaßnahmen widerlegt."[641] Zu der Frage inwieweit diese Maßnahmen schon umgesetzt sein müssen um Berücksichtigung zu finden siehe nachfolgend unter D. III. 2. d).

Die Auswirkungen des Unternehmenskonzeptes, samt Ausgangslage, Leitbild und (Sanierungs-) Maßnahmen auf die Rechenwerke des Unternehmens sollen dem IDW zu Folge in einem Finanzplan Berücksichtigung finden.[642] Dabei geht es auch dem IDW nicht um einen isolierten Liquiditätsplan. Vielmehr soll er auf einer Ertragsplanung basieren, und wird deswegen Liquiditätsplan genannt, weil die Ableitung der Liquidität nach dort vertretener Ansicht für die Ableitung der Prognose entscheidend ist.[643] Die Literatur greift dies als Untermauerung des Unternehmenskonzeptes mit einer betriebswirtschaftlichen Ertrags-, Bilanz und Finanzplanung auf.[644] Das IDW spricht bei Sanierungsgutachten von einer integrierten Sanierungsplanung.[645] Die Planungsrechnungen werden daher, wie bereits vorangegangen als integrierte Planung bezeichnet. Sie ermöglicht so beispielsweise auch Zusammenhänge und Interdependenzen zu berücksichtigen. So muss die Working-Capital-Planung auch vor dem Hintergrund betrachtet werden, dass Zahlungsziele lieferanten- wie kundenseitig auch immer Bestandteil der Preisverhandlungen sind. Geringere Einkaufspreise sind meist mit einer Verschlechterung der Zahlungskonditionen für das Unternehmen verbunden.

Im letzten der drei Schritte für die Fortbestehensprognose steht die Ableitung der Fortbestehensprognose selbst.[646] Sie wird als qualitativ wertendes Gesamturteil verstanden.[647] Anhand welchen Kriteriums sie aus den vorangegangenen Schritten abzuleiten ist, ist Gegenstand des nachfolgenden Abschnitts. In Abbildung 24 wird das beschriebene Schema einer Fortbestehensprognose graphisch veranschaulicht.

---

641 OStA Dr. Hans Richter.

642 *IDW,* FAR 1/1996, WpG 1997, 22 (24).

643 *IDW,* FAR 1/1996, WpG 1997, 22 (24).

644 *Uhlenbruck,* Uhlenbruck InsO (2010), § 19 InsO, Rn. 44; *Hüttemann,* in: Bitter/Lutter/Priester et al. (Hrsg.), FS für Karsten Schmidt zum 70. Geburtstag, 2009, S. 761, (761); *Drukarczyk,* MüKo-InsO (2007), § 19 InsO, Rn. 58; *Schmerbach,* FK-InsO (2013), § 19, Rn. 36; *Beck/Brucklacher,* in: Flitsch/Hagebusch/Oberle et al. (Hrsg.), FS für Jobst Wellensiek zum 80. Geburtstag, 2011, S. 5, 9.

645 *IDW,* IDW FN 2009, 578 (578).

646 *IDW,* FAR 1/1996, WpG 1997, 22 (24). *Uhlenbruck,* Uhlenbruck InsO (2010), § 19 InsO, Rn. 43; *Pape,* Kübler/Prütting, InsO (2012), § 19 InsO, Rn. 45; *Aleth/Harlfinger,* NZI 2011, 166 (168).

647 *Pape,* Kübler/Prütting, InsO (2012), § 19 InsO, Rn. 45.

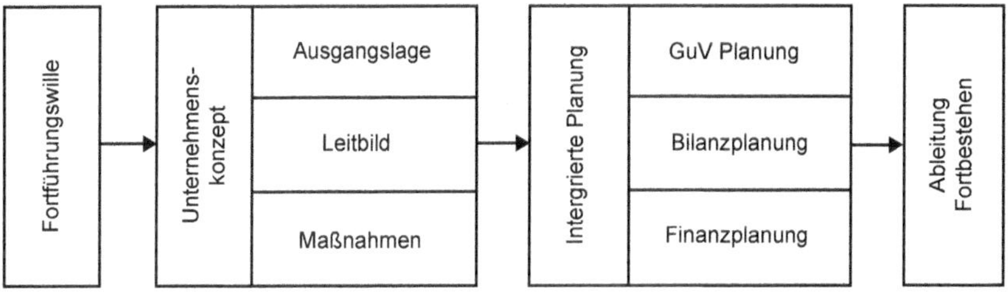


*Abb. 24: Schematische Darstellung einer Fortbestehensprognose*[648]

Es wird zwar auch die Meinung vertreten, dass eine auf Indizien basierende Prognose ausreichend ist,[649] und einzelne Gesichtspunkte, wie Gläubiger- und Gesellschafterverhalten, Attraktivität eines neuen Produktes oder die Marktverhältnisse, können deutliche Signale für oder gegen das Fortbestehen eines Unternehmens sein.[650] Dies mag auch in Einzelfällen ausreichend sein,[651] was sich auch aus der Zurückhaltung des BGH zur eigentlichen Fortbestehensprognose ergibt. Da es aber an der Geschäftsführung liegt, eine positive Prognose darzulegen und zu beweisen,[652] ist es für die Geschäftsführung riskant, sich auf das Vorliegen eines Ausnahmefalls zu verlassen. Denn ohne die betriebswirtschaftlichen Rechnungen des Unternehmens zu beachten, ist nicht klar, ob es Indizien dafür gibt, dass etwa zukünftige Gläubiger- und Gesellschafterbeiträge den Finanzierungsbedarf eines Unternehmens decken, oder beispielsweise welcher Finanzierungsbedarf bei der Einführung des neuen Produktes auf einem attraktiven Markt überhaupt besteht.[653]

Einige Punkte in Bezug auf die Fortbestehensprognose sind strittig oder unklar und daher zu untersuchen. Zum einen ist fraglich, auf welches Kriterium die Fortbestehensprognose abstellen soll: die Finanz- oder die Ertragsaussichten. Dann wird die zeitliche Befristung der Prognose näher betrachtet. Zusätzlich muss auf die Handhabung des Kriteriums der überwiegenden Wahrscheinlichkeit

---

648 Quelle: eigene Darstellung.

649 Dieser Ansicht *Bork,* ZIP 2000, 1709 (1712 f.).

650 *Bork,* ZIP 2000, 1709 (1712 f.); *Bieneck,* in: Müller-Gugenberger/Alexander (Hrsg.), Wirtschaftsstrafrecht, 2011, S. 2397, Rn. 34.

651 *Drukarczyk,* MüKo-InsO (2007), § 19 InsO, Rn. 57.

652 BGH, Urt. v. 18.10.2010 (II ZR 151/09), ZIP 2010, 2400, Rn. 11; *Altmeppen,* Altmeppen/Roth, GmbHG (2012), Vor § 64 GmbHG, Rn. 37; *Uhlenbruck,* Uhlenbruck, InsO (2010), § 19 InsO, Rn. 54.

653 Ähnlich auch *Ampferl,* in: Beck/Depré (Hrsg.), Praxis der Insolvenz, 2010, S. 1–194, Rn. 157.

eingegangen werden, um klarzustellen, ob dieses statistisch oder als wertendes Gesamturteil zu verstehen ist. Nach der technischen Operationalisierung der überwiegenden Wahrscheinlichkeit wird auf die Anforderungen eingegangen, die den Annahmen der Prognose zugrunde liegen. Schließlich werden die Betrachtungen zur Fortbestehensprognose zusammengeführt.

### a) Prognosekriterium

Der BGH hat sich bislang nicht explizit zu der Frage geäußert, ob bei der Fortführungsprognose auf die Liquidität oder die Ertragsfähigkeit abzustellen ist. In dem Urteil, in dem 1992 die modifizierte zweistufige Überschuldungsprüfung auf den Schild gehoben wurde, sprach der BGH in Bezug auf die Fortbestehensprognose von der Finanzkraft, die ausreichen müsse, um das Unternehmen fortzuführen.[654] Die Ertragskraft findet keine Erwähnung. 2006 äußerte sich der BGH dahingehend, dass die Fortführungsprognose aus einem Unternehmenskonzept hervorgehen muss, das als Ertrags- und Finanzplan bezeichnet wird.[655] Die Ertragskraft findet damit zwar Erwähnung, es wird aber nicht klargestellt, ob sie mit ausschlaggebend für die Fortbestehensprognose ist oder nur indirekt als Basis für die Ermittlung der Zahlungsfähigkeit dient. Damit scheint der BGH in erster Linie von der Liquidität als Kriterium für die Fortbestehensprognose auszugehen, wobei die Ertragsfähigkeit zumindest eine gewisse Relevanz hat. Auch einige Urteile der untergeordneten Instanzen gehen von einem Liquiditätskriterium aus.[656] Vereinzelt und in jüngerer Zeit stellen einige Gerichte aber auch auf den Ertrag als zusätzliches Kriterium ab.[657] Die Rechtsprechung ist insofern nicht ganz eindeutig.

Die herrschende Meinung in der Literatur stellt auf die Liquidität als entscheidendes Kriterium ab.[658] Als Argument hierfür dient der Gläubigerschutzgedanke

---

654 BGH, Urt. v. 13.07.1992 (II ZR 269/91), BGHZ 119, 201, Rn. 15.

655 BGH, Beschluss v. 09.10.2006 (II ZR 303/05), ZIP 2006, 2171, Rn. 3.

656 So OLG Hamm, Urt. v. 25.01.1993 (8 U 250/91), NJW-RR 1993, 1445, 1. Orientierungssatz; OLG Düsseldorf, Urt. v. 19.01.1995 (6 U 272/93), DB 1996, 1226, Orientierungssatz; OLG Stuttgart, Urt. v. 13.03.2002 (20 U 67/01), GmbHR 2002, 1072, 2. Leitsatz.

657 So AG Hamburg, Beschluss v. 02.12.2011 (67c IN 421/11), ZInsO 2012, 183, Rn. 9–11; ebenso OLG Schleswig, Urt. v. 11.02.2010 (5 U 60/09), ZInsO 2010, 530, 4. Leitsatz.

658 *Aleth/Harlfinger,* NZI 2011, 166 (167 f.); *Bitter/Kressner,* ZIP 2012, 1733; *Drukarczyk,* MüKo-InsO (2007), § 19 InsO, Rn. 53; *Frystatzki,* NZI 2011, 179; *Groß/Amen,* WPg 2002, 225 (225); *Hirte/Knof/Mock,* ZInsO 2008, 1217 (1222); *Müller,* Jaeger InsO (op. 2004), § 19 InsO, Rn. 36; *Pape,* Kübler/Prütting, InsO (2012), § 19 InsO, Rn. 45; *Bork,* ZIP 2000, 1709 (1710); *Smid/Leonhardt,* Leonhardt et al., InsO (2010), § 19 InsO, Rn. 13; *Uhlenbruck,* Uhlenbruck, InsO (2010), § 19 InsO, Rn. 43.

des § 19 InsO. Wenn die Zahlungsfähigkeit sichergestellt ist, können alle Gläubiger, zumindest im Zeitraum der Prognose, bedient werden.[659] Eine darüber hinausgehende Ertragsfähigkeit ist für die Gläubiger nicht mehr von Belang, sondern liegt nur noch im Interesse der Eigentümer.[660] Und die sind nicht vom Schutzbereich des § 19 InsO erfasst. Vielmehr soll es ihnen überlassen sein, zu entscheiden, ob ein solches Unternehmen unter Zuführung von zusätzlichem Kapital weitergeführt werden soll.[661] Einige Autoren wollen zusätzlich zur Zahlungsfähigkeit auch auf die Ertragsfähigkeit abstellen.[662] Diese wird nicht im Sinne einer Gewinnerzielung oder Mindestrendite verstanden. Die Ertragsfähigkeit wird vielmehr so interpretiert, dass in Zukunft keine Verluste mehr anfallen werden.[663] Den Vertretern dieser Meinung zufolge kann ein finanzielles Gleichgewicht auf längere Dauer nur gewahrt werden, wenn das Unternehmen wieder in die Lage versetzt wird, Erträge zu erwirtschaften.[664] Kupsch geht darüber hinaus vom Kriterium dauerhafter Ertragsüberschüsse aus, da diese von Rechnungswesen der Unternehmen besser abgebildet wird und sieht die Liquidität als Nebenbedingung.[665]

Um zu klären, ob über die Zahlungsfähigkeit hinaus die Ertragsfähigkeit zu prüfen ist, muss der Fall betrachtet werden, indem die abweichende Regelung zu einem abweichenden Ergebnis führt. Dies ist bei einem Unternehmen, das innerhalb des Prognosehorizontes[666] eine positive Liquidität aufweist, gleichzeitig aber Verluste erwirtschaftet, der Fall. Hier kommt es zu einem Vermögensverzehr, der solange tolerierbar ist, wie noch insolvenzrechtliches Eigenkapital vorhanden ist. Ist dies aufgezehrt, sind weitere Verluste von den Gläubigern zu tragen. Eine Situation, die, wie auch im ökonomischen Teil herausgearbeitet wurde, mit dem Ziel des Gläubigerschutzes unvereinbar ist. Ob insolvenzrechtliches Eigenkapital vorliegt, kann theoretisch nur durch Aufstellung eines

---

659 *Drukarczyk,* MüKo-InsO (2007), § 19 InsO, Rn. 53; *Müller,* Jaeger InsO (op. 2004), § 19 InsO, Rn. 35 f.

660 *Smid/Leonhardt,* Leonhardt et al., InsO (2010), § 19 InsO, Rn. 13.

661 *Müller,* Jaeger InsO (op. 2004), § 19 InsO, Rn. 35.

662 *Harz/Baumgartner/Conrad,* ZInsO 2005, 1304 (1308 f.); *Hüttemann,* in: Bitter/Lutter/Priester et al. (Hrsg.), FS für Karsten Schmidt zum 70. Geburtstag, 2009, S. 761, 764; *Egner/Wolff,* AG 1978, 99 (102); *Bähner,* KTS 1988, 443 (446); *Ehlers,* NZI 2011, 161 (162).

663 So auch der Vorschlag der Kommission für Insolvenzrecht *Bundesministerium der Justiz,* Erster Bericht der Kommission für Insolvenzrecht 1985, S. 112.

664 *Egner/Wolff,* AG 1978, 99 (102).

665 *Kupsch,* BB 1984, 159 (165).

666 Der Prognosehorizont ist Bestandteil des nachfolgenden Abschnitts.

Überschuldungsstatus geprüft werden.[667] Dieser ist bei dem gegenwärtig gültigen modifizierten zweistufigen Überschuldungsbegriff aber nicht mehr aufzustellen. Damit wird deutlich, dass bei modifizierter zweistufiger Überschuldungsprüfung und einer Fortbestehensprognose, die nur auf die Liquidität abstellt, eine Lücke im Gläubigerschutz besteht.[668] Daneben wird so auch die grundsätzliche Differenzierung von Überschuldung und Zahlungsunfähigkeit ausgehöhlt, da die Überschuldung nicht mehr das Unternehmensgesamtvermögen betrachtet, sondern das Vermögen an liquiden Mitteln. Zu dieser Lücke im Gläubigerschutz führt die, wie noch zu zeigen sein wird, sinnvolle Begrenzung des Prognosehorizontes zu diesem Ergebnis. Einem Unternehmen, das bis zu seinem Ende seine Verbindlichkeiten bedienen kann, kann eine positive Fortbestehensprognose nicht abgesprochen werden.[669] Bei einem Unternehmen, das dazu nur innerhalb der nächsten ein bis zwei Jahre in der Lage ist, ist dies nicht zwingend der Fall. In der Praxis wird dies am Beispiel der Finanzierung durch sogenannte PIK (Payment in Kind) Loans deutlich.[670] Bei diesen sind während der Kreditlaufzeit keine Zinsen und Tilgungen zu leisten, sondern sie werden kumuliert am Ende der Laufzeit fällig.[671] Liegt die Fälligkeit jenseits des Prognosehorizontes kann eine positive Fortbestehensprognose zu attestieren sein, obwohl das Unternehmen mit Ende der Laufzeit zahlungsunfähig wird.[672] Auch wird so eine schleichende Aushöhlung des Unternehmensvermögens möglich,[673] wie dies etwa im Falle des Arcandor Konzerns der Fall gewesen zu sein scheint.[674] Zur Aufrechterhaltung der Zahlungsfähigkeit wird Anlage- oder Umlaufvermögen liquidiert, sodass alle Gläubiger fristgerecht bedient werden können. Sind keine liquidierbaren Vermögensgegenstände mehr vorhanden, kommt es zur Insolvenz.

---

667 Siehe in Teil D. III. 1; darin kritisch zu der Frage, ob dies auch möglich ist und welche Bewertungskonzeption dabei anzuwenden ist.

668 So auch *Beck/Brucklacher,* in: Flitsch/Hagebusch/Oberle et al. (Hrsg.), FS für Jobst Wellensiek zum 80. Geburtstag, 2011, S. 5, 10.

669 So auch *Riegger/Spahlinger,* in: Flitsch/Hagebusch/Oberle et al. (Hrsg.), FS für Jobst Wellensiek zum 80. Geburtstag, 2011, S. 119, 126.

670 *Beck,* KSI 2009, 61 (63).

671 *Beck,* KSI 2009, 61 (63).

672 So auch *Bitter/Hommerich/Reiß,* ZIP 2012, 1201 (173).

673 Ähnlich auch *Nonnenmacher,* in: Ballwieser (Hrsg.), Bilanzrecht und Kapitalmarkt, 1994, S. 1314, 1325 und *Sikora,* ZInsO 2010, 1761 (1732).

674 „Das habe ich in so großen Unternehmen noch nie erlebt“, Wirtschaftswoche vom 16.08.2009.

Um diese Lücke im Gläubigerschutz zu beheben, sind zwei Möglichkeiten denkbar: die Wiedereinführung der zweistufigen Überschuldungsprüfung oder die Betrachtung der Ertragsfähigkeit im Rahmen der Fortbestehensprognose. Erstere Möglichkeit, die Wiedereinführung der Notwendigkeit zur Aufstellung eines Überschuldungsstatus, ist im Ergebnis nichts anderes als die Aufhebung der zeitlichen Begrenzung der Prognose. Denn wie bereits gezeigt wurde, basiert eine Unternehmensbewertung auf der Diskontierung zukünftiger Erträge oder Cashflows. In diesem Zusammenhang spielt es keine Rolle, ob Erträge oder Zahlungsströme bei der Bewertung zugrunde gelegt werden. Denn die Erträge oder Zahlungsströme werden endlos in die Zukunft geplant,[675] wodurch die Ergebnisse beider Berechnungen identisch sind. Damit wird der Unterschied zwischen der Fortbestehensprognose und dem Überschuldungstatus deutlich. Abgesehen von der Diskontierung auf den gegenwärtigen Zeitpunkt, wird bei der Bewertung unbegrenzt in die Zukunft geplant. Ein Vorgehen, das im Rahmen einer Fortbestehensprognose, die weit in die Zukunft reicht, aufgrund der zunehmenden Unsicherheit der Ergebnisse abgelehnt wird. Unternehmen die im Rahmen der Prognosebegrenzung nicht ertragsfähig sind, könnten dieses Manko im Rahmen des Überschuldungsstatus durch weiter in der Zukunft liegende und damit unsichere Erträge bzw. Zahlungsmittelzuflüsse „ausgleichen". Diese Möglichkeit stellt einen unzureichenden Gläubigerschutz und zugleich ein Argument gegen die zweistufige Fortbestehensprognose[676] dar.

Die andere Möglichkeit ist, die Ertragsfähigkeit im Rahmen der Fortbestehensprognose mit zu berücksichtigen. Dies ist nicht so zu verstehen, dass das Unternehmen innerhalb kürzester Zeit die Verlustzone verlassen muss, sondern am Ende des Sanierungsprozesses muss ein Leitbild des Unternehmens, das keine Verluste mehr erwirtschaftet, als erreichbares Ziel stehen.[677] So kann die Lücke im Gläubigerschutz geschlossen werden. Ein Unternehmen, das keine Verluste mehr erwirtschaftet, vernichtet keine Werte, die bei aufgezehrtem insolvenzrechtlichem Eigenkapital den Gläubigern zustünden. Damit werden aber auch

675 In der Praxis wird bei der Berechnung nicht unendlich geplant, sondern ab einem bestimmten Zeitpunkt angenommen, dass das Unternehmen sich in einem eingeschwungenen Zustand befindet. Nachfolgende Zahlungsmittelüberschüsse oder Erträge werden dann zu einem Terminal Value zusammengefasst, indem sie um die Kapitalkosten abzüglich einer angenommenen konstanten Wachstumsrate diskontiert werden.

676 Im Sinne der Insolvenzordnung von 1999.

677 Ähnlich *Karollus/Huemer*, Die Fortbestehensprognose im Rahmen der Überschuldungsprüfung, 2006, S. 87, die im Rahmen einer Sekundärprognose fordern, dass das Unternehmen den Turn Around mit Erträgen aus der gewöhnlichen Geschäftstätigkeit erreichen muss.

Situationen erfasst, in denen keine Gläubigergefährdung besteht, da ausreichend insolvenzrechtliches Eigenkapital vorhanden ist. Oder, wie das Beispiel von Konzerngesellschaften, bei denen ein Gewinn- und Verlustabführungsvertrag mit dem Mutterunternehmen besteht, zeigt, Eigenkapital zur Verfügung gestellt wird. Vordergründig bestünde für diese Fälle ein Zuviel an Gläubigerschutz und die Gefahr, gesunde Unternehmen in die Insolvenz zu zwingen.[678] Dass dem nicht so ist, ergibt sich aus der im Falle einer negativen Fortbestehensprognose nachgelagerten rechnerischen Überschuldung zu Liquidationswerten. Denn diese würde eine Vermögenssuffizienz zu Liquidationswerten aufdecken. Auch ein Anspruch auf Verlustausgleich im Rahmen einer Konzernbeziehung würde hier bis zur Grenze der Bonität des Ausgleichpflichtigen Berücksichtigung finden. Auch die von Bitter/Kresser angeführte Problematik von Asset Gesellschaften widerspricht entgegen ihrer Ansicht nicht dem Kriterium der Ertragsfähigkeit.[679] Darunter verstehen Bitter/Kresser Gesellschaften, die einen oder mehrere Vermögensgegenstände, wie etwa ein Schiff, halten.[680] Durch die Wirtschaftskrise und die damit gesunkenen Erträge aus Vermietung, Verpachtung oder Vercharterung können Asset Gesellschaften die laufenden Zins- und Tilgungsleistungen nicht mehr tragen.[681] Die Finanzierer haben im Vertrauen auf eine langfristige Erholung der Märkte und der damit verbundenen Erholung der Erträge Stundungsvereinbarungen mit diesen Gesellschaften getroffen.[682] Nun wird die Gefahr einer Überschuldung bei einer Berücksichtigung der Ertragsfähigkeit im Rahmen der Überschuldungsprüfung gesehen.[683] Dies ist aber nicht der Fall. Denn die Planung dieser Gesellschaften zeigt, dass die Gesellschaften durch eine angenommene Erholung der Erträge wieder ertragsfähig werden. Dies darf im Einzelfall, wie im nachfolgenden Abschnitt noch zu zeigen sein wird, auch länger dauern als die grundsätzliche Prognosedauer von laufendem und darauffolgendem Geschäftsjahr. Im Rahmen der Fortbestehensprognose reicht die überwiegende Wahrscheinlichkeit für diese Ertragserholung aus. Und diese wird vorliegen, da die Gläubiger die Planung für plausibel halten, denn sonst hätten sie der Stundung nicht zugestimmt. Somit

---

678 Der Ansicht *Sikora,* ZInsO 2010, 1761 (1763).
679 *Bitter/Hommerich/Reiß,* ZIP 2012, 1201 (1742 f.)
680 *Bitter/Hommerich/Reiß,* ZIP 2012, 1201 (1734).
681 *Bitter/Hommerich/Reiß,* ZIP 2012, 1201 (1734 f.).
682 *Bitter/Hommerich/Reiß,* ZIP 2012, 1201 (1734).
683 *Bitter/Hommerich/Reiß,* ZIP 2012, 1201 (1735).

sollte eine Fortbestehensprognose grundsätzlich auch als Kriterium der Ertragsfähigkeit[684] (Fähigkeit keine Verluste mehr zu erwirtschaften) verstanden werden.

## b) Zeitraum

Wie bereits im vorangegangen Abschnitt erwähnt, ist der Horizont einer Fortbestehensprognose begrenzt. Dies folgt daraus, dass Ereignisse in ihrem Eintritt desto unsicherer werden, je weiter sie in der Zukunft liegen. Der Gestaltungsspielraum für den Prognoseersteller wird größer und die Überprüfbarkeit der Prognoseannahmen schwerer.[685] Die Begrenzung des Prognosehorizontes selbst ist unstrittig, nicht aber die konkrete Länge der Begrenzung. Laut BGH muss ein Unternehmen mittelfristig über eine ausreichende Finanzkraft verfügen.[686] Die Meinungen über den Prognosehorizont reichen von 12 Monaten[687] bis zu einem Zeitpunkt, an dem die letzte der aktuellen Verbindlichkeiten fällig wird,[688] was einem Zeitraum von meist über 5 Jahren entsprechen dürfte. Die herrschende Meinung geht dabei von einem Prognosehorizont von zwei Jahren aus, wobei das laufende und folgende Geschäftsjahr für die Betrachtung ausreichend ist.[689] Allerdings sind auch dieser Meinung zufolge im Ausnahmefall abweichende Zeiträume maßgeblich.[690] Eine Ausweitung des Zeitraums ist für Geschäftsmodelle denkbar, bei denen zwangsläufig Verluste über einen längeren Zeitraum anfallen, bevor Gewinne erzielt werden können, wie etwa die Erschließung von Rohstoffvorkommen oder Start-*Ups*.[691] Eine kürzere Frist kann für Unternehmen, die sich in einem sehr volatilen Markt bewegen, sinnvoll sein.[692] Solche Ausnahmefälle macht Schmerbach zur Regel, indem er konkrete Zeiträume nur als Richtwerte betrachtet und den im

684 Im Ergebnis ähnlich *Sikora,* NWB 2009, 4025 (4027).

685 *Drukarczyk,* MüKo-InsO (2007), § 19 InsO, Rn. 56.

686 BGH, Urt. v. 13.07.1992 (II ZR 269/91), BGHZ 119, 201, Rn. 15.

687 *Hess,* Hess GK-InsO, § 19 InsO, Rn. 44.

688 Ein Zeitraum, den der Gesetzgeber für § 18 InsO annimmt, BT-Drs. 12/2443, S. 115.

689 *Müller,* Jaeger InsO (op. 2004), § 19 InsO, Rn. 37; *Drukarczyk,* MüKo-InsO (2007), § 19 InsO, Rn. 56; *Uhlenbruck,* Uhlenbruck, InsO (2010), § 19 InsO, Rn. 50; *Pape,* Kübler/Prütting, InsO (2012), § 19 InsO, Rn. 40; *Aleth/Harlfinger,* NZI 2011, 166 (169).

690 *Müller,* Jaeger InsO (op. 2004), § 19 InsO, Rn. 37; *Pape,* Kübler/Prütting, InsO (2012), § 19 InsO, Rn. 40; *Schröder,* HambKomm-InsO (2012), § 19 InsO, Rn. 18.

691 *Schröder,* HambKomm-InsO (2012), § 19 InsO, Rn. 18; *Uhlenbruck,* Uhlenbruck InsO (2010), § 19 InsO, Rn. 30; *Pape,* Kübler/Prütting, InsO (2012), § 19 InsO, Rn. 40.

692 So hat der BGH in seinem Dornier-Urteil auf einen Zeitraum von nur sechs Monaten abgestellt; BGH, Urt. v. 13.07.1992 (II ZR 269/91), BGHZ 119, 201, Rn. 15.

konkreten Fall betriebswirtschaftlich überschaubaren Zeitraum betrachtet wissen will.[693] Dieses Vorgehen ist abzulehnen und der herrschenden Meinung zuzustimmen. Die allermeisten Geschäftsmodelle können über einen Zeitraum, der das laufende und das folgende Geschäftsjahr umfasst, treffend abbilden. Ausnahmen sollten möglich sein, aber begründet werden.[694] Kann der Prognosehorizont „frei“ gewährt werden, besteht die Möglichkeit, den Horizont ohne gesonderte Begründung so zu wählen, das Ertragspotentiale erfasst, Risiko- oder Verlustpotentiale nicht betrachtet werden.[695]

### c) Überwiegende Wahrscheinlichkeit

Nach § 19 Abs. 2 InsO muss die Fortführung des Unternehmens überwiegend wahrscheinlich sein. Dieses Kriterium reflektiert den Unsicherheitscharakter dieser wie jeder anderen Prognose. Denn die Abschätzung zukünftiger Ereignisse unterliegt der Unsicherheit, die durch Wahrscheinlichkeiten operationalisiert werden kann. Dies hat der Gesetzgeber durch Aufnahme dieses Kriteriums in § 19 Abs. 2 InsO berücksichtigt. Das Kriterium der überwiegenden Wahrscheinlichkeit ist dabei nicht besonders streng. Arithmetisch skaliert entspricht dies einer Wahrscheinlichkeit von mehr als 50 %.[696] An dieser Stelle treten zwei Problemfelder zutage, die im Anschluss untersucht werden. Es ist umstritten, wie das Kriterium der überwiegenden Wahrscheinlichkeit in der Fortbestehensprognose anzuwenden ist – als qualitatives wertendes Gesamturteil oder als quantitative Wahrscheinlichkeit. Dabei geht es um die Methode, mit der man von den Annahmen zu einer Gesamtaussage kommt. Daneben ist zu klären, welche Voraussetzungen an die Annahmen, die der Prognose zugrunde liegen, zu stellen sind.

Die Frage, ob diese Anforderung als „komparative nicht quantifizierbare Hypothesenwahrscheinlichkeit“[697] oder als „quantitativ statistische“[698] zu werten

693 *Schmerbach,* FK-InsO (2013), § 19, Rn. 37; ebenso *Bußhardt,* Braun InsO (2012), § 19, Rn. 23.

694 So hat das AG Hamburg das Insolvenzverfahren über das Vermögen einer Gesellschaft eröffnet, die erst innerhalb von zwei bis drei Jahren zahlungsunfähig wurde; AG Hamburg, Beschluss v. 02.12.2011 (67c IN 421/11), ZInsO 2012, 183, Leitsatz.

695 So auch *Pape,* Kübler/Prütting, InsO (2012), § 19 InsO, Rn. 40.

696 *Pape,* Kübler/Prütting, InsO (2012), § 19 InsO, Rn. 46; *Uhlenbruck,* Uhlenbruck, InsO (2010), § 19 InsO, Rn. 51.

697 *Groß/Amen,* WPg 2002, 225 (240).

698 *Drukarczyk/Schüler,* WPg 2003, 56 (58).

ist, hat zu einer Diskussion zwischen Groß/Amen[699], die erstere Auffassung vertreten, und Drukarczyk/Schüler[700] geführt. Der BGH hat sich zu dieser Frage bislang nicht geäußert. Zunächst wird der Grundprozess einer Fortbestehensprognose dargestellt, bevor anhand dessen die unterschiedlichen Meinungen erläutert werden. Dieser Grundprozess wird in den Arbeiten von Drukarczyk/Schüler und Groß/Amen nicht schematisch dargestellt, vielmehr wird abstrakt auf ihn hingewiesen,[701] oder er wird anhand von konkreten Rechenbeispielen erläutert.[702] Seine Betrachtung lohnt, als sie das Verständnis und die Beurteilung der abstrakten Situation erleichtert.

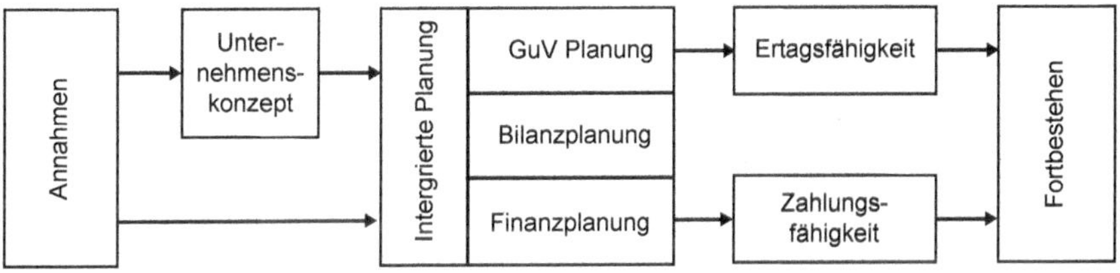


*Abb. 25: Einfluss der Annahmen bei der Erstellung einer Fortbestehensprognose*[703]

Abbildung 25 veranschaulicht den diesen Einfluss graphisch. Er besteht aus einem Set von Annahmen, die auf nicht beeinflussbaren Parametern der Unternehmensumwelt fußen, auf Parametern, die aus dem geplanten Unternehmenskonzept sowie dem angenommenen Verhalten von Stakeholdern des Unternehmens abgeleitet werden.[704] Die Parameter fließen in die Planungen der Unternehmensrechenwerke Gewinn- und Verlustrechnung (GuV), Bilanz und Cashflow-Rechnung ein, die interpendent berechnet werden. Daraus kann dann die Ertrags- und

699 Siehe *Groß/Amen,* WPg 2002, 225 und *Groß/Amen,* WPg 2003, 67.

700 Siehe *Drukarczyk/Schüler,* WPg 2003, 56.

701 Drukarczyk spricht von dem Erfordernis, einen Finanzplan, eine Planbilanz und eine Plan-GuV aufzustellen. *Drukarczyk,* MüKo-InsO (2007), § 19 InsO, Rn. 58. Groß/Amen verweisen auf das IDW, dem zufolge der Einfluss der strategischen Planung auf die Geschäftsprozesse zu berücksichtigen ist und daraus eine Ergebnis-, Bilanz- und Finanzplanung abzuleiten ist; *Groß/Amen,* WPg 2002, 225 (231).

702 *Drukarczyk,* MüKo-InsO (2007), § 19 InsO, Rn. 61–65.

703 Eigene Darstellung in Anlehnung an Abbildung 23: Schematische Darstellung einer Fortbestehensprognose.

704 Siehe dazu III. 2. d.

Zahlungsfähigkeit abgeleitet werden, die wiederum Auskunft über das Fortbestehen eines Unternehmens geben.[705]

Drukarczyk/Schülers Ermittlung der überwiegenden Wahrscheinlichkeit geht folgendermaßen vor: Es werden Annahmen als diskrete Werte definiert, die zu einem Annahmenset zusammengefasst werden. Dieses Szenario wird mit einer Gesamtwahrscheinlichkeit bewertet. Anhand des Prognoseprozesses wird eine Aussage zum Fortbestehen des Unternehmens für das zugrunde gelegte Annahmenbündel getroffen. Dieses Ergebnis tritt dann wiederum mit der dem Annahmenbündel zugemessenen Wahrscheinlichkeit ein. Da hier der Prognosehorizont in Zeitabschnitte unterteilt wird, werden für jedes Annahmenbündel mögliche Szenarien in Form von Annahmenbündeln für die Folgeperiode entwickelt. Für jeden dieser Zeitabschnitte und die verschiedenen Annahmen innerhalb dessen wird kalkuliert, ob das Unternehmen fortbestehen kann oder nicht. So entsteht ein Zustandsbaum. Die Wahrscheinlichkeit des Eintritts der einzelnen Verästelungen wird durch Multiplikation der Wahrscheinlichkeiten der zugrunde liegenden Annahmenbündel ermittelt. Für die Ableitung der Gesamtaussage über das Fortbestehen werden die Wahrscheinlichkeiten aller Zustandszweige betrachtet, die ein Fortbestehen des Unternehmens ergeben. Liegt die Wahrscheinlichkeit über 50 % ist die Fortbestehensprognose positiv.

Im Gegensatz zu dieser quantitativ statistischen Vorgehensweise plädieren *Groß/Amen* für ein „juristisches Beweismaß [...] im Sinne einer komparativen nicht quantifizierbaren Hypothesenwahrscheinlichkeit, die keinesfalls jedoch als statistisches Konzept aufzufassen ist“[706]. Zur Konkretisierung ihres Vorschlages stellen sie dar, wie über Umweltannahmen, Unternehmenskonzept, Annahmen zum Verhalten von Stakeholdern im Spannungsfeld einer Krisensituation plausibel darzulegen sind.[707] Ihr Vorschlag kann nur so interpretiert werden, dass ein Annahmenset für den gesamten Prognosezeitraum erarbeitet wird, das als solches überwiegend wahrscheinlich eintreten soll.[708] Für dieses Annahmenset wird, wie in Abbildung 25 dargestellt, errechnet, ob das Unternehmen fortbestehen kann.

705 Sowohl Drukarczyk/Schüler als auch Groß/Amen gehen im Gegensatz zu der hier vertretenen Auffassung einzig von der Zahlungsfähigkeit als entscheidendem Kriterium aus. *Groß/Amen,* WPg 2002, 225 (225); *Drukarczyk,* MüKo-InsO (2007), § 19 InsO, Rn. 53.

706 *Groß/Amen,* WPg 2002, 225 (237). Gleicher Ansicht *Uhlenbruck,* Uhlenbruck, InsO (2010), § 19 InsO, Rn. 52 und *Pape,* Kübler/Prütting, InsO (2012), § 19 InsO, Rn. 45.

707 *Groß/Amen,* WPg 2003, 67 (87).

708 Siehe dazu *Groß/Amen,* WPg 2002, 433 (447). So auch *Sikora,* ZInsO 2010, 1761 (1767).

Dieses Ergebnis ist dann analog zu dem ihm zugrunde liegenden Annahmebündel überwiegend wahrscheinlich.

Wo liegt der Unterschied in den beiden Konzeptionen? Erstes Modell basiert auf mehreren Annahmenbündeln und einer Unterteilung des Prognosezeitraums in Zeitabschnitte und ist damit mehrwertig. Das andere Verfahren basiert auf einem Annahmenbündel, was für den gesamten Prognosezeitraum gilt. Es ist einwertig. Bei erstem wird die mehrwertige Prognose durch mathematische Verknüpfung zu einem Gesamtergebnis zusammenfasst. Bei letztem entfällt dieser Schritt. Was aber nicht bedeutet, dass dieses, wie von Groß/Amen postuliert,[709] nicht statistisch wäre. Das Annahmenset, das in Summe überwiegend wahrscheinlich sein muss, ist eine qualitativ statistische Darstellung, aber eben dennoch eine statistische. An dieser Stelle wird der Kernunterschied deutlich. *Groß/Amen* müssen nur einmal Annahmen treffen und Wahrscheinlichkeiten dafür definieren und *Drukarczyk/Schüler* mehrmals. Die getroffenen Annahmen sind in beiden Fällen subjektiv.[710] Für eine mehrwertige Prognose spricht, dass sie mehrere Szenarien in die Betrachtung mit einbezieht. Ein Vorgehen, das grundsätzlich auch vom IDW für die Erstellung einer Fortbestehensprognose oder für ein Sanierungsgutachten für zweckmäßig gehalten wird.[711] Für eine einwertige Prognose spricht, dass sie einfacher zu erstellen ist, auf einer geringeren Anzahl von Annahmen beruht und durch den Verzicht auf mathematische Skalierung der Eintrittswahrscheinlichkeiten nicht den Eindruck einer scheinbaren Genauigkeit erweckt.

In der Praxis hat sich mit der Szenario Technik eine Kombination aus beiden Möglichkeiten etabliert. Für diese Methode werden drei Annahmenbündel definiert, ein Best Case, ein Worst Case und ein dazwischen liegender Management Case, der auch als Base Case bezeichnet wird.[712] Letzterer ist der Fall, der mit überwiegender Wahrscheinlichkeit angenommen wird.[713] Der Base Case und der Worst Case zeigen, welche Abweichungen von diesem Fall möglich sind, und damit, wie

709 Siehe *Groß/Amen,* WPg 2002, 225 (237).

710 Objektive Wahrscheinlichkeiten basieren auf statistischen Beobachtungen, z. B. Experimenten, die beliebig oft wiederholbar sind, wie ein Würfelwurf. Subjektive Wahrscheinlichkeiten basieren auf Annahmen, Überzeugungen bzw. Vermutungen. Parameter, wie die Entwicklung eines Marktes oder der Absatz eines Produktes, können nicht vorab im Experiment überprüft werden. Sie sind damit, auch wenn sie auf plausiblen Annahmen oder Modellen beruhen, subjektiv.

711 *IDW,* IDW FN 2009, Rn. 139.

712 Ähnlich *Kuhner,* AG 2006, 713 (719); *Vahns/Schäfer-Kunz*, Einführung in die Betriebswirtschaftslehre 2012, S. 370.

713 Vgl. *Vahns/Schäfer-Kunz*, Einführung in die Betriebswirtschaftslehre 2012, S. 370.

sensibel das Gesamtergebnis auf Veränderungen der Annahmen reagiert. Für diese drei Annahmenbündel wird der in Abbildung 20 skizzierte Grundprozess zur Erstellung einer Fortbestehensprognose durchgeführt. Im Prinzip wird damit der von Groß/Amen gemachte Vorschlag aufgegriffen und um die Szenariotechnik erweitert. In diesem Zusammenhang werden auch häufig Sensitivitätsanalysen verwendet, die den Einfluss einzelner Parameter auf das Gesamtergebnis beschreiben.

Eine weitere Lösung basiert auf der vorangegangenen Praxislösung, wobei die Bandbreite der möglichen Ergebnisse nicht durch verschiedene Annahmenbündel dargestellt wird. Sondern die Annahmen im Annahmenbündel werden nicht als diskrete Werte angenommen, sondern als normalverteilte statistische Variablen. Mit diesen statistischen Variablen wird dann wiederum der in Abbildung 20 skizzierte Grundprozess durchgeführt. Das Ergebnis in Form der Ertrags- und der Zahlungsfähigkeit ist dann ebenfalls eine normalverteilte Variable aus der dann die Fortführungsfähigkeit abgeleitet wird.

Der Streit um die richtige Anwendung der überwiegenden Wahrscheinlichkeit und die weiteren Möglichkeiten ihrer Interpretation zeigt, dass es mehrere Methoden gibt, diese zu operationalisieren. Alle Methoden haben Vor- und Nachteile, keine ist deswegen aber falsch. Für eine einwertige Prognose im Sinne Groß/Amens spricht, dass sie im Vergleich zu den anderen Methoden einfach durchzuführen ist. Sie dürfte daher besonders für kleine Unternehmen zweckmäßig sein.[714] Für größere Unternehmen wird es zweckmäßig sein, verschiedene Szenarien in die Betrachtung mit einzubeziehen. Die Methoden von Drukarczyk und die Methode der Normalverteilung erfordern ein statistisches Grundverständnis nicht nur für die Erstellung, sondern auch für die Nachvollziehbarkeit der Prognose. Da die Prognosen letztendlich von Juristen nachzuvollziehen und zu würdigen sind, scheint es zweckmäßig, eine Methode zu wählen, die auch für den statistischen Laien verständlich ist. Dies trifft am ehesten für die Methode zu, die den Management, Best und Worst Case betrachtet.

### d) Anforderungen an Prognoseannahmen

Neben den Fragen, welche Methode die Annahmen verwertet und an welcher Stelle Sie zu treffen sind, sind die Fragen, was angenommen werden darf und welche Ausprägungen diese Annahmen haben dürfen, von entscheidender Bedeutung. Annahmen sind die Basis der Prognose. Durch sie kann das Prognoseergebnis

714 So auch Drukarczyk vor dem Hintergrund, dass viele kleine Unternehmen überhaupt keine Finanzplanung betreiben; *Drukarczyk,* MüKo-InsO (2007), § 19 InsO, Rn. 78.

entscheidend beeinflusst werden. Damit die Prognose überwiegend wahrscheinlich eintritt, müssen auch die ihr zugrunde liegenden Annahmen überwiegend wahrscheinlich eintreten. Im vorangegangenen Teil wurde dargestellt, in welcher Weise die Annahmen in die Fortbestehensprognose einfließen können. Diese reichen von mehreren Annahmenbündeln mit unterschiedlichen Wahrscheinlichkeiten über ein Annahmenbündel, das per se überwiegend wahrscheinlich sein muss, bis hin zu normalverteilten Annahmen. Ohne auf jede Art von Annahmen in jeder dieser Konstellationen eingehen zu wollen, wird nachfolgend gezeigt, an welchen Stellen die Annahmen wirken und welche Kriterien die Annahmen erfüllen müssen. Zusätzlich wird exemplarisch auf Annahmen eingegangen die für die Fortbestehensprognose relevant sein können.

In diesem Zusammenhang ist die Subjektivität der Annahmen, die bereits in Teil C. II. im Rahmen der Unternehmensplanungen beschrieben wird, ein Problem. Objektiv richtige Annahmen kann es nicht geben. Diese beziehen sich auf die Zukunft und sind unbekannt. Daher sind die Annahmen nie frei von den subjektiven Erwartungen des Prognoseerstellers. Um diesen Einfluss zu minimieren, wird in der juristischen Literatur auf die Adjektive plausibel oder realistisch[715] und nachvollziehbar[716] zur Beschreibung der Anforderungen an die Annahmen abgestellt. Teilweise wird richtigerweise auch gefordert, dass der Eintritt der Annahmen selbst überwiegend wahrscheinlich sein muss.[717] Nachvollziehbarkeit bedeutet, dass die verwendeten Annahmen transparent dargelegt werden.[718] Darüber hinaus sollten Wahl und Ausprägung der Annahmen begründet werden. Unter plausibel und realistisch ist zu verstehen, dass die Annahmen entweder zu allgemein erwarteten Trends und Entwicklungen passen oder Entwicklungen, insbesondere des Unternehmens, aus der Vergangenheit fortschreiben. Dies wird für Unternehmen der Fall sein, die sich nicht in einer Krise befinden. Weichen die Annahmen von allgemeinen Erwartungen oder vergangenen Entwicklungen ab, ist darzulegen, welche zu ergreifenden Maßnahmen, die sich aus dem Sanierungskonzept ableiten, dies

---

715 *Pape,* Kübler/Prütting, InsO (2012), § 19 InsO, Rn. 43.

716 *Uhlenbruck,* Uhlenbruck, InsO (2010), § 19 InsO, Rn. 38; *Bork,* ZIP 2000, 1709 (1711).

717 *Karollus/Huemer,* Die Fortbestehensprognose im Rahmen der Überschuldungsprüfung, 2006, S. 93; *Riegger/Spahlinger,* in: Flitsch/Hagebusch/Oberle et al. (Hrsg.), FS für Jobst Wellensiek zum 80. Geburtstag, 2011, S.119 f. Eine Verlagerung der Wahrscheinlichkeit auf die Annahmen-Ebene ist allerdings nicht bei der von Drukarczyk/Schüler vorgeschlagenen Szenario-Technik möglich.

718 Analog zu § 289 Abs.1 Satz 4 HGB, dem zufolge die Annahmen, auf denen der Lagebericht im Rahmen des Jahresabschlusses basiert, anzugeben sind.

begründen. In der Unternehmensplanung entspricht dies dem gestalterischen Element der Planung. Abbildung 26 veranschaulicht die Systematik des Einflusses der Annahmen für die Fortbestehensprognose. Klar ist auch, dass einmal getroffene Annahmen nicht für immer Bestand haben. Sie sind vielmehr fortlaufend zu kontrollieren,[719] und die Prognose ist bei Veränderungen, wenn nötig, anzupassen.

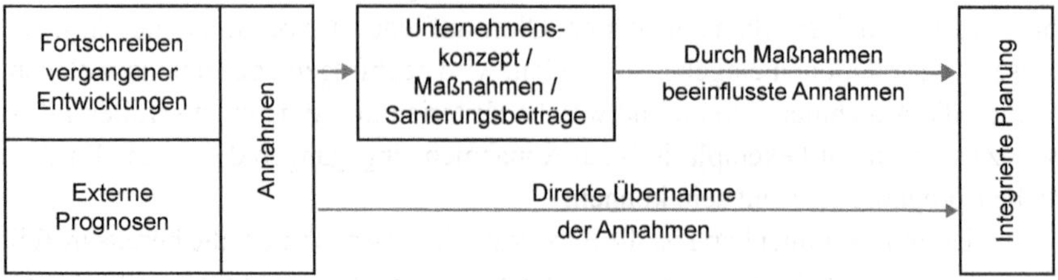


*Abb. 26: Darstellung Systematik der Annahmen*[720]

Ein Beispiel für eine externe Prognose ist die allgemeine wirtschaftliche Entwicklung, die einen Einfluss auf die Umsatzplanung im Rahmen der GuV-Planung hat.[721] Denn diese hat einen Einfluss auf die Entwicklung der Branche des Unternehmens und damit auch dessen Absatzaussichten. Hilfreich zur Plausibilisierung können auch Berichte und Analysen der Branchenverbände sein. Zu den vergangenen Entwicklungen gehört beispielsweise die Entwicklung der Fertigungskosten, die sich in der Vergangenheit jährlich um einen Faktor verändert haben. Diese Veränderung kann, wenn dies plausibel ist, für die Zukunft fortbeschrieben werden. Daraus ergibt sich zugleich eine gewisse Überprüfbarkeit der Annahmen.[722] Denn Sprünge zu vergangenen Entwicklungen und Zusammenhängen oder Abweichungen zu allgemeinen Entwicklungen werden sichtbar und müssen erläutert werden.

Befindet sich ein Unternehmen in der Krise, wird es, wie bereits beschrieben ohne Veränderungen (gestalterisches Element) das Fortschreiten der Krise nicht abwenden können. Eine Planung der Fortführung des Status quo wird nicht die in D. III. 2. a) herausgearbeiteten Kriterien der prospektiven Zahlungsfähigkeit und der Fähigkeit, keine Verluste mehr zu erwirtschaften, erfüllen können. In

719 *Uhlenbruck,* Uhlenbruck, InsO (2010), § 19 InsO, Rn. 56.

720 Quelle: Eigene Darstellung.

721 *Groß/Amen,* in: Buth/Hermanns (Hrsg.), Restrukturierung, Sanierung, Insolvenz, 2009, S. 347.

722 *Drukarczyk/Schüler,* in: Arbeitskreis für Insolvenzwesen Köln e. V. (Hrsg.), Kölner Schrift zur Insolvenzordnung, 2009, S. 28, 72.

Abbildung 26 wird auch deutlich, wo das Unternehmenskonzept[723] als Zusammenfassung aller Veränderungen im Rahmen der Fortbestehensprognose eine Rolle spielt. Nicht in jedem Fall wird die Erstellung eines vollständigen Unternehmens- bzw. Sanierungskonzeptes nötig sein.[724] Es können je nach Fallgestaltung oder Schwere der Krise auch einzelne isolierte Maßnahmen ausreichen. Auch für kleine Unternehmen sind Abstriche bei den Anforderungen zu machen, da diese weder über Kapazitäten noch über die Fähigkeiten verfügen, ein solches Konzept zu erstellen und in integrierte Rechenwerke umzusetzen.[725] Maßstab für den Umfang des Konzeptes muss die erforderliche Plausibilität der Annahmen sein. Je schwerer die Unternehmenskrise ist, desto eher muss das Unternehmen verändert bzw. saniert werden, damit die Krise sich nicht weiterentwickelt. Desto eher wird auch ein ganzheitliches Unternehmens- bzw. Sanierungskonzept notwendig.[726]

Ist ein solches Konzept, welches zumindest den Anforderungen des BGH entspricht, erstellt, können die im Vergleich zu ohne Konzept geänderten Annahmen grundsätzlich in die integrierte Unternehmensplanung übernommen werden. Voraussetzung dafür ist auch hier, dass der Erfolg der Maßnahmen überwiegend wahrscheinlich ist,[727] oder in anderer Formulierung, deren Realisierung hinreichend gesichert ist.[728] Damit ist zu klären, was dies konkret bedeutet. Es gibt kein einheitliches Fortschrittsmerkmal für alle Arten von Sanierungsmaßnahmen,[729] weshalb die Betrachtung differenziert erfolgen muss. Klar ist lediglich, dass alle Maßnahmen über „die Entwicklung von Plänen und die Erörterung von Hilfsmöglichkeiten“[730] hinausgekommen sein müssen. Auf der anderen Seite sind Sanierungsmaßnahmen, die bereits umgesetzt, aber noch nicht wirksam sind, zu berücksichtigen.[731] Aber welcher Fortschrittsgrad einer Maßnahme ausreicht,

---

723 Siehe dazu unter D. III. 2. zur Fortbestehensprognose.

724 Ähnlich *Hirte/Knof/Mock,* ZInsO 2008, 1217 (1222).

725 *Erdmann,* Die Krisenbegriffe der Insolvenzstraftatbestände (§§ 283 ff. StGB), 2007, S. 186; *Schmidt,* JZ 1982, 165 (173).

726 Ähnlich *Groß/Amen,* WPg 2003, 67 (70).

727 *Riegger/Spahlinger,* in: Flitsch/Hagebusch/Oberle et al. (Hrsg.), FS für Jobst Wellensiek zum 80. Geburtstag, 2011, S. 119, 123.

728 *IDW,* Stellungnahme des Fachausschuß Recht, FAR 1/1996: Empfehlung zur Überschuldungsprüfung bei Unternehmen 1997, S. 24.

729 *Karollus/Huemer,* Die Fortbestehensprognose im Rahmen der Überschuldungsprüfung, 2006, S. 107.

730 BGH, Urt. v. 12.11.1992 (IX ZR 236/91), WM 1993 S. 270–275 ff.

731 *Karollus/Huemer,* Die Fortbestehensprognose im Rahmen der Überschuldungsprüfung, 2006, S. 110.

damit diese überwiegend wahrscheinlich ihr Ziel erreicht, ist damit nicht geklärt. Zur genaueren Differenzierung des Fortschrittsgrades wird sich der Härtegradlogik bedient. Diese wird in der Praxis des Projektmanagements verwendet, um den Umsetzungsfortschritt einzelner Projekte zu skalieren und damit vergleichbar zu machen. In der Praxis sind Skalierungen mit 5 bis 8 Härtegraden üblich. Hier werden, veranschaulicht in Abbildung 27, 7 Härtegrade (HG) verwandt.

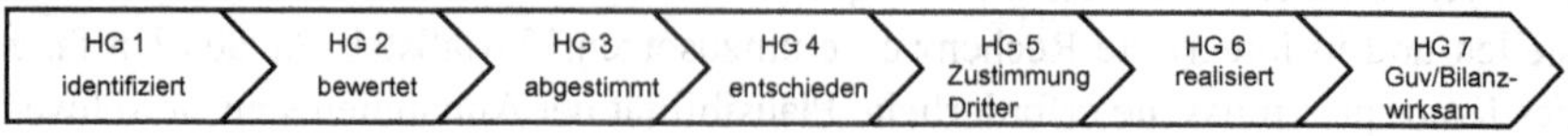


*Abb. 27: Härtegradlogik*[732]

Bei HG 1 ist für eine Maßnahme erreicht, wenn sie identifiziert wurde. Im nächsten Schritt, HG 2, sind die Ertrags- oder Liquiditätspotentiale sowie die Kosten der Maßnahmen bewertet. Ist die Maßnahme mit den unternehmensintern Beteiligten, wozu die Bereichsverantwortlichen und die Fachkompetenzträger zählen, evaluiert und abgestimmt (HG 3) wird über die Maßnahme von der Geschäftsleitung entschieden und diese, falls nötig, von den Gesellschaftern beschlossen (HG 4). Ist die Zustimmung von „Dritten", wie Kunden, Behörden oder Betriebsräten, zur Durchführung der Maßnahme erforderlich und wird gewährt, ist HG 5 erreicht. Wenn die Maßnahme abgeschlossen ist (HG 6), kann es sein, dass die Rechenwerke des Unternehmens den Erfolg dieser Maßnahmen verzögert widerspiegeln, was dann durch HG 7 identifiziert wird.[733]

So kann unabhängig von der sich anschließenden Differenzierung für alle Sanierungsmaßnahmen klargestellt werden, dass HG 6 (die Realisierung der Maßnahmen) für ihre Berücksichtigung in der Planung ausreicht. Andererseits kann HG 3 als Minimalforderung angesehen werden, da ohne eine Abstimmung der Maßnahmen mit den (Bereichs-)Verantwortlichen und Fachleuten im Unternehmen unsicher ist, ob die Maßnahmen überhaupt umsetzbar sind.

Die Meinungen darüber, wie weit interne Maßnahmen, die ohne Zustimmung Dritter umsetzbar sind, fortgeschritten sein müssen, sind unterschiedlich. Sollen z. B. Produktionsabläufe umgestaltet werden, ist dazu nur der Beschluss der Geschäfts- oder Bereichsleitung nötig.[734] Kleindiek verlangt, dass die Maßnahmen

732 Quelle: Eigene Darstellung.

733 Beispiel hierfür sind wirksame Kündigungen, bei denen der Personalaufwand sich erst nach Ablauf der Kündigungsfrist reduziert.

734 Ausnahmen hierzu sind besonders in sicherheitssensiblen Branchen möglich, wo nicht nur das Endprodukt, sondern auch der Produktionsprozess zertifiziert ist.

hinreichend gesichert sein müssen.[735] Dies versteht er offenbar als eine geringere Anforderung als die „überwiegende Wahrscheinlichkeit", die er zusätzlich als Kriterium für den Fall, dass Dritte zustimmen müssen, sieht.[736] Pape will schon eingeleitete und geplante Maßnahmen zulassen, wenn ihr Erfolg mit überwiegender Wahrscheinlichkeit eintritt.[737] Strenger ist die von mehreren Autoren vertretene und daher als herrschende Meinung zu wertende Anforderung, die eine konkrete Planung, eine feste Verwirklichungsabsicht und wenn nötig eine Gesellschafterzustimmung voraussetzt.[738] Die Forderung nach der Gesellschafterzustimmung bedeutet, dass zuvor auch das Management die Maßnahme beschlossen haben muss. Daher ist zu dieser Meinung auch Kirchhof zu zählen, der eine rechtliche Sicherung der Maßnahme fordert.[739] Denn bei diesen internen Maßnahmen ohne Zustimmungsvorbehalt reicht der Beschluss seitens des Unternehmens aus, um die Maßnahme umzusetzen. Der herrschenden Meinung ist zuzustimmen. In Härtegraden entspricht sie dem HG 4. Dieser beinhaltet eine Bewertung und Plausibilisierung der Maßnahme auch mit den unternehmensinternen (Bereichs-) Verantwortlichen und Fachleuten, was eine Plausibilisierung und damit Durchsetzbarkeit sicherstellt.

Häufiger werden Maßnahmen sein, die nicht vom Unternehmen allein beschlossen werden können, sondern zu denen Dritte zustimmen müssen, bevor sie umgesetzt werden können. Beispiele hierfür sind Preisreduktionen gegenüber den Lieferanten, Preiserhöhungen gegenüber den Kunden oder die Zustimmung des Betriebsrates bzw. der Belegschaft zu Lohn- und Gehaltsreduktionen oder Entlassungen. Auch die Veräußerung von nicht betriebsnotwendigem Vermögen zählt dazu. Denn um diese durchzuführen zu können, muss nicht nur die Veräußerung beschlossen, sondern auch ein Käufer gefunden sein. Eindeutigkeit besteht, wenn Dritte die Maßnahmen abgelehnt haben. Sie dürfen dann nicht berücksichtigt werden.[740] Für weniger eindeutige Fälle verlangt Kleindiek im Vergleich zur vorangegangenen Fallgruppe zusätzlich die überwiegende Wahrscheinlichkeit des Maßnahmenerfolges.[741] Pape verlangt im Gegensatz dazu, dass Maßnahmen

735 *Kleindiek,* Lutter/Hommelhoff, GmbHG (2012), Anhang zu § 64 GmbHG, Rn. 28.

736 *Kleindiek,* Lutter/Hommelhoff, GmbHG (2012), Anhang zu § 64 GmbHG, Rn. 28.

737 *Pape,* Kübler/Prütting, InsO (2012), § 19 InsO, Rn. 44.

738 *Haas,* Baumbach/Hueck, GmbHG (2013), § 64 GmbHG, Rn. 45, 45a; *Sikora,* NWB 2009, 4025 (4031); *Karollus/Huemer,* Die Fortbestehensprognose im Rahmen der Überschuldungsprüfung, 2006, S. 108 f.

739 *Kirchhof,* HK-InsO (2011), § 19 InsO, Rn. 12.

740 BGH, Urt. v. 23.02.2004 (II ZR 207/01), ZIP 2004 S. 1049–1053 ff.

741 *Kleindiek,* Lutter/Hommelhoff, GmbHG (2012), Anhang zu § 64 GmbHG, Rn. 28.

vorangegangener Fallgruppe überwiegend wahrscheinlich und in dieser Konstellation zusätzlich hinreichend gesichert sein müssen.[742] Vom Kriterium „hinreichend gesichert“ geht auch das IDW aus.[743] Klarer äußern sich Karollus und Huemer, denen zufolge grundsätzlich eine rechtsverbindliche Zustimmung der externen Partei vorliegen muss.[744] In Ausnahmefällen sind ihnen zufolge aber auch geringere Anforderungen maßgeblich. Muss bei geplanten Kündigungen der Betriebsrat zustimmen, soll auch eine im Rahmen von Vorgesprächen signalisierte Unterstützung ausreichen.[745] Bei Konditionsverhandlungen mit Lieferanten sollen bei guter Verhandlungsposition des Kunden realistische Erwartungen auch ohne Verhandlung oder Einigung aufgenommen werden können.[746] Die aufgeführten Meinungen lassen sich wie folgt zusammenfassen: Ein Härtegrad von 5 ist maßgeblich und ein Härtegrad von 4 ausreichend, wenn die Verhandlungen mit der externen Partei erfolgversprechend und damit überwiegend wahrscheinlich sind.

Besteht eine Maßnahme darin, dem Unternehmen Eigenkapital zuzuführen, ist dies grundsätzlich vergleichbar mit der vorangegangenen Konstellation. Auch hier sind Dritte, die Eigenkapitalgeber an der Durchführung der Maßnahme beteiligt. Zu der Zufuhr von Eigenkapital können auch Verlustausgleichszusagen oder Verlustübernahmen durch Gesellschafter zählen.[747] Für die Maßnahmen der Außenfinanzierung, zu denen die Zuführung von Eigenkapital gehört, hat das OLG Köln geurteilt, dass diese nachweislich zur Verfügung stehen müssen.[748] Konkret sieht es einen beabsichtigten Gang an die Börse als Hoffnungswert an, der ohne verbindliche Zusagen nicht ausreicht.[749] Daraus schließt Sikora, dass eine rechtsverbindliche Zusage vorliegen muss,[750] was er dann aber wieder durch Ausnahmen aufweicht. Eine Ausnahme soll es ihm zufolge für gemeinnützige Unternehmen

742 *Pape,* Kübler/Prütting, InsO (2012), § 19 InsO, Rn. 44.

743 *IDW,* Stellungnahme des Fachausschuß Recht, FAR 1/1996: Empfehlung zur Überschuldungsprüfung bei Unternehmen, 1997, S. 24.

744 *Karollus/Huemer,* Die Fortbestehensprognose im Rahmen der Überschuldungsprüfung, 2006, s. 109; dem schließt sich *Sikora,* NWB 2009, 4025 (4031). an.

745 *Karollus/Huemer,* Die Fortbestehensprognose im Rahmen der Überschuldungsprüfung, 2006, S. 109.

746 *Karollus/Huemer,* Die Fortbestehensprognose im Rahmen der Überschuldungsprüfung, 2006, S. 109.

747 *Karollus/Huemer,* Die Fortbestehensprognose im Rahmen der Überschuldungsprüfung, 2006, S. 111.

748 OLG Köln, Urt. v. 05.02.2009 (I-18 U 171/07, 18 U 171/07), ZIP 2009, 808, Rn. 42.

749 OLG Köln, Urt. v. 05.02.2009 (I-18 U 171/07, 18 U 171/07), ZIP 2009, 808, Rn. 42.

750 *Sikora,* ZInsO 2010, 1761; *Sikora,* NWB 2009, 4025 (4031).

geben, deren Spenden und Beiträge ohne Rechtsverbindlichkeit schon bei deren überwiegender Wahrscheinlichkeit berücksichtigt werden dürfen.[751] Dem ist im Ergebnis zuzustimmen. Denn Spenden und Beiträge sind geplante Einnahmen. Diese sind auf Basis vergangener Erfahrungen zu planen. Allerdings ist dies keine Frage der Zuführung von Eigenkapital. Eine wirkliche Ausnahme bei Sikora sind Sanierungserwerbe, die in diesem Zusammenhang erstmals von Karollus/Huemer thematisiert werden.[752] Sanierungserwerbe sind ihnen zufolge Unternehmenskäufe, bei denen ein finanzkräftiger Investor Krisenunternehmen zum Zwecke der Sanierung erwirbt. [753] Die Eigenkapitalstärkung durch den zukünftigen Eigentümer soll auch dann berücksichtigt werden können, wenn der Erwerber nach dem Kauf Eigenkapital zuführen wird und Verkaufsverhandlungen sehr sicher zum Abschluss kommen.[754] Zusätzlich dürfen dem Anteilsverkauf oder dessen Vollzug sehr wahrscheinlich keine sonstigen Punkte, wie Genehmigungen oder Bedingungen, entgegenstehen.[755] Diese Ausnahme begründen sie damit, dass sonst bei der langen Dauer von Sanierungserwerben Unternehmen, die sehr wahrscheinlich saniert werden können, Insolvenz anmelden müssen.[756] Eine weitere Ausnahme sieht Sikora in dem Fall, in dem das bisherige Gesellschafterverhalten darauf schließen lässt, dass es zu weiterer Zuführung von Eigenkapital bereit ist.[757] Unklar ist, warum es sich bei dieser von ihm treffend auch aus dem Dornier-Urteil des BGH[758] abgeleiteten Fallgestaltung um eine Ausnahme handeln soll. Vielmehr ist hierin, und das schließt die vorangegangene Ausnahme mit ein, die Regel zu sehen. Denn eine rechtsverbindliche Zusage auf eine Eigenkapitalfinanzierung macht diese mehr als überwiegend wahrscheinlich. Vielmehr wird sie, vorausgesetzt der Anspruch ist werthaltig, was aber in diesem Falle selbstverständlich gegeben sein

751 *Sikora,* ZInsO 2010, 1761 (1771).
752 *Karollus/Huemer,* Die Fortbestehensprognose im Rahmen der Überschuldungsprüfung, 2006, S. 116, so auch *Sikora,* ZInsO 2010, 1761 (1771).
753 *Karollus/Huemer,* Die Fortbestehensprognose im Rahmen der Überschuldungsprüfung, 2006, S. 116; so auch *Sikora,* ZInsO 2010, 1761 (1771).
754 *Karollus/Huemer,* Die Fortbestehensprognose im Rahmen der Überschuldungsprüfung, 2006, S. 120; so auch *Sikora,* ZInsO 2010, 1761 (1771).
755 *Karollus/Huemer,* Die Fortbestehensprognose im Rahmen der Überschuldungsprüfung, 2006, S. 120; so auch *Sikora,* ZInsO 2010, 1761 (1771).
756 *Karollus/Huemer,* Die Fortbestehensprognose im Rahmen der Überschuldungsprüfung, 2006, S. 120; so auch *Sikora,* ZInsO 2010, 1761 (1771).
757 *Sikora,* ZInsO 2010, 1761 (1771).
758 BGH, Urt. v. 13.07.1992 (II ZR 269/91), BGHZ 119, 201.

muss,[759] mit an Sicherheit grenzender Wahrscheinlichkeit stattfinden. Weder der Gesetzeswortlaut noch die Gesetzesbegründung geben aber einen Anhaltspunkt dafür, dass Elemente der Fortführungsprognose strengere Anforderungen als die überwiegende Wahrscheinlichkeit erfüllen müssen.[760] Damit ist diese Anforderung zu streng und daher abzulehnen.[761] Vielmehr müssen die konkreten Verhandlungen mit den potentiellen Eigenkapitalgebern bereits erfolgt sein und überwiegend wahrscheinlich zum Erfolg führen, was wie in der vorangegangenen Fallgruppe einem Härtegrad von 4 und bei erfolgversprechenden Verhandlungen von 5 entspricht. Gleiches muss auch für Finanzierungsbeiträge von Gläubigern gelten.[762] Für diese Auffassung spricht auch die Praxis der Start-Up-Finanzierung. Denn diese machen in ihrer Anlaufphase nicht nur Verluste, sondern sind meist echte „Cash-Burner". Ihre Unternehmensplanungen sind darauf ausgelegt, dass dem Unternehmen durch die nächste Finanzierungsrunde Eigenkapital zugeführt wird. Würde die von Sikora favorisierte Lösung gelten, müsste für Start-Ups zweierlei gelten: Entweder sie sind nur von einem Investor finanziert, damit Sikoras Ausnahmen des üblichen Investorenverhaltens greift, oder wenn in Zukunft auch andere Investoren beteiligt werden sollen, müssen feste Finanzierungszusagen über die nächsten 1 bis 1,5 Jahre vorliegen.[763] Beides wird in der Praxis fast nie der Fall sein und würde Unternehmensgründungen über die Maßen erschweren.

Die Gruppe, bei der Fremdkapital zugeführt wird, ist prinzipiell mit der vorangegangenen Gruppe gleichzusetzen, da auch sie vom Willen Dritter, hier meist der Banken, abhängt.[764] So gelten auch hier die gleichen Voraussetzungen wie in diesen Fällen. Die Verhandlungen müssen überwiegend wahrscheinlich erfolgreich verlaufen. Sikora argumentiert, dass noch nicht einmal Verhandlungen nötig sind, wenn das Unternehmen kreditwürdig ist, da in diesem Fall der Bankenmarkt

---

759 *Karollus/Huemer,* Die Fortbestehensprognose im Rahmen der Überschuldungsprüfung, 2006, S. 116; *Sikora,* NWB 2009, 4025 (4031).

760 *Riegger/Spahlinger,* in Flitsch/Hagebusch/Oberle et al. (Hrsg.), FS für Jobst Wellensiek zum 80. Geburtstag, 2011, S. 119, 123.

761 So im Ergebnis auch *Aleth/Harlfinger,* NZI 2011, 166 (171).

762 Vgl. zur inhaltlichen Ähnlichkeit dieser Sanierungsbeiträge zu Eigenkapitalzuführungen mit anderem Ergebnis *Sikora,* ZInsO 2010, 1761 (1771).

763 Sikora will das Problem über einen kürzeren Prognosezeitraum lösen; *Sikora,* ZInsO 2010, 1761 (1766). Dies ist abzulehnen. Denn dann könnten dies auch andere Unternehmen für sich in Anspruch nehmen, die Verluste machen und deren Liquidität nicht für den Regelzeitraum von 1 bis 1,5 Jahren ausreicht.

764 Ähnlich *Sikora,* ZInsO 2010, 1761 (1771).

in jedem Falle eine Finanzierung gewährleistet.[765] Da der Bankenmarkt aber nicht perfekt ist und daher nicht jedem kreditwürdigen Unternehmen zwingend auch ein Kredit gewährt wird, ist davon auszugehen, dass Verhandlungen aufgenommen sein und sich in einem aussichtsreichen Stadium befinden müssen. Das Kriterium der Kreditwürdigkeit muss als Voraussetzung vorliegen, damit die Verhandlungen überhaupt erfolgreich verlaufen können.

| ***HÄRTEGRADE*** | HG1 | HG2 | HG3 | HG4 | HG5 | HG6 | HG7 |
|---|---|---|---|---|---|---|---|
| 1. Interne Maßnahmen | ✖ | ✖ | ✖ | ● | ● | ● | ● |
| 2. Maßnahmen mit Zustimmungsbedürftigkeit Dritter | ✖ | ✖ | ✖ | △ | ● | ● | ● |
| 3. Zuführung von Eigenkapital und Finanzieungshilfen der Gläubiger | ✖ | ✖ | ✖ | △ | ● | ● | ● |
| 4. Zuführung Fremdkapitel | ✖ | ✖ | ✖ | ● | ● | ● | ● |
| ***BESCHREIBUNG*** | (identifiziert) | (bewertet) | (abgestimmt) | (entschieden) | (Zustimmung Dritter) | (realisiert) | (GuV- bzw. Bilanzwirksam) |

**Legende:** ✖ nicht ausreichend △ ausreichend aber Verhandlungserfolg überwiegend wahrscheinlich ● ausreichend

*Abb. 28: Erforderliche Härtegrade für die Berücksichtigung von Sanierungsmaßnahmen*[766]

Abbildung 28 fasst die Ergebnisse der Betrachtung der jeweils für eine Berücksichtigung erforderlichen Härtegrade nach Sanierungsmaßnahmen zusammen. Hierbei wird deutlich, dass zwar gewisse Anforderungen zu stellen sind, in den meisten Fällen aber HG 4 oder HG 5 ausreichen. Ob die Sanierungsmaßnahmen dann aber tatsächlich so wie geplant und beschlossen durchgeführt werden oder wie erfolgreich sie sind, bleibt unsicher.

Der BGH verlangt im Rahmen der Anfechtungsprozesse, dass das Sanierungskonzept zumindest schon in Anfängen in die Tat umgesetzt sein muss.[767] Dies bestätigt die obigen Ausführungen. Ist eine Maßnahme beschlossen, wird mit ihrer Umsetzung begonnen, es sein denn, der Beginn der Umsetzung ist zu einem späteren Zeitpunkt geplant. Letzteres dürfte in einer Krisensituation nur die Ausnahme sein. Daher werden Maßnahmen eines ernstgemeinten Sanierungskonzeptes, wenn sie HG 3 bzw. HG 4 erreicht haben, auch immer schon in Anfängen

---

765 *Sikora,* ZInsO 2010, 1761 (1771).

766 Quelle: Eigene Darstellung.

767 BGH, Urt. v. 08.12.2011 (IX ZR 156/09), ZIP 2012, 137, Rn. 11; BGH, Urt. v. 12.11.1992 (IX ZR 236/91), WM 1993, 270, Rn. 30.

umgesetzt sein. Die Ausführungen des BGH stellen daher lediglich sicher, dass es sich nicht um ein Konzept handelt, das bloß „auf dem Papier“ besteht.

## 3. Zusammenfassung

Der Inhalt des Überschuldungsbegriffs hat sich von einem statisch geprägten Vergleich von Vermögen und Schulden hin zu einer dynamischen Auffassung gewandelt. Der Hintergrund ist das zunehmend dynamische Vermögensverständnis. Entscheidend ist nicht mehr der ohnehin schwierig zu messende Wert der Einzelbestandteile eines Vermögens, sondern der Nutzen, der aus ihm gezogen werden kann. Daher stellt der Überschuldungsbegriff der InsO richtigerweise, wenn auch nur zurzeit, im Rahmen der modifizierten zweistufigen Überschuldungsprüfung entscheidend auf die Fortbestehensprognose ab. Das prognostische Element tritt damit auch begrifflich direkt zutage. Die Prognose stellt auf das Kriterium der prospektiven Zahlungsfähigkeit[768] ab und muss, wie gezeigt wird, zusätzlich nachweisen, dass das in Frage stehende Unternehmen in Zukunft in die Lage versetzt wird, keine Verluste mehr zu erwirtschaften. Dieser Zusatz stellt auch die Abgrenzung der Überschuldung zur Zahlungsunfähigkeit wieder her, da die Betrachtung der Ertragsfähigkeit auf die Entwicklung des Unternehmensgesamtvermögens abstellt und nicht nur auf die des Vermögens an liquiden Mitteln. Sind die Kriterien der prospektiven Zahlungsfähigkeit und der Ertragsfähigkeit erfüllt, ist eine Gläubigergefährdung durch den Nutzen, der aus dem Unternehmen gezogen werden kann, ausgeschlossen. Damit erfüllt die Überschuldung den aus dem ökonomischen Modell in B. II. 2. Bedarf einer prospektiven Gläubigergefährdung. Auch wenn dies aus dem Begriff der Überschuldung nicht offensichtlich ist. Dieser dynamischen, zukunftsbezogenen Auffassung ist das Problem der Prognose inhärent. Denn die Zukunft ist unsicher und damit können sich Prognosen im Nachhinein immer als falsch erweisen. Die damit einhergehenden Probleme der Justiziabilität der Prognose sind zugleich das Hauptargument der Vertreter eines eher statisch orientierten Überschuldungsverständnisses. Damit steckt die Überschuldung im „Dilemma zwischen den Geboten der Justiziabilität und der betriebswirtschaftlich unvermeidlichen Antizipation künftiger (In-)Solvenz“[769].

---

768 Moxter forderte 1988 die Zeitraumilliquidität bei der Überschuldung, weil sich seiner Ansicht nach keine Vermögensbewertungskonzeption mit dem Zweck der Überschuldungsprüfung deckt; *Moxter,* in: Büschgen (Hrsg.), Handwörterbuch der Finanzwirtschaft, 1988, N 630–636, N 635 f.

769 *Schmidt,* DB 2008, 2467 (2467).

Die Probleme liegen dabei auf zwei Ebenen. Die Prognose baut auf Annahmen auf. Diese leiten sich entweder direkt aus allgemeinen oder unternehmensinternen Entwicklungen ab oder werden aus einem Unternehmens- oder Sanierungskonzept abgeleitet. Auf dieser Ebene liegt das eigentliche Prognoseproblem, denn der Eintritt dieser Annahmen ist unsicher, und sie können nicht frei von subjektiven Erwartungen sein. Hier liegt der Ermessensspielraum des Prognoseerstellers. Er wird nur schwach durch die Grenzen der Plausibilität und der überwiegenden Wahrscheinlichkeit begrenzt. Die zweite Ebene ist die handwerkliche Prognoseerstellung. Auf der Basis der getroffenen Annahmen muss die Prognose anhand der Rechenwerke GuV, Bilanz und Cashflow-Rechnung abgeleitet werden. Dies ist für große professionell geführte Unternehmen, die sich darüber hinaus fachkompetente Berater leisten können, kein Problem. Je kleiner die Unternehmen, desto schwieriger wird dies.

Dies zeichnet sich in den Interviews sehr deutlich ab: Alle von den Interviewpartnern, die nicht Geschäftsführer sind und in Ihrer Praxis mehrere Unternehmen im Blick haben und so Vergleiche anstellen können (11 von 14 Interviewpartnern), sehen einen großen Unterschied zwischen kleinen und großen Unternehmen, was Erstellung und Handhabung einer Fortbestehensprognose angeht. (Quelle: Auszählung Antworten Themenbereich Nr. 1.) Drei Interviewpartner begründen dies allein damit, dass es bei kleinen Unternehmen meist schon an der Buchhaltung fehlt, auf die eine Planung aufsetzen könnte. Eine Finanz- und Ertragsplanung für das laufende und auch kommende Jahr ist bei diesen nicht vorhanden und kann auch ex post nur mit unverhältnismäßig hohem Aufwand rekonstruiert werden. Dies führt dann auch dazu, dass die Gerichte die Überschuldung nicht genau ermitteln können.[770]

Auf die Frage 2.1. zur Relevanz der Überschuldung auf der Basis der modifizierten zweistufigen Methode bei Insolvenzanträgen, haben sich 11 Interviewpartner geäußert. Vier Interviewpartner sind der Ansicht, dass die Überschuldung eine Rolle spielt. Drei von diesen grenzen die Relevanz aber auf sehr große Unternehmen ein; die verbleibenden Interviewpartner beschränken dies auf ca. 10 % der Fälle. Sieben Interviewpartner sind der Meinung, die Überschuldung spiele keine Rolle. Zwei davon präzisieren ihre Angaben dahin, dass bis zur Zahlungsunfähigkeit gewartet wird und ein Geschäftsführer bestätigt dies indirekt, indem er nur die

770 So vermuten Hunkemöller/Tymnann, *Hunkemöller/Tymann,* ZInsO 2011, 712 (717), anhand der Ausführungen von Möhlmann-Mahlau und Schmitt, *Möhlmann-Mahlau/Schmitt,* NZI 2009, 19 (24), dass Strafverfahren wegen Insolvenzverschleppung meist gegen Zahlung einer geringen Geldstrafe eingestellt werden.

Liquidität betrachtet. Damit wiederholt sich die schon bei der Zahlungsfähigkeit festgestellte Problematik, dass die prognostischen Elemente nur von großen Unternehmen beachtet werden.

Die damit einhergehenden Probleme und Unsicherheiten haben zum Wankelmut des Gesetzgebers bei der Gestaltung der Überschuldung geführt. Dessen ist sich auch der Gesetzgeber bewusst.[771] In der Literatur hat dies zu einer Fülle von Lösungsvorschlägen für die Überschuldung geführt. Dazu zählen die Vorschläge, eine erweiterte zusätzliche Planungspflicht für Unternehmen zu kodifizieren,[772] die Überschuldung zu einem Antragswahlrecht zu machen oder gar ganz aufzugeben.

Die Überschuldungsprüfung greift auf die Methodik einer mittelfristigen Unternehmensplanung zurück. Es werden die Kerngrößen Liquidität und nach der hier vertretenen Ansicht auch die des Ertrages berücksichtigt. Die zusätzliche Betrachtung eines Wertes, der nichts anderes darstellt als die Diskontierung der zuvor geplanten Erträge oder Cashflows bringt keinen zusätzlichen Erkenntnisgewinn. Daher ist eine Rückkehr zum zweistufigen Überschuldungsbegriff der InsO zur Zeit ihrer Einführung abzulehnen. Die Frage, ob eine Überschuldungsprüfung gänzlich ausgesetzt werden sollte, wird durch die zuvor gewonnenen Erkenntnisse der Ökonomik beantwortet. In der ökonomischen Theorie wurde in B. I. 3. im Rahmen des Prinzipal-Agenten-Modells aufgezeigt, dass der Agent, hier der Geschäftsführer, eine starke Motivation hat, in Situationen mit geringem Eigenkapital riskantere Geschäfte zulasten der Gläubiger durchzuführen. Die ökonomische Analyse hat für die ersten beiden Modellen gezeigt, dass eine Berücksichtigung der Zukunftsaussichten eines Unternehmens aus Gläubigersicht sinnvoll ist und zudem besser vor Verlusten schützen kann als eine Zahlungsunfähigkeit. Im letzten Modell der ökonomischen Analyse unter B. II. 3. wurde zudem gezeigt, dass das Abstellen auf eine Zahlungsunfähigkeit allein Gläubiger, die nicht mit dem Schuldner verhandeln können, ausbeutungsoffen gegenüber den verhandelnden Gläubigern und dem Schuldner sind. Die Überschuldungsprüfung sollte daher in Form der modifizierten zweistufigen Methode K. Schmidts beibehalten werden.

Kritisch ist die der Prognose der Überschuldung innewohnende mittelfristige Planung. Denn diese wird scheinbar vor allem von kleineren Unternehmen nicht durchgeführt und damit fehlen in Krisenzeiten auch die Fähigkeiten eine

---

771 So fordert der Bundestag die Bundesregierung in der Gesetzesbegründung zur Verlängerung des temporär gültigen Überschuldungsbegriff auf einen Erfahrungsbericht zum Überschuldungsbegriff zu erstellen; BT-Drs. 16/13927, S. 5.

772 *Groß,* in: Flitsch/Hagebusch/Oberle et al. (Hrsg.), FS für Jobst Wellensiek zum 80. Geburtstag, 2011, 23, 26; *Greil/Herden,* ZInsO 2011, 109 (116).

Fortbestehensprognose zu erstellen. Eine kriminalistische Methode, die einen Nachweis wie bei der Zahlungsunfähigkeit erleichtern würde, gibt es bei der Überschuldung nicht. Wie sich dies im Rahmen der Haftung, die an der Überschuldung hängt, auswirkt und berücksichtigt wird, ist Gegenstand des Teils E zur Haftungsbewehrung der Insolvenzgründe.

## IV. Zusammenfassung

Der vorangegangene Teil hat die bestehenden Insolvenzgründe eingehend auf einen möglichen Zukunftsbezug untersucht und dessen Wirkungen herausgearbeitet. Der Zukunftsbezug der Zahlungsfähigkeit (§ 17 InsO) wird dadurch hergestellt, dass beurteilt wird, inwiefern zukünftige Aus- und Einzahlungen in der Gegenüberstellung von Zahlungsmitteln und -verpflichtungen berücksichtigt werden. Dass dies kurzfristig möglich ist, äußert sich vor allem in der Drei-Wochen-Frist zur Abgrenzung von Zahlungsstockung und Zahlungsunfähigkeit. Mit dieser kann der planende Geschäftsleiter eine Insolvenz bei absehbarer Wiedererlangung der Liquidität vermeiden bzw., wenn die geplante Wiedererlangung der Liquidität nicht eintritt, hinauszögern. Die Überschuldung nach § 19 InsO blickt mit der derzeit vornehmlich maßgeblichen Fortbestehensprognose mittelfristig in die Zukunft. Dabei ist neben der Liquidität auch die Ertragsfähigkeit zu berücksichtigen. Damit schafft die Überschuldung keinen erweiterten Handlungsspielraum für den planenden Geschäftsleiter, sondern verpflichtet vielmehr zur mittelfristigen Planung. Damit greift der Tatbestand den im ökonomischen Teil der Arbeit herausgestellten Bedarf an einer prospektiven Gläubigergefährdung auf. Es wurde zudem gezeigt, dass die derzeit gültige modifizierte zweistufige Methode zur Überschuldungsermittlung beibehalten werden sollte. Die drohende Zahlungsunfähigkeit nach § 18 InsO steht dem Geschäftsleiter als Option offen. Dabei kann die Betrachtung der zukünftigen Liquidität kurzfristig, wie bei der Zahlungsunfähigkeit, oder mittelfristig, wie bei der Überschuldung, erfolgen. Damit greifen die Insolvenzgründe die betriebswirtschaftlichen Kerngrößen der Liquidität und des Ertrages auf.

Die Literatur und die Experteninterviews deuten an, dass die Berücksichtigung von zukünftigen Ereignissen im Rahmen der Insolvenzgründe in der Praxis schwierig ist, weil vor allem kleine Unternehmen nicht planen. Vielmehr mangelt es häufig schon an der Transparenz über die aktuelle, aus der vergangenen Unternehmensleistung resultierenden Situation mittels Buchhaltung. Es wird dann häufig nach dem Prinzip Hoffnung weitergearbeitet, sodass es zu einer Situation kommt, die ein Interviewpartner so beschreibt: „Die Insolvenzanträge werden meist zu einem Zeitpunkt gestellt, in dem die Unternehmenslage so kritisch ist, dass die Beachtung der Drei-Wochen-Frist oder der Fortbestehensprognose nicht mehr relevant ist.“[773] Dies zeigt, dass neben der Berücksichtigung der Zukunftsaussichten auch Probleme bei der Analyse und der Beurteilung der aktuellen Unternehmenssituation bestehen.

Das Problem der mangelnden Planung ist bei der Zahlungsunfähigkeit weniger stark ausgeprägt, weil nur kurzfristig in die Zukunft geschaut wird. Zudem wirkt der Blick in die Zukunft eher als optionale exkulpierende Fristverlängerung, und der Nachweis der Zahlungsunfähigkeit durch Dritte kann auch indiziengestützt bzw. kriminalistisch geführt werden. Bei der Überschuldung ist dieses Problem größer, weil weiter in die Zukunft und unternehmensübergreifend geplant werden muss. Indiziell gibt es zwar Anzeichen, die auf eine Überschuldung hindeuten, wie etwa die Unterbilanz nach Handelsrecht, aber einen indiziellen Nachweis oder eine kriminalistische Methode gibt es für die Überschuldung nicht. Zudem ist die Überschuldungsprüfung eine Verpflichtung und keine Option. Die drohende Zahlungsunfähigkeit ist in dieser Hinsicht gänzlich unproblematisch, da sie gänzlich ohne Antragsverpflichtung gestaltet ist. Wie diesem Problem bei der an den Insolvenzgründen hängenden Geschäftsleiterhaftung begegnet wird, wird im nächsten Teil der Arbeit gezeigt.

773 Insolvenzrichter Frank Frind.

# E. Haftungsbewehrung

Die Pflicht für juristische Personen und Gesellschaften ohne Rechtspersönlichkeit bei Vorliegen von Zahlungsunfähigkeit oder Überschuldung einen Insolvenzantrag zu stellen, regelt § 15a Abs. 1 InsO. Demnach hat die Antragstellung ohne schuldhaftes Zögern, spätestens aber drei Wochen nach Eintritt der Insolvenzreife zu erfolgen. Wobei diese gemäß der Ausgestaltung der drohenden Zahlungsunfähigkeit als Antragswahlrecht nur an Zahlungsunfähigkeit und Überschuldung festgemacht wird. Zuvor, d. h. bis zur Einführung des MoMiG 2008 war die Insolvenzantragspflicht rechtsformspezifisch in § 92 Abs. 2 AktG a. F., § 64 Abs. 1 GmbHG a. F. und § 130a Abs. 1 HGB a. F. geregelt. Ziel der Verlagerung in das Insolvenzrecht ist es, auch ausländische Gesellschaften, die auf Basis der europäischen Niederlassungsfreiheit in Deutschland ansässig sind, von der Insolvenzantragspflicht zu erfassen.[774] Adressaten der Antragstellungspflicht sind nach § 15a Abs. 1 Satz 1 und 2 InsO die Mitglieder ihres Vertretungsorgans und somit die Geschäftsführer einer GmbH oder die Vorstände einer Aktiengesellschaft bzw. deren Liquidatoren. Zusätzlich sind auch faktische Geschäftsführer betroffen.[775] Nach § 15a Abs. 3 InsO sind im Falle der Führungslosigkeit der Gesellschaft auch Gesellschafter der GmbH und die Aufsichtsräte der AG oder der Genossenschaft zur Antragstellung verpflichtet. Wie auch bislang, wird im Folgenden zusammenfassend vom Geschäftsleiter gesprochen.

Nachfolgend werden Haftungsnormen dargestellt und darauf untersucht, wie sie die Probleme der Prognose unter Berücksichtigung der nicht vorhandenen Planung vor allem kleiner Unternehmen aufgreifen. Zuvor muss geklärt werden, welches Ziel mit den Haftungsnormen verfolgt wird. Die Insolvenzantragspflicht kann als Korrelat der Haftungsbeschränkung aufgefasst werden.[776] Sie beschränkt

---

774 BT-Drs. 16/6140, S. 55; *Richter,* in: Müller-Gugenberger/Alexander (Hrsg.), Wirtschaftsstrafrecht, 2011, S. 2534, Rn. 2.

775 BGH, Urt. v. 21.03.1988 (II ZR 194/87), BGHZ 104, 44, Leitsatz; *Altmeppen,* Altmeppen/Roth, GmbHG (2012), Vor § 64 GmbHG, Rn. 57; *Kleindiek,* Lutter/Hommelhoff, GmbHG (2012), § 64 GmbHG, Rn. 67; *Fleischer*, Spindler/Stilz, AktG (2010), § 92 AktG, Rn. 62.

776 *Altmeppen,* Altmeppen/Roth, GmbHG (2012), Vor § 64 GmbHG, Rn. 6; vgl. *Mönning,* Nerlich/Römermann, InsO (2012), § 15a InsO; Rn. 4.

sich nach § 15a Abs. 1 InsO auf Unternehmen, bei denen keine natürliche Person für die Verbindlichkeiten des Unternehmens haftet. Daher ist für Gesellschaftsgläubiger die Durchsetzung ihrer Ansprüche auf das Unternehmensvermögen beschränkt. Befindet sich das Unternehmen in der Krise, kann es schnell zu der Situation kommen, in der das Unternehmensvermögen die Ansprüche der Gläubiger nicht mehr deckt. Um weitere Wertverluste, die dann nur noch von den Gläubigern zu tragen sind, zu vermeiden und auch Neugläubiger vor dem Vertragsabschluss mit insolvenzreifen Gesellschaft zu bewahren, ist in dieser Situation Insolvenz anzumelden.[777] Gleiche Begründung gilt neben dem beschriebenen Zustand der Überschuldung auch für die Zahlungsunfähigkeit.[778] Damit hat das Insolvenzverschleppungsrecht Präventionscharakter.[779] Die Geschäftsleiter sollen dazu bewegt werden, rechtzeitig einen Insolvenzantrag zu stellen, damit ein möglichst großer Teil der Insolvenzmasse den Gläubigern zur Verfügung gestellt werden kann.[780] Um den Geschäftsleiter dazu zu motivieren, hat das Unterlassen der Insolvenzantragstellung für ihn sowohl zivil- als auch strafrechtliche Konsequenzen. Daneben stehen diese Regelungen aber auch für die Durchsetzung eines Qualitätsstandards in Bezug auf die Person des Geschäftsleiters.[781] Denn ohne einen gewissen Ausbildungsstand werden sie diesen Verhaltenspflichten nicht nachkommen können. Das Ziel, die Insolvenzmasse durch Haftungsansprüche wieder aufzufüllen, kann nicht im Vordergrund stehen.[782] Dazu reicht die Haftungspotenz der Geschäftsleiter auch meist gar nicht aus.[783]

777 BT-Drs. 16/6140, S. 55; *Casper,* in: Bachmann/Bachmann-Casper-Schäfer-Veil (Hrsg.), Steuerungsfunktionen des Haftungsrechts im Gesellschafts- und Kapitalmarktrecht, 2007, S. 33, 36; *Leithaus*, Andres/Leithaus, InsO (2012), § 15a InsO, Rn. 1.

778 *Altmeppen,* Altmeppen/Roth, GmbHG (2012), Vor § 64 GmbHG, Rn. 6.

779 *Casper,* in: Bachmann/Bachmann-Casper-Schäfer-Veil (Hrsg.), Steuerungsfunktionen des Haftungsrechts im Gesellschafts- und Kapitalmarktrecht, 2007, S. 33, 34; *Schmidt,* in: Lutter (Hrsg.), Das Kapital der Aktiengesellschaft in Europa, 2006, S. 188, 198.

780 *Casper,* in: Bachmann/Bachmann-Casper-Schäfer-Veil (Hrsg.), Steuerungsfunktionen des Haftungsrechts im Gesellschafts- und Kapitalmarktrecht, 2007, S. 33 f; vgl. *Haas,* Baumbach/Hueck, GmbHG (2013), § 64 GmbHG, Rn. 1a.

781 *Haas,* WM 2006, 1369 (1369).

782 *Schmidt,* in: Lutter (Hrsg.), Das Kapital der Aktiengesellschaft in Europa, 2006, S. 188, 198; weitergehend Casper, der der Verschleppungshaftung diese Aufgabe abspricht; *Casper,* in: Bachmann/Bachmann-Casper-Schäfer-Veil (Hrsg.), Steuerungsfunktionen des Haftungsrechts im Gesellschafts- und Kapitalmarktrecht, 2007, S. 33, 36.

783 *Schmidt,* in: Lutter (Hrsg.), Das Kapital der Aktiengesellschaft in Europa, 2006, S. 188, 198.

# I. Zivilrechtliche Haftung

Die zivilrechtliche Haftung des Vertreters eines Unternehmensorgans gliedert sich in Innenhaftung gem. § 64 GmbHG und § 92 AktG für verbotene Zahlungen und gem. §§ 42 Abs. 2 GmbHG, 93 Abs. 2 AktG für Pflichtverletzungen gegenüber der vertretenen Gesellschaft und der Außenhaftung nach § 15a InsO i. V. m. § 823 Abs. 2 BGB gegenüber geschädigten Gesellschaftsgläubigern.

## 1. Haftungsgrundlagen

### a) Verbotene Zahlungen (§§ 64 GmbHG und 92 Abs. 2 AktG)

Zentrale Normen der Innenhaftung sind §§ 64 GmbHG und 92 Abs. 2 AktG.[784] Demnach haften die Geschäftsführer nach Eintritt der Zahlungsunfähigkeit oder Feststellung der Überschuldung für alle geleisteten Zahlungen (§§ 64 Satz 1 GmbHG und 92 Abs. 2 i.V.m. 93 Abs. 3 Nr. 6 GmbHG). Davon sind nur solche Zahlungen ausgeschlossen, die mit der Sorgfalt eines ordentlichen und gewissenhaften Geschäftsführers vereinbar sind. Dass keine Zahlungen mehr geleistet werden dürfen, soll bewirken, dass die Insolvenzgläubiger mit der noch vorhandenen Masse gleichmäßig par conditio creditorum befriedigt werden.[785] Daher soll der Geschäftsleiter Ersatz für alle Zahlungen leisten, unabhängig davon, ob der Gesellschaft durch die Zahlung ein Schaden entstanden ist.[786] Der Begriff der Zahlungen in der Insolvenzreife ist dabei im weitesten Sinne zu fassen.[787] Zeitlich gesehen fallen alle Zahlungen darunter, die mit Eintritt einer Überschuldung oder

---

784 Die Rechtsprechung befasst sich zum großen Teil mit § 64 GmbHG, die dortigen Grundsätze sind aber auf § 92 Abs. 2 AktG übertragbar; *Fleischer*, Spindler/Stilz, AktG (2010), § 92 AktG, Rn. 3.

785 *Altmeppen,* Altmeppen/Roth, GmbHG (2012), § 64 GmbHG, Rn. 1; *Müller*, MüKo GmbHG (2011), § 64 GmbHG, Rn. 1; BGH, Urt. v. 08.01.2001 (II ZR 88/99), BGHZ 146, 264, Rn. 31.

786 *Schmidt,* in: Schmidt/Uhlenbruck (Hrsg.), Die GmbH in Krise, Sanierung und Insolvenz, 2009, S. 971, 991; *Altmeppen,* Altmeppen/Roth, GmbHG (2012), § 64 GmbHG, Rn. 3; *Fleischer*, Spindler/Stilz, AktG (2010), § 92 AktG, Rn. 18.

787 *Altmeppen,* Altmeppen/Roth, GmbHG (2012), § 64 GmbHG, Rn. 9; *Müller*, MüKo GmbHG (2011), § 64 GmbHG, Rn. 132; *Krieger/Sailer-Coceani*, Schmidt/Lutter, AktG (2010), § 92 AktG, Rn. 14; *Fleischer*, Spindler/Stilz, AktG (2010), § 92 AktG, Rn. 22.

Zahlungsunfähigkeit getätigt werden.[788] Die Drei-Wochen-Frist, die nach § 15a InsO längstens bis zum Eintritt der Insolvenzantragspflicht gewährt wird, verhindert diese Haftung nicht.[789] Inhaltlich fallen alle Formen der Zahlungen als ein das Gesellschaftsvermögen belastender Transfer hierunter.[790] Dazu zählen auch Einlösungen von Kundenschecks auf einem debitorisch geführten Bankkonto, da dies die Verbindlichkeiten gegenüber der Bank reduziert,[791] oder Abbuchungen durch ein Lastschriftverfahren[792]. Sogar die Zahlungen von Kunden auf ein debitorisches Bankkonto sind darunter zu fassen, wenn der Geschäftsleiter die Umleitung auf ein anderes Konto unterlassen hat.[793]

Bei den Zahlungen, die von der Ersatzpflicht auf Basis des Sorgfaltsmaßstabes eines ordentlichen und gewissenhaften Geschäftsleiters ausgenommen sind, handelt es sich zum einen um Zahlungen, die für die Aufrechterhaltung des laufenden Geschäftsbetriebes notwendig sind, wie z. B. Heizungs-, Strom- und Wasserrechnungen.[794] Solche Zahlungen sind ihm gestattet, damit er die Sanierungschancen der Gesellschaft wahren kann, denn ein einmal eingestellter Geschäftsbetrieb ist nicht oder nur sehr schwierig zu reaktivieren. Ebenfalls erlaubt sind ihm Zahlungen für Arbeitnehmerbeiträge zur Krankenversicherung und Lohnsteuern, bei denen eine strafbewehrte Zahlungspflicht besteht.[795] Letzteres aber nicht mit der Begründung, dass das Prinzip par conditio creditorum nicht verletzt würde,

---

788 BGH, Urt. v. 16.03.2009 (II ZR 280/07), ZIP 2009, 860, Rn. 12; *Fleischer*, Spindler/Stilz, AktG (2010), § 92 AktG, Rn. 27; *Krieger/Sailer-Coceani*, Schmidt/Lutter, AktG (2010), § 92 AktG, Rn. 15; *Kleindiek*, Lutter/Hommelhoff, GmbHG (2012), § 64 GmbHG, Rn. 2.

789 BGH, Urt. v. 16.03.2009 (II ZR 280/07), ZIP 2009, 860, Rn. 12; *Fleischer*, Spindler/Stilz, AktG (2010), § 92 AktG, Rn. 27; *Kleindiek*, Lutter/Hommelhoff, GmbHG (2012), § 64 GmbHG, Rn. 2.

790 BGH, Urt. v. 06.06.1994 (II ZR 292/91), BGHZ 126, 181, Rn. 27; *Altmeppen*, Altmeppen/Roth, GmbHG (2012), § 64 GmbHG, Rn. 9; *Müller*, MüKo GmbHG (2011), § 64 GmbHG, Rn. 132; *Krieger/Sailer-Coceani*, Schmidt/Lutter, AktG (2010), § 92 AktG, Rn. 14.

791 BGH, Urt. v. 29.11.1999 (II ZR 272/98), BGHZ 143, 184, 2. Leitsatz; BGH, Urt. v. 11.09.2000 (II ZR 370/99), ZIP 2000, 1896, 1. Leitsatz.

792 LG Köln, Urt. v. 12.07.1989 (9 S 43/89), GmbHR 1990, 136, Orientierungssatz.

793 BGH, Urt. v. 26.03.2007 (II ZR 310/05), ZIP 2007, 1006, 3. Leitsatz.

794 *Altmeppen*, Altmeppen/Roth, GmbHG (2012), § 64 GmbHG, Rn. 26; *Müller*, MüKo GmbHG (2011), § 64 GmbHG, Rn. 139; vgl. *Krieger/Sailer-Coceani*, Schmidt/Lutter, AktG (2010), § 92 AktG, Rn. 16; vgl. *Fleischer*, Spindler/Stilz, AktG (2010), § 92 AktG, Rn. 31.

795 BGH, Urt. v. 14.05.2007 (II ZR 48/06), ZIP 2007, 1265, 1. Leitsatz.

sondern vielmehr, weil der Geschäftsleiter aufgrund der strafrechtlichen Rechtsprechung zur Zahlung gezwungen wird und ihm eine zivilrechtliche Haftung für diese im Sinne der Einheit der Rechtsordnung nicht zugemutet werden kann.[796]

Sind die Voraussetzungen nach § 64 GmbHG und § 92 Abs. 2 AktG erfüllt, sind die Zahlungen vom Vertretungsorgan ungekürzt der Gesellschaft zu ersetzen.[797] Eine sehr strenge Regelung, denn die daraus resultierende Haftung für den Geschäftsleiter eines laufenden Geschäftsbetriebes für alle Auszahlungen wird in der Größenordnung des getätigten Umsatzes liegen. Da dies zu Ansprüchen der Gesellschaft führt, die über den durch Insolvenzverschleppung verursachten Schaden hinausgeht, blieb dies nicht ohne Kritik.[798] Hat die Erstattung stattgefunden, tritt der Geschäftsleiter an die Stelle des durch ihn vorab in verbotener Weise befriedigten Gesellschaftsgläubigers und kann daraus einen Anspruch gegen die Insolvenzmasse ableiten.[799] Der Haftung für verbotene Zahlungen steht ihre Anfechtbarkeit nach §§ 129 ff. InsO nicht entgegen.[800] Können die geleisteten Zahlungen allerdings angefochten werden, so hat der Geschäftsleiter nach § 255 BGB einen Anspruch auf Abtretung des Rückgewähranspruches aus § 143 InsO.[801] Da die Zahlungen an die Gesellschaft zu leisten sind, obliegt es dem Insolvenzverwalter diesen Anspruch der Gesellschaft durchzusetzen. Dies ist im Falle der Abweisung des Insolvenzantrages mangels Masse nach § 26 InsO anders. Denn hier ist kein Insolvenzverwalter bestellt, der Ansprüche durchsetzen kann. Daher kann jeder Gläubiger diese nach einer Pfändung und der Überweisung der eigentlich der Gesellschaft zustehenden Ansprüche geltend machen.[802]

---

796 BGH, Urt. v. 14.05.2007 (II ZR 48/06), ZIP 2007, 1265, Rn. 12

797 BGH, Urt. v. 08.01.2001 (II ZR 88/99), BGHZ 146, 264, Rn. 31; *Kleindiek,* Lutter/Hommelhoff, GmbHG (2012), § 64 GmbHG, Rn. 18; *Hirte,* Uhlenbruck InsO (2010), § 15a InsO, Rn. 21.

798 *Schmidt,* ZIP 2005, 2177; *Altmeppen,* ZIP 2001, 2201 (2207).

799 BGH, Urt. v. 08.01.2001 (II ZR 88/99), BGHZ 146, 264, Rn. 31; *Kleindiek,* GmbHG (2012), § 64 GmbHG, Rn. 19; *Fleischer*, Spindler/Stilz, AktG (2010), § 92 AktG, Rn. 35.

800 BGH, Urt. v. 08.01.2001 (II ZR 88/99), BGHZ 146, 264, Rn. 31; *Fleischer*, Spindler/Stilz, AktG (2010), § 92 AktG, Rn. 34; *Müller*, MüKo GmbHG (2011), § 64 GmbHG, Rn. 150.

801 BGH, Urt. v. 08.01.2001 (II ZR 88/99), BGHZ 146, 264, Rn. 32; *Kleindiek,* GmbHG (2012), § 64 GmbHG, Rn. 17. *Müller*, MüKo GmbHG (2011), § 64 GmbHG, Rn. 150; *Krieger/Sailer-Coceani*, Schmidt/Lutter, AktG (2010), § 92 AktG, Rn. 17.

802 BGH, Urt. v. 11.09.2000 (II ZR 370/99), ZIP 2000, 1896 (1898); *Bitter,* ZInsO 2010, 1516 (1513).

### b) Vorverlegung durch § 64 Satz 3 GmbHG und § 92 Abs. 2 Satz 3 AktG

Durch das MoMiG wurde mit Wirkung zum 1.1.2008 § 64 Satz 3 GmbHG und § 92 Abs. 2 Satz 3 AktG in das GmbHG bzw. das AktG eingefügt. Danach sind auch die Zahlungen an die Gesellschafter zu ersetzen, die zur Zahlungsunfähigkeit führen. Damit wird das Auszahlungsverbot, wenn auch nur für Zahlungen an die Gesellschafter, zeitlich nach vorn verlagert. Der Gesetzgeber will damit den Schutz der Masseaushöhlung zugunsten von Gesellschaftern im Insolvenzvorfeld erhöhen.[803] Diese Regelung ist insofern interessant, als fraglich ist, welche Zahlungen von diesem Verbot erfasst werden. Die Begleichung einer fälligen Zahlungsverpflichtung hat nur eine relative Veränderung des Liquiditätsstatus zur Folge. Denn fällige Verbindlichkeiten sind als Zahlungsverpflichtung in einem Liquiditätsstatus auch vor Auszahlung zu berücksichtigen.[804] Damit können nur dann derartige Auszahlungen relevant sein, wenn durch die gleichmäßige Reduktion von Verbindlichkeiten und Zahlungsmitteln das Verhältnis zwischen ihnen auf eine Unterdeckung von mehr als 10 % reduziert wird.[805] Es bleibt die Anwendung auf Zahlungen von Verbindlichkeiten, die nicht fällig sind, oder verdeckte Vermögensverlagerungen.[806] Ausschüttungen an Gesellschafter führen in einer Situation, in der die Ausschüttung zur Insolvenz führt, ohnehin zu einer Sanktion wegen schuldhafter Pflichtverletzung nach § 43 GmbHG.[807] Damit ändert sich die Regelung insofern, dass mit Einführung von § 64 Satz 3 GmbHG und § 92 Abs. 2 Satz 3 AktG für derartige Zahlungen ein Ersatz für die Zahlungen und nicht nur, wie in § 43 Abs. 2 GmbHG, für den daraus entstandenen Schaden zu leisten ist.[808] Dies erleichtert die Durchsetzung eines Anspruches, da nunmehr kein Schaden nachgewiesen werden muss.[809] Der Anwendungsbereich der §§ 64 Satz

---

803 BT-Drs. 16/6140, S. 55.

804 *Altmeppen,* Altmeppen/Roth, GmbHG (2012), § 64 GmbHG, Rn. 72; *Kleindiek,* Lutter/Hommelhoff, GmbHG (2012), § 64 GmbHG, Rn. 29; Siehe auch D.2.

805 *Haas,* Baumbach/Hueck, GmbHG (2013), § 64 GmbHG, Rn. 99; *Müller,* MüKo GmbHG (2011), § 64 GmbHG, Rn. 157.

806 *Kleindiek,* Lutter/Hommelhoff, GmbHG (2012), § 64 GmbHG, Rn. 28.

807 *Altmeppen,* Altmeppen/Roth, GmbHG (2012), § 64 GmbHG, Rn. 78; ergibt sich analog für die Aktiengesellschaft aus § 93 AktG.

808 *Müller,* MüKo GmbHG (2011), § 64 GmbHG, Rn. 157.

809 *Müller,* MüKo GmbHG (2011), § 64 GmbHG, Rn. 157.

3 GmbHG und 92 Abs. 2 Satz 3 AktG ist damit sehr eng,[810] was der Intention des Gesetzgebers entspricht.[811]

### c) Pflichtverletzung (§ 43 Abs. 2 GmbHG, § 93 Abs. 2 AktG)

Neben der Innenhaftung nach §§ 64 GmbHG, 92 AktG ist auch eine Innenhaftung nach §§ 43 Abs. 2 GmbHG, 93 Abs. 2 AktG aufgrund einer Pflichtverletzung möglich. Die Vorschrift soll den Schutz des Gesellschaftsvermögens, dass der Geschäftsleiter im Auftrag der Gesellschafter verwaltet, gewährleisten.[812] Damit wird auch die hauptsächliche Schutzrichtung der Normen bestimmt: die des Gesellschafters.[813] Im Zusammenhang mit der Insolvenznähe wird daher die Verletzung von Sorgfaltspflichten erfasst, die zu einer Masseaushöhlung führt, zu der es häufig im Vorfeld einer Insolvenz kommt. Beispiele dafür sind: Warenverkauf mit Zahlungsziel an unbekannte Unternehmen ohne eine Bonitätsprüfung durchzuführen oder eine Warenkreditversicherung abzuschließen;[814] wozu der Geschäftsleiter eines Krisenunternehmens zur Ertragsgenerierung neigen kann. Der Anwendungsbereich in Bezug auf die Insolvenzverschleppung selbst ist eingeschränkt. Denn die Gesellschafter werden nur ein geringes Interesse an einer Insolvenz haben und es ist vielmehr denkbar, dass sie versuchen werden eine solche durch Weisungen an die Geschäftsführung zu vermeiden. Damit ist die Haftung im Rahmen der Insolvenzverschleppung nach diesen Normen nur dann relevant, wenn gegen die dem Gläubigerschutz dienenden Regelungen des § 43 Abs. 3 GmbHG oder § 93 Abs. 3 AktG verstoßen wird.[815] Sind die Voraussetzungen der §§ 43 Abs. 2 GmbHG, 93 Abs. 2 AktG erfüllt, hat der Geschäftsleiter Schadensersatz zu leisten.

### d) Deliktische Außenhaftung (§ 15a InsO i. V. m. § 823 Abs. 2 BGB)

Da es sich bei der Insolvenzantragspflicht nach § 15a InsO um eine Schutzvorschrift nach § 823 Abs. 2 BGB für Gläubiger handelt, resultiert aus der fahrlässigen

---

810 So auch *Kleindiek*, Lutter/Hommelhoff, GmbHG (2012), § 64 GmbHG, Rn. 33.

811 BT-Drs. 16/6140, S. 47.

812 *Bitter*, ZInsO 2010, 1516 (1507).

813 *Bitter*, ZInsO 2010, 1516 (1507).

814 BGH, Urt. v. 16.02.1981 (II ZR 49/80), WM 1981, 440, Rn. 9.

815 *Bitter*, ZInsO 2010, 1505 (1508); *Krieger/Sailer-Conceani*, AktG (2008), § 93 AktG, Rn. 45.

oder vorsätzlichen Pflichtverletzung ein Schadensersatz.[816] Dabei sind folgende Gruppen zu unterscheiden: Altgläubiger, deren Insolvenzquote sich durch die Verschleppung verschlechtert hat, und Neugläubiger, die in der Phase der Insolvenzverschleppung erst mit der Gesellschaft im Vertrauen auf ihre Bonität kontrahiert haben.

Altgläubiger sind die Gläubiger, deren Forderungen an den Schuldner schon vor Eintritt der Insolvenzreife begründet wurden.[817] Durch die Insolvenzverschleppung erleiden sie regelmäßig einen Schaden, da die Masse durch im Zeitraum der Insolvenzverwaltung auflaufende Verluste geschmälert wird. Dieser Quotenschaden wird als Differenz zwischen Insolvenzquote bei rechtzeitiger Antragstellung und tatsächlicher Insolvenzquote ermittelt.[818] Die Ermittlung der Insolvenzquote zum Zeitpunkt der Insolvenzreife und der tatsächlichen Insolvenzeröffnung darf sich dabei nur auf die tatsächlich den Altgläubigern zur Verfügung stehende „freie" Masse beziehen.[819] Da der Quotenschaden alle Altgläubiger betrifft, ist er ein Kollektivschaden nach § 92 InsO, und der Schadensersatzanspruch wird daher durch den Insolvenzverwalter durchgesetzt.[820] Einzig im Fall der Verfahrensabweisung mangels Masse müssen Altgläubiger ihre Ansprüche selbst durchsetzen.[821] Dies wird für sie mangels der Verfügbarkeit von Informationen oder aufgrund des Aufwandes der Durchsetzung häufig nicht sinnvoll sein.[822]

816 *Schmidt,* in: Schmidt/Uhlenbruck (Hrsg.), Die GmbH in Krise, Sanierung und Insolvenz 2009, S. 971, 974; *Müller*, MüKo GmbHG (2011), § 64 GmbHG, Rn. 176; *Krieger/Sailer-Conceani,* AktG (2008), Anh. § 92 AktG: § 15a InsO, Rn. 10; *Fleischer*, Spindler/Stilz, AktG (2010), § 92 AktG, Rn. 73.

817 *Altmeppen,* Altmeppen/Roth, GmbHG (2012), Vor § 64 GmbHG, Rn. 124; *Kleindiek,* Lutter/Hommelhoff, GmbHG (2012), Anh. zu § 64 GmbHG, Rn. 64; *Fleischer*, Spindler/Stilz, AktG (2010), § 92 AktG, Rn. 77.

818 BGH, Urt. v. 30.03.1998 (II ZR 146/96), BGHZ 138, 211, Rn. 25; *Fleischer*, Spindler/Stilz, AktG (2010), § 92 AktG, Rn. 77; *Kleindiek,* Lutter/Hommelhoff, GmbHG (2012), Anh. zu § 64 GmbHG, Rn. 73.

819 BGH, Urt. v. 30.03.1998 (II ZR 146/96), BGHZ 211, Rn. 25.

820 BGH, Urt. v. 30.03.1998 (II ZR 146/96), BGHZ 138, 211, Rn. 9; *Altmeppen,* Altmeppen/Roth, GmbHG (2012), Vor § 64 GmbHG, Rn. 125; *Müller*, MüKo GmbHG (2011), § 64 GmbHG, Rn. 191; *Fleischer*, Spindler/Stilz, AktG (2010), § 92 AktG, Rn. 81.

821 *Kleindiek,* Lutter/Hommelhoff, GmbHG (2012), Anh. zu § 64 GmbHG, Rn. 78; *Fleischer*, Spindler/Stilz, AktG (2010), § 92 AktG, Rn. 81; *Müller,* Jaeger InsO (op. 2004), § 15 InsO, Rn. 103.

822 *Casper,* in: Bachmann/Bachmann-Casper-Schäfer-Veil (Hrsg.), Steuerungsfunktionen des Haftungsrechts im Gesellschafts- und Kapitalmarktrecht, 2007, S. 33, 36.

Neugläubiger sind solche, die mit der Gesellschaft im Zustand der Insolvenzreife und in Unkenntnis hierüber Geschäftsbeziehungen eingegangen sind. Diese können vom Geschäftsleiter den Ausgleich des vollen negativen Interesses verlangen.[823] Dazu zählt der Gewinnanteil der Forderung zwar grundsätzlich nicht, aber dem Neugläubiger kann der Gewinn, den er anderweitig hätte erzielen können, zustehen.[824] Vom Gesamtschaden ist die tatsächliche Insolvenzquote, d. h. der Anteil, den diese Gläubiger aus der Masse erhalten, abzuziehen.[825] Eine Durchsetzung des Anspruches durch den Insolvenzverwalter im Rahmen der Gesamtschadensliquidation nach § 92 InsO ist ausgeschlossen.[826] Damit müssen die geschädigten Neugläubiger etwaige Ansprüche selbst durchsetzen,[827] wozu auch ihr Quotenschaden gehört.[828] Letzteres begründet der BGH damit, dass es keinen einheitlichen Quotenschaden gibt, da die verschiedenen Gläubiger alle zu verschiedenen Zeitpunkten mit verschiedenen fiktiven Insolvenzquoten Forderungen gegen die Schuldnerin erworben haben.[829] Dies wird kritisiert,[830] da es in der Praxis die Insolvenzverwalter vor das Problem stellt, zwischen Alt- und Neugläubigern zu differenzieren, wozu eine präzise Festlegung des Insolvenzzeitpunktes nötig wird. Dass ihm dies nur schwerlich gelingen wird,[831] ist auch für die Durchsetzung des Quotenschadens der Altgläubiger problematisch. Denn er wird im Prozess oder

---

823 BGH, Urt. v. 06.06.1994 (II ZR 292/91), BGHZ 126, 181, Leitsatz; *Müller*, MüKo GmbHG (2011), § 64 GmbHG, Rn. 184; *Kleindiek*, Lutter/Hommelhoff, GmbHG (2012), Anh. zu § 64 GmbHG, Rn. 74; *Fleischer*, Spindler/Stilz, AktG (2010), § 92 AktG, Rn. 78.

824 BGH, Urt. v. 27.04.2009 (II ZR 253/07), DZWIR 2009, 384, 2. Leitsatz.

825 BGH, Urt. v. 30.03.1998 (II ZR 146/96), BGHZ 138, 211, 3. Leitsatz; *Casper*, in: Bachmann/Bachmann-Casper-Schäfer-Veil (Hrsg.), Steuerungsfunktionen des Haftungsrechts im Gesellschafts- und Kapitalmarktrecht, 2007, S. 33, 37 f.

826 BGH, Urt. v. 30.03.1998 (II ZR 146/96), BGHZ 138, 211 (211); *Kleindiek*, Lutter/Hommelhoff, GmbHG (2012), Anh. zu § 64 GmbHG, Rn. 80; *Fleischer*, Spindler/Stilz, AktG (2010), § 92 AktG, Rn. 81.

827 BGH, Urt. v. 06.06.1994 (II ZR 292/91), BGHZ 126, 181, 2. Leitsatz.

828 BGH, Urt. v. 30.03.1998 (II ZR 146/96), BGHZ 138, 211, Rn. 8.

829 BGH, Urt. v. 30.03.1998 (II ZR 146/96), BGHZ 138, 211, Rn. 9.

830 *Schmidt*, in: Schmidt/Uhlenbruck (Hrsg.), Die GmbH in Krise, Sanierung und Insolvenz, 2009, S. 971, 986; *Casper*, in: Bachmann/Bachmann-Casper-Schäfer-Veil (Hrsg.), Steuerungsfunktionen des Haftungsrechts im Gesellschafts- und Kapitalmarktrecht, 2007, S. 33, 28.

831 *Schmidt*, KTS 2001, 373 (382 f.).

Vergleichsverhandlungen nicht definieren können, wen er überhaupt vertritt.[832] Daher wird richtigerweise die Anerkennung eines einheitlichen Quotenschadens gefordert.[833] Denn die Neugläubiger erleiden in jedem Falle auch den Quotenschaden.[834] Im Unterschied zu den Altgläubigern haben sie aber darüber hinaus noch einen individuellen Schaden aus dem negativen Interesse erlitten.[835] Das Erwirken von Ansprüchen der Neugläubiger gegen Geschäftsleiter ist schwierig. Sie haben im Gegensatz zum Insolvenzverwalter keine Einsicht in die Insolvenzakten und damit keinen Überblick über das Verfahren. Zusätzlich müssen sie in dieser Situation nachweisen, dass ihre Forderungen erst nach Insolvenzreife entstanden sind.[836] Dass die Inanspruchnahme der Geschäftsleiter durch Neugläubiger in der Praxis daher keine Rolle spielt, deuten auch die Ergebnisse der Interviews an: 4 von 14 Interviewpartnern konnten zu diesem Thema Angaben machen. Alle vier sind der Meinung, dass dies äußerst selten der Fall ist. Als Begründung wurde von zwei Interviewpartnern die Komplexität der Regelungen genannt.[837]

## 2. Darlegungs- und Beweislast

Die Darlegungs- und Beweislast für das Vorliegen des objektiven Tatbestandes der Insolvenzverschleppung tragen die Anspruchsteller (Insolvenzverwalter oder Gläubiger).[838] Liegen keine Bücher oder Unterlagen vor, die dem Anspruchsteller den Nachweis ermöglichen, womit dieser vereitelt ist, gilt der Nachweis zivilprozessrechtlich als geführt.[839]

---

832 *Schmidt,* ZIP 2005, 2177 (2179); *Schmidt,* in: Schmidt/Uhlenbruck (Hrsg.), Die GmbH in Krise, Sanierung und Insolvenz, 2009, S. 971, 986.

833 *Schmidt,* ZIP 2005, 2177 (2189); *Schmidt,* in: Schmidt/Uhlenbruck (Hrsg.), Die GmbH in Krise, Sanierung und Insolvenz, 2009, S. 971, 986; *Casper,* in: Bachmann/Bachmann-Casper-Schäfer-Veil (Hrsg.), Steuerungsfunktionen des Haftungsrechts im Gesellschafts- und Kapitalmarktrecht, 2007, S. 33, 28.

834 *Schmidt,* ZIP 2005, 2177 (2189); *Schmidt,* in: Schmidt/Uhlenbruck (Hrsg.), Die GmbH in Krise, Sanierung und Insolvenz, 2009, S. 971, 986.

835 *Schmidt,* ZIP 2005, 2177 (2189).

836 *Spindler,* JZ 2006, 839 (850).

837 Auswertung Themenbereich 6 der Expertengespräche.

838 BGH, Urt. v. 06.06.1994 (II ZR 292/91), BGHZ 126, 181, Rn. 33; BGH. Urt. v. 27.04.2009 (II ZR 253/07), DZWIR 2009, 384, Rn. 9; *Preuß,* Kübler/Prütting, InsO (2012), § 15a InsO, Rn. 89.

839 BGH, Versäumnisurteil v. 12.03.2007 (II ZR 315/05), ZIP 2007, 1060, Rn. 14; *Preuß,* Kübler/Prütting, InsO (2012), § 15a InsO, Rn. 89.

Wird die Zahlungsunfähigkeit als Begründung für eine Insolvenzverschleppung angeführt, gelten einige Besonderheiten. Zum einen kann der Anspruchsteller anhand von Indizien das Vorliegen einer Zahlungseinstellung nachweisen, was ihm recht einfach gelingen wird.[840] Die Zahlungseinstellung lässt auf die widerlegbare Vermutung einer Zahlungsunfähigkeit schließen.[841] Die Widerlegung obliegt dann dem Geschäftsleiter,[842] und die bloße Behauptung, die Gesellschaft sei noch nicht insolvenzreif gewesen, reicht dazu nicht aus.[843] Auf diese Erleichterung werden die Anspruchsteller vor allem dann zurückgreifen müssen, wenn keine Buchhaltung oder Buchhaltungsunterlagen vorliegen. Wobei in diesem Fall der Nachweis der Zahlungsunfähigkeit, wie beschrieben, wegen Vereitelung als geführt gilt. Relevant wird diese indizielle Methode daher vor allem für die Terminierung des Beginns der Zahlungsunfähigkeit sein. Dieser kann zu dem Zeitpunkt angenommen werden, zu dem die älteste offene Verbindlichkeit fällig ist.[844] Liegen geordnete Buchhaltungsunterlagen vor, wird der Anspruchsteller diese darlegen, um eine Unterdeckung zu beweisen. Bei einer Unterdeckung von weniger als 10 %, die auch dauerhaft zu tolerieren ist,[845] muss der Antragsteller darüber hinaus zeigen, dass sich die Liquiditätssituation absehbar verschlechtern wird.[846] Beträgt die Liquiditätslücke 10 % und mehr, muss der Geschäftsleiter darlegen, warum er bei Erfüllung seiner Sorgfaltspflichten mit an Sicherheit grenzender Wahrscheinlichkeit mit einer Verbesserung der Liquiditätslage innerhalb der nächsten drei Wochen rechnen konnte.[847]

Im Rahmen des Nachweises der Überschuldung reicht es aus, wenn der Antragsteller eine rechnerische Überschuldung zu Verkehrs- oder Liquidationswerten aufstellt, um die objektive Überschuldung darzulegen.[848] Will der Geschäftsleiter

---

840 Vgl. *Krüger/Wigand,* ZInsO 2011, 314 (315 f.), der die Anwendbarkeit für die Rechtsprechung im Rahmen von Anfechtungsprozessen auf Haftungsprozesse ausweitet. Dafür spricht auch, dass dieses der kriminalistischen Methode entsprechende Vorgehen auch strafrechtlich möglich ist.

841 BGH, Urt. v. 30.06.2011 (IX ZR 134/10), NJW-RR 2011, 1413, Rn. 10.

842 *Krüger/Wigand,* ZInsO 2011, 314 (315).

843 *Pape,* ZInsO 2008, 1949 (1956).

844 BGH, Urt. v. 12.10.2006 (IX ZR 228/03), DZWIR 2007, 116, Rn. 28a.

845 Siehe zur nach BGH tolerierbaren 10 %tigen Unterdeckung unter D. I. 4.

846 *Pape,* ZInsO 2008, 1949, 1954; *Uhlenbruck,* Uhlenbruck, InsO (2010), § 17 InsO, Rn. 28.

847 Vgl.BGH, Urt. v. 24.05.2005 (IX ZR 123/04), BGHZ 163, 134, Rn. 15; *Pape,* ZInsO 2008, 1949, 1954; *Uhlenbruck,* Uhlenbruck, InsO (2010), § 17 InsO, Rn. 28.

848 BGH, Urt. v. 18.10.2010 (II ZR 151/09), ZIP 2010, 2400, 1. Leitsatz; BGH, Urt. v. 27.04.2009 (II ZR 253/07), DZWIR 2009, 384, Rn. 9; BGH, Urt. v. 06.06.1994 (II ZR

sich durch das Vorliegen einer positiven Fortbestehensprognose exculpieren, muss er diese darlegen und beweisen.[849] Dies ist ihm zuzumuten, da er ohnehin zur laufenden Prüfung der Unternehmenslage verpflichtet ist.[850] Dies gilt auch beim derzeit gültigen modifizierten zweistufigen Überschuldungsbegriff, da hier allein dem Wortlaut des § 19 Abs. 2 Satz 1 InsO nach die Vermögensinsuffizienz den vermuteten Regelfall darstellt.[851]

Dass die Darlegungs- und Beweislast grundsätzlich beim Anspruchsteller liegt, führt insbesondere in der Situation der masselosen Insolvenz zum Problem. Wird ein Insolvenzverfahren nach § 26 Abs. 1 InsO mangels Masse abgewiesen, wird kein Insolvenzverwalter bestellt, der etwaige Ansprüche gegen die Geschäftsleiter für die Gläubiger durchsetzen könnte. Damit müssen alle Gläubiger, wie sonst nur die Neugläubiger, ihre Ansprüche gegenüber den Geschäftsleitern direkt geltend machen. Dies wird für sie, wie bereits im Rahmen der Neugläubigerhaftung dargelegt, nur sehr schwer möglich sein.[852] Zur Behebung dieser Situation hat der Gesetzgeber im Rahmen des ESUG § 26 Abs. 4 InsO eingefügt. Danach müssen die zur rechtzeitigen Antragstellung Verpflichteten bei ihrem schuldhaften oder pflichtwidrigen Unterlassen einen Verfahrenskostenvorschuss leisten. Zudem trifft sie die Beweispflicht dafür, nicht pflichtwidrig oder schuldhaft gehandelt zu haben. Ob sich dies in der Praxis durchsetzt bleibt abzuwarten.

## 3. Zusammenfassung

Die zivilrechtliche Insolvenzverschleppungshaftung basiert vornehmlich auf dem Zahlungsverbot aus § 64 GmbHG und § 92 Abs. 2 AktG und der daraus resultierenden Pflicht zum Ersatz der vollen Zahlungshöhe – einer sehr harten Sanktionierung.[853] Diese Normen haben aus Sicht des Insolvenzverwalters den Vorteil, dass

292/91), BGHZ 126, 181, Rn. 33; *Preuß,* Kübler/Prütting, InsO (2012), § 15a InsO, Rn. 91.

849 BGH, Urt. v. 18.10.2010 (II ZR 151/09), ZIP 2010, 2400, Rn. 11; *Altmeppen,* Altmeppen/Roth, GmbHG (2012), Vor § 64 GmbHG, Rn. 37; *Uhlenbruck,* Uhlenbruck, InsO (2010), § 19 InsO, Rn. 54.

850 BGH, Urt. v. 06.06.1994 (II ZR 292/91), BGHZ 126, 181, Rn. 33; BGH, Urt. v. 27.04.2009 (II ZR 253/07), DZWIR 2009, 384, Rn. 11.

851 *Preuß,* Kübler/Prütting: InsO (2012), § 15a InsO, Rn. 91.

852 *Casper,* in: Bachmann/Bachmann-Casper-Schäfer-Veil (Hrsg.), Steuerungsfunktionen des Haftungsrechts im Gesellschafts- und Kapitalmarktrecht, 2007, S. 33, 36.

853 Kritisch dazu Schmidt et al., die hier die Grenze der Haftungsbeschränkung zulasten der Geschäftsführer überschritten sehen und eher eine Verlustausgleichspflicht wollen.

er nicht nur Schäden zur Masse ziehen kann, sondern auch die Zahlungen. Auch wird es einfacher sein, die Höhe der Zahlungen seit Eintritt der Insolvenzreife zu ermitteln, als einen fiktiven Quotenschaden zu errechnen. Die Vorverlegung des Zahlungsverbotes auf Zahlungen an Gesellschafter, die zur Zahlungsunfähigkeit führen (§§ 64 Satz 3 GmbHG, 92 Abs. 2 Satz 3 AktG), ist einzig für Ausschüttungen relevant. Die Haftung aus Pflichtverletzungen der Geschäftsleiter (§ 43 Abs. 2 GmbHG, § 93 Abs. 2 AktG) bleibt im Rahmen der Insolvenzverschleppung auf Sonderfälle, wie der Auszahlung des Stammkapitals, beschränkt. Die Durchsetzung der deliktischen Außenhaftung wird aufgrund der beschriebenen Probleme als „konstruktiv kompliziert, schwierig zu realisieren und daher insgesamt wenig praktikabel angesehen“[854]. Daher wird auch gefordert, alle Ansprüche durch den Insolvenzverwalter zentral durchsetzen zu lassen.[855]

Die Beweislast des Vorliegens einer Insolvenzverschleppung liegt grundsätzlich beim Antragsteller. Diese Nachweispflicht wird aber deutlich erleichtert. Liegen keine Buchhaltungs- oder sonstigen Unterlagen vor, gilt der Nachweis als geführt. Bei der Zahlungseinstellung wirkt die Vermutung der Zahlungsunfähigkeit und bei der Überschuldung reicht der Nachweis der rechnerischen Überschuldung zu Verkehrs- oder Liquidationswerten. Können diese durch den Anspruchsteller erbracht werden, fällt der Nachweis der prognostischen Elemente der Fortführungsprognose und der Nachweis einer Zahlungsstockung bei mehr als 10 % Liquiditätsunterdeckung allerdings dem Geschäftsleiter zu. Dies hat bei der Überschuldung zur Folge, dass die „Erleichterung“ der Überschuldung durch das FMStG für Geschäftsleiter, die keine positive Prognose nachweisen können, gar keine Rolle spielt. Einzig im Rahmen der Zahlungsunfähigkeit fällt die Prognose, dass die Liquiditätssituation sich weiter verschlechtern werde, bei einer Unterdeckung von weniger als 10 % dem Anspruchsteller zu. § 26 Abs. 4 InsO soll Geschäftsleiter zum Vorschuss von Verfahrenskosten verpflichten und macht sie für den Nachweis ihrer Pflichterfüllung beweispflichtig. Damit geht der Nachweis der prognostischen Elemente im Rahmen der zivilrechtlichen Insolvenzverschleppungshaftung nahezu ausschließlich zulasten des Geschäftsleiters. Das ist sinnvoll, da es dem Insolvenzverwalter häufig mangels geordneter Buchhaltung schon schwerfällt eine Zahlungsunfähigkeit betriebswirtschaftlich nachzuweisen.[856] Dies gilt für Gläubiger, die Ansprüche direkt durchsetzen wollen, umso mehr.

854 *Poertzgen,* ZInsO 2011, 305 (305).
855 So *Poertzgen,* ZInsO 2011, 305 (313).
856 *Krüger/Wigand,* ZInsO 2011, 314 (317).

## II. Strafrechtliche Haftung

Die strafrechtliche Haftung für eine Insolvenzverschleppung selbst ist in § 15a Abs. 4 und 5 InsO normiert. Vor Einführung des MoMiG 2008 war die Strafbarkeit rechtsformspezifisch in § 84 Abs. 1 Satz 2 GmbHG a. F.; § 401 Abs. 1 Nr. 2 AktG a. F.; § 130b HGB a. F.; § 15 EWIV-AusfG a. F.; § 148 Abs. 1 Nr. 2, Abs. 2 GenG a. F. normiert. Daneben ergeben sich aus den Bankrottdelikten §§ 283–283d StGB strafrechtliche Konsequenzen. Diese stellen zwar keine Sanktionierung einer Insolvenzverschleppung dar, für sie sind aber zum einen die Überschuldung, Zahlungsunfähigkeit und drohende Zahlungsunfähigkeit, abhängig von konkreter Norm, Voraussetzung.[857] Zum anderen stellen die Bankrottdelikte Begleitdelikte der Insolvenzverschleppung dar, auf die häufig als Auffangdelikte bei Nachweisschwierigkeiten einer Verschleppung zurückgegriffen wird.[858] Bevor im Folgenden auf die Insolvenzverschleppung und kurz auf die Bankrottdelikte und die Probleme ihres Nachweises eingegangen wird, ist zunächst zu klären, ob eine strafrechtliche Haftung überhaupt nötig ist.

Eine strafrechtliche Sanktion muss die letzte Möglichkeit des Gesetzgebers sein, ein Verhalten zu sanktionieren.[859] Fraglich ist daher, ob die beschriebene scharfe zivilrechtliche Haftung, die in der Praxis vornehmlich auf §§ 64 GmbHG und 92 Abs. 2 AktG basiert, nicht ausreichend ist. Dafür könnte sprechen, dass Schuldner bei persönlicher Insolvenz nach § 286 InsO Restschuldbefreiung erlangen können. Davon sind nach § 302 Nr. 1 InsO Forderungen aus vorsätzlich begangenen unerlaubten Handlungen ausgeschlossen. Dies gilt auch für Forderungen aus §§ 64 GmbHG und 92 Abs. 2 AktG.[860] An dieser Stelle ist zu beachten, dass die Vermögenslosigkeit der Geschäftsleiter häufig dazu führt, dass die zivilrechtlichen Ansprüche nicht durchsetzbar sind. Der Insolvenzverwalter, dem nach § 92 InsO die Geltendmachung dieser Forderungen obliegt, macht dieselben

---

857 Entweder als Voraussetzung in Form der Krisenbegriffe des § 283 Abs. 1 StGB oder indirekt dadurch, dass die Eröffnung eines Insolvenzverfahrens oder dessen Abweisung mangels Masse nach § 283 Abs. 4 StGB Voraussetzung für die Strafbarkeit ist. Anders Erdmann, der einen Unterschied zwischen den strafrechtlichen Krisenbegriffen Zahlungsunfähigkeit, drohende Zahlungsunfähigkeit und Überschuldung des § 283 Abs. 1 StGB zu den Insolvenzgründen sieht. *Erdmann,* Die Krisenbegriffe der Insolvenzstraftatbestände (§§ 283 ff. StGB) 2007, S. 101.

858 Insbesondere § 283b StGB.

859 BVerfG, Urt. v. 25.02.1975 (1 BvF 1/74, 1 BvF 2/74, 1 BvF 3/74, 1 BvF 4/74, 1 BvF 5/74, 1 BvF 6/74), BVerfGE 39, 1, Rn. 162.

860 *Ahrens,* FK-InsO (2013), § 302 InsO, Rn. 6.

davon abhängig, ob sie dann auch durchsetzbar sind. Ist dies nicht der Fall, wird der Geschäftsleiter nicht in Anspruch genommen. Eine strafrechtliche Sanktionierung ist daher nötig, um die Insolvenzantragspflicht auch bei mittellosen Geschäftsleitern durchzusetzen.

## 1. Haftungsgrundlagen

### a) § 15a Abs. 4 und 5 InsO

Nach § 15a Abs. 4 InsO ist die unterlassene, die nicht rechtzeitige oder die nicht richtige Antragstellung bei Vorliegen einer Antragspflicht nach § 15a Abs. 1 InsO strafbar. Ein nicht richtiger Antrag kann vorliegen, wenn der Antragsteller unrichtige oder unvollständige Angaben macht.[861] Letzteres ist dann der Fall, wenn der Antrag die inhaltliche Prüfung durch das Gericht nicht ermöglicht.[862] § 15a Abs. 1 Satz 1 InsO lässt dem Schuldner längstens drei Wochen nach Vorliegen der Insolvenzreife in Form der Überschuldung oder Zahlungsunfähigkeit zur Antragstellung. Diese Frist darf nur genutzt werden wenn Möglichkeiten für die Planung und Durchführung einer Sanierung innerhalb dieser Frist bestehen.[863] Das Unterlassen der Antragstellung führt bei vorsätzlichem Handeln zu einer Freiheitsstrafe von bis zu drei Jahren oder einer Geldstrafe (§ 15a Abs. 4 InsO) und bei Fahrlässigkeit zu einer Freiheitsstrafe von einem Jahr oder Geldstrafe (§ 15a Abs. 5 InsO). Daneben hat vorsätzliches Handeln bei Verurteilung nach § 6 Abs. 2 Nr. 3 Buchst. a GmbHG und § 76 Abs. 3 Nr. 3 Buchst. a AktG den Ausschluss von Geschäftsführer- bzw. Vorstandsämtern für die Dauer von 5 Jahren zur Folge.

### b) Bankrottdelikte (§§ 283 ff. StGB)

Die §§ 283 ff. StGB umfassen die Bankrottdelikte. § 283 StGB pönalisiert Handlungen, die nach § 283 Abs. 1 StGB im Zustand der Überschuldung, eingetretener oder drohender Zahlungsunfähigkeit durchgeführt werden. Weitere Tatbestandsvoraussetzung nach § 283 Abs. 4 StGB ist, dass es entweder zur Eröffnung eines Insolvenzverfahrens oder zur Abweisung desselben mangels Masse kommt.

---

861 *Altmeppen,* Altmeppen/Roth, GmbHG (2012), Vor § 64 GmbHG, Rn. 103; *Preuß,* Kübler/Prütting, InsO (2012), § 15a InsO, Rn. 75.

862 *Altmeppen,* Altmeppen/Roth, GmbHG (2012), Vor § 64 GmbHG, Rn. 103; *Preuß,* Kübler/Prütting, InsO (2012), § 15a InsO, Rn. 75.

863 *Wehr,* HambKomm-InsO (2012), § 15a InsO, Rn. 17; *Preuß,* Kübler/Prütting, InsO (2012), § 15a InsO, Rn. 51.

Die pönalisierten Handlungen umfassen Vermögensverschiebungen (§ 283 Abs. 1 Nr. 1 StGB) wie Beiseiteschaffen, Verheimlichen oder Zerstören; unwirtschaftliche Geschäfte (§ 283 Abs. 1 Nr. 2, 3 StGB), wie Verlust- und Spekulationsgeschäfte oder unwirtschaftliche Ausgaben; Scheingeschäfte (§ 283 Abs. 1 Nr. 4 StGB) wie Verbindlichkeitenerhöhung und Buchführungsverstöße (§ 283 Abs. 1 Nr. 5–7 StGB), wie mangelhafte Buchführung oder Bilanzerstellung, Aufbewahrung oder Einwirken auf diese. § 283 Abs. 1 Nr. 8 StGB dient als Auffangtatbestand für sonstige Taten zur Verringerung oder Verschleierung des Vermögens.[864] Da bei diesen Delikten keine Schädigung anderer Vorliegen muss, werden sie als abstrakte Gefährdungsdelikte aufgefasst.[865] § 283 Abs. 2 StGB schließt das Herbeiführen der Insolvenzreife durch Handlungen nach Abs. 1 mit ein. § 283 Abs. 3 StGB stellt den Versuch unter Strafe. Die auf § 283 StGB folgenden Normen greifen Vermögensverschiebungen (§§ 283c, 283d StGB) und Buchführungsverstöße (§ 283b StGB) spezialisierend auf oder wirken im Fall des besonders schweren Bankrotts (§ 283a StGB) strafverschärfend.

Konsequenz der Bankrottdelikte ist neben den verschiedenen Strafandrohungen in §§ 283 ff. StGB auch der Ausschluss einer Geschäftsführer- bzw. Vorstandsstellung nach § 6 Abs. 2 Nr. 3 Buchst. a GmbHG und § 76 Abs. 3 Buchst. a AktG für die Dauer von 5 Jahren.

### c) Eingehungsbetrug und weitere Begleitdelikte

Neben den Bankrottdelikten begleiten häufig weitere Straftaten eine Insolvenzverschleppung. Dies kann ein Eingehungsbetrug nach § 263 StGB sein, wenn im Zustand der Zahlungsunfähigkeit und auch mangelnder Bereitschaft durch Geschäfte neue Verbindlichkeiten eingegangen werden.[866] Weitere Straftaten in Zusammenhang mit der Insolvenzverschleppung sind: das Vorenthalten des Arbeitnehmeranteils von Sozialversicherungsbeiträgen (§ 266a Abs. 1 StGB), die Untreue (§ 266 StGB), die verspätete Steuerzahlung (§ 26b UStG) oder die Steuerhinterziehung (§ 370 AO).[867]

---

864 *Bieneck/Richter,* in: Müller-Gugenberger/Alexander (Hrsg.), Wirtschaftsstrafrecht, 2011, S. 2351, 2383.

865 *Stracke,* Zur Übertragbarkeit des zivilrechtlichen Überschuldungsbegriffs in das Strafrecht, 2007, S. 116.

866 *Wegner,* in: Achenbach (Hrsg.), Handbuch Wirtschaftsstrafrecht, 2011, S. 857, 925.

867 *Wegner,* in: Achenbach (Hrsg.), Handbuch Wirtschaftsstrafrecht, 2011, S. 857, 925.

## 2. Beweis- und Darlegungslast

Um die Beweis- und Darlegungslast und die damit verbundenen Probleme zu beschreiben, werden zunächst der Verfahrensablauf, die Informationsquellen und die Kompetenzen der Staatsanwaltschaft sowie ihre Ermittlungsmöglichkeiten dargestellt. Danach wird auf die Darlegungs- und Beweislast eingegangen. So soll der Vergleich zwischen den Fähigkeiten der Staatsanwaltschaft und den Anforderungen, die an sie gestellt werden, um eine Sanktionierung der Verletzung der Insolvenzantragspflicht zu erreichen, möglich werden

Die Staatsanwaltschaft wird bei jeder Eröffnung eines Insolvenzverfahrens oder Abweisung eines Insolvenzantrages mangels Masse tätig. Die Insolvenzgerichte sind ihr gegenüber gem. Abschnitt 3 Ziff. IX Nr. 2 und 3 MiZi (Anordnung über Mitteilungen in Zivilsachen) in solchen Fällen mitteilungspflichtig. Dies ist der wichtigste Verfahrensauslöser.[868] Daneben kommt es vereinzelt auch zu Anzeigen seitens der Gläubiger oder die Staatsanwaltschaft wird aufgrund anderer Verdachtsmomente, wie Presseartikel, selbst tätig.[869] Anzeigen von Gläubigern sind eher selten und haben dann meist bei relativ hoher Schädigung des Gläubigers den Charakter einer Ersatzbefriedigung.[870] Im Rahmen seiner Vorermittlungen wird der Staatsanwalt zunächst die Insolvenzakten anfordern.[871] Dabei ist insbesondere das Gutachten des vorläufigen Insolvenzverwalters oder Sachwalters relevant.[872] In diesem sollte, nach Empfehlung des Bundesarbeitskreises Insolvenzgerichte e. V. dargelegt sein, wann der Eintritt der materiellen Insolvenz erfolgt ist und ob es im Vorfeld der Insolvenz zu Straftaten kam.[873] Allerdings sind nicht alle Angaben der Insolvenzakten strafrechtlich verwertbar, wenn der Schuldner nach

868 So die Ergebnisse von Liebl, denen zufolge 2006 mindestens 67,4 % der eröffneten Verfahren auf MiZi-Miteilungen zurückgingen; *Liebl,* Insolvenzkriminalität und Strafverfolgung: Probleme einer Transfergesellschaft, europäische Strategien und Ergebnisse einer Replikationsuntersuchung, 2011, S. 98.

869 *Weyand/Diversy,* Insolvenzdelikte: Unternehmenszusammenbruch und Strafrecht, 2010, S. 157.

870 So auch *Weyand/Diversy,* Insolvenzdelikte: Unternehmenszusammenbruch und Strafrecht, 2010, S. 157.

871 *Weyand/Diversy,* Insolvenzdelikte: Unternehmenszusammenbruch und Strafrecht, 2010, S. 158.

872 *Ott,* Praxis Steuerstrafrecht, 2002, S. 250 (250).

873 *Bundesarbeitskreis Insolvenzgerichte e. V.,* Checkliste zur Gutachtenerstellung Unternehmensinsolvenz: Empfehlung für eine Gutachtenerstellung für Unternehmensinsolvenzverfahren, 2010.

§ 97 Satz 1 InsO dem Insolvenzverwalter Auskunft gegeben hat. Dies folgt aus dem Grundsatz, dass man nicht zu Angaben gezwungen werden kann, die einen strafrechtlich belasten § 136 Abs. 1 Satz 2 StPO.

Grundsätzlich ist der Insolvenzverwalter aber der Wissensträger im Verfahren, er ist damit eine sehr wichtige Informationsquelle für den Staatsanwalt.[874] Damit wird die Art der Zusammenarbeit mit dem Insolvenzverwalter relevant. Weyand äußert dazu, dass sich zwischen Staatsanwaltschaft und Insolvenzverwalter „regelmäßig ein besonders kooperatives Arbeitsverhältnis“[875] entwickelt. Die Interviews zeigen dagegen ein differenzierteres Bild. Sieben von 14 Interviewpartnern haben sich zur Zusammenarbeit zwischen Insolvenzverwaltern und Staatsanwaltschaften geäußert.[876] Zwei davon bestätigen das Bild einer engen Zusammenarbeit. Drei Interviewpartner sind der Meinung, es kommt nur selten und dann zu einer schleppenden Zusammenarbeit. Die verbleibenden zwei Interviewpartner haben sich dahingehend geäußert, dass der Insolvenzverwalter die Zusammenarbeit, die für ihn einen Mehraufwand darstellt, den er nur erbringt, wenn es für ihn vorteilhaft ist: Besteht die Möglichkeit, zivilrechtliche Ansprüche gegen den Geschäftsleiter durch eine strafrechtliche Verurteilung zu erleichtern oder werden die Durch- und Zugriffsmöglichkeiten der Staatsanwaltschaft bei laufenden Vermögensverschiebungen oder Ähnlichem gebraucht, wird zusammengearbeitet. Ohne derartige Vorteile wird die Zusammenarbeit vom Insolvenzverwalter vermieden.

Die Staatsanwaltschaft hat neben dem Insolvenzverwalter und den Verfahrensakten als Informationsquelle weitere Möglichkeiten der Sachverhaltsermittlung. So werden regelmäßig Anfragen an Institutionen und Behörden gestellt.[877] Diese können Indizien einer Insolvenzverschleppung, wie Rückstände bei den Sozialversicherungen oder dem Fiskus oder erfolglos gebliebene Vollstreckungsversuche gegen das Schuldnervermögen, zutage bringen.[878] Diese Indizien helfen aber nur bei der Ermittlung einer Insolvenzverschleppung nach der kriminalistischen Methode.

---

874 *Weyand/Diversy,* Insolvenzdelikte: Unternehmenszusammenbruch und Strafrecht, 2010, S. 172.

875 *Weyand/Diversy,* Insolvenzdelikte: Unternehmenszusammenbruch und Strafrecht, 2010, S. 172.

876 Auswertung Interviewfrage 10.3.

877 *Weyand/Diversy,* Insolvenzdelikte: Unternehmenszusammenbruch und Strafrecht, 2010, S. 166.

878 *Weyand/Diversy,* Insolvenzdelikte: Unternehmenszusammenbruch und Strafrecht, 2010, S. 166 f.

Für eine weitergehende betriebswirtschaftliche Prüfung des Sachverhalts werden neben den Buchhaltungsunterlagen der Insolvenzakte weitere Materialien nötig sein. Um an diese zu gelangen, stehen der Staatsanwaltschaft neben Befragungen und Verhören auch die Mittel Durchsuchung (§ 102 StPO) und Beschlagnahme (§ 94 Abs. 2 StPO) zur Verfügung. Abgesehen von den Geschäfts- und Wohnräumen des Schuldners bzw. seiner Organe kann dies auch bei Steuerberatern oder der Hausbank zielführend sein. Trotz dieser umfangreichen Möglichkeiten laufen diese häufig ins Leere, weil die entsprechenden Unterlagen entweder frühzeitig beiseite geschafft oder vernichtet wurden.[879]

Hat die Staatsanwaltschaft Unterlagen zusammentragen können, müssen diese ausgewertet werden. Dies ist schwierig, da die Unterlagen meist sehr umfangreich sind, und die Auswertung neben betriebswirtschaftlichen Kenntnissen auch Fach- und Branchenwissen erfordern kann. Um derartige Kapazitäten zu bündeln und die Effektivität der Strafverfolgung zu steigern, wurden zu Beginn der 1970er Jahre Schwerpunktstaatsanwaltschaften eingerichtet.[880] Diese haben Zugriff auf Wirtschaftsreferenten, die eine betriebswirtschaftliche Bewertung des Sachverhalts vornehmen können. Diese Referenten können später, wenn es zum Hauptverfahren kommt, auch als sachverständige Zeugen gehört werden. Ihre Beurteilung erfolgt unabhängig von und ohne inhaltliche Weisungen der Staatsanwaltschaft.[881] Vielmehr sind, wenn das Gericht einen Wirtschaftsreferenten (oder sonstigen Sachverständigen) mit der Erstellung eines Gutachtens beauftragt hat, die Kosten bei einer Verurteilung vom Beklagten zu tragen.[882] Zusätzlich muss, um die Unabhängigkeit sicherzustellen, vor Auftragserteilung der Verteidiger gem. Nr. 70 Abs. 1 RiStBV, angehört werden.[883] Auch wenn sich im Rahmen einer späteren Hauptverhandlung das Gericht ein eigenes Urteil bilden muss, wird es meist der Auffassung des Sachverständigen folgen, da es ihn ja wegen mangelnder eigener Sachkunde mit der Beurteilung der Situation beauftragt hat.[884] Trotz dieser Ressourcen dauern die Auswertung der Unterlagen und das Verfahren insgesamt sehr lange.[885] Dies liegt an der Komplexität der Verfahren und daran, dass selbst wenn

---

879 *Weyand/Diversy,* Insolvenzdelikte: Unternehmenszusammenbruch und Strafrecht, 2010, S. 178 f.

880 *Montenbruck/Kuhlmey/Enderlein,* JuS 1987, 713 (718).

881 *Bittman,* wistra 2011, 47 (48).

882 *Bittman,* wistra 2011, 47 (54 f.).

883 *Bittman,* wistra 2011, 47 (50).

884 *Bittman,* wistra 2011, 47 (53).

885 *Weyand/Diversy,* Insolvenzdelikte: Unternehmenszusammenbruch und Strafrecht, 2010, S. 185.

Wirtschaftsreferenten zur Verfügung stehen, diese meist ausgelastet sind.[886] Hinzu kommt, dass es nicht in jedem Gerichtsbezirk Schwerpunktstaatsanwaltschaften und Wirtschaftsreferenten gibt.

Im Strafverfahren gilt die Unschuldsvermutung. Zivilrechtliche Beweislastumkehr hat daher im Strafverfahren keine Gültigkeit.[887] Somit trifft die Staatsanwaltschaft die volle Beweislast.[888] Damit sind auch prognostische Elemente, wie die Fortbestehensprognose (anders als im Zivilrecht), nicht vom Schuldnerorgan nachzuweisen. Schwierigere prognostische Tatbestände, wie die Überschuldung, können zudem vor Gericht fast nie bewiesen werden, weshalb die Verfahren meist gem. § 153a StPO gegen Zahlung einer Geldstrafe eingestellt werden.[889] Die Probleme mit dem strafrechtlichen Nachweis prognostischer Elemente bestehen auch für die Zahlungsunfähigkeit.[890] Teilweise wird aufgrund der vorgenannten Probleme auch ganz auf die Haftung für Insolvenzverschleppung verzichtet und stattdessen auf die Formaldelikte nach §§ 283b, 266a StGB zurückgegriffen.[891] Oder es wird auf eine spätere Krisenphase abgestellt, in der die Verschleppung schon längst vorliegt, aber erst dann evident sichtbar wird.[892] Es ist auch möglich und wird scheinbar häufig genutzt, das Verfahren nach § 153a StPO gegen Auflagen einzustellen.

Dies spiegeln auch die Expertengespräche wider. So spielt die Überschuldung in Strafrechtsprozessen nach Meinung aller vier Interviewpartner, die sich mit dem Strafrecht befassen, fast keine Rolle. Vielmehr deuten die Gespräche an, dass meist der Insolvenzgrund der Zahlungsunfähigkeit mittels kriminalistischer Methode nachgewiesen werden kann. Dies gelingt in vielen Fällen, da die meisten Insolvenzen so lange verschleppt werden, dass dies im Liquiditätsstatus eindeutig sichtbar wird.

---

886 *Weyand/Diversy,* Insolvenzdelikte: Unternehmenszusammenbruch und Strafrecht, 2010, S. 185.

887 *Dannecker/Knierim/Hagemeier,* Insolvenzstrafrecht, 2012, S. 15; *Höffner,* Zivilrechtliche Haftung und strafrechtliche Verantwortung des GmbH-Geschäftsführers bei Insolvenzverschleppung: Zugleich ein Beitrag zum ultima ratio-Prinzip, 2003, S. 68.

888 Sofern in diesem Zusammenhang von Beweislast gesprochen werden kann; vgl. *Meyer-Gossner,* Meyer-Gossner/Cierniak, StPO (2010), § 155 StPO, Rn. 3.

889 *Möhlmann-Mahlau/Schmitt,* NZI 2009, 19 (24).

890 *Hartung,* wistra 1997, 1 (2 f.).

891 *Bieneck,* in: Müller-Gugenberger/Alexander (Hrsg.), Wirtschaftsstrafrecht, 2011, S. 2397, Rn. 5.

892 *Bieneck,* in: Müller-Gugenberger/Alexander (Hrsg.), Wirtschaftsstrafrecht, 2011, S. 2397, Rn. 5.

## 3. Zusammenfassung

Auch wenn die Staatsanwaltschaft über umfassende Mittel verfügt, an Informationen zu gelangen, in vielen Bezirken spezialisierte Schwerpunktstaatsanwaltschaften hat und diese über die Fachkompetenz von Wirtschaftsreferenten verfügen können, ist die Verfolgung von Insolvenzverschleppungsdelikten schwierig. Daher spielen die prognostischen Elemente im Rahmen der Strafverfolgung nur in Ausnahmefällen, wie besonders prominenten oder schadensreichen Insolvenzen, eine Rolle.

# III. Verschulden/subjektiver Tatbestand

Die beschriebenen zivil- und strafrechtlichen Haftungstatbestände knüpfen an das objektive Vorliegen der Insolvenzgründe oder die Insolvenzantragspflicht nach § 15a InsO an, die wiederum an die Insolvenzgründe der Überschuldung (§ 19 InsO) und die Zahlungsunfähigkeit (§ 17 InsO) anknüpfen. Es sind zwei Zeitpunkte relevant: der Zeitpunkt der Insolvenzreife, an dem einer der beiden Insolvenzgründe vorliegt, und der Zeitpunkt der Insolvenzantragspflicht, der längstens drei Wochen später liegt. An Ersterem hängen die zivilrechtlichen Haftungsgrundlagen (vor allem gem. §§ 64 GmbHG, 92 Abs. 2 AktG[893]) sowie die strafrechtlichen Bankrottdelikte (§§ 283 ff. StGB) und an Letzterem die eigentliche strafrechtliche Insolvenzverschleppungshaftung nach § 15a Abs. 4 InsO und die zivilrechtliche Schadensersatzpflicht nach § 15a Abs. 4 InsO i. V. m. § 823 Abs. 2 BGB. Es ist fraglich, welche Anforderungen an die subjektiven Tatbestände dieser Haftungsnormen zu stellen sind. Denn davon hängt auch die Frage ab, zu welchem Zeitpunkt sie greifen:

- dem objektiven Vorliegen der Insolvenzreife
- deren Erkennbarkeit oder
- der subjektiven Kenntnis bzw. zusätzlich jeweils den längstens drei Wochen des § 15a Abs. 1 Satz 1 InsO.

Abbildung 29 stellt dieses Problem graphisch dar.

893 Dass das Zahlungsverbot nach § 64 GmbHG, § 92 Abs. 2 AktG sich dem Gesetzeswortlaut nach auf das Vorliegen der Insolvenzgründe und nicht auf die Frist nach § 15a Abs. 1 Satz 1 InsO bezieht, hat der BGH klargestellt; BGH, Urt. v. 16.03.2009 (II ZR 280/07), ZIP 2009, 860, Rn. 12.

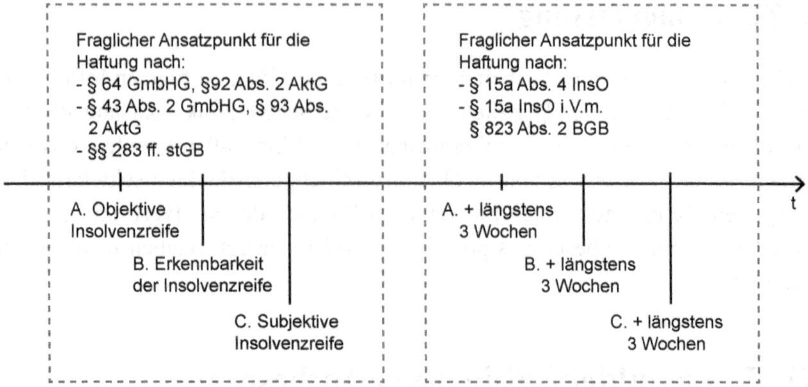


*Abb. 29: Zeitliche Ansatzpunkte der Haftung*[894]

Der BGH und die herrschende Meinung in der Literatur erachtet das Vorliegen der Erkennbarkeit der Insolvenzgründe als Ansatz für die Haftung als ausreichend.[895] Begründet wird dies mit der Verpflichtung der Geschäftsleiter, sich über die wirtschaftliche Lage der Gesellschaft zu informieren, weshalb bei einer Erkennbarkeit und pflichtgemäßem Verhalten der Geschäftsleitung die Insolvenzreife erkannt werden müsste.[896] Damit ist klar, dass der Geschäftsleiter schuldhaft handelt, wenn er bei Vorliegen von Krisenanzeichen auf die Prüfung des Vorliegens einer der Insolvenzgründe verzichtet.[897] Und die schuldhafte Pflichtverletzung des § 15a

894 Quelle: Eigene Darstellung.

895 Für die Haftung nach §§ 64 GmbHG, 92 Abs. 2 AktG: BGH, Urt. v. 29.11.1999 (II ZR 272/98), BGHZ 143, 184, 1. Leitsatz; *Krieger/Sailer-Conceani,* Schmidt / Lutter, AktG (2010), § 92 AktG, Rn. 15; *Fleischer*, Spindler/Stilz, AktG (2010), § 92 AktG, Rn. 28; *Altmeppen,* Altmeppen/Roth, GmbHG (2012), § 64 GmbHG, Rn. 6; *Kleindiek,* Lutter/Hommelhoff, GmbHG (2012), § 64 GmbHG, Rn. 14; *Müller*, MüKo GmbHG (2011), § 64 GmbHG, Rn. 144; für die Haftung aus § 15a InsO i.V.m. § 823 BGB: *Kleindiek,* Kreft; InsO (2011), § 15a InsO, Rn. 28; im Ergebnis auch *Preuß,* Kübler/Prütting, InsO (2012), § 15a InsO, Rn. 96 f.; für die fahrlässige Haftung nach § 15a Abs. 5 InsO: *Preuß,* Kübler/Prütting, InsO (2012), § 15a InsO, Rn. 79; *Ransiek,* Kreft; InsO (2011), § 15a InsO, Rn. 42 f.

896 *Höffner,* Zivilrechtliche Haftung und strafrechtliche Verantwortung des GmbH-Geschäftsführers bei Insolvenzverschleppung: Zugleich ein Beitrag zum ultima ratio-Prinzip, 2003, S. 40.

897 *Altmeppen,* Altmeppen/Roth, GmbHG (2012), § 64 GmbHG, Rn. 70; *Preuß,* Kübler/Prütting, InsO (2012), § 15a InsO, Rn. 81; *Kleindiek,* Kreft; InsO (2011), § 15a InsO, Rn. 28.

Abs. 1 InsO ist für eine daran geknüpfte Haftung (§ 15a Abs. 4 InsO; § 15a InsO i. V. m. § 823 Abs. 2 BGB) ausreichend.[898] Dies gilt ebenso für die §§ 64 GmbHG, 92 Abs. 2 AktG.[899] Für die AG wird dies mit der Verpflichtung der Einführung eines Überwachungssystems nach § 91 Abs. 2 AktG, das existenzielle Risiken der Gesellschaft erkennbar macht, besonders deutlich.[900] Liegt objektiv eine Insolvenzverschleppung vor und der Insolvenzverwalter kann dies darlegen, muss der Geschäftsleiter darlegen, dass er seine Pflichten nicht verletzt hat.[901] Kann er dies nicht, wird er zivilrechtlich ab dem Zeitpunkt des objektiven Eintritts der Insolvenzreife haften.

Es wird so, auch in Bezug auf Prognose und Planung, klargestellt, dass der Geschäftsleiter verpflichtet ist, seine Buchhaltung im Auge zu behalten und spätestens bei Krisenanzeichen Prognosen und Liquiditätsplanungen anzufertigen. Wer sich einer fehlenden Planung bewusst ist und dennoch weiter wirtschaftet, nimmt in Kauf, dass er dies eventuell auch im Zustand einer negativen Fortführungsprognose oder Zahlungsunfähigkeit tut.[902] Kann der Geschäftsleiter dieser Pflicht mangels eigener Sachkunde nicht nachkommen, entbindet ihn dies nicht von der Haftung.[903] Vielmehr steht ihm die Möglichkeit offen, einen sachkundigen Dritten mit der Prüfung des Vorliegens eines der Insolvenzgründe zu betrauen.[904] Hat der Geschäftsleiter diese Möglichkeit genutzt und ist falsch beraten worden, ist er

---

898 *Schmidt,* in: Schmidt/Uhlenbruck (Hrsg.), Die GmbH in Krise, Sanierung und Insolvenz, 2009, S. 971, 973.

899 *Altmeppen,* Altmeppen/Roth, GmbHG (2012), § 64 GmbHG, Rn. 3; *Haas,* Baumbach/Hueck, GmbHG (2013), § 64 GmbHG, Rn. 84; *Grigoleit/Tomasic*, Grigoleit, AktG (2012), § 92 AktG, Rn. 48; *Fleischer*, Spindler/Stilz, AktG (2010), § 92 AktG, Rn. 75.

900 *Eckhoff,* Die Haftung der Geschäftsleiter gegenüber den Gläubigern der Gesellschaft wegen Insolvenzverschleppung, 2010, S. 94.

901 *Preuß,* Kübler/Prütting, InsO (2012), § 15a InsO, Rn. 92; *Kleindiek*, Kreft; InsO (2011), § 15a InsO, Rn. 29, *Haas,* Baumbach/Hueck, GmbHG (2013), § 64 GmbHG, Rn. 93; *Grigoleit/Tomasic*, Grigoleit, AktG (2012), § 92 AktG, Rn. 48; *Fleischer*, Spindler/Stilz, AktG (2010), § 92 AktG, Rn. 28.

902 Ähnlich *Richter,* in: Liebl (Hrsg.), Wirtschaftskriminalität und die Rolle der Strafverfolgungsorgane, 2008, S. 129, 142.

903 BGH, Urt. v. 14.05.2007 (II ZR 48/06), ZIP 2007, 1265, Rn. 16; *Kleindiek*, Kreft; InsO (2011), § 15a InsO, Rn. 29; *Grigoleit/Tomasic*, Grigoleit, AktG (2012), § 92 AktG, Rn. 48; *Fleischer*, Spindler/Stilz, AktG (2010), § 92 AktG, Rn. 75.

904 BGH, Urt. v. 14.05.2007 (II ZR 48/06), ZIP 2007, 1265, Rn. 16; *Kleindiek*, Kreft; InsO (2011), § 15a InsO, Rn. 29; *Grigoleit/Tomasic*, Grigoleit, AktG (2012), § 92 AktG, Rn. 48.

seinen Sorgfaltspflichten nachgekommen und handelt daher vor dem Hintergrund zivilrechtlicher Haftung nicht schuldhaft.[905] Strafrechtlich wird sich ein gleiches Ergebnis aus dem Verbotsirrtum gem. § 17 StGB ergeben. Diese sehr strengen Anforderungen werden vor allem Geschäftsführer kleiner GmbH vor Probleme stellen, denn diese verfügen im Zweifel weder über die Kenntnis noch die Mittel, den Handlungspflichten nachzukommen.

In diesem Zusammenhand ist ein weiteres Problem zu klären. Die Drei-Wochen-Frist, die der BGH bei der Abgrenzung von Zahlungsstockung und Zahlungsunfähigkeit zugrunde legt,[906] ist zeitlich identisch mit der Drei-Wochen-Frist, die § 15a Abs. 1 InsO bei Vorliegen von Zahlungsunfähigkeit oder Überschuldung längstens bis zur Stellung eines Insolvenzantrages gewährt. Es ist fraglich, ob diese Fristen parallel oder nacheinander zu laufen beginnen. Pohl macht die Beantwortung dieser Frage davon abhängig, ob für den Fristbeginn nach § 15a InsO ein Insolvenzgrund nach §§ 17 oder 19 InsO objektiv vorliegt oder ob der Gesellschaftsvertreter subjektiv davon Kenntnis haben muss.[907] Ist der strenge Maßstab des objektiven Vorliegens anzuwenden, würden die Fristen parallel laufen, wenn die subjektive Kenntnis entscheidend ist, würden die Fristen nacheinander zu laufen beginnen.[908] Die Begründung für diesen Zusammenhang liefert Pohl mit dem Ergebnis seiner Prüfung, die zugunsten des objektiven Vorliegens eines Insolvenzgrundes für den Fristbeginn endet: Wenn die Liquiditätsunterdeckung im Nachhinein doch nicht durch den in der Drei-Wochen-Frist erwarteten Liquiditätsverlauf beseitigt werden kann, habe objektiv schon zu Beginn der Drei-Wochen-Frist Zahlungsunfähigkeit vorgelegen.[909] Daher würden die beiden Fristen parallel laufen.[910] Nun ist, wie bereits geklärt, die Erkennbarkeit der Insolvenzreife für den Fristbeginn nach § 15a InsO ausschlaggebend und nicht das objektive Vorliegen. Diesem entgegnet Pohl, dass Insolvenzantragspflicht und Lauf der Drei-Wochen-Frist unterschiedlich zu beurteilen seien. Erstere liege schon bei objektivem Vorliegen eines Insolvenzgrundes vor, Letztere beginne ab der objektiven Erkennbarkeit.[911]

Die Argumentation ist aus zwei Gründen abzulehnen. Zum einen wird nicht deutlich, warum zur Klärung des Verhältnisses der beiden Drei-Wochen-Fristen

---

905 BGH, Urt. v. 14.05.2007 (II ZR 48/06), ZIP 2007, 1265, Rn. 14.
906 BGH, Urt. v. 24.05.2005 (IX ZR 123/04), BGHZ 163, 134, 1. Leitsatz.
907 *Pohl,* Der Insolvenzgrund der Zahlungsunfähigkeit, 2011, S. 99 f.
908 *Pohl,* Der Insolvenzgrund der Zahlungsunfähigkeit, 2011, S. 99 f.
909 *Pohl,* Der Insolvenzgrund der Zahlungsunfähigkeit, 2011, S. 118.
910 *Pohl,* Der Insolvenzgrund der Zahlungsunfähigkeit, 2011, S. 118.
911 *Pohl,* Der Insolvenzgrund der Zahlungsunfähigkeit, 2011, S. 116 f.

zueinander das Verhältnis der Drei-Wochen-Frist einer noch zu tolerierenden Zahlungsstockung zu einer an objektive Merkmale geknüpften und an keine Frist gebundene Insolvenzantragspflicht betrachtet werden sollte. Zusätzlich ist der Zusammenhang zwischen dem Verhältnis der Fristen zueinander und objektivem oder subjektivem Vorliegen eines Insolvenzgrundes nicht nachvollziehbar. In der Ex-post-Betrachtung mag es zwar richtig sein, dass bereits im Anfangszeitpunkt der beginnenden Frist Zahlungsfähigkeit vorgelegen habe. Es ist hier aber auf die Ex-ante-Sicht zum Zeitpunkt der Beurteilung abzustellen.[912] Zu diesem Zeitpunkt verfügt auch der noch so objektive Betrachter nicht über das Wissen, dass eine Zahlungsstockung in eine Zahlungsunfähigkeit umschlagen wird. Auch er kann nicht in die Zukunft schauen.

Vielversprechender ist die Frage nach Sinn und Zweck der Fristen. Hintergrund des Drei-Wochen-Zeitraums zur Differenzierung von Zahlungsstockung und Zahlungsunfähigkeit ist, dass es nicht sinnvoll sein kann, Unternehmen, die in absehbarem Zeitraum wieder „im Geld“ sind, zur Stellung eines Insolvenzantrages zu zwingen.[913] Die Drei-Wochen-Frist nach § 15a Abs. 1 InsO soll es bei Vorliegen einer Insolvenz ermöglichen, Sanierungsmaßnahmen zu prüfen, die den zwingenden Insolvenzgrund innerhalb der Frist wieder beseitigen.[914] Der Unterschied der Zielsetzung der beiden Fristen ist marginal. Bei Ersterer ist die Verbesserung der Liquiditätssituation bereits absehbar, und bei Letzterer müssen noch Maßnahmen geplant und durchgeführt werden, die die Liquiditätssituation verbessern. Ist ein Unternehmen in der Krise, deren Ausdruck letztlich die mangelnde Liquidität ist, und bei dem sich die Frage stellt, ob eine Zahlungsstockung innerhalb der nächsten drei Wochen vorübergeht, muss auch gefragt werden, ob die Geschäftsleitung nur dazu verpflichtet ist, mittels Planung die derzeitige Situation zu evaluieren. Vielmehr wird sie zu diesem Zeitpunkt schon genügend Anreize haben, Sanierungsmaßnahmen zu planen und durchzuführen. Daher beginnt in einer solchen Situation die Frist nach § 15a Abs. 1 InsO bereits mit Eintritt der Zahlungsstockung zu laufen. Dafür spricht

912 So schließt der BGH die Relevanz nachträglicher Ereignisse für die Fortbestehensprognose im Rahmen der Überschuldungsprüfung explizit aus. BGH, Urt. v. 06.06.1994 (II ZR 292/91), BGHZ 126, 181, Rn. 32. So zur Zahlungsfähigkeit und zum Verhältnis der Fristen zueinander auch *Knolle/Tetzlaff,* ZInsO 2005, 897 (901).

913 BT-Drs. 12/2443, S. 114.

914 *Preuß,* Kübler/Prütting, InsO (2012), § 15a InsO, Rn. 50 f. Gemäß KO diente die Drei-Wochen-Frist zur Prüfung, ob ein Antrag auf ein Konkurs- oder Vergleichsverfahren zu stellen ist, wobei gleichzeitig eine außergerichtliche Sanierung geprüft werden konnte, was auch nach Einführung der InsO Bestand hat; *Schmerbach,* FK-InsO (2011), § 15a, Rn. 22.

auch das Urteil des BGH vom 24.05.2005.[915] Der BGH beschreibt eine Situation, in der eine Zahlungsstockung und noch keine Zahlungsunfähigkeit vorliegt, und knüpft die Freistellung der Haftung für Zahlungen in diesem Zustand an die Sorgfaltspflichten des § 64 Abs. 2 Satz 2 GmbHG a. F. mittlerweile § 64 GmbHG n. F.[916] Wenn die Sorgfaltspflichten nach § 64 GmbHG, die für den Zustand der Zahlungsunfähigkeit normiert sind, auch für den Status der Zahlungsstockung gelten, deutet dies darauf hin, dass auch die Frist nach § 15a InsO, die auch an der Zahlungsunfähigkeit hängt, schon mit der Zahlungsstockung zu laufen beginnt.

Dies verdeutlicht, dass bei einer Zahlungsstockung sowohl die Sorgfaltspflichten nach § 64 GmbHG für Zahlungen zu beachten sind, und der Fall vorbereitet werden muss, in dem eine Zahlungsstockung in eine Zahlungsunfähigkeit umschlägt. Im Ergebnis ist Pohl damit zuzustimmen: Beide Fristen laufen parallel.

## IV. Zusammenfassung

Die Haftung, die eine Nichtberücksichtigung der Insolvenzantragspflicht bzw. eine Nichtberücksichtigung der mit der Insolvenzreife verbundenen Sorgfaltspflichten mit sich bringt, ist vor allem zivilrechtlich durch den Ersatz von Zahlungen im Zustand der Insolvenzreife (§§ 64 GmbHG und § 92 AktG) mit harten Konsequenzen bedacht. Bei der zivilrechtlichen Haftung ist der Anspruchsteller vordergründig nachweispflichtig. Für diesen Nachweis genügen aber schon der Nachweis der Zahlungseinstellung, Indizien, wie die Nichtabführung von Arbeitnehmeranteilen der Sozialversicherungen oder eine Überschuldung zu Liquidations- oder Verkehrswerten. Dem Geschäftsleiter obliegen dann die Widerlegung und damit auch der Nachweis prognostischer Elemente. Strafrechtlich ist der Nachweis für den Staatsanwalt deutlich schwieriger. Zwar erleichtert ihm die kriminalistische Methode den Nachweis einer Zahlungsunfähigkeit. Dies wird aber nur zu einem aus betriebswirtschaftlicher Sicht späten Zeitpunkt gelingen. Der Nachweis der Überschuldung wird aber nicht durch einen Indiziennachweis vereinfacht, sodass dieser in der strafrechtlichen Praxis konsequenterweise nur in Ausnahmefällen eine Rolle spielt. Zivilrechtlich wird auch kleinen Unternehmen die Verpflichtung zur Berücksichtigung prognostischer Elemente in den Insolvenzgründen auferlegt. Der Verschuldensmaßstab der Erkennbarkeit wird ihnen im Vergleich zu großen Unternehmen eine gewisse Erleichterung zugestehen, was sie aber nicht von ihren Sorgfaltspflichten entbindet.

---

915 BGH, Urt. v. 24.05.2005 (IX ZR 123/04), BGHZ 163, 134–148.

916 BGH, Urt. v. 24.05.2005 (IX ZR 123/04), BGHZ 163, 134, Rn. 15.

# F. Zusammenfassung

In vorliegender Arbeit werden die gesetzlich normierten Insolvenzgründe und deren Durchsetzung mittels Geschäftsleiterhaftung vor einem ökonomischen und betriebswirtschaftlichen Hintergrund mit dem Ziel untersucht, herauszustellen inwiefern die Prognose der Unternehmensentwicklung theoretisch und praktisch berücksichtigt wird. Die Ergebnisse dieser Untersuchung werden nachfolgend entsprechend der Gliederung der Arbeit zusammengefasst und daraufhin abschließend diskutiert.

## I. Ökonomische Sicht

Die ökonomische Theorie und Analyse der Insolvenzgründe hat gezeigt, dass die Betrachtung der zukünftigen Unternehmensentwicklung und die der Insolvenzkosten aus Gläubigersicht in die Insolvenzgründe einbezogen werden sollte. Die Insolvenzgründe sollten dabei möglichst früh wirken, schon an dieser Stelle zeigt sich, dass die Insolvenzgründe der drohenden Zahlungsunfähigkeit oder die Fortbestehensprognose gläubigerschützend wirken können. Es konnte gezeigt werden, dass eine in den Modellen spät wirkende Insolvenzauslösung durch Zahlungsunfähigkeit allein nicht als Insolvenzgrund ausreicht. Sie muss vielmehr durch eine Art Überschuldung zur Vermeidung von Ausbeutung nicht verhandlungsfähiger Gläubigergruppen ergänzt werden. Dieser Insolvenzgrund sollte dann auch möglichst früh wirken und die zukünftige Unternehmensentwicklung berücksichtigen.

## II. Betriebswirtschaftliche Sicht

Die Betrachtung der Insolvenzgründe aus betriebswirtschaftlicher Sicht hat ergeben, dass eine kennzahlenbezogene Insolvenzvorhersage zwar eine Insolvenzprognose, aber keine unternehmensindividuelle Prognose der Aussichten darstellen kann. Diese kann durch eine mittelfristige Unternehmensplanung erreicht werden. Ausgehend von einer Planung der einzelnen Unternehmensbereiche werden die Kerngrößen Liquidität und Ertrag geplant. Die Planung greift damit grundsätzlich auch die Größen auf, die im ökonomischen Teil der Arbeit als Insolvenzgründe verwendet wurden. Die Betrachtung kann um die Größe des Unternehmenswertes erweitert werden. Der Mehrwert dieser Betrachtung ist allerdings begrenzt, da er lediglich die Ertrags- oder Zahlungsmittelgrößen durch einen Zinssatz diskontiert. Vielmehr stellt der Diskontierungszins eine zusätzliche Unsicherheitsgröße dar. Statt der mittelfristigen Unternehmensgesamtplanung kann auch eine kurzfristige Teilplanung der Unternehmensfinanzen als Gegenüberstellung der erwarteten Ein- und Auszahlungen verwendet werden. Diese reflektiert dann aber eher die Auswirkungen vergangener Unternehmensentwicklung, da die erwarteten Ein- und Auszahlungen dem Grunde nach schon bestehen, was den „Prognoseanteil" dieser Planung reduziert. Wird die Unternehmensentwicklung berücksichtigt, muss in Kauf genommen werden, dass die Annahmen, die der Planung zugrunde liegen, innerhalb der Grenzen der Plausibilität durch den Prognoseersteller „gewählt" werden können. Schon an dieser Stelle wird deutlich, dass nicht alle Unternehmen überhaupt planen, da auch keine allgemeingültige umfassende Planungspflicht besteht. Daraus wird abgeleitet, dass die Insolvenzgründe eine Incentivierung zur Planungspflicht, etwa in Form der Vermutung negativer Aussichten, die durch Aufstellung einer Prognose widerlegt werden könnte, beinhalten.

## III. Insolvenzgründe der InsO

Die darauf folgende Analyse der bestehenden Insolvenzgründe der InsO ergibt, dass prognostische Elemente berücksichtigt werden. Die Zahlungsunfähigkeit stellt eine Gegenüberstellung der bestehenden und der erwarteten Ein- und Auszahlungen dar. Das prognostische Element liegt in der Frage, inwiefern erwartete Ein- und Auszahlungen berücksichtigt werden, und mündet in die Frage, ob einzelne Elemente angesetzt werden dürfen und ob sie in der Drei-Wochen-Frist zur Abgrenzung von Zahlungsstockung und Zahlungsunfähigkeit erfolgen müssen. Aus betriebswirtschaftlicher Sicht ist die hier zutage tretende Prognose eher kurzfristig und reflektiert die sich abzeichnenden Konsequenzen bereits erfolgter Unternehmensleistung. Mit diesem prognostischen Element ist der planende Geschäftsleiter in der Lage darzulegen, dass eine bestehende Illiquidität sich wieder aufhebt, und kann somit seinen Handlungsspielraum verlängern.

Die Überschuldung blickt mit der Fortbestehensprognose weiter in die Zukunft. Dabei entspricht die Fortbestehensprognose im Wesentlichen einer mittelfristigen Unternehmensplanung. Es wurde gezeigt, dass in der Prognose neben der Zahlungsfähigkeit auch die Ertragsfähigkeit zu berücksichtigen ist. Ferner wurde dargelegt, dass eine zusätzliche Bewertung des Unternehmens bei positiver Prognose wie bei der zweistufigen Überschuldungsprüfung nötig, nicht sinnvoll ist. Die Ermittlung basiert aus betriebswirtschaftlicher Sicht auf den zuvor untersuchten Größen Ertrag oder Finanzkraft und wird lediglich durch den zusätzlichen Parameter des Diskontierungszinses beeinflusst. Die vom FMStG wieder eingeführte und in ihrer Gültigkeit bislang nur temporär verlängerte, modifizierte zweistufige Methode ist beizubehalten. Darüber hinausgehend die Überschuldung ganz abzuschaffen, ist mit Hinblick auf die ökonomische Betrachtung der Insolvenzgründe nicht zu empfehlen, da sonst die Gefahr von Agency-Problemen für die Geschäftsleiter und eine Ausbeutungsgefahr für Gläubiger besteht, die nicht Teil von Sanierungsverhandlungen sein können. Die Überschuldung ist der verpflichtende Insolvenzgrund, der über den mittelfristigen Prognosehorizont die zukünftige Unternehmensentwicklung und die prospektive Gläubigergefährdung reflektiert. Diese Berücksichtigung, dieses „Mehr" an Prognose, bringt aber auch Unsicherheiten mit sich, die in den Annahmen der Planung liegen. Hier besteht zugunsten des Prognoseerstellers ein Spielraum, den er nutzen kann, solange die Grenze der Plausibilität nicht überschritten wird.

Die drohende Zahlungsunfähigkeit schaut ebenfalls in die Zukunft, ist aber im Gegensatz zu den anderen beiden Insolvenzgründen optional. Damit wird der Geschäftsleiter, so er denn auf dieser Basis einen Antrag stellt, darlegen wollen, dass es zu einer Zahlungsunfähigkeit kommt, was den Nachweis der Prognose erübrigt. Die Prognose wird dann kurz- oder mittelfristig sein. Der Anwendungsbereich der drohenden Zahlungsunfähigkeit ist durch die inhaltliche Überschneidung mit der Fortbestehensprognose eingeschränkt. Er liegt bei Unternehmen vor, die mit natürlichem Rechtsträger geführt werden. Für juristische Personen ist der Anwendungsbereich auf Unternehmen beschränkt, die bei negativer Fortbestehensprognose einen Überschuldungsstatus zu Liquidationswerten aufweisen und denen daher die Überschuldung „versperrt" ist.

Die Diskussionen in der juristischen Literatur drehen sich damit hauptsächlich um die prognostischen Elemente. Bei der Zahlungsunfähigkeit betrifft die Diskussion weniger die Drei-Wochen-Frist und die Frage, was im Liquiditätsstatus angesetzt werden darf. Die Diskussion um die Überschuldung wird von der Stellung der Prognose innerhalb der Überschuldung und deren Ausgestaltung dominiert.

Diese Diskussionen um die Prognose und die Betrachtung der zukünftigen Erfolgsaussichten sind für die Insolvenzantragspflicht großer Unternehmen interessant. Für die Überzahl der Insolvenzen, die kleine bis sehr kleine Unternehmen betreffen,[917] sind sie nicht relevant. Denn viele dieser Unternehmen planen gar nicht und darüber hinaus verfügen sie über keine aktuelle Buchhaltung, die bestehende Probleme zeigen könnte und auf der eine Planung aufsetzen könnte. Kombiniert mit dem Prinzip Hoffnung kommt es in kleinen Unternehmen häufig zu sehr späten Insolvenzanträgen und infolgedessen zu masselosen Insolvenzen.[918] Das dies bei korrekter Befolgung der mittelfristigen Überschuldung nicht der Fall sein dürfte, erkennt auch der BGH: „Bei strikter Befolgung der schon ab Überschuldung eingreifenden Insolvenzantragspflicht dürfte es regelmäßig nicht zu einer masselosen Insolvenz kommen.“[919] Folgende Abbildung 25 versucht, den Zusammenhang zwischen Unternehmensgröße, Tendenz zur verspäteten Insolvenzanmeldung und Erkennbarkeit der Insolvenzreife darzustellen.

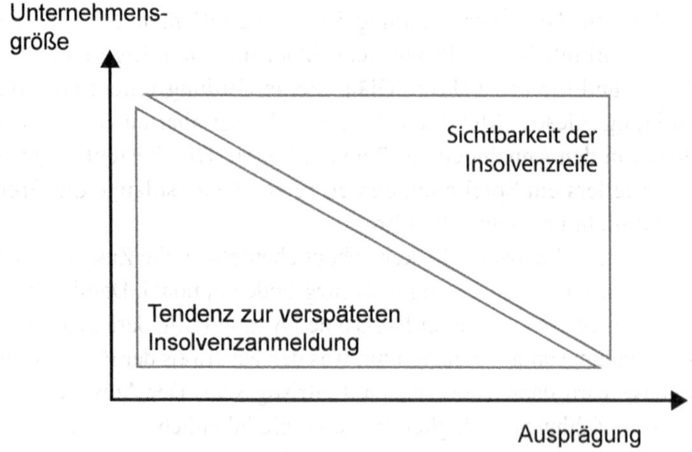


*Abb. 30: Einfluss der Unternehmensgröße auf die Insolvenzanmeldung*

917 So betrafen beispielsweise im ersten Halbjahr 2010 63,7 % aller Unternehmensinsolvenzen Unternehmen mit einem Umsatz von weniger als 500.000 €, die auch als Kleinstunternehmen bezeichnet werden; *Creditreform Wirtschaftsforschung,* Insolvenzen Neugründungen Löschungen: 1. Halbjahr 2010, 2010. Auch wenn dies nicht nur Unternehmen mit beschränkter Haftung umfasst, indiziert es auch für diese, in welchem Bereich sich die Menge der Insolvenzen ereignen.

918 Hinweise auf einen großen Anteil masseloser Unternehmen bei *Creditreform Wirtschaftsforschung,* Insolvenzen Neugründungen Löschungen: 1. Halbjahr 2010, 2010; *Creditreform Wirtschaftsforschung,* Insolvenzen Neugründungen Löschungen: Jahr 2010, 2010.

919 BGH, Beschluss v. 17.07.2008 (IX ZB 225/07), ZInsO 2008, 859.

## IV. Haftung

Es besteht eine Reihe von zivil- und strafrechtlichen Haftungsnormen, die an den Insolvenzgründen bzw. der Insolvenzantragspflicht anknüpfen. Die aus Sicht des Geschäftsleiters größte Gefahr droht aus dem Ersatz für verbotene Zahlungen gem. §§ 64 GmbHG und 92 AktG.

Bei der zivilrechtlichen Haftung muss zwar grundsätzlich der Anspruchsteller das Vorliegen der Insolvenzreife nachweisen. Dafür genügen für eine Zahlungsunfähigkeit aber schon der Nachweis der Zahlungseinstellung oder Indizien, wie die Nichtabführung des Arbeitnehmeranteils zur Sozialversicherung. Bei der Überschuldung muss der Insolvenzverwalter lediglich das Vorliegen einer Überschuldung zu Liquidations- oder Verkehrswerten darlegen. Dies ist vor allem für Geschäftsleiter relevant, die sich zwar der Änderung der Überschuldung im Rahmen des FMStG bewusst sind, diese aber als temporäre Abschaffung der Überschuldung interpretieren. Die Widerlegung der Nachweise des Insolvenzverwalters und damit auch die Darlegung der prognostischen Elemente, wie dem zukünftigen Wiederaufleben der Zahlungsfähigkeit oder der Fortbestehensprognose, muss durch den Geschäftsleiter erfolgen. Für den Staatsanwalt gibt es dies Vereinfachungen nicht. Ihm bleibt einzig die kriminalistische Methode zum Nachweis der Zahlungsunfähigkeit. Prognostische Elemente in der Zahlungsunfähigkeit oder der in der Summe prognostische Tatbestand der Überschuldung selbst spielen daher in der strafrechtlichen Praxis eine sehr untergeordnete Rolle. Die damit zumindest zivilrechtlich auch von kleinen Unternehmen geforderte Darlegung prognostischer Elemente wird vor allem kleinere Unternehmen vor Probleme stellen, auch wenn diesen im Rahmen der Erkennbarkeit als Verschuldensmaßstab im Vergleich zu großen Unternehmen eine Erleichterung zukommen wird.

## V. Ergebnis und Diskussion

Prognostische Elemente werden durch die Insolvenzgründe der InsO berücksichtigt und durch die angeschlossene Haftung bei Nichtbeachtung sanktioniert. Dabei basiert die Normierung der Insolvenzgründe auf den auch aus betriebswirtschaftlicher Sicht im Rahmen der Unternehmensplanung relevanten Kerngrößen der Liquidität und des Ertrages. In der Praxis scheinen die prognostischen Elemente aber nur für große Unternehmen relevant zu sein. Denn nur diese verfügen über die Ressourcen, um eine Planung aufzustellen. Diese Relevanz für größere Unternehmen ist durch die größere Verantwortung der Geschäftsleiter auch gerechtfertigt. Denn ihre Verschuldung und damit etwaige Schäden bei einer Insolvenzverschleppung sind grundsätzlich größer. Im Umkehrschluss zeichnet sich ein Damoklesschwert für Geschäftsleiter mittelgroßer Gesellschaften ab, die über keine Ressourcen verfügen zu planen. Versuchen sie sich an der Rettung des Unternehmens und diese scheitert, braucht der Insolvenzverwalter sie nicht zur Unternehmensfortführung, sind sie vermögend oder haben eine D & O-Versicherung abgeschlossen und liegen sie in der Zuständigkeit einer schlagkräftigen Schwerpunktstaatsanwaltschaft für Wirtschaftsstrafrecht, wird das „Rosshaar" für sie dünn.

Die Berücksichtigung der zukünftigen Unternehmensaussichten ist aus ökonomischer Sicht sinnvoll. Sie kann durch frühzeitige Antragstellung Gläubigerschäden minimieren und die Chancen einer Sanierung in der Insolvenz erhöhen. Andererseits kann sie bei einer in Aussicht stehenden Verbesserung der Liquiditätslage helfen, eine unnötige Insolvenz zu vermeiden. Eine Änderung der Gestaltung der Insolvenzgründe oder die Verschärfung der Haftung wird an dieser Stelle nicht zielführend sein. Zwar gibt es für die Ausgestaltung der Insolvenzgründe diverse Änderungsvorschläge. So schlägt etwa *Groß* vor, §§ 18 und 19 InsO faktisch zusammenzuführen und eine Antragspflicht bei negativer und ein Antragswahlrecht bei positiver Fortbestehensprognose einzuführen.[920] Weiter geht der Vorschlag von *Beck* und *Brucklacher*, die Antragspflicht bei Überschuldung in ein Antragswahlrecht zu ändern.[921] Auf eine Verpflichtung zum Insolvenzantrag bei der Überschuldung zu verzichten, ist vor dem Hintergrund der im ökonomischen Teil herausgestellten Gläubigergefährdung nicht sinnvoll. Denkbar wäre eine Zusammenführung von §§ 18 und 19 InsO in Form von § 19 InsO mit zusätzlichem Antragswahlrecht für Unternehmen, die ohne Haftungsbeschränkung geführt werden. Dies würde aber das Antragswahlrecht für mit Haftungsbegrenzung geführte Unternehmen abschaffen, die über eine negative Prognose und ein Vermögen bewertet zu Liquidationswerten verfügen, das ihre Schulden deckt.[922] Die bestehende Normierung deckt die ökonomischen und betriebswirtschaftlichen Zusammenhänge ab, und die Haftungsnormen, insbesondere §§ 64 Abs. 1 GmbHG und 92 AktG, sind für den Geschäftsleiter sehr scharf, sodass, überspitzt ausgedrückt, auch dafür der Begriff der Existenzvernichtungshaftung verwendet werden könnte.

---

920 *Groß,* KSI 2011, 49 (49).

921 *Beck/Brucklacher,* in: Flitsch/Hagebusch/Oberle et al. (Hrsg.), FS für Jobst Wellensiek zum 80. Geburtstag, 2011, S. 5, 11 f.

922 Siehe zur Überschneidung von drohender Zahlungsunfähigkeit und der Überschuldung unter D. II. 6.

Es ist sekundär, wie die Prognose durch die Normierung der Insolvenzgründe berücksichtigt wird. Entscheidend ist vielmehr, dass sie es wird. Wenn die Menge der Insolvenzanträge aber von Geschäftsleitern gestellt wird, die nicht planen, ist keine Verbesserung der Situation zu erwarten. Der Ansatz sollte daher vielmehr darin bestehen, den Ausbildungsstand der Geschäftsleiter zu verbessern. Das Zitat eines Interviewteilnehmers bringt dies im Zusammenhang mit der Planung auf den Punkt: „Die Qualität und vielmehr auch die Existenz von Planung und Prognose hängt an der Qualität des Managements. Hier wäre ein besserer Kenntnis- und Ausbildungsstand wünschenswert."[923] Diese Notwendigkeit wird auch durch die im Rahmen der Untersuchung der Zahlungsunfähigkeit aufgestellte These bestätigt, nach der eine große Anzahl Unternehmen in Deutschland geben könnte, die zahlungsunfähig sind, bei denen dieser Zustand aber nicht nach außen in Erscheinung getreten ist. Ob sich die Geschäftsleitungen sich dessen und der sich daraus ergebenden Haftungsgefahren für sie persönlich bewusst sind, ist fraglich. Denkbar sind hier formell der Nachweis einer Qualifikation, wie Studium, Berufsausbildung oder eine Art „GmbH Führerschein". Ebenfalls möglich wäre es, die Curricula der Berufsausbildungen und Studien, die potentielle Geschäftsleiter ausbilden, um diesen Problembereich zu erweitern.

923 Anonymer Interviewpartner.

# Anhang

## Verzeichnis der Expertengespräche

| Nr. | Interviewpartner | Beruf | Ort | Datum |
|---|---|---|---|---|
| 1 | Dr. Hans Richter | Wirtschaftsstaatsanwalt | Stuttgart | 02.01.2012 |
| 2 | Hannes Schimmel-Vogel | Geschäftsführer | Braunschweig | 06.02.2012 |
| 3 | anonym | Geschäftsführer | Anonym | 17.02.2012 |
| 4 | Dr. Hans-Gerd Höptner | Geschäftsführer | Remagen | 21.02.2012 |
| 5 | anonym | Strafverteidiger (Wirtschaftsstrafrecht) | Anonym | 23.02.2012 |
| 6 | anonym | Strafverteidiger (Wirtschaftsstrafrecht) | Anonym | 23.02.2012 |
| 7 | Prof. Dr. Uhlenbruck | Insolvenzrichter | Köln | 24.02.2012 |
| 8 | Manfred Grimm | Wirtschaftsstaatsanwalt | Frankfurt | 08.03.2012 |
| 9 | Frank Frind | Insolvenzrichter | Hamburg | 13.03.2012 |
| 10 | anonym | Geschäftsführer | Anonym | 14.03.2012 |
| 11 | Dr. Andreas Schmidt | Insolvenzrichter | Hamburg | 22.03.2012 |
| 12 | Michael Wellstein | Rechtsanwalt, Insolvenzverwalter | Mannheim | 30.03.2012 |
| 13 | Dr. Helmut Balthasar | Rechtsanwalt | Köln | 14.06.2012 |
| 14 | Marc Fritze | Rechtsanwalt, Insolvenzverwalter | Berlin | 29.06.2012 |

# Interviewleitfaden Geschäftsführer[924]

**Themenbereich: Verhalten Geschäftsleitung**

| Nr. | Offener Zusammenhang | Frage 1 | Frage 2 | Frage 3 | Frage 4 |
|---|---|---|---|---|---|
| 1 | Zusammenhang Pflichterfüllung/ Planungsintensität zu Unternehmensgröße | Wie hat sich die Krise Ihres Unternehmens entwickelt? | Welche Gegenmaßnahmen haben Sie ergriffen? | Haben Sie sich anwaltlich und bzw. oder betriebs-wirtschaftlich beraten lassen? | - |
| 2 | Relevanz der prognostischen Elemente und exekutorischer Merkmale bei der Selbstprüfung im Vorfeld der Insolvenz und, falls gegeben, bei der Antragsstellung | Wann wurde Ihnen klar, das der Gang zum Amtsgericht unvermeidbar wird? | Haben Sie regelmäßig einen Liquiditätsstatus erstellt? | Haben Sie eine Fortbestehens-prognose erstellt? | - |

**Themenbereich Insolvenzverwalter**

| Nr. | Offener Zusammenhang | Frage 1 | Frage 2 | Frage 3 | Frage 4 |
|---|---|---|---|---|---|
| 3 | Rolle des Insolvenzverwalters | Welche Rolle spielt aus Ihrer Sicht der Insolvenzverwalter bei der Aufarbeitung der Insolvenz? | - | - | - |
| 4 | Kriterien für die Verfolgung von Ansprüchen durch den Insolvenzverwalter (nur wenn Geschäftsführer Insolvenzerfahrung hat) | Wie ist der Stand des Verfahrens und mit welchem Verfahrensfortgang rechnen Sie? | Welche Rolle spielen Sie als Geschäftsführer im laufenden Verfahren ? | Waren zivil- oder strafrechtliche Haftung ein Thema? | - |

**Themenbereich: Gläubigerverhalten (nur bei Insolvenzerfahrung des Geschäftsleiters)**

| Nr. | Offener Zusammenhang | Frage 1 | Frage 2 | Frage 3 | Frage 4 |
|---|---|---|---|---|---|
| 5 | Interessenslage der Gläubiger vor Insolvenzantrag | Gab es Verhandlungen mit den Gläubigern im Vorfelde der Insolvenz? | Wie aussichtsreich waren diese Verhandlungen? | Haben die Verhandlungen bei der Wahl des Zeitpunktes der Antragstellung eine Rolle gespielt? | Wie beurteilen Sie die Pflicht zur Antrags-stellung während der Zeit der Verhandlung mit Gläubigern ? |
| 6 | Interessenslage der Gläubiger nach Insolvenzantrag | Wie haben die Gläubiger auf den Insolvenzantrag reagiert? | Gab es einen hohen Bestand an ungesicherten Forderungen? Haben Gläubiger viel Geld verloren? | - | - |
| 7 | Relevanz der direkten Inanspruchnahme der Geschäftsleiter durch die Gläubiger | Kam es zum Versuch die Geschäftsführung direkt persönlich haften zu lassen? | - | - | - |
| 8 | Verhalten der Gläubiger gegenüber dem Insolvenzverwalter | Wie verhalten sich die Gläubiger gegenüber dem Insolvenzverwalter? | - | - | - |
| 9 | Motivation der Gläubiger eine Strafanzeige zu stellen | Haben Gläubiger versucht eine strafrechtliche Verfolgung zu forcieren? | - | - | - |

924 Hinweis: Der Leitfaden gliedert sich in Themenbereiche. Innerhalb der Themenbereiche werden offene Zusammenhänge mit einer Frage oder bis zu vier Fragen erörtert.

**Themenbereich: Staatsanwaltschaft**

| Nr. | Offener Zusammenhang | Frage 1 | Frage 2 | Frage 3 | Frage 4 |
|---|---|---|---|---|---|
| 10 | Spielt die Überschuldung und in deren Rahmen die Fortbestehensprognose bei Anklagen eine Rolle? | Hat die Staatsanwaltschaft Ermittlungen aufgenommen? | - | - | - |
| 11 | Zusammenarbeit Staatsanwaltschaft und Insolvenzverwalter | Welche Rolle hat dabei der Insolvenzverwalter genommen? | - | - | - |
| 12 | Kriterien für eine Anklageerhebung | Kam es zur Anklage? | - | - | - |
| 13 | Kriterien für eine Anklageerhebung; speziell Rolle der Auffangdelikte | Kam es zur Verurteilung, wenn ja weswegen? | - | - | - |
| 14 | Kriterien für eine Anklageerhebung; speziell Rolle der prognostischen Elemente | Hat beim Verfahren die Fortbestehens-prognose eine Rolle gespielt? | Hat beim Verfahren die 10 % Schwelle der tolerierbaren Unterdeckung eine Rolle gespielt? | - | - |

| Nr. | Offene Fragen | Frage 1 | Frage 2 | Frage 3 | Frage 4 |
|---|---|---|---|---|---|
| 15 | Offene Fragen zur Verbesserung der Relevanz der prognostischer Elemente | Wie könnte aus Ihrer Sicht die Relevanz der zukünftigen Unternehmens-entwicklung bei der Frage nach der Insolvenzreife besser berücksichtigt werden? | Sehen Sie eine Notwendigkeit die Verpflichtungen zur Erstellung einer dokumentierten Unternehmens-planung zu verschärfen? | - | - |

# Interviewleitfaden Nicht-Geschäftsführer[925]

| Nr. | Offener Zusammenhang | Frage 1 | Frage 2 | Frage 3 | Frage 4 |
|---|---|---|---|---|---|
| 1 | Zusammenhang Pflichterfüllung/ Planungsintensität und Unternehmensgröße | Wie beurteilen Sie den Umgang des Managements mit einer Krise? | Werden Liquiditätsstatus und Fortführungsprognos e in Krisenunternehmen erstellt? Durch wen? Welche Qualität haben diese? | Und stehen sie zur Aufarbeitung auch zur Verfügung? | Gibt es in diesen Punkten Unterschiede zwischen großen und kleineren Unternehmen? |
| 2 | Relevanz der prognostischen Elemente und der exekutorischen Merkmale bei der Selbstprüfung im Vorfeld der Insolvenz und, falls gegeben, bei der Antragsstellung | Spielt die Überschuldung auf Basis der modifizierten zweistufigen Methode (Fortbestehens-prognose) bei den Insolvenzanträgen eine Rolle? | Wann bzw. warum nicht? | Spielt die Drei-Wochen-Frist bei der Abgrenzung von Zahlungsstockung und Zahlungsun-fähigkeit eine Rolle bei Insolvenzanträgen ? | Wann bzw. warum nicht? |

925 Hinweis: Der Leitfaden gliedert sich in Themenbereiche. Innerhalb der Themenbereiche werden offene Zusammenhänge mit einer Frage oder bis zu vier Fragen erörtert.

**Themenbereich Insolvenzverwalter**

| Nr. | Offener Zusammenhang | Frage 1 | Frage 2 | Frage 3 | Frage 4 |
|---|---|---|---|---|---|
| 3 | Rolle des Insolvenzverwalters | Welche Rolle spielt aus Ihrer Sicht der Insolvenzverwalter bei der ZR/SR-Verfolgung von Insolvenz-verschleppung? | - | - | - |
| 4 | Kriterien für die Verfolgung von Ansprüchen durch den Insolvenzverwalter | Welche Ziele verfolgt der Insolvenzverwalter dabei? | Wann verfolgt der Insolvenzverwalter Ansprüche gegen die Geschäftsführung aus Insolvenz-verschleppung? | Wann kommt es insbesondere zu einer strafrechtlichen Verfolgung mit Unterstützung des Insolvenzverwalters und wann nicht? | - |

**Themenbereich: Gläubigerverhalten**

| Nr. | Offener Zusammenhang | Frage 1 | Frage 2 | Frage 3 | Frage 4 |
|---|---|---|---|---|---|
| 5 | Interessenlage der Gläubiger vor und nach Insolvenzantrag | Ist der Gläubiger häufig an einer (ZR/SR) Durchsetzung von Haftung interessiert? | Unter welchen Umständen ist dies insbesondere der Fall? | - | - |
| 6 | Relevanz der direkten Inanspruchnahme der Geschäftsleiter durch die Gläubiger | Unter welchen Umständen kommt es zum direkten Einklagen der Ansprüche von Neugläubigern/ Altgläubigern mit Quotenschaden gegen Geschäftsführer? | Kommt es häufig dazu? | - | - |
| 7 | Verhalten der Gläubiger gegenüber dem Insolvenzverwalter | Kommt es häufiger zum Druck auf den Insolvenzverwalter ZR- Haftung gegen die Geschäftsführung anzustreben? | - | - | - |
| 8 | Motivation der Gläubiger, eine Strafanzeige zu stellen | Wann strebt ein Gläubiger eine strafrechtliche Verfolgung an? | - | - | - |

**Themenbereich: Staatsanwaltschaft**

| Nr. | Offener Zusammenhang | Frage 1 | Frage 2 | Frage 3 | Frage 4 |
|---|---|---|---|---|---|
| 9 | Grund für die Verfahrenseinleitung | Wie kommt die Staatsanwaltschaft an die Fälle zur Insolvenz-verschleppung? | Wann werden diese Fälle weiterverfolgt? | Wie viele dieser Fälle werden weiterverfolgt? | - |
| 10 | Zusammenarbeit Staatsanwaltschaft und Insolvenzverwalter | Woher kommen in einem Anfangsstadium der Ermittlungen die Informationen? | Welche Rolle spielt der Insolvenzverwalter in einem solchen Ermittlungsverfahren ? | Wie wird sich mit dem Insolvenzverwalter abgestimmt? | - |
| 11 | Kriterien für eine Anklageerhebung | In welchen Konstellationen kommt es dann zur Anklage? | Ist die Entscheidung von der Verfahrensgröße abhängig? | Wann wird ein Gutachten erstellt? | Wann wird statt eines Gutachtens die kriminalistische Methode (für ZU) verwendet? |
| 12 | Kriterien für eine Anklageerhebung; speziell Rolle der Auffangdelikte | Spielt bei der Verurteilung die Insolvenzverschlep-pung eine Rolle? | Welche Straftaten werden in diesem Zusammenhang sonst geahndet? | - | - |
| 13 | Kriterien für eine Anklageerhebung; speziell Rolle der prognostischen Elemente | Spielt die Überschuldung und die Fortbestehens-prognose bei Anklagen eine Rolle? | Wie wird sie gehandhabt? | Spielt die 10%-Schwelle der tolerierbaren Unterdeckung eine Rolle in den Verfahren? | Spielt die Drei-Wochen-Frist bei der Abgrenzung zwischen Zahlungsstockung und Zahlungs-unfähigkeit in den Verfahren eine Rolle? |

| Nr. | Offene Fragen | Frage 1 | Frage 2 | Frage 3 | Frage 4 |
|---|---|---|---|---|---|
| 14 | Offene Fragen zur Verbesserung der Relevanz der prognostischen Elemente | Wie könnte aus Ihrer Sicht die Relevanz der zukünftigen Unternehmens-entwicklung bei der Frage nach der Insolvenzreife besser berücksichtigt werden? | Sehen Sie eine Notwendigkeit, die Verpflichtungen zur Erstellung einer dokumentierten Unternehmens-planung zu verschärfen? | Was halten Sie von folgenden alternativen Konzepten zur Insolvenzauslösung: qualifizierende Verluste des Nennkapitals, Wrongful Trading, Modell analog zu Breach of Covenants (Erreichen bestimmter Kennzahlen-relationen) | - |

# Rechtsprechungsverzeichnis

BVerfG, Urteil v. 25.02.1975 (1 BvF 1/74, 1 BvF 2/74, 1 BvF 3/74, 1 BvF 4/74, 1 BvF 5/74, 1 BvF 6/74), BVerfGE, Jg. 39, S. 1–95.
BVerfG, Beschluss v. 17.01.1979 (1 BvL 25/77), BVerfGE, Jg. 50, S. 142–166.
BVerfG, Beschluss v. 20.10.1992 (1 BvR 698/89), BVerfGE, Jg. 87, S. 209–233.
BVerfG, Beschluss v. 10.01.1995 (1 BvR 718/89, 1 BvR 719/89, 1 BvR 722/89, 1 BvR 723/89), BVerfGE, Jg. 92, S. 1–25.
BVerfG, Beschluss v. 23.05.2006 (1 BvR 2530/04), BVerfGE, Jg. 116, S. 1–23.

BGH, Urteil v. 25.09.1957 (2 StR 313/57).
BGH, Urteil v. 05.11.1956 (III ZR 139/55), WM 1957, 68.
BGH, Urteil v. 16.02.1981 (II ZR 49/80), WM 1981, S. 440–442.
BGH, Urteil v. 26.03.1984 (II ZR 171/83), BGHZ 90, S. 381–399.
BGH, Urteil v. 21.03.1988 (II ZR 194/87), BGHZ 104, S. 44–50.
BGH, Urteil v. 13.07.1992 (II ZR 269/91), BGHZ 119, S. 201–216.
BGH, Urteil v. 12.11.1992 (IX ZR 236/91), WM 1993, S. 270–275.
BGH, Beschluss v. 17.02.1993 (3 StR 474/92), wistra 1993, S. 184–185.
BGH, Urteil v. 21.02.1994 (II ZR 60/93), BGHZ 125, S. 141–152.
BGH, Urteil v. 06.06.1994 (II ZR 292/91), BGHZ 126, S. 181–201.
BGH, Urteil v. 29.09.1997 (II ZR 245/96), NJW 1998, S. 233–234.
BGH, Urteil v. 04.12.1997 (IX ZR 47/97), ZIP 1998, S. 248–253.
BGH, Urteil v. 30.03.1998 (II ZR 146/96), BGHZ 138, S. 211–224.
BGH, Urteil v. 08.10.1998 (IX ZR 337/97), ZIP 1998, S. 2008–2011.
BGH, Urteil v. 03.12.1998 (IX ZR 313/97), NJW 1999, S. 645–646.
BGH, Urteil v. 29.11.1999 (II ZR 272/98), BGHZ 143, S. 184–189.
BGH, Urteil v. 11.09.2000 (II ZR 370/99), ZIP 2000, S. 1896–1898.
BGH, Urteil v. 08.01.2001 (II ZR 88/99), BGHZ 146, S. 264–280.
BGH, Urteil v. 17.09.2001 (II ZR 178/99), BGHZ 149, S. 10–28.
BGH, Urteil v. 20.11.2001 (IX ZR 48/01), BGHZ 149, S. 178–191.
BGH, Urteil v. 23.02.2004 (II ZR 207/01), ZIP 2004, S. 1049–1053.
BGH, Urteil v. 21.04.2005 (IX ZR 281/03), BGHZ 163, S. 32–37.
BGH, Urteil v. 24.05.2005 (IX ZR 123/04), BGHZ 163, S. 134–148.
BGH, Beschluss v. 27.07.2006 (IX ZB 204/04), BGHZ 169, 17–29.

BGH, Beschluss v. 09.10.2006 (II ZR 303/05), ZIP 2006, S. 2171.
BGH, Urteil v. 12.10.2006 (IX ZR 228/03), DZWIR 2007, S. 116–119.
BGH, Versäumnisurteil v. 12.03.2007 (II ZR 315/05), ZIP 2007, S. 1060–1063.
BGH, Urteil v. 26.03.2007 (II ZR 310/05), ZIP 2007, S. 1006.
BGH, Urteil v. 14.05.2007 (II ZR 48/06), ZIP 2007, S. 1265–1267.
BGH, Beschluss v. 23.05.2007 (1 StR 88/07), wistra 2007, S. 386–387.
BGH, Urteil v. 21.06.2007 (IX ZR 231/04), ZInsO 2007, S. 816–819.
BGH, Beschluss v. 19.07.2007 (IX ZB 36/07), BGHZ 173, S. 286–297.
BGH, Beschluss v. 29.11.2007 (IX ZB 12/07), ZInsO 2008, S. 103–104.
BGH, Urteil v. 20.12.2007 (IX ZR 93/06), ZInsO 2008, S. 273–276.
BGH, Urteil v. 14.02.2008 (IX ZR 38/04), ZIP 2008 15, S. 706–709.
BGH, Beschluss v. 28.04.2008 (II ZR 51/07), ZInsO 2008, S. 1019–1020.
BGH, Beschluss v. 17.07.2008 (IX ZB 225/07), ZInsO 2008, S. 859–860.
BGH, Urteil v. 16.03.2009 (II ZR 280/07), ZIP 2009, S. 860–863.
BGH, Urteil v. 27.04.2009 (II ZR 253/07), DZWIR 2009, S. 384–386.
BGH, Urteil v. 14.05.2009 (IX ZR 63/08), BGHZ 181, S. 132–144.
BGH, Beschluss v. 14.01.2010 (IX ZB 177/09), ZInsO 2010, S. 331–332.
BGH, Beschluss v. 23.09.2010 (IX ZB 282/09), DZWIR 2011, S. 41–42.
BGH, Urteil v. 18.10.2010 (II ZR 151/09), ZIP 2010, S. 2400–2402.
BGH, Urteil v. 30.06.2011 (IX ZR 134/10), NJW-RR 2011, S. 1413–1415.
BGH, Urteil v. 08.12.2011 (IX ZR 156/09), ZIP 2012, S. 137–139.
BGH, Beschluss v. 08.03.2012 (IX ZR 102/11), WM 2012, S. 665–666.
BGH, Urteil v. 29.03.2012 (IX ZR 40/10), WM 2012, S. 998–999.

RGH, Urteil v. 17.12.1901 (VII 386/01), RGZ, 50, S. 39–42.

RGH Urt. v. 28.09.1920 (VII 93/20), RGZ, 100, 62–69.

ROHG, Urteil v. 03.12.1873, (Rep. 934/73), Entscheidungen des Reich-Oberhandelsgerichts, Bd. 12, Erlangen 1874, S. 16–23.

OLG Hamm, Urteil v. 25.01.1993 (8 U 250/91), NJW-RR 1993, S. 1445–1448.
OLG Düsseldorf, Urteil v. 19.01.1995 (6 U 272/93), DB 1996, S. 1226.
OLG Stuttgart, Urteil v. 13.03.2002 (20 U 67/01), GmbHR 2002, S. 1072–1074.
OLG Rostock, Urteil v. 10.07.2006 (3 U 158/05), ZInsO 2006, S. 1109–1111.
OLG Köln, Urteil v. 05.02.2009 (I-18 U 171/07, 18 U 171/07), ZIP 2009, S. 808–810.

OLG Hamburg, Urteil v. 24.07.2009 (1 U 23/09), ZInsO 2009, S. 1698–1702.
OLG Schleswig, Urteil v. 11.02.2010 (5 U 60/09), ZInsO 2010, S. 530–533.

LG Köln, Urteil v. 12.07.1989 (9 S 43/89), GmbHR 1990, S. 136–138.

AG Köln, Beschluss v. 07.03.2007 (71 IN 609/06), NZI 2007, S. 666–669.
AG Hamburg, Beschluss v. 02.12.2011 (67c IN 421/11), ZInsO 2012, S. 183 f.

# Verzeichnis der Bundestagsdrucksachen

Deutscher Bundestag: Gesetzentwurf der Bundesregierung: Entwurf einer Insolvenzordnung, 1992, BT-Drs. 12/2443.

Deutscher Bundestag: Gesetzentwurf der Bundesregierung: Entwurf eines Gesetzes zur Modernisierung des GmbH-Rechts und zur Bekämpfung von Missbräuchen (MoMiG), 2007, BT-Drs. 16/6140.

Deutscher Bundestag: Gesetzentwurf der Fraktionen der CDU/CSU und SPD: Entwurf eines Gesetzes zur Umsetzung eines Maßnahmenpakets zur Stabilisierung des Finanzmarktes (Finanzmarktstabilisierungsgesetz – FMStG), 2008, BT-Drs. 16/10600.

Deutscher Bundestag: Gesetzentwurf der Fraktionen der CDU/CSU und SPD: Entwurf eines Gesetzes zur Erleichterung der Sanierung von Unternehmen, 2009, BT-Drs. 16/13927.

Deutscher Bundestag: Gesetzentwurf der Bundesregierung: Entwurf eines Gesetzes zur weiteren Erleichterung der Sanierung von Unternehmen, 2011, BT-Drs. 17/5712.

# Literaturverzeichnis

Ahrens, Martin: § 302 InsO, in: Wimmer (Hrsg.), Frankfurter Kommentar zur Insolvenzordnung mit EuInsVO, InsVV und weiteren Nebengesetzen, 6. Aufl., Köln 2011.

Aleth, Franz/Harlfinger, Wolf: Die Fortführungsprognose i. S. von § 19 Abs. 2 InsO – eine Handlungsanweisung für Geschäftsführer, NZI, 14. Jg., 5/2011, S. 166–173.

Alisch, Katrin: Gabler-Wirtschaftslexikon: Die ganze Welt der Wirtschaft: Betriebswirtschaft, Volkswirtschaft, Recht, Steuern, A-D, 16. Aufl., Wiesbaden 2004.

Altman, Edward I.: Corporate financial distress: A complete guide to predicting, avoiding, and dealing with bankruptcy, New York 1983.

Altmann, Edwart I.: A further empirical Investigation of the Bankruptcy Cost Question, The Journal of Finance, 39. Jg., 4/1984, S. 1067–1089.

Altmeppen, Holger: Die Auswirkungen des KonTraG auf die GmbH, ZGR, 28. Jg., 2/1999, S. 291–313.

Altmeppen, Holger: Insolvenzverschleppungshaftung, Stand 2001, ZIP, 22. Jg., 50/2001, S. 2201–2211.

Altmeppen, Holger: § 64 GmbHG, in: Altmeppen/Roth (Hrsg.): Gesetz betreffend die Gesellschaften mit beschränkter Haftung (GmbHG). Kommentar, 7. Aufl., München 2012.

Altmeppen, Holger: Vor § 64 GmbHG, in: Altmeppen/Roth (Hrsg.): Gesetz betreffend die Gesellschaften mit beschränkter Haftung (GmbHG). Kommentar, 7. Aufl., München 2012.

Ampferl, Hubert: § 2 Insolvenzgründe, in: Beck/Depré (Hrsg.): Praxis der Insolvenz: Ein Handbuch für die Beteiligten und ihre Berater, 2. Aufl., München 2010.

Andrade, Gregor/Kaplan, Steven: How Costly Is Financial (not Economic) Distress? Evidence from Highly Leveraged Transactions that Became Distressed, The Journal of Finance, 53. Jg., 5/1998, S. 1443–1493.

Angele, Jürgen: Insolvenzen 2007, Statistisches Bundesamt Wiesbaden, URL: <https://www.destatis.de/DE/Publikationen/WirtschaftStatistik/UnternehmenGewerbeanzeigen/Insolvenzen07.pdf?__blob=publicationFile>, zuletzt besucht am: 19.09.2012.

Arens, Norbert: Ertragsorientierte Überschuldungsprüfung, Frankfurt am Main, New York 1991.

Armour, John/Hansmann, Henry/Knot, Ondrej: Agency Problems and Legal Strategies, in: Kraakman/Armour/Davies/Enriques/Hansmann/Hertig/ Hopt/ Kanda/ Hideki/Rock (Hrsg.), The anatomy of corporate law: A comparative and functional approach, 2. Aufl., Oxford, New York 2009, S. 35–53.

Atradius Zahlungsmoralbarometer: Internationale Studie zum Zahlungsverhalten von Unternehmen, URL: <http://www.atradius.de/images/stories/Atradius PaymentPracticesBarometer/Atradius_Zahlungsmoralbarometer_ Fruehjahr2012.pdf>, zuletzt besucht am: 17.09.2012.

Auler, Wolf-Dieter: Der Überschuldungsstatus als Bewertungsproblem, DB, 29. Jg., 46/1976, S. 2169–2173.

Baetge, Jörg/Kirsch, Hans-Jürgen/Thiele, Stefan: Bilanzanalyse, 2. Aufl., Düsseldorf 2004.

Baetge, Jörg/Kirsch, Hans-Jürgen/Thiele, Stefan: Bilanzen, 9. Aufl., Düsseldorf 2007.

Bähner, Eberhard: Die Fortbestehensprognose im Rahmen der zweistufigen Überschuldungsrechnung, KTS, 49. Jg., 3/1988, S. 443–453.

Baird, Douglas G.: The Initiation Problem in Bankruptcy, International Review of Law and Economics, 11. Jg., 2/1991, S. 223–232.

Ballwieser, Wolfgang: § 253 HGB, in: Schmidt/Krafka/Ebke/Hadding/Grunewald/Czerwenka (Hrsg.): Münchener Kommentar zum Handelsgesetzbuch, 2. Aufl., München 2008.

Ballwieser, Wolfgang: Unternehmensbewertung, Prozeß, Methoden und Probleme, 2. Aufl., Stuttgart 2007.

Beaver, William H.: Financial Ratios As Predictors of Failure, Journal of Accounting Research, 4. Jg., Empirical Research in Accounting: Selected Studies 1966, S. 71–111.

Beck, Matthias: Überschuldung – Alter Ansatz in neuem Umfeld: Die Novellierung von § 19 Abs. 2 InsO durch das FMStG, KSI 2/2009, S. 61–65.

Beck, Matthias/Brucklacher, Cornelia: Plädoyer für eine Reform des Überschuldungstatbestandes und damit verbundener Rechtspflichten, in: Flitsch/ Hagebusch/Oberle/Seagon/Schreiber (Hrsg.): Festschrift für Jobst Wellensiek zum 80. Geburtstag, München 2011, S. 5–22.

Beck, Siegfried: § 18 – Der Geschäftsbetrieb in der Insolvenz: Rechtliche Vorgaben, in: Beck/Depré (Hrsg.): Praxis der Insolvenz: Ein Handbuch für die Beteiligten und ihre Berater, 2. Aufl., München 2010, S. 671–680.

Bieneck, Klaus, § 76 Unternehmenskrise und Strafbarkeitsbedingungen, in: Müller-Gugenberger/Alexander (Hrsg.), Wirtschaftsstrafrecht: Handbuch des Wirtschaftsstraf- und -ordnungswidrigkeitenrechts, 5. Aufl., Köln 2011, S. 2397–2441.

Bieneck, Klaus/Richter, Hans: Allgemeines zur Krise § 75 Einführung, in: Müller-Gugenberger/Alexander (Hrsg.): Wirtschaftsstrafrecht. Handbuch des Wirtschaftsstraf- und -ordnungswidrigkeitenrechts, 5. Aufl., Köln 2011, S. 2351–2396.

Bigus, Jochen/Schachner, Lisa: Höhe, Einflussfaktoren und Konsequenzen von Insolvenzkosten, in: Eger/Schäfer (Hrsg.): Internationalisierung des Rechts und seine ökonomische Analyse = Internationalization of the Law and its Economic Analysis: Festschrift für Hans-Bernd Schäfer zum 65. Geburtstag, 1. Aufl., Wiesbaden 2008, S. 577–593.

Bitter, Georg: Gesellschafterhaftung für materielle Unterkapitalisierung: Betrachtungen aus ökonomischer und juristischer Perspektive, in: Bachmann/Bachmann-Casper-Schäfer-Veil (Hrsg.): Steuerungsfunktionen des Haftungsrechts im Gesellschafts- und Kapitalmarktrecht, 1. Aufl., Baden-Baden 2007, S. 57–90.

Bitter, Georg: Bankpraxis zwischen Recht und Wirtschaft- Bankentgelte, Kreditkartenverfahren und weitergeleiteter Auftrag in juristisch-ökonomischer Betrachtung, ZBB, 19. Jg., 4/2007, S. 237–257.

Bitter, Georg: Haftung von Gesellschaftern und Geschäftsführern in der Insolvenz ihrer GmbH. Teil 2, ZInsO, 13. Jg., 36/2010, S. 1516–1582.

Bitter, Georg: Insolvenzverschleppung aus Sicht des Zivilrechts, Vortrag, Trier 04.11.2011. URL: <http://www.bankrecht.uni-mannheim.de/lehrstuhlinhaber/uploads/insolvenzverschleppungshaftung_2011_trier/insolvenzverschleppungshaftung_2011_trier.pdf>, zuletzt besucht am: 15.09.2012.

Bitter, Georg/Hommerich, Christoph/Reiß, Nicole: Die Zukunft des Überschuldungsbegriffs: Expertenbefragung im Auftrag des Bundesministeriums der Justiz, ZIP, 33. Jg., 25-26/2012, S. 1201–1209.

Bitter, Georg/Kressner, Matthias: Positive Fortbestehensprognose trotz fehlender Ertragsfähigkeit? Zur Überschuldung nach § 19 Abs. 2 Satz 1 InsO, insbesondere bei kriselnden Asset-Finanzierungen, ZIP, 33. Jg., 36/2012, S. 1733–1743.

Bittman, Folker: Zahlungsunfähigkeit und Überschuldung nach der Insolvenzordnung. Teil 2, wistra, Jg. 18, 1/1999, S. 10–18.

Bittman, Folker: Neufassung des § 19 Abs. 2 InsO, wistra, Jg. 28, 4/2009, S. 138–141.

Bittman, Folker: Rechtsfragen um den Einsatz des Wirtschaftsreferenten, wistra, 30. Jg. 30, 2/2011, S. 47–55.

Bitz, Michael/Hemmerde, Wilhelm/Rausch, Werner: Gesetzliche Regelungen und Reformvorschläge zum Gläubigerschutz: Eine ökonomische Analyse, Berlin et al. 1986.

Böckenförde, Björn: Unternehmenssanierung, Stuttgart 1991.

Böcker, Philipp: Die Überschuldung im Recht der Gesellschaft mit beschränkter Haftung. Harmonisierung von Insolvenzverschleppungshaftung und Eigenkapitalersatzrecht, 1. Aufl., Baden-Baden 2002.

Bontrup, Heinz-Josef: Volkswirtschaftslehre: Grundlagen der Mikro- und Makroökonomie, 2. Aufl., München 2004.

Bork, Reinhard: Wie erstellt man eine Fortbestehensprognose?, ZIP, 21. Jg. 21, 39/2000, S. 1709–1713.

Bork, Reinhard: Grundfragen der Zahlungsunfähigkeit (§ 17 InsO), KTS, 66. Jg., 1/2005, S. 1–13.

Bork, Reinhard: Zahlungsunfähigkeit, Zahlungsstockung und Passiva II, ZIP, 28. Jg. 28., 38/2008, S. 1749–1753.

Bremen, Michael: § 17 InsO, in: Graf-Schlicker (Hrsg.): Insolvenzordnung (InsO). Kommentar, 3. Aufl., Köln 2012.

Bremen, Michael: § 18 InsO, in: Graf-Schlicker (Hrsg.): Insolvenzordnung (InsO). Kommentar, 3. Aufl., Köln 2012.

Breuer, Wolfgang/Haupt, Martin: Insolvenzrechtsreform und die Theorie der Unternehmensfinanzierung. Eine ökonomische Analyse der Konsequenzen aus verschärften Insolvenztatbeständen, in: Ashauer (Hrsg.): Bildung – Führung – Veränderung: 75 Jahre Lehrinstitut der Deutschen Sparkassenakademie 1928–2003, Stuttgart 2003, S. 125–138.

Bulow, Jeremy L./Shoven, John B.: The Bankruptcy Decision, The Bell Journal of Economics, 9. Jg., 2/1978, S. 437–456.

Bundesarbeitskreis Insolvenzgerichte e. V., Checkliste zur Gutachtenerstellung Unternehmensinsolvenz: Empfehlung für eine Gutachtenerstellung für Unternehmensinsolvenzverfahren, 12.12.2010, URL: <http://www.bak-inso.de/index.php?option=com_phocadownload&view=category&id=3&Itemid=63>, zuletzt besucht am: 19.03.2012.

Bundeskriminalamt: Bundeslagebild Wirtschaftskriminalität 2010, 11.11.2010, URL: <http://www.bka.de/nn_233866/DE/Publikationen/JahresberichteUndLagebilder/Wirtschaftskriminalitaet/wirtschaftskriminalitaet__node.html?__nnn=true>, zuletzt besucht am: 15.09.2012.

Bundesministerium der Justiz: Erster Bericht der Kommission für Insolvenzrecht, Köln 1985.

Burger, Anton/Schellberg, Bernhard: Die Auslösetatbestände im neuen Insolvenzrecht, BB. 50. Jg., 6/1995, S. 261–266.

Bußhardt, Harald: § 17 InsO, in: Braun (Hrsg.): Insolvenzordnung (InsO). Kommentar, 5. Aufl., München 2012.

Bußhardt, Harald: § 19 InsO, in: Braun (Hrsg.): Insolvenzordnung (InsO). Kommentar, 4. Aufl., München 2010.

Buth, Andrea K./Hermanns, Michael: § 7 Grundsätze zur Beurteilung von Sanierungskonzepten, in: Buth/Hermanns (Hrsg.): Restrukturierung, Sanierung, Insolvenz. Handbuch, 3. Aufl., München 2009, S. 184–203.

Casper, Matthias: Haftungsrechtliche Anreizstrukturen der Insolvenzverschleppungshaftung, in: Bachmann/Bachmann-Casper-Schäfer-Veil (Hrsg.): Steuerungsfunktionen des Haftungsrechts im Gesellschafts- und Kapitalmarktrecht, 1. Aufl., Baden-Baden 2007, S. 33–52.

Coase, Ronald: The Problem of Social Cost, Journal of Law and Economics, 3. Jg., Heft 1/1960, S. 1–44.

Coenenberg, Adolf Gerhard/Haller, Axel/Schultze, Wolfgang: Jahresabschluss und Jahresabschlussanalyse. Betriebswirtschaftliche, handelsrechtliche, steuerrechtliche und internationale Grundlagen 2013, HGB, IAS/IFRS, US-GAAP, DRS, 22. Aufl., Stuttgart 2012.

Creditreform Wirtschaftsforschung: Insolvenzen Neugründungen Löschungen: 1. Halbjahr 2010, URL: <http://www.creditreform.de/Deutsch/Creditreform/Presse/Archiv/Insolvenzen_Neugruendungen_Loeschungen_DE/2010_-_1._Halbjahr/2010-06-22_Insolvenzen_Neugruendungen_Loeschungen.pdf>, zuletzt besucht am: 11.10.2012.

Creditreform Wirtschaftsforschung: Insolvenzen Neugründungen Löschungen: Jahr 2010, URL: <http://www.creditreform.de/Deutsch/Creditreform/Presse/Archiv/Insolvenzen_Neugruendungen_Loeschungen_DE/2010_-_Jahr/2010-11-29_Insolvenzen_Neugruendungen_Loeschungen.pdf>, zuletzt besucht am: 31.10.2012.

Creditreform Wirtschaftsforschung: Insolvenzschäden und Arbeitsplatzverluste: Insolvenzen in Deutschland, URL: <http://www.creditreform.de/Deutsch/Creditreform/Aktuelles/Creditreform_Analysen/Insolvenzen_Neugruendungen_Loeschungen/6_Schaeden.jsp>, zuletzt besucht am: 17.09.2012.

Crezelius, Georg: Überschuldung und Bilanzierung, in: Crezelius/Röhricht (Hrsg.): Festschrift für Volker Röhricht zum 65. Geburtstag: Gesellschaftsrecht, Rechnungslegung, Sportrecht, Köln 2005, S. 787–808.

Dahl, Sven: Die Bewertung bei der Ermittlung der Überschuldung einer GmbH nach § 63 GmbHG, GmbHR, 55. Jg., 6/1964, S. 112–115.

Dannecker, Gerhard/Knierim, Thomas/Hagemeier, Andrea: Insolvenzstrafrecht, 2. Aufl., Heidelberg et al. 2012.

Décamps, Jean-Paul/Faure-Grimaud, Antoine: Excessive continuation and dynamic agency costs of debt, European Economic Review, 46. Jg., 9/2002, S. 1623–1644.

Dittmann, Konstantin: Feststellung der Zahlungsunfähigkeit und der Überschuldung als Voraussetzungen für Insolvenzstraftaten nach § 283 StGB, 1. Aufl., München 2009.

Drukarczyk, Jochen: Bilanzielle Überschuldungsmessung: Zur Interpretation der Vorschriften von § 92 Abs. 2 AktG und § 64 Abs. 1 GmbHG, ZGR, Jg.8, 4/1979, S. 553–582.

Drukarczyk, Jochen: Zum Problem der Auslösung insolvenzrechtlicher Verfahren, ZfB, 51. Jg., 3/1981, S. 235–257.

Drukarczyk, Jochen: Was kann der Tatbestand der Überschuldung leisten?, zfbf, 38. Jg., 3/1986, S. 207–234.

Drukarczyk, Jochen: Unternehmen und Insolvenz: Zur effizienten Gestaltung des Kreditsicherungs- und Insolvenzrechts, Wiesbaden 1987.

Drukarczyk, Jochen: Kapitalerhaltungsrecht, Überschuldung und Konsistenz: Besprechung der Überschuldungsdefinition, in: BGH, WM, 1992, 1650; WM, 48. Jg., 39/1994, S. 1737–1784.

Drukarczyk, Jochen: Verwertungsformen und Kosten der Insolvenz, BFuP, 47. Jg., 1/1995, S. 40–58.

Drukarczyk, Jochen: § 18 InsO, in: Kirchhof/Lwowski/Stürner (Hrsg.): Münchener Kommentar zur Insolvenzordnung, 2. Aufl., München 2007.

Drukarczyk, Jochen: § 19 InsO, in: Kirchhof/Lwowski/Stürner (Hrsg.): Münchener Kommentar zur Insolvenzordnung, 2. Aufl., München 2007.

Drukarczyk, Jochen: Finanzierung: Eine Einführung, 10. Aufl., Stuttgart 2008.

Drukarczyk, Jochen/Schüler, Andreas: Zahlungsunfähigkeit, drohende Zahlungsunfähigkeit und Überschuldung als Insolvenzauslöser, in: Arbeitskreis für Insolvenzwesen Köln e. V. (Hrsg.): Kölner Schrift zur Insolvenzordnung, 1. Aufl., Herne, Berlin 1997, S. 57–98.

Drukarczyk, Jochen/Schüler, Andreas: Zahlungsunfähigkeit, drohende Zahlungsunfähigkeit und Überschuldung als Insolvenzauslöser, in: Arbeitskreis für Insolvenzwesen Köln e. V. (Hrsg.): Kölner Schrift zur Insolvenzordnung, 3., völlig neubearb. und wesentl. erg. Aufl., Münster 2009, S. 28–84.

Drukarczyk, Jochen/Schüler, Andreas: Insolvenztatbestände, prognostische Elemente und ihre gesetzeskonforme Handhabung: Zugleich Entgegnung auf den Beitrag von P. J. Groß und M. Amen „Die Fortbestehungsprognose – rechtliche Anforderungen und ihre betriebswirtschaftlichen Grundlagen“, WPg, Jg.56,3/2003, S. 56–67.

Duttle, Josef: Ökonomische Analyse dinglicher Sicherheiten: Die Reform der Mobiliarsicherheiten und Probleme ihrer Behandlung in insolvenzrechtlichen Verfahren, Krefeld 1986.

Eckhoff, Frank: Die Haftung der Geschäftsleiter gegenüber den Gläubigern der Gesellschaft wegen Insolvenzverschleppung, Baden-Baden 2010.

Eger, Thomas: Bankruptcy regulations and the new German insolvency law from an economic point of view, European journal of law and economics, 11. Jg., 1/2001, S. 29–46.

Egner, Henning/Wolff, Gerhardt: Zur Unbrauchbarkeit des Überschuldungstatbestands als gläubigerschützendes Instrument, AG, 23. Jg., 4/1978, S. 99–106.

Ehlers, Harald: Anforderungen an die Fortführungsprognose, NZI, 14. Jg., 5/2011, S. 161–166.

Eidenmüller, Horst: Effizienz als Rechtsprinzip, Möglichkeiten und Grenzen der ökonomischen Analyse des Rechts, 3. Aufl., Tübingen 2005.

Eilenberger, Guido: § 17 InsO, in: Kirchhof/Lwowski/Stürner (Hrsg.): Münchener Kommentar zur Insolvenzordnung, 2. Aufl., München 2007.

Erdmann, Sven: Die Krisenbegriffe der Insolvenzstraftatbestände (§ 283 ff. StGB), Berlin 2007.

Erlei, Mathias/Sauerland, Dirk/Leschke, Martin: Neue Institutionenökonomik, 2. Aufl., Stuttgart 2007.

Euler Hermes Kreditversicherungen/ Zentrum für Insolvenz und Sanierung an der Universität Mannheim e.V.: Ursachen von Insolvenzen: Gründe für Unternehmensinsolvenzen aus der Sicht von Insolvenzverwaltern, 08.11.2006, Wirtschaft Konkret, URL: <http://www.zis.uni-mannheim.de/studien/dokumente/ursache_von_insolvenzen/414_wiko.pdf>, zuletzt besucht am: 05.09.2012.

Fenske, Ralf: Zur Unbrauchbarkeit des Überschuldungstatbestands, AG, 33. Jg., 12/1997, S. 554–559.

Fezer, Karl-Heinz: Aspekte einer Rechtskritik an der economic analysis of law und am property rights approach, JZ, 41. Jg., 18/1986, S. 817–824.

Fiedler, Rudolph: Einführung in das Controlling: Methoden, Instrumente und DV-Unterstützung, Oldenburg 1998.

Fischer, Gero: Krisenbewältigung durch Insolvenzrecht, ZGR, Jg. 35, 3-4/2006, S. 403–418.

Fischer, Gero: Zur Feststellung der Zahlungsunfähigkeit: Folgerungen aus der Rechtsprechung des IX. Zivilsenats, in: Berger/Kayser/Pannen (Hrsg.): Sanierung, Insolvenz, Berufsrecht der Rechtsanwälte und Notare: Festschrift für Hans Gerhard Ganter zum 65. Geburtstag, München 2010, S. 153–168.

Fleischer, Holger: § 92 AktG, in: Spindler/Stilz (Hrsg.): Aktiengesetz. Kommentar, München 2010.

Förschle, Gerhart/Hoffmann, Karl: Verlustanzeigebilanz und Überschuldungsstatus, in: Budde/Ameling (Hrsg.): Sonderbilanzen: Von der Gründungsbilanz bis zur Liquidationsbilanz, 4. Aufl., München 2008, S. 651–678.

Fromm, Ingo/Gierthmühlen, Stephan: Zeitliche Geltung des neuen Überschuldungsbegriffs in Insolvenzstrafverfahren – Hintertür für Straftaten wegen Insolvenzverschleppung bei Altfällen?, NZI, Jg.12, 13/2009, S. 665–668.

Früh, Hans-Joachim/ Wagner, Wolfgang: Überschuldungsprüfung bei Unternehmen, WPg, 51. Jg., 20/1998, S. 907–913.

Frystatzki, Christian: Die insolvenzrechtliche Fortbestehensprognose – Zahlungsfähigkeits- oder Ertragsprognose?, NZI, 14. Jg. 5/2011, S.173–179.

Gäfgen, Gérard: Entwicklung und Stand der Theorie der Property Rights: Eine kritische Bestandsaufnahme, in Neumann (Hrsg.): Ansprüche, Eigentums und Verfügungsrechte, Basel 1983, S. 43–62.

Ganter, Hans Gerhard: Die Bedeutung der „Bugwelle" für die Feststellung der Zahlungsunfähigkeit, ZInsO, 14. Jg. 51/52/2011, S. 2297–2302.

Götz, Alexander: Die nicht endende Diskussion um den Überschuldungstatbestand, ZInsO, 4. Jg., 2/2000, S. 77–83.

Greil, Stefan/Herden, Eva: Drohende Zahlungsunfähigkeit und Fortbestehensprognose: Zugleich Rechtfertigung eines Insolvenzeröffnungtatbestandes, ZInsO, 14. Jg., 4/2011, S. 109–116.

Grigoleit, Christoph/Tomasic, Lovro: § 92 AktG, in: Grigoleit (Hrsg.): Aktiengesetz, Kommentar, München 2013.

Groß, Paul: Die mögliche Bedeutung eines Sanierungskonzepts nach IDW S 6 für die Überschuldungsprüfung in Zeiten des sich wandelnden Überschuldungsbegriffs, in: Flitsch/Hagebusch/Oberle/Seagon/Schreiber (Hrsg.): Festschrift für Jobst Wellensiek zum 80. Geburtstag, München 2011, S. 23–38.

Groß, Paul: Zur Reformierung des Insolvenzgrundes der Überschuldung, KSI, 7. Jg., 2/2011, S. 49.

Groß, Paul/Amen, Matthias: Die Erstellung der Fortbestehensprognose, WPg, 55. Jg., 9/2002, S. 433–450.

Groß, Paul/Amen, Matthias: Die Fortbestehensprognose: Rechtliche Anforderungen und ihre betriebswirtschaftlichen Grundlagen, WPg, 55. Jg., 5/2002, S. 225–240.

Groß, Paul/Amen, Matthias: Beweismaß der „überwiegenden Wahrscheinlichkeit“ im Rahmen der Glaubhaftmachung einer Fortbestehensprognose: zugleich Replik auf die Entgegnung von Drukarczyk/Schüler, WpG, 56. Jg., 3/2003, S. 56–89.

Groß, Paul/Amen, Matthias: Rechtspflicht zur Unternehmensplanung? Ein Diskussionsvorschlag zur Konkretisierung der Planungspflicht und von Mindestanforderungen an eine ordnungsgemäße Unternehmensplanung, WPg, 56. Jg., 21/2003, S. 1161–1180.

Groß, Paul/Amen, Matthias: Fortbestehensprognose: Rechtliche Grundlagen und Erstellung aus betriebswirtschaftlichen Perspektiven, in: Buth/Hermanns (Hrsg.): Restrukturierung, Sanierung, Insolvenz. Handbuch, 3. Aufl., München 2009.

Grube, Andreas/Röhm, Peter M.: Überschuldung nach dem Finanzmarktstabilisierungsgesetz, wistra, 28. Jg., 3/2009, S. 81–85.

Günterberg, Brigitte: Gründungen, Liquidationen, Insolvenzen 2010 in Deutschland: Daten und Fakten Nr. 1, Februar 2012, URL: <http://www.ifm-bonn.org/assets/documents/Daten-und-Fakten-1-2011.pdf>, zuletzt besucht am: 23.10.2012.

Haas, Ulrich: Die Disziplinierung des GmbH-Geschäftsführers im Interesse der Gesellschaftsgläubiger. Teil 1, WM, 60. Jg., 29/2006, S. 1369–1416.

Haas, Ulrich: § 64 GmbHG, in: Baumbach/Hueck (Hrsg.): GmbHG – Gesetz betreffend die Gesellschaften mit beschränkter Haftung, 20. Aufl., München 2013.

Häberle, Peter: Vielfalt der Property Rights und der Verfassungsrechtliche Eigentumsbegriff, in: Neumann (Hrsg.): Ansprüche, Eigentums- und Verfügungsrechte, Basel 1983, S. 63–102.

Hahn, Carl: Die gesammelten Materialien zur Konkursordnung und dem Einführungsgesetz zu derselben, Berlin 1881.

Hammer, Richard: Unternehmensplanung 6. Aufl., München 1995.

Hartung, Wolfgang: Probleme bei der Feststellung der Zahlungsunfähigkeit – Kritische Bemerkungen eines Wirtschaftsstaatsanwalts, wistra, 16. Jg., 1/1997, S. 1–12.

Harz, Michael/Baumgartner/Conrad: Kriterien der Zahlungsunfähigkeit und der Überschuldung: Stand und Sichtweisen nach knapp sieben Jahren InsO, ZInsO, 8. Jg. 8, 24/2005, S. 1304–1311.

Hauschildt, Jürgen/Baetge, Jörg: Krisendiagnose durch Bilanzanalyse, 2. Aufl., Köln 2000.

Hauschildt Jürgen/Rösler/Gemünden: Der Cash-Flow – Ein Krisensignalwert?, DBW, 44. Jg., 3/1984, S. 353–370.

Hax, Herbert: Economic Aspects of Bankruptcy Law, ZgS, 141. Jg., 1/1985, S. 80–98.

Henkel, Andreas: Die Prüfung des Eröffnungsgrundes durch das Insolvenzgericht bei Ableitung aus einer streitigen Verbindlichkeit, ZInsO, 14. Jg., 28/2011, S. 1237–1240.

Hess, Harald: § 19 InsO, in: Hess (Hrsg.): Insolvenzrecht. Großkommentar in drei Bänden, Heidelberg 2007.

Hirte, Heribert: Ökonomische Überlegungen zur zwingenden Insolvenzantragspflicht des deutschen Rechts, in: Eger/Schäfer (Hrsg.): Internationalisierung des Rechts und seine ökonomische Analyse = Internationalization of the Law and its Economic Analysis: Festschrift für Hans-Bernd Schäfer zum 65. Geburtstag, 1. Aufl., Wiesbaden 2008, S. 605–618.

Hirte, Heribert: § 15a InsO, in: Uhlenbruck/Hirte/Vallender (Hrsg.): Insolvenzordnung, 13. Aufl., München 2010.

Hirte, Heribert/Knof, Béla/Mock, Sebastian: Überschuldung und Finanzmarktstabilisierungsgesetz, ZInsO, 11. Jg., 22/2008, S. 1217–1225.

Höffner, Dietmar: Überschuldung: Ein Tatbestandsmerkmal im Schnittpunkt von Bilanz-, Insolvenz- und Strafrecht. Teil 1, BB, 54. Jg., 4/1999, S. 198–205.

Höffner, Dietmar: Überschuldung: Ein Tatbestandsmerkmal im Schnittpunkt von Bilanz-, Insolvenz- und Strafrecht. Teil 2, BB, 54. Jg., 5/1999, S. 252–254.

Höffner, Dietmar: Zivilrechtliche Haftung und strafrechtliche Verantwortung des GmbH-Geschäftsführers bei Insolvenzverschleppung: Zugleich ein Beitrag zum ultima ratio-Prinzip, Berlin 2003.

Hölzle, Gerrit: Zahlungsunfähigkeit: Nachweis und Kenntnis im Anfechtungsprozess, ZIP, 27. Jg., 2/2006, S. 101–107.

Hunkemöller, Manfred/Tymann, Alexandra: Stolperfalle Überschuldung: Warum § 19 InsO den Sanierungsgedanken konterkariert, ZInsO, 14. Jg., 17/2011, S. 712–718.

Hüttemann, Rainer. Überschuldung, Überschuldungsstatus und Unternehmensbewertung, in: Bitter/Lutter/Priester/Schön/Ulmer (Hrsg.): Festschrift für Karsten Schmidt zum 70. Geburtstag, Köln 2009, S. 761–778.

IDW, Stellungnahme des Fachausschuß Recht, Empfehlung zur Überschuldungsprüfung bei Unternehmen, FAR, 1/1996, WpG, 1/1997, S. 22–25.

IDW, IDW S 6: Anforderungen an die Erstellung von Sanierungskonzepten (Stand 20.08.2009), in IDW Verlautbarungen zur Sanierung und Insolvenz, 5 Aufl., Düsseldorf 2012.

IDW, IDW PS 800: Empfehlungen zur Prüfung eingetretener oder drohender Zahlungsunfähigkeit bei Unternehmen, Stand 06.03.2009, in: IDW Verlautbarungen zur Sanierung und Insolvenz, 5 Aufl., Düsseldorf 2012.

IDW, WP Handbuch 2008, Wirtschaftsprüfung, Rechnungslegung, Beratung, Band II; 13. Aufl. Düsseldorf 2007.

IDW, Entwurf einer Neufassung IDW Standard: Anforderungen an die Erstellung von Sanierungskonzepten (IDWES 6 n. F.): WPg Supplement, 4/2011, S. 56 ff., FN-IDW 11/2011, S. 698 ff., IDW FN, 11/2011, S. 698.

IDW: Berichte über die 44. IDW-Arbeitstagung vom 13. – 15. November 2002 in Baden-Baden, Bd. 44.

Jäger, Karl-Heinz: Die Zahlungsunfähigkeit nach geltendem und geplantem Insolvenzrecht, DB, 39. Jg.; 27/28/1986, S. 1441–1447.

Jensen, Michael C./Meckling, William H.: Theory of the firm: Managerial behavior, agency costs, and ownership structure, Journal of Financial Economics, 3. Jg., 4/1976, S. 305–360.

Kadenbach, Markus: § 17 InsO, in: Ahrens/Gehrlein/Ringstmeier (Hrsg.), Fachanwaltskommentar Insolvenzrecht, 1. Aufl., Köln 2012.

Kallmeyer, Harald: Goodwill und Überschuldung nach neuem Insolvenzrecht, GmbHR, 90. Jg., 1/1999, S. 16–18.

Karollus, Martin/Huemer, Daniela: Die Fortbestehensprognose im Rahmen der Überschuldungsprüfung, 2. Aufl., Wien 2006.

Kirchhof Hans-Peter: Die Zahlungseinstellung nach § 17 Abs. 2 Satz 2 InsO, in: Arbeitskreis für Insolvenzwesen Köln e. V. (Hrsg.), Kölner Schrift zur Insolvenzordnung, 3., völlig neubearb. und wesentl. erg. Aufl., Münster 2009, S. 85–97.

Kirchhof, Hans-Peter: §§ 18, 19 InsO, in: Kreft/Depré (Hrsg.): Insolvenzordnung. Heidelberger Kommentar, 6. Aufl., Heidelberg 2011.

Kirchhof, Hans-Peter/Lwowski, H. Jürgen/Stürner, Rolf (Hrsg.): Münchener Kommentar zur Insolvenzordnung, 2. Aufl., München 2007.

Kirchner, Christian: Ökonomische Theorie des Rechts: Überarbeitete und ergänzte Fassung eines Vortrages, gehalten vor der Juristischen Gesellschaft zu Berlin am 16. Oktober 1996, Berlin et al. 1997.

Kirchner, Christian: Ökonomische Theorie des Insolvenzrechts, Vortrag, Berlin 30.01.2002 URL:<http://www.insolvenzverein.de/archiv/veranstvorbei02/Arbeitsbl.htm >, zuletzt besucht am 06.03.2012.

Klar, Michael: Änderungen in der Auslegung des Überschuldungstatbestands. Ein Beitrag zur Reform des Insolvenzrechts, DB, 43. Jg., 42/1990, S. 2077–2081.

Kleindiek, Detlef: § 64 GmbHG, in: Lutter/Hommelhoff(Hrsg.): GmbH-Gesetz. Kommentar, 18. Aufl., Köln 2012.

Kleindiek, Detlef: Anhang zu § 64 GmbHG, in: Lutter/Hommelhoff (Hrsg.): GmbH-Gesetz. Kommentar, 18. Aufl., Köln 2012.

Kleindiek, Detlef: § 15a InsO, in: Kreft (Hrsg.): Heidelberger Kommentar InsO, 6. Aufl., Heidelberg 2011.

Kleindiek, Detlef: § 253 HGB, in: Staub: HGB-Bilanzrecht, Rechnungslegung, Abschlußprüfung, Publizität, 1. Teilband §§ 238–289 HGB, Berlin 2002.

Klein, Johannes: Anforderungen an Sanierungskonzepte: Analyse bestehender Anforderungen und Leitfaden zur zukünftigen Ausgestaltung von Sanierungskonzepten, Wiesbaden 2008.

Knolle, Eike/Tetzlaff, Christian: Zahlungsunfähigkeit und Zahlungsstockung. Anmerkungen zu BGH-Urteil vom 25.05.2005 – IX ZR 123/04, ZInsO, 8. Jg., 17/2005, S. 807, 897–902.

Koch, Helmut: Integrierte Unternehmensplanung, Wiesbaden 1982.

Koller, Tim/ Goedhart, Marc H. /Wessels, Jan: Valuation, Measuring and managing the value of companies, 5. Aufl., Hobocken 2010.

Krieger, Gerd/Sailer-Conceani, Viola: § 92 AktG, in: Schmidt/Lutter (Hrsg.): Aktiengesetz. Kommentar, Köln 2010.

Krieger, Gerd/Sailer-Conceani, Viola: Anh. § 92 AktG: § 15a InsO, in: Schmidt/Lutter (Hrsg.): Aktiengesetz. Kommentar, Köln 2010.

Krieger, Gerd/Sailer-Conceani, Viola: § 93 AktG, in: Schmidt/Lutter (Hrsg.): Aktiengesetz. Kommentar, Köln 2010.

Krüger, Thomes/Wigand, Martin: Die Zahlungsunfähigkeit im Anfechtungs- und Haftungsprozess, ZInsO, 14. Jg. 8/2011, S. 314–320.

Krystek, Ulrich:, Handbuch Krisen- und Restrukturierungsmanagement: Generelle Konzepte, Spezialprobleme, Praxisberichte, Stuttgart 2007.

Kuhner, Christoph: Prognose in der Betriebswirtschaftslehre, AG, 51. Jg., 19/2006, S. 713–720.

Kühn, Günter: Bewertungsprobleme bei der Feststellung der Überschuldung einer GmbH, DB, 23. Jg., 13/1970, S. 549–555.

Küpper, Hans-Ulrich: Planung, in: Schreyögg/v. Werder (Hrsg.): Handwörterbuch Unternehmensführung und Organisation, 4. Aufl., Stuttgart 2004, N 1149.

Kupsch, Peter: Zur Problematik der Überschuldungsmessung, BB, 39. Jg., 3/1984, S. 159–165.

Leithaus, Rolf: § 19 InsO, in: Andres/Leithaus (Hrsg.), Insolvenzordnung, Kommentar, 2. Aufl., München 2011.

Liebl, Karlhans: Insolvenzkriminalität und Strafverfolgung: Probleme einer Transfergesellschaft, europäische Strategien und Ergebnisse einer Replikationsuntersuchung, Freiburg 2011.

Loch, Frank: Überschuldungsprüfung, in: Freidank, Carl-Christian (Hrsg.), Vahlens großes Auditing Lexikon, München 2007, S. 1355–1356.

Lütkemeyer, Jörg: Die Überschuldung der GmbH. Ein Beitrag zum Recht der Unternehmensbewertung, Gelsenkirchen 1983.

Mathis, Klaus, Effizienz statt Gerechtigkeit? Auf der Suche nach den philosophischen Grundlagen der Ökonomischen Analyse des Rechts, 3. Aufl., Berlin 2009.

Maus, Heinz: Begriff und Ursachen der Krise, in: Schmidt/Uhlenbruck (Hrsg.): Die GmbH in Krise, Sanierung und Insolvenz: Gesellschaftsrecht, Insolvenzrecht, Steuerrecht, Arbeitsrecht, Bankrecht und Organisation bei Krisenvermeidung, Krisenbewältigung und Abwicklung, 4., neu bearb. und erw. Aufl., Köln 2009, S. 1–6.

Meyer-Cording: Ulrich, Mehr Klarheit für die Insolvenztatbestände!, BB, 40. Jg., 30/1985, S. 1925–1927.

Meyer-Gossner, Lutz: § 155 StPO, in: Meyer-Gossner, Lutz /Cierniak, Jürgen (Hrsg.), Strafprozessordnung, Gerichtsverfassungsgesetz, Nebengesetze und ergänzende Bestimmungen, 53., neu bearbeitete Aufl. des von Otto Schwarz begründeten, in der 23. bis 35. Aufl. von Theodor Kleinknecht und in der 36. bis 39. Aufl. von Karlheinz Meyer bearbeiteten Werkes, München 2010.

Mitter, Sandra: § 17 InsO, in: Haarmeyer/Wutzge/Förster (Hrsg.): Insolvenzordnung (InsO), Kommentar, 2. Aufl., Köln 2012.

Mitter, Sandra: § 18 InsO, in: Haarmeyer/Wutzge/Förster (Hrsg.): Insolvenzordnung (InsO), Kommentar, 2. Aufl., Köln 2012.

Möhlmann-Mahlau, Thomas/Schmitt, Jens: Der „vorübergehende“ Begriff der Überschuldung, NZI, 12. Jg., 1/2009, S. 19–24.

Mönning, Rolf-Dieter: § 18 InsO, in: Nerlich, Jörg/Römermann, Volker (Hrsg.), Insolvenzordnung (InsO). Kommentar, München 1999.

Montenbruck, Axel/Kuhlmey, René/Enderlein, Uwe: Die Tätigkeiten des Staatsanwalts in Wirtschaftsstrafverfahren. Einführung in die Probleme, JuS, 27. Jg., 9/1987, S. 713–719.

Moulton, Wilbur M./Thomas, Howard: Bankruptcy as a Deliberate Strategy: Theoretical Considerations and Empirical Evidence, Strategic Management Journal, 14. Jg., 2/1993, S. 125–135.

Moxter, Adolf: Ist bei drohendem Unternehmenszusammenbruch das bilanzrechtliche Prinzip der Unternehmensfortführung aufzugeben?, WPg, 33. Jg., 7/1980, S. 345–351.

Moxter, Adolf: Bilanzlehre. Band I: Einführung in die Bilanztheorie, 3. Aufl., Wiesbaden 1993.

Moxter, Adolf: Finanzwirtschaftliche Risiken, in: Büschgen (Hrsg.): Handwörterbuch der Finanzwirtschaft, ungekürzte Sonderausg., Stuttgart 1988 (= Enzyklopädie der Betriebswirtschaftslehre, Bd. 6), N 630.

Müller, Hans-Friedrich: § 64 GmbHG, in: Fleischer/Goette (Hrsg.): Münchener Kommentar zum Gesetz betreffend die Gesellschaften mit beschränkter Haftung – GmbHG, Kommentar, München 2011.

Müller, Hans-Friedrich: § 15 InsO, in: Jaeger/Henckel/Gerhardt/Eckardt (Hrsg.): Insolvenzordnung. Großkommentar, Berlin 2004.

Müller, Hans-Friedrich: §§17–19 InsO, in: Jaeger/Henckel/Gerhardt/Eckardt (Hrsg.): Insolvenzordnung. Großkommentar, Berlin 2004.

Müller, Rainer: Krisenmanagement in der Unternehmung, 2. Aufl., Köln 1986.

Münstermann, Hans: Wert und Bewertung der Unternehmung, 3. Aufl., Wiesbaden 1970.

Natale, Wolfgang/Bader, Simone: Der Begriff der Zahlungsunfähigkeit im Strafrecht – unter Beachtung der Entscheidung des BGH vom 23.05.2007 (1 StR 88/07), wistra, Jg. 27, 11/2008, S. 413–416.

Nickert, Cornelius: Drohende Zahlungsunfähigkeit, in: Lamberti, Udo H.(Hrsg.): Überschuldungs- und Zahlungsunfähigkeitsprüfung im Insolvenzrecht. Erläuterungen, Arbeitshilfen, Prüfungsstandards, 2. Aufl., Köln 2011.

Nonnenmacher, Rolf: Sanierung, Insolvenz und Bilanz, in: Ballwieser (Hrsg.): Bilanzrecht und Kapitalmarkt. Festschrift zum 65. Geburtstag von Professor Dr. Dr. h.c. Dr. h.c. Adolf Moxter, Düsseldorf 1994, S. 1314–1332.

Ott, Julian: Straf- und haftungsrechtliche Risiken des Geschäftsführers. Praxis Steuerstrafrecht, 11/2002, S. 250–255.

Pape, Gerhard: Zahlungsunfähigkeit in der Gerichtspraxis, ZInsO, 62. Jg., 42/2008, S. 1949–1996.

Pape, Gerhard: § 18 InsO, in: Kübler, Bruno M./Prütting, Hanns (Hrsg.): InsO – Kommentar zur Insolvenzordnung, Köln 2012.

Pape, Gerhard: § 19 InsO, in: Kübler, Bruno M./Prütting, Hanns (Hrsg.), InsO – Kommentar zur Insolvenzordnung, Köln 2012.

Penzlin, Dietmar: Strafrechtliche Auswirkungen der Insolvenzordnung, Herbolzheim 1999.

Penzlin, Dietmar: Kritische Anmerkungen zu den Insolvenzeröffnungsgründen der Zahlungsunfähigkeit und der Überschuldung (§§ 18 und 19 InsO), NZG, 3. Jg, 9/2000, S. 464–470.

Plagens, Peter W./Brunow, Michael: Integrierte Unternehmensplanung – Bestandteil des betrieblichen Rechnungswesens (Teil I), DStR, 42. Jg., 3/2004, S. 102–108.

Plagens, Peter W./Wilkes, Barbara: Betriebswirtschaftliche Aspekte und offene Fragen im Zusammenhang mit der Definition des Begriffs „Zahlungsunfähigkeit" aufgrund der jüngeren BGH-Entscheidung, ZInsO, 13. Jg., 46/2010, S. 2107–2122.

Plate, Georg: Eignung von Zahlungsunfähigkeit und Überschuldung als Indikatoren für die Insolvenzreife einer Unternehmung, DB, 33. Jg., 5/1980, S. 217–222.

Poertzgen, Christoph: Fünf Thesen zum neuen (alten) Überschuldungsbegriff (§ 19 InsO n. F.), ZInsO, 12. Jg., 10/2009, S. 401–408.

Poertzgen, Christoph: Geschäftsführerhaftung aus § 64 Satz 1 GmbhG: Anwendungspraxis und rechtspolitische Kritik, ZInsO, 14. Jg., 8/2011, S. 305–313.

Pohl, Roland: Der Insolvenzgrund der Zahlungsunfähigkeit, Hamburg 2011.

Posner, Richard A.: Economic analysis of law, 8. Aufl., New York et al. 2011.

Pott, Sarah: Renaissance des modifiziert zweistufigen Überschuldungsbegriffs, NZI, 15 Jg., 1-2/2012, S. 4–9.

Prager, Martin/Jungclaus, Martin: Der Begriff der Zahlungsunfähigkeit und die sog. „Bugwellentheorie", in: Flitsch/Hagebusch/Oberle/Seagon/Schreiber (Hrsg.): Festschrift für Jobst Wellensiek zum 80. Geburtstag, München 2011, S. 101–117.

Preuß, Nicola: § 15a InsO, in: Kübler/Prütting (Hrsg.), InsO – Kommentar zur Insolvenzordnung, Köln 2012.

Radke, Henning: Vor §§ 283 ff. StGB, in: Joecks, Wolfgang/Miebach, Klaus (Hrsg.): Münchener Kommentar zum Strafgesetzbuch, München 2010.

Ransiek, Andreas: § 15a InsO, in: Kreft (Hrsg.): Heidelberger Kommentar InsO, 6. Aufl., Heidelberg 2011.

Reder, Melvin W.: Chicago School, in: Durlauf, Steven N./Blume, Lawrence E. (Hrsg.): The New Palgrave – Dictionary of Economics. 2. Auflage. Vol. 1, New York 2008, S. 760–765.

Richter, Hans: Erfahrungen mit neuen Ermittlungsstrategien im Bereich der Insolvenzkriminalität, in: Liebl (Hrsg.): Wirtschaftskriminalität und die Rolle der Strafverfolgungsorgane. Beiträge der Fachtagung im November 2007 in Rothenburg, Rothenburg/Oberlausitz 2008, S. 129–150.

Richter, Hans: § 75 Einführung, in: Müller-Gugenberger, Christian/Alexander, Thorsten (Hrsg.): Wirtschaftsstrafrecht. Handbuch des Wirtschaftsstraf- und -ordnungswidrigkeitenrechts, 5. Aufl., Köln 2011, S. 2351–2396.

Richter, Hans: § 84 Insolvenzverschleppung, in: Müller-Gugenberger, Christian/Alexander, Thorsten (Hrsg.), Wirtschaftsstrafrecht. Handbuch des Wirtschaftsstraf- und -ordnungswidrigkeitenrechts, 5. Aufl., Köln 2011, S. 2534–2551.

Richter, Rudolf/Furubotn, Eirik Grundtvig: Neue Institutionenökonomik – Eine Einführung und kritische Würdigung, 3. Aufl., Tübingen 2003.

Riegger, Bodo/Spahlinger, Andreas: Die insolvenzrechtliche Fortführungsprognose – notwendige Klarstellungen für die Praxis, in: Flitsch/Hagebusch/Oberle/Seagon/Schreiber (Hrsg.): Festschrift für Jobst Wellensiek zum 80. Geburtstag, München 2011, S. 119–131.

Röhm, Peter M.: Zur Abhängigkeit des Insolvenzstrafrechts von der Insolvenzordnung, Herbolzheim 2002.

Rokas, Alexandros N.: Die „neue" Legaldefinition der Überschuldung, ZInsO, 12. Jg., 1/2009, S. 18–22.

Rudolph, Bernd: Unternehmensfinanzierung und Kapitalmarkt, Tübingen 2006.

Salje, Peter: Ökonomische Analyse des Rechts aus deutscher Sicht, Rechtstheorie, Zeitschrift für Logik, Methodenlehre Kybernetik und Soziologie des Rechts, Bd. 15, 3/1984, S. 277–312.

Schäfer, Hans-Bernd/Ott, Claus: Lehrbuch der ökonomischen Analyse des Zivilrechts, 5. Aufl., Dordrecht 2012.

Schmahl, Hermannjosef: § 15 InsO, in: Kirchhof/Lwowski/Stürner (Hrsg.), Münchener Kommentar zur Insolvenzordnung, 2. Aufl., München 2007.

Schmalenbach, Eugen: Dynamische Bilanz, 13. verb. u. erw. Aufl., Köln 1962.

Schmeisser, Wilhelm/Spree, Julia, Unternehmensbewertung in praktischer Anwendung, in: Schmeisser et al. (Hrsg.): Einführung in die Unternehmensbewertung, München und Mering 2009, S. 93–169.

Schmerbach, Ulrich: § 15a InsO, in: Wimmer (Hrsg.): Frankfurter Kommentar zur Insolvenzordnung mit EulnsVO, InsVV und weiteren Nebengesetzen, 6. Aufl., Köln 2011, S. 258–268.

Schmerbach, Ulrich: §§ 17–19 InsO, in: Wimmer (Hrsg.): Frankfurter Kommentar zur Insolvenzordnun mit EulnsVO, InsVV und weiteren Nebengesetzen, 6. Aufl., Köln 2011.

Schmidt, Karsten: Konkursgründe und präventiver Gläubigerschutz: Ein Beitrag zur Diskussion um den Insolvenzgrund der Überschuldung, AG, 23. Jg., 12/1978, S. 334–340.

Schmidt, Karsten: Sinnwandel und Funktion des Überschuldungstatbestands: Rechtspolitische Perspektiven der Verfahrenseröffnung im Insolvenzrecht, JZ, 37. Jg., 5/6/1982, S. 165–174.

Schmidt, Karsten: Haftungsrealisierung in der Gesellschaftsinsolvenz: Funktion und Aufgaben des Verwalters nach Gesellschafts- und Insolvenzrecht, KTS, 62. Jg., 3/2001, S. 373–394.

Schmidt, Karsten/ Bitter, Georg: Vor § 64 GmbHG, in: Scholz (Hrsg.): Gesetz betreffend die Gesellschaften mit beschränkter Haftung (GmbHG), Kommentar, 10. Aufl., Köln 2010.

Schmidt, Karsten: Übermäßige Geschäftsführerrisiken aus § 64 Abs. 2 GmbHG, § 130a Abs. 3 HGB?: Eine Kritik der Praxis zu den Zahlungsverboten bei Insolvenz einer GmbH oder GmbH & Co KG, ZIP, 26. Jg., 49/2005, S. 2177–2185.

Schmidt, Karsten: Insolvenzgründe und Haftung für Insolvenzverschleppung: Notwendige Ergänzung des Kapitalschutzes, in: Lutter (Hrsg.): Das Kapital der Aktiengesellschaft in Europa, Berlin 2006, S. 188–205.

Schmidt, Karsten: Überschuldung und Insolvenzantragspflicht nach dem Finanzmarktstabilisierungsgesetz, DB, 61. Jg., 45/2008, S. 2467–2471.

Schmidt, Karsten: Haftung für „verbotene Zahlungen“ nach § 64 GmbHG bzw. § 130a HGB, in: Schmidt/Uhlenbruck (Hrsg.): Die GmbH in Krise, Sanierung und Insolvenz: Gesellschaftsrecht, Insolvenzrecht, Steuerrecht, Arbeitsrecht, Bankrecht und Organisation bei Krisenvermeidung, Krisenbewältigung und Abwicklung, 4., neu bearb. und erw. Aufl., Köln 2009, S. 971–1002.

Schmidt, Karsten: Überschuldung, in: Schmidt/Uhlenbruck (Hrsg.): Die GmbH in Krise, Sanierung und Insolvenz: Gesellschaftsrecht, Insolvenzrecht, Steuerrecht, Arbeitsrecht, Bankrecht und Organisation bei Krisenvermeidung, Krisenbewältigung und Abwicklung, 4., neu bearb. und erw. Aufl., Köln 2009, S. 397–399.

Schmidt, Reinhard H.: Ökonomische Analyse des Insolvenzrechts, Wiesbaden 1980.

Schmidt, Reinhard H.: Asymmetrische Informationen und Gläubigerverfügungsrechte in der Insolvenz, ZfB, 54. Jg., 7/8/1984, S. 717–741.

Schmitz, Roland: Die Neufassung des § 19 Abs. 2 InsO durch das FMStG und seine Bedeutung für strafrechtliche „Altfälle" – eine Ergänzung zu Grube/Röhm: wistra, 81/2009 und Bittmann, wistra, 28. Jg., 10/2009, S. 138, 369–372.

Schön, Dietmar / Irmer, Karl-Heinz: Integrierte Unternehmensplanung bei der Grammer AG, Controlling, 19. Jg., 4/2007, S. 245–255.

Schröder, Jens-Sören: §§ 17–19 InsO, in: Schmidt (Hrsg.): Hamburger Kommentar zum Insolvenzrecht: InsO, EuInsVO, Art. 102 EGInsO, InsVV, VbrInsVV, InsOBekV; Insolvenzstrafrecht, 4. Aufl., Münster 2012.

Seagon, Christopher: § 27 Grundlagen der Insolvenzordnung, in: Buth/Hermanns (Hrsg.): Restrukturierung, Sanierung, Insolvenz. Handbuch, 3. Aufl., München 2009, S. 573–619.

Sieben, Günter/ Maltry, Helmut: Der Substanzwert der Unternehmung, in: Peemöller (Hrsg.): Praxishandbuch der Unternehmensbewertung, 4. Aufl., Herne 2009, S. 541–565.

Sieben, Günter: Der Substanzwert – Ein Beitrag zur Lehre der Bewertung der Unternehmung, Mainz 1963.

Sikora, Karl: Wie erstellt man eine tragfähige Fortbestehensprognose? Anforderungen im Rahmen des geänderten insolvenzrechtlichen Überschuldungsbegriffs, NWB, 1. Ergänzungslieferung 2009, Fach 19, S. 4025–4033.

Sikora, Karl: Die Fortbestehensprognose im Rahmen der Überschuldungsprüfung, ZInsO, 14. Jg., 40/2010, S. 1761–1775.

Simon, Herbert A.: Rational Decision Making in Business Organizations, American Economic Review, American Economic Association, 69. Jg., 4/1979, S. 493–513.

Simon, Herman Veit: Die Bilanzen der Aktiengesellschaft und Kommanditgesellschaft auf Aktien, 3. Aufl., Berlin 1899.

Smid, Stefan/Leonhardt, Peter: § 19 InsO, in: Leonhardt/Smid/Zeuner (Hrsg.): Insolvenzordnung (InsO). Kommentar, 3. Aufl., Stuttgart et al. 2010.

Smith, David C./Strömberg, Per: Maximizing the value of distressed assets: Bankruptcy law and the efficient reorganization of firms 2005 (= Systemic Financial Distress).

Spindler, Gerald: Der Gläubigerschutz zwischen Gesellschafts- und Insolvenzrecht, JZ, 61. Jg., 17/2006, S. 839–850.

Spliedt, Jürgen D.: Überschuldung trotz Schuldendeckung? Ein Beitrag zur Interpretation des § 19 Abs. 2 InsO, DB, 52. Jg., 38/1999, S. 1941–1947.

Stadt Hamburg: Der Stadt Hamburg neue Falliten-Ordnung. Auf Befehl E. Hochedlen Raths publicirt den 31. Aug. 1753; zitiert nach: Hahn, Carl: Die gesammelten Materialien zur Konkursordnung und dem Einführungsgesetz zu derselben, Berlin 1881.

Statistisches Bundesamt: Insolvenzverfahren (Unternehmen): Deutschland, Jahre, Beantragte Verfahren, Rechtsformen, URL: <https://www-genesis.destatis.de/genesis/online;jsessionid=BBF8E44A83B42906F5B98FB39002BAE4.tomcat_GO_1_2?operation=previous&levelindex=3&levelid=1350633441802&step=3>, zuletzt besucht am: 19.10.2012.

Statistisches Bundesamt Wiesbaden: Deutsche Wirtschaft 2011 in sehr robuster Verfassung, 11.01.2012, URL: <https://www.destatis.de/DE/PresseService/Presse/Pressemitteilungen/2012/01/PD12_010_811.html>, zuletzt besucht am: 30.10.2012.

Staufenbiel, Peter/Hoffmann, Volker: Die Ermittlung des Eintritts der Zahlungsunfähigkeit, Teil 3, ZInsO, 11. Jg., 16/2008, S. 891–896.

Steinberg-Lieben, Detlev: Die objektiven Schranken der Einwilligung im Strafrecht, Tübingen 1997.

Stracke, Dorothée: Zur Übertragbarkeit des zivilrechtlichen Überschuldungsbegriffs in das Strafrecht, Berlin 2007.

Tham, Joseph/Vélez-Pareja, Igncio: Principles of Cash Flow Valuation, An integrated market-based approach, Amsterdam Boston 2004.

Thonfeld, Henning: Der „instabile Überschuldungsbegriff“ des Finanzmarktstabilisierungsgesetzes, NZI, 12. Jg., 1/2009, S. 15–19.

Towfigh, Emanuel Vahid/Petersen, Niels/Englerth, Markus: Ökonomische Methoden im Recht, Eine Einführung für Juristen, Tübingen 2010.

Treyer, Oscar A. G.: Business Forecasting: Anwendungsorientierte Theorie quantitativer Prognoseverfahren, Bern, Stuttgart, Wien 2010.

Uhlenbruck, Wilhelm: § 102 KO, in: Kuhn/Uhlenbruck (Hrsg.): Konkursordnung, Kommentar, 11. Aufl., München 1994.

Uhlenbruck, Wilhelm: Zur fehlenden Akzeptanz des Insolvenzauslösers „drohende Zahlungsunfähigkeit“, in: Richter (Hrsg.): Kapitalgeberansprüche, Marktwertorientierung und Unternehmenswert. Festschrift für Jochen Drukarczyk zum 65. Geburtstag, München 2003, S. 441–453.

Uhlenbruck, Wilhelm: §§ 17–19 InsO, in: Uhlenbruck/Hirte/Vallender (Hrsg.): Insolvenzordnung, 13. Aufl., München 2010.

Ulmer, Peter, § 63 GmbHG, in: Behrens (Hrsg.), Gesetz betreffend die Gesellschaften mit beschränkter Haftung (GmbHG), 8. Aufl., Berlin, New York 1997.

Ulmer, Peter/Schäfer, Carsten: § 730 BGB, in: Säcker/Rixecker (Hrsg.), Münchener Kommentar zum Bürgerlichen Gesetzbuch, 5. Aufl., München 2008.

Vahns, Dietmar / Schäfer-Kunz, Jan: Einführung in die Betriebswirtschaftslehre, Stuttgart 2012.

Van Aaken, Anne: Vom Nutzen der ökonomischen Theorie für das öffentliche Recht: Methode und Anwendungsmöglichkeiten, in: Bungenberg et al. (Hrsg.), Recht und Ökonomik, 44. Assistententagung Öffentliches Recht, Jena 2004, S. 1–32.

van Horne, James C.: Optimal Initiation of bankruptcy proceedings by debt holders, The Journal of Finance, 31. Jg., 3/1976, S. 897–910.

Wegner, Carsten: Insolvenzdelikte, in: Achenbach (Hrsg.): Handbuch Wirtschaftsstrafrecht, 3. Aufl., Heidelberg 2011, S. 857–962.

Wehr, Thomas: § 15a InsO, in: Schmidt (Hrsg.): Hamburger Kommentar zum Insolvenzrecht, InsO, EuInsVO, Art. 102 EGInsO, InsVV, VbrInsVV, InsOBekV, Insolvenzstrafrecht, 4. Aufl., Münster 2012.

Weller, Niels: Das Trugbild einer dichotomen insolvenzrechtlichen Fortbestehensprognose. Grundlagen einer betriebswirtschaftlich fundierten Unternehmensplanung, DStR, 48. Jg., 20/2010, S. 1046–1050.

Wengel, Torsten: Die Insolvenztatbestände Überschuldung, Zahlungsunfähigkeit und drohende Zahlungsunfähigkeit, DStR, 39. Jg., 41/2001, S. 1769–1772.

Weyand, Raimund/Diversy, Judith: Insolvenzdelikte: Unternehmenszusammenbruch und Strafrecht, 8. Aufl., Berlin 2010.

Williamson, Oliver E.: Transaction Cost Economics: How It Works: Where It is Headed, De Economist, 146. Jg., 1/1998, S. 23–58.

Wirtschaftswoche: „Das habe ich in so großen Unternehmen noch nie erlebt", 16.08.2009, URL: <http://www.wiwo.de/unternehmen/arcandor-insolvenzverwalter-das-habe-ich-in-so-grossen-unternehmen-noch-nie-erlebt/5568726.html>, zuletzt besucht am: 21.05.2012.

Wöhe, Günter/Döring, Ulrich: Einführung in die Allgemeine Betriebswirtschaftslehre, 22. Aufl., München 2005.

Wolf, Thomas C.: Überschuldung: Entstehung, Bilanzierung und Auswege, Herne, Berlin 1998.

Wolf, Thomas C./Kurz, Peter: Die Feststellung der Zahlungsunfähigkeit: Was sind 100 % bei Berücksichtigung eines Schwellenwerts?, DStR, 44. Jg., 30/2006, S. 1339–1343.

**Schriftenreihe des Centrum für Deutsches und Europäisches Insolvenzrecht Kiel**

Herausgegebenvon Stefan Smid, Silke Wehdeking und Mark Zeuner

Band 1 *in Vorbereitung*

Band 2 Sebastian Wilhelm Deichgräber: Gesellschaftsrechtliche Sitzverlegungen und haftungsrechtliche Begründungen internationaler insolvenzrechtlicher Zuständigkeiten. Zugleich ein Beitrag zur Verwendung in der Judikatur. 2012.

Band 3 Malte Engeler: Die zweigliedrige Personengesellschaft in der Insolvenz. 2012.

Band 4 Sebastian Müller: Verhandlungsgesteuerte Sanierung durch den prepackaged plan. Das Planinitiativrecht des Schuldners aus § 218 Abs. 1 S. 2 InsO als Ausgangspunkt steuer- und planbarer Gestaltungsprozesse. 2013.

Band 5 Christoph Pabst: Materielle Insolvenz – Die retrograde Ermittlung der Zahlungsunfähigkeit. 2013.

Band 6 Torsten Martini: Die Anfechtbarkeit der Zahlung der Vergütung des vorläufigen Insolvenzverwalters im Zweitverfahren. 2014.

Band 7 Stefan Smid: Zivilgerichtliche Verfahren. Grundlagen des Zivilprozesses und der Freiwilligen Gerichtsbarkeit. Ein Studienbuch. 2014.

Band 8 Philipp Schlenkhoff: Insolvenzgründe, Prognose und Antragspflicht. 2014.

www.peterlang.com

können, beträgt 58,94. Aus Sicht der Bank ist eine Finanzierung des Vorhabens sinnvoll, da sie dem Eigenkapitalgeber lediglich einen Anteil am Erwartungswert zusichern muss, der größer null ist. Es gelten die Überlegungen der Formeln (10) $X_0^{E,F} = 14{,}6 < X_0^{B,I} - X_0^{B,F} = 10{,}66$ und (11) $C_0 = -10 < X_0^{A,F} - X_0^{A,I} = -11{,}54$ für die Vorteilhaftigkeit einer Insolvenzauslösung aus Sicht der Bank und der Eigenkapitalgeber nicht.

Hier wird die gleiche Grundproblematik noch einmal aufgegriffen und einige Parameter geändert: $BW_I = 100$; $i = i_A = i_B = 0{,}04$; $g = 0{,}54$; $X_0^A = 110$; $X_0^B = 20$; $L_0 = 110$; $K = 0$. Wieder beschreibt man eine Situation, in der das Unternehmen zahlungsunfähig ist, da den aktuellen Zahlungsverpflichtungen von 4,4 Einheiten keine Zahlungsmittel gegenüberstehen.[144] Auch ist das Unternehmen sowohl zu Fortführungswerten $K + B_I = 100 < (1+i_B)X_0^B + X_0^A i_A + X_0^A(1+i_A)(1+i)^{-1} = 135{,}2$[145] als auch zu Liquidationswerten $K + L_0 = 110 < (1+i_B)X_0^B + (1+i_A)X_0^A = 135{,}2$[146] überschuldet. Der Liquidationswert ist wie im vorangegangenen Beispiel größer als der Fortführungswert der Investition, anders ausgedrückt: Die Investition hat einen negativen Nutzen. Wird Insolvenz angemeldet, erhalten die Anleihegläubiger und die Bankgläubiger bei einer gleichen Priorität ihrer Forderungen 93,07 bzw. 16,92 Einheiten. Die Eigenkapitalgeber erhalten wegen des negativen Residualwertes nichts. Hier wird angenommen, dass die Eigenkapitalgeber Eigenkapital in Höhe von 25,2 Einheiten zuführen, um die Bank und die Zinsforderungen auszugleichen. Es kommt zu keiner Insolvenz. Die Barwerte der erwarteten Zahlungen an die Anleihegläubiger betragen jetzt 78,11. Der Barwert der erwarteten Zuflüsse an die Eigenkapitalgeber beträgt 26,29. Aus Sicht der Eigenkapitalgeber ist eine Finanzierung sinnvoll, da sie einen Mehrnutzen von 1,09 Einheiten erwirtschaften. Die Anleihegläubiger verlieren hingegen 14,96 Einheiten. Es gelten auch hier die Überlegungen der Formeln (10) $X_0^{E,F} = 9{,}40 < X_0^{B,I} - X_0^{B,F} = 0{,}44$ und (11) $C_0 = -10 < X_0^{A,F} - X_0^{A,I} = -14{,}96$ für die Vorteilhaftigkeit einer Insolvenzauslösung aus Sicht der Bank und der Eigenkapitalgeber nicht.

### c) Ergebnis

Das Modell zeigt im Modellrahmen, dass bei verschiedenen Arten von Fremdkapital mit verschiedenen Rechten und Handlungsmöglichkeiten eine Insolvenz keinesfalls zwingend im Zustand der ökonomischen Überschuldung erfolgen

144 Siehe Formel (14).

145 Siehe Formel (12).

146 Siehe Formel (13).

Insolvenzgründe, Prognose und Antragspflicht

Schriftenreihe des Centrum
für Deutsches & Europäisches
Insolvenzrecht

Herausgegeben von Stefan Smid, Silke Wehdeking
und Mark Zeuner

Volume 8

PL ACADEMIC RESEARCH